Holger Schäfer / Nicole Leis
mit Illustrationen von Andrea Bölinger

Der Anlautbaum

Konzept eines lehrgangunabhängigen Anlautsystems
– nicht nur für Schüler mit Förderbedarf –

Holger Schäfer

arbeitet als Förderschullehrer in einer Unterstufenklasse des Förderschwerpunktes ganzheitliche Entwicklung. Er ist stellvertretender Schulleiter der Rosenberg-Schule in Bernkastel-Kues sowie Fachleiter für Geistigbehindertenpädagogik am staatlichen Studienseminar für das Lehramt an Förderschulen Neuwied/Trier (Kontakt unter Holger.Schaefer@Rosenberg-Schule.de und www.Rosenberg-Schule.de).

Nicole Leis

war bis 2005 als Förderschullehrerin in zwei Mittelstufenklassen der Rosenberg-Schule tätig und leitet seit dem Schuljahr 2005/2006 ein 5. Schuljahr der Geschwister-Scholl-Schule in Worms (Förderzentrum).

Andrea Bölinger

ist freiberufliche Grafikerin. Nach dem Studium zur Diplom-Grafikerin war sie zwei Jahre für eine bekannte Aachener Agentur tätig und leitet seit 2003 ihr eigenes Grafikbüro. Schwerpunkte ihrer Arbeit liegen besonders in der innovativen Gestaltung konventioneller Produkte (Kontakt unter info@ab-communication.net und www.ab-communication.net).

Holger Schäfer / Nicole Leis
mit Illustrationen von Andrea Bölinger

Der Anlautbaum

Konzept eines
lehrgangunabhängigen Anlautsystems
– nicht nur für Schüler mit Förderbedarf –

Theoretische Grundlegung
zum Schriftspracherwerb an der Schule
mit dem Förderschwerpunkt
ganzheitliche Entwicklung

Praxisbezogene Arbeitsmaterialen
und Kopiervorlagen
zur Arbeit im Anlautsystem
und im Offenen Unterricht

verlag modernes lernen · Dortmund

Für Marion und Milo!

© 2007 by SolArgent Media AG, Basel

Veröffentlicht in der Edition:
verlag modernes lernen • Schleefstraße 14 • D-44287 Dortmund

Gesamtherstellung: Löer Druck GmbH, Dortmund
Fotos: Holger Schäfer
Illustrationen: Andrea Bölinger
Gestaltung und Layout der Arbeitsblätter: Holger Schäfer

Bestell-Nr. 1931   ISBN 978-3-8080-0604-7

Urheberrecht beachten!
Alle Rechte der Wiedergabe dieses Fachbuches zur beruflichen Weiterbildung, auch auszugsweise und in jeder Form, liegen beim Verlag. Mit der Zahlung des Kaufpreises verpflichtet sich der Eigentümer des Werkes, unter Ausschluss der § 52a und § 53 UrhG., keine Vervielfältigungen, Fotokopien, Übersetzungen, Mikroverfilmungen und keine elektronische, optische Speicherung und Verarbeitung (z.B. Intranet), auch für den privaten Gebrauch oder Zwecke der Unterrichtsgestaltung, ohne schriftliche Genehmigung durch den Verlag anzufertigen. Er hat auch dafür Sorge zu tragen, dass dies nicht durch Dritte geschieht. Der gewerbliche Handel mit gebrauchten Büchern ist verboten.

Zuwiderhandlungen werden strafrechtlich verfolgt und berechtigen den Verlag zu Schadenersatzforderungen. (Der Käufer dieser Mappe ist berechtigt, von den Kopiervorlagen-Seiten *für den nichtgewerblichen Gebrauch* Kopien anzufertigen.)

Inhalt

1.	**Einleitung**	7
2.	**Problemstellung**	11
3.	**Lesen, Schreiben, Anlautbilder**	13
	3.1 Lesen und Schreiben an der Schule mit dem FSP ganzheitliche Entwicklung	13
	3.2 Problemfelder im Lesenlernen im FSP ganzheitliche Entwicklung	17
	3.2.1 Sprache in Wort und Bild	19
	3.2.2 Kognition	23
	3.2.3 Auditive Wahrnehmung	26
	3.2.4 Visuelle Wahrnehmung	31
	3.2.5 Schreiben und Graphomotorik	34
	3.2.6 Sozial-kommunikative Kompetenzen	42
	3.3 Leselehrgänge und Anlauttabellen – Überblick und theoretische Grundlegung	50
	3.3.1 Leselehrgänge an der Schule mit dem FSP ganzheitliche Entwicklung	51
	3.3.1.1 Lesenlernen mit Hand und Fuß	52
	3.3.1.2 Lesen mit Lo	54
	3.3.1.3 Lesen in Silben	56
	3.3.2 Prinzipien eines Anlautsystems und Passung für den FSP ganzheitliche Entwicklung	62
	3.3.2.1 Das Prinzip der Ordnung (Alphabetische Orientierung – Lautorientierung)	62
	3.3.2.2 Das Prinzip der grafischen und inhaltlichen Prägnanz	69
	3.3.2.3 Vermeidung von Konsonantendopplungen am Wortanfang	76
	3.3.2.4 Abgrenzung des Lautes und des Buchstabennamens	79
	3.3.2.5 Abbildung aller Laute der deutschen Sprache	80
	3.3.3 Die Leselehrgänge und ihre Anlautbilder	83
	3.3.3.1 Lesenlernen mit Hand und Fuß	83
	3.3.3.2 Lesen mit Lo	84
	3.3.3.3 Lesen in Silben	84
	3.4 Der Anlautbaum – Konzept einer lehrgangunabhängigen Anlauttabelle	86
	3.4.1 Der Ansatz einer schüler- und entwicklungsorientierten Didaktik	86
	3.4.2 Konzeptionelle Grundlegung	90
	3.4.3 Der Anlautbaum und seine Passung zum Prinzipienkatalog	93
	3.4.3.1 Die alphabetische Orientierung im Anlautbaum	93
	3.4.3.2 Das Prinzip der grafischen und inhaltlichen Prägnanz	93
	3.4.3.3 Der Anlautbaum in seinen Begrifflichkeiten und Lauten	95
	3.4.4 Zur Bedeutung und Auswahl der Schrift	96
	3.5 Zur Integration in den Schriftspracherwerb	99

4. Arbeitsmaterialien und Kopiervorlagen — 102

- 4.1 Der Anlautbaum — 102
- 4.2 Bildervorlagen für das Klassenzimmer — 104
- 4.3 Graphomotorische Übungen — 146
- 4.4 Kopiervorlagen Anlautdomino — 187
- 4.5 Kopiervorlagen Anlaut Memory — 197
- 4.6 Kopiervorlagen Boxen-Schreiben — 212
- 4.7 Kopiervorlagen Wendekarten — 234
- 4.8 Kopiervorlagen Puzzle zu den Anlautbildern — 245
- 4.9 Kopiervorlagen Silbenkärtchen — 273

Literatur — 283

1. Einleitung

Dieses Buch ist in der Erarbeitung des Qualitätsprogramms der Rosenberg-Schule Bernkastel-Kues – einer Schule mit dem Förderschwerpunkt ganzheitliche Entwicklung (vgl. hierzu HTTP://WWW.ROSENBERG-SCHULE.DE/INDEX.HTM) – entstanden. Erstmals wurde die Entwicklung und Fortschreibung schulinterner Qualitätsprogramme in den Schuljahren 2003/2004 und 2004/2005 durch das Ministerium eingefordert. Die Darstellungen beziehen sich auf diesen Zeitraum. Im Bemühen, die Qualität schulischen Arbeitens an einer Schule mit dem o.a. FSP offen legen, dem Kollegium und der Öffentlichkeit transparent machen und damit verbessern zu wollen wurden schulinterne Schwerpunkte mit entsprechenden Arbeitsgruppen installiert (vgl. SCHÄFER 2006a, SCHÄFER/LEIS 2006 und HTTP://WWW.ROSENBERG-SCHULE.DE/KONZEPTE/KONZEPTE.HTM).

Qualitätsentwicklung an Schulen als Ausgangspunkt

Innerhalb der Arbeitsgruppe „*Kulturtechniken und Kommunikation*" wurde mitunter die Entwicklung einer schuleigenen Anlauttabelle initiiert. Ziel war es, eine Anlauttabelle zu entwickeln, die für unsere Schüler – *mit einem ganzheitlichen Förderbedarf* – das Erlernen, Abspeichern und Automatisieren der Buchstaben-Laut-Zuordnung (*Graphem-Phonem-Korrespondenz*) unabhängig von Fibel und/oder Leselehrgängen zugänglich machen kann.

Lehrgangunabhängiges Arbeiten in den Graphem-Phonem-Korrespondenzen als Ziel

Warum es gerade für die Schüler unserer Schulform so wichtig ist, eine diesbezüglich mehrkanalige, basale Hilfestellung zu erfahren, die den qualitativen Erfordernissen von Prägnanz und Eindeutigkeit entspricht, führen wir in Punkt 2 kurz an. Wir möchten damit zugleich eine Abgrenzung – aber keinen Ausschluss – zur Praxis im Regelschulbereich schaffen, in der die hier aufgezeigte Problematik – Verbesserung der Darstellungen zur Anbahnung und Festigung der *Graphem-Phonem-Korrespondenz* – weniger präsent erscheint.

Prägnanz und Eindeutigkeit als Grundsatz

Im Punkt 3 werden wir die spezifischen Anforderungen des Lese- und Schreibunterrichts an einer Schule mit dem Förderschwerpunkt ganzheitliche Entwicklung darstellen. Wir gehen hier von einem erweiterten Lernbegriff aus, entsprechend auch von einem erweiterten Lesebegriff. Vor diesem Hintergrund finden sich alle unsere Schüler als Leser wieder, unter ständiger Berücksichtigung der spezifischen individuellen, mitunter milieubedingten Hintergründe und Grenzen. Anschließend geben wir einen kurzen Überblick über bestehende Konzepte (3.3) und gehen auf den praktischen Einsatz der Anlautbilder und -tabelle unter theoretischer Begleitung und Darstellung unserer Vorstellungen ein (3.4).

Erweiterter Lesebegriff

Entsprechend den bisherigen Überlegungen und Bezügen zu vorliegenden Ansätzen aus der Praxis findet sich in Punkt 4 unser Konzept des ANLAUTBAUMS in den verschiedenen Ausführungen als Kopiervorlage. Zur Herstellung eines hohen Praxisbezugs haben wir zu den einzelnen Punkten ausführliche Anmerkungen unserer eigenen Erfahrungen angeführt.

Kopiervorlagen zum ANLAUTBAUM

Lautgebärdensystem und Materialerweiterung

Die Kopiervorlagen bieten den Fundus an Materialien an, den wir bis zum Sommer 2006 entwickelt und in der Praxis eingesetzt haben. In der Entwicklungs-und Erprobungsphase befindet sich zurzeit – *analog zum Grundsatz eines leselehrgangunabhängigen Materials* – ein Lautgebärdensystem und eine Materialerweiterung zum ANLAUTBAUM (SCHÄFER/LEIS). In diesem Konzept werden zusätzliche Materialien zur Differenzierung und Gestaltung offener Unterrichtssituationen enthalten sein, die an das bisherige Material aus dem Anlautbaum anknüpfen (Methodik, Gestaltung, Handhabung).

Der bisherige Entwicklungsstand in einem kurzen Überblick:

I. Theoretische Grundlegung zur Gestaltung, Entwicklung und zum Einsatz von Lautgebärden

II. Kopiervorlagen

a. Lautgebärden
- *Lautgebärden für das Klassenzimmer*
- *Lautgebärden und Anlautbegriffe* (Übersichtskarten)

Anlauterweiterung mit kurzen Vokalen

b. Anlautbilder (Erweiterung)
- *Erweiterungskarten zu den kurzen Vokalen*
- *Weiterführendes Domino-und Memory-Material*
- *Silben-und Wendekärtchen zu den kurzen Vokalen*

c. Memorykarten
- *Freiarbeitsmaterialien Memory* (Lautgebärden und Anlautbilder aus dem ANLAUTBAUM)
- *Freiarbeitsmaterialien Memory* (Lautgebärden und Buchstabenbilder)

d. Klammerkarten
- *Freiarbeitsmaterialien Klammerkarten* (Zuordnung des Anlautbildes zum Laut ☞ z.B. Maus zu /m/
- *Freiarbeitsmaterialien Klammerkarten* (Zuordnung des Anlautbilds zum Wort ☞ z.B. Anlautbild der Maus zum Wortbild „Maus"

Materialien zur Freiarbeit
- *Freiarbeitsmaterialien Klammerkarten* (Zuordnung der Lautgebärde zum Anlautbild ☞ Lautgebärde für das /m/ zu dem Bild der Maus
- *Freiarbeitsmaterialien Klammerkarten* (Zuordnung der Lautgebärde zum Buchstabenbild ☞ Lautgebärde für das /m/ zu dem Graphem M

e. Mandalas zu den Anlautbildern
- *Einfache Gestaltung* (nur mit dem Großbuchstaben)
- *Erweiterte Gestaltung* (Groß- und Kleinbuchstaben)

f. Malvorlagen
- Die Anlautbilder als *Malvorlagen* in DIN A4

g. Würfelspiel zu den Anlautbildern
- *Brettspielvorlage*, die mit den handelsüblichen Figuren und Würfeln zu spielen ist
- *Erweiterte Spielform* (komplexeres Regelwerk)

1. Einleitung

Zur Vermeidung begrifflicher und/oder inhaltlicher Unklarheiten in unserem Arbeitsfeld möchten wir im Vorfeld folgende Aspekte kurz anreißen:

- Im Sinne einer Förderpädagogik und Förderdiagnostik sprechen wir von Förderaspekten und Förderschwerpunkten. Wir möchten damit nicht Beeinträchtigungen und Behinderungen auf den unterschiedlichen Ebenen und in ihren vielfältigen Erscheinungsbildern aus den Augen verlieren. Vielmehr intendieren wir damit – im Sinne konzeptioneller Sichtweisen – Förderangebote zu implizieren und die Möglichkeiten und Stärken unserer Schüler in den Vordergrund zu stellen. Zur Herstellung eines aktuellen Überblicks über die so genannte *Geistigbehindertenpädagogik* verweisen wir an dieser Stelle auf die Artikel und Positionen von FISCHER 2003a, S. 7 ff., FISCHER 2003b, S. 296 ff., MÜHL 2005, S. 36 ff. und FORNEFELD S. 259. Hinsichtlich der Terminologie beziehen wir uns auf die in Rheinland-Pfalz üblichen Bezeichnungen in den *„Richtlinien für die Schule mit dem Förderschwerpunkt ganzheitliche Entwicklung"* (MINISTERIUM FÜR BILDUNG, FRAUEN UND JUGEND RHEINLAND-PFALZ 2001) und im *„Lehrplan zur sonderpädagogischen Förderung von Schülerinnen und Schülern mit dem Förderbedarf ganzheitliche Entwicklung"* (EBD.). Förderpädagogik

Lehrplan und Terminologie in Rheinland-Pfalz

- Wenn wir von Schülern, Lehrern und Kollegen sprechen meinen wir damit sowohl Schülerinnen und Schüler, Lehrerinnen und Lehrer als auch Kolleginnen und Kollegen. Im Sinne eines angenehmen Leseflusses haben wir uns in der gesamten Darstellung auf die kürzere – maskuline – Form beschränkt. Schülerinnen und Schüler

- Wir orientieren uns in der Zeichendarstellung der Phoneme und der Grapheme an den allgemein üblichen Notationen (vgl. WEIDEN S. 4, MEIERS S. 38 und TOPSCH S. 30 f.). Hierbei steht
    - / / Notation für ein Phonem (kleinste bedeutungsunterscheidende, aber nicht selbst bedeutungtragende lautliche Einheit (☞ /b/ in „Bein" im Unterschied zu /p/ in „Pein")
    - ( ) Notation für ein Graphem (kleinstes bedeutungsunterscheidendes Schriftzeichen, das ein oder mehrere Phoneme wiedergibt).

- Wir sind uns der fließenden Übergänge zwischen und innerhalb der Förderschwerpunkte bewusst und verstehen unser Konzept des ANLAUTBAUMS als ein System für Schüler, die auf unterschiedlichen Ebenen des Schriftspracherwerbs Förderbedürfnisse erkennen lassen. Vor dem Hintergrund aktueller Entwicklungen können diese Schüler in allen Schulen zu finden sein, wodurch der ANLAUTBAUM neben den Schulen mit dem FSP ganzheitliche Entwicklung und dem FSP Lernen auch in der Grundschule zum Einsatz kommen kann. Einsatzmöglichkeiten

Mikro- und Makrosystem

- Zwei konzeptionelle Gedanken prägen das System des Anlautbaums. Auf einer mikrosystemischen Ebene möchten wir den einzelnen Schüler und die Klasse ansprechen. Der Anlautbaum bietet Materialien und Kopiervorlagen zur Anbahnung und Festigung der Graphem-Phonem-Korrespondenzen und kann vom einzelnen Lehrer individuell eingesetzt werden.

Einsatzmöglichkeiten auch im FSP Lernen und Grundschulbereich

- Auf einer makrosystemischen Ebene – genau hier lagen die originären Absichten der Arbeitsgruppe in der Qualitätsprogrammarbeit (vgl. hierzu näher SCHÄFER 2007, SCHÄFER 2006a und SCHÄFER/LEIS) – bietet das Konzept des ANLAUTBAUMS die Möglichkeiten ein gesamtschulisches Anlautsystem zu installieren in dem sich die Klassen der jüngeren Schüler genauso wie die Klassen der älteren Schüler in ihren je didaktischen und methodischen Besonderheiten berücksichtigt finden (vgl. hierzu auch die Abbildungen 1 und 2). Darüber hinaus ist dieser Ansatz nicht nur auf die Schule mit dem FSP ganzheitliche Entwicklung beschränkt, sondern lässt sich adäquat auf die Schule mit dem FSP Lernen und den allgemeinen Grundschulbereich übertragen.

Wir sind uns der medialen unterrichtlichen Praxis bewusst und kennen die gewissen Unzulänglichkeiten von Literatur und Arbeitsmaterialien. Immer sind Dinge zu übertragen, zu verändern und an die aktuelle Situation in der eigenen Klasse anzupassen. Auch die Materialien des ANLAUTBAUMS leben von der Art und Weise, wie sie vom Lehrer an die Schüler weitergegeben werden. Uns ist an dieser Stelle ein angemessener und schülerorientierter Einsatz der Medien wichtig. Wir denken, dass wir mit dem vorliegenden Konzept eine gute Ausgangslage bieten können.

Dankeschön

Danken möchten wir an dieser Stelle unseren Schülern, die uns in der Erprobung des gesamten Systems ehrliche und umsetzbare Rückmeldungen gaben und dem Kollegium der Rosenberg-Schule, das durch eine konstruktive Zusammenarbeit in der konzeptionellen Erarbeitung und der anschließenden Umsetzung in der Unterrichtspraxis die Entwicklung des ANLAUTBAUMS mitgetragen hat. Ein besonderer Dank gilt unseren Kollegen der Arbeitsgruppe *„Kommunikation und Kulturtechniken"*, mit denen wir uns in regelmäßigen Treffen über den aktuellen Stand kritisch austauschen konnten.

Holger Schäfer und Nicole Leis im Juli 2006

2. Problemstellung

Man findet in der Literatur zum Thema Lesen oft Aussagen, dass viele Kinder auch *trotz* der Schule und der hier unterrichtenden Lehrer das Lesen im engeren Sinne lernen (vgl. hierzu BRÜGELMANN und BRÜGELMANN/ BRINKMANN). In einer verschwindend geringen Abhängigkeit von Lehrern, Medien und Leselehrgängen, Methoden und Differenzierungsangeboten schaffen es viele Kinder sich im Anfangsunterricht der Grundschule – *meist aus einer intrinsischen Motivation heraus* – auf das Erlernen und den Dialog der digitalen, schriftsprachlichen Kommunikation einzulassen:

Lesen lernen trotz Schule

Intrinsische Motivation

- ✓ *Sie lernen Buchstabenbilder kennen, speichern diese in Groß- und Kleinschreibweise ab und finden in visuellen Analyseprozessen die Buchstaben mit der entsprechenden Lautzuordnung im Wort wieder.*
- ✓ *Sie erfahren die entsprechenden Lautbilder (Graphem-Phonem-Korrespondenzen) und sind in der Lage, durch auditive Analyse Zuordnungen zu treffen.*
- ✓ *Sie synthetisieren / analysieren Buchstaben, Silben / Wörter,*
- ✓ *und kommen parallel dazu den Vorgaben im graphomotorischen Bereich nach.*

Leistungen im Leselernprozess

Die Grundlagen, die vor dem Hintergrund der vielfältigen Teilleistungen im Lernprozess des Lesens und Schreibens von großer Bedeutung sind (vgl. MARSCHIK/KLICPERA S. 65), werden in der Regel durch das Elternhaus, durch den Bekanntenkreis oder die neueren Ansätze der Kindergarten-und Vorschulpädagogik an das Kind herangetragen, in ihrer Bedeutung aufgezeigt und entsprechend gefördert:

Grundlagen durch Elternhaus und Kindergarten/ Vorschule

Sowohl Bilder und Symbole (*etwa das Piktogramm für Toilette oder der Buchstabe „M" [in Form einer Pommes] als Firmenlogo eines Fast-Food-Restaurants*), als auch kleine Wörter (*wie Mama, Papa oder der eigene Name*) werden als Mitteilungsmöglichkeiten erkannt. Die Stufen des Lesenlernens, wie wir sie bei GÜNTHNER finden (vgl. GÜNTHNER S.16) durchlaufen Grundschulkinder in der Regel in zügigem Tempo; die Stufe des synthetisch-analytischen Lesens („*Schrift lesen*") mit adäquater Sinnentnahme ist bald erreicht (EBD.).

Durchlaufen der Lesestufen ...

Ähnliche Grundlegungen finden wir auch auf dem Gebiet der Schrift: Das Halten des Stiftes – *meist schon unter Berücksichtigung der entsprechenden Seitigkeit* – und die Richtung des Schreibens in unserem Kulturkreis sind für viele Kinder spielend ablaufende Entwicklungsstufen in diesem spezifischen Lernfeld.

... und Aneignung graphomotorischer Fertigkeiten

Sie haben bereits im Vorschulalter einen Entwicklungsprozess vom Bildermalen über das Kritzeln (*Nachschreiben von kleinen, nach unserem Verständnis nicht lesbaren Wörtern*), hin zu deutbaren – *oft schon lesbaren* – Buchstabenkombinationen durchlebt (vgl. MENZEL S. 66).

Gemeinsamer Lernfortschritt in der Klasse	Analog zur parallelen Aneignung und Entwicklung der Kompetenzen im Lesen und Schreiben im schulischen Umfeld (vgl. GÜNTHNER S. 13 und KURT MEIERS S. 103 f.), läuft im Rahmen der Schuleingangsphase (1. und 2. Schuljahr) der Erwerb der in den Grundschulen erwarteten Grundlagen weitestgehend gleichzeitig ab. Mit dieser Schilderung möchten wir nur andeuten,

- ✓ was im so genannten Regelschulbereich oft am Rande oder/und im Vorfeld des „Lesen-und Schreibenlernens" abläuft,
- ✓ welche Grundlagen oft unbewusst von Kindern aufgegriffen
- ✓ und wie selbstverständlich angewandt werden.

Teilleistungen	Es handelt sich hier um ein Bündel an vielfältigen Teilleistungen, sowohl im auditiven und visuellen Bereich, als auch innerhalb der kognitiven, feinmotorischen und – *nicht zuletzt [weil kommunikativ] sozial-emotionalen* – Kompetenzen.
Erschwernisse im Leselernprozess	Dieser Aneignungsprozess von Grundlagen, Fähigkeiten und Fertigkeiten, die sich Kinder bis hin zum eigenständigen sinnentnehmenden Lesen und freien Schreiben im engeren Sinne im Grundschulalter anzueignen wissen, kann aber auch anders ablaufen. Förderbedürfnisse auf den Gebieten der Sprache, der Motorik, der Kognition, der Wahrnehmung und des sozio-emotionalen Erlebens können auf mehreren, vielfältig miteinander verwobenen Ebenen das Lesenlernen im engeren Sinne erschweren.
Systemische Sichtweise von Förderbedürfnissen	Richten wir nun unseren Fokus auf unsere Schüler mit einem ganzheitlichen/ geistigen Förderbedarf. In Folge des Paradigmenwechsels in der so genannten *Geistigbehindertenpädagogik* wird durch den Begriff einer ganzheitlichen Förderung deutlich, dass es sich in der Regel um mehrdimensionale Bedingungsfaktoren handelt, die sowohl die individuelle Disposition des Schülers als auch das schulische und familiäre Bedingungsumfeld zu berücksichtigen haben (vgl. hiezu Abb. 2).
Graphem-Phonem-Korrespondenzen als Erschwernisse	Wir wollen in diesem Buch aufzeigen, dass es schon an kleinen Hürden – *im Konkreten an dem Punkt der Graphem-Phonem-Zuordnung* – Probleme geben kann, die das vermeintlich leichte Erlernen des Lesens erschweren. Bewusst sind wir uns der Grenzen, denen manche Schüler begegnen, im Sinne der Leselernstufen (GÜNTHNER S.16 sowie SCHURADT S. 13 ff.) sprechen wir hier von den Formen des Lesens unterhalb der Stufe des „Sinnentnehmenden Lesens".
Lesen und Verlaufsdiagnostik innerhalb der Förderplanarbeit	Die Diagnose/Festlegung dieser Leselernstufe sollte unseres Erachtens jedoch keinesfalls am Anfang des Erstleseunterrichts stehen, sondern innerhalb der Schule mit dem FSP ganzheitliche Entwicklung in der ausgehenden Mittel- und/oder der beginnenden Oberstufe erste Formulierungen finden. Grundsätzlich gehen wir von einer diesbezüglich kontinuierlichen Entwicklungsdiagnostik aus, deren Charakter dynamisch und nicht statisch sein darf.

Ziel dieses Konzeptes einer Leselehrgangunabhängigen Anlauttabelle soll das Schaffen eines schülerorientierten Arbeitsmaterials sein, das in einer kindgerechten und gegenwartsbezogenen Art, lautgetreue Bildverbindungen zu den eingeführten Buchstaben anbietet. Durch die einfache Gliederung und Strukturierung kann diese Anlauttabelle natürlich jederzeit als ergänzendes Material zu einem eingesetzten Leselehrgang in die Arbeitsphasen (sowohl im Regel- als auch im Förderschulbereich) gegeben werden (vgl. 3.5).

Lautgetreue Bildverbindungen

Unseres Erachtens ist es jedoch die Regel, dass an einer Schule mit dem o.a. Förderschwerpunkt das Arbeiten mit nur einem Leselehrgang nicht dem Anspruch der zunehmend heterogener werdenden Schülerschaft genügen kann, vielmehr ist das Kombinieren der positiven Aspekte verschiedener Lehrgänge sinnvoll und auch in der Praxis zu finden (vgl. 3.3.1). Genau diesem – *als positiv zu bewertenden* – kombinatorischen und sich öffnenden Vorgehen bietet unser Konzept eine stabilisierende Grundlage, die sich durch eine *methodische Kontinuität* (von A bis Z), *Wiedererkennung* (Schreiblehrgang mit analogen Bildern), *Kindgemäßheit* (ansprechende Zeichnungen), *Prägnanz* (Eindeutigkeit der Zeichnungen) und *Lauttreue* (Lauttreue als Auswahlmaßstab der Anlautbegriffe) auszeichnet.

Der ANLAUTBAUM als Ergänzung zum kombinatorischen Vorgehen innerhalb der Leselehrgänge

Prinzipien des ANLAUTBAUMS

3. Lesen, Schreiben, Anlautbilder

In der diesbezüglichen Literaturarbeit zum Thema „Lesen-und Schreibenlernen" findet man an nur wenigen Schulformen ein so diffuses Bild über Grundsätze und Methoden wie an der Schule mit dem Förderschwerpunkt ganzheitliche Entwicklung (vgl. GÜNTHNER/LANZINGER S. 227 ff.). Die Ursachen hierfür liegen in unterschiedlichen Bedingungsfeldern, die in verschiedenen Nuancierungen ihre Anteile zur (Un-)Konzeptbildung geliefert haben.

Lesenlernen im Förderschwerpunkt ganzheitliche Entwicklung

Aus diesem Sachverhalt heraus möchten wir im folgenden Punkt die Komplexität des Schriftspracherwerbs an der Schule mit dem Förderschwerpunkt Ganzheitliche Entwicklung kurz darstellen, vor deren Hintergrund ein einheitliches Anlautsystem wie DER ANLAUTBAUM den Leselernprozess positiv unterstützen kann.

Komplexität

3.1 Lesen und Schreiben an der Schule mit dem FSP ganzheitliche Entwicklung

Betrachtet man sich die Entwicklung dieser Schulform in einem längeren zeitlichen Abschnitt, lassen sich gerade in der schulbezogenen Gründerzeit – also den 50er und 60er Jahren des 20. Jahrhunderts – Ansätze ausmachen, in denen Lesen und Schreiben (und natürlich Mathematik) bei weitem nicht so stark innerhalb der Stundenpläne gewichtet wurde, wie dies heute auszumachen ist (vgl. BACH 2000 S.304 ff., GÜNTHNER S. 9 und SCHURAD u.a. S. 11. ff.). Der namentliche Ansatz der *Geistigbehinderten* und der *praktisch Bildbaren* dürfte zu dieser Gewichtung beigetragen haben (vgl. SPECK 1999 S. 11 ff. und 238).

Schulbezogene Gründerzeiten des 20. Jahrhunderts

Paradigmenwechsel und Entwicklungstendenzen	Die unterrichtlichen, didaktisch-methodischen Entwicklungstendenzen an der „Schule für Geistigbehinderte" – so der frühere Name – sind vor dem Hintergrund eines Paradigmenwechsels in der Sonderpädagogik sowie einer sich erheblich verändernden Schülerschaft nachzuvollziehen. Darüber hinaus muss (und sollte) sich auch diese Schulform den gesellschaftlichen Veränderungen und Anforderungen bis zu einem gewissen Punkt stellen.
Der „Lesekurs" – Methode der frühen Sonderpädagogik	Ein prägendes Erbe dieser geschichtlichen Entwicklung des „Lesen- und Schreibenlernens" an der Schule mit dem o.a. Förderschwerpunkt ist der so genannte „Lesekurs". Dieser „Lesekurs" hat seine Wurzeln in den Bemühungen der frühen Sonderpädagogik (60er Jahre), potenzielle Leser aus den Klassen herauszunehmen und mit diesen einen relativ leistungshomogenen „Lesekurs" zu gestalten. Buchstaben und „Lesen" gab's in einem kleinen Kursraum, spontanes Lesen in der Klasse blieb damit außen vor.
Wechsel zum Klassenunterricht

Berücksichtigung der sozialen und kommunikativen Ebene

Handlungsorientierter Unterricht | Wir gehen an dieser Stelle davon aus, dass an den Schulen mit dem Förderschwerpunkt ganzheitliche Entwicklung dieses Kurssystem – *zur Bildung vermeintlich homogener Gruppen* – bis in die heutige Zeit in unterschiedlichen Ausprägungen und Gewichtungen in der Unterrichtsgestaltung zu finden ist. Wir sehen aber auch in der unterrichtlichen Praxis den zunehmenden Wechsel zum Klassenunterricht, der in einem differenziellen Arbeiten den inhaltlichen, den methodischen und in kontinuierlichem Maße den sozialkommunikativen Aspekt des Gesamtunterrichts berücksichtigen kann. Neben diesem Auslaufen des Modells *„Lesekurs"* finden auch offene/handlungsorientierte Unterrichtsformen Eingang in den Lese- und Schreibunterricht an unserer Schulform. Die Schüler bestimmen eigenständig ihr Arbeiten im Lesen und Schreiben, auch der Computer findet eine zunehmende Berücksichtigung. |
| | Ein wesentlicher Effekt aus dieser Entwicklung heraus ist die Weiterentwicklung der personen- und fachbezogenen Teamarbeit in der Klasse. Eine ganzheitliche Vorgehensweise bezieht alle Kollegen des Klassenteams in den Leselernprozess auf die eine oder andere Art mit ein, die Buchstaben vereinsamen nicht im Kursraum sondern stehen nun mitten im Leben der Klasse. Nicht selten sieht ein Schüler während des Frühstücks nach oben (zur Anlautkette) und sucht das /m/, weil die Marmelade auf seinem Brot ja auch so beginnt. |
| Vermittlungsmethoden | Finden wir also den eigentlichen Unterricht zum „Lesen- und Schreibenlernen" immer häufiger innerhalb des Klassenverbandes, lässt sich noch vielerorts ein diffuses Bild an Lese-und Schreiblehrgängen, sowie Vermittlungsmethoden ausmachen. Selbstverständlich lassen sich auch im Regelschulbereich an verschiedenen Schulen unterschiedliche Fibel-und Schreiblehrgänge finden. Jedoch müssen wir hier einräumen, dass in der Regel der Leselernprozess – insbesondere der Vorgang des sinnentnehmenden Lesens im engsten Sinne – bis zum Ende des ersten, spätestens zum zweiten Schuljahr (Grundschule) abgeschlossen ist. |

3.1 Lesen und Schreiben an der Schule mit dem FSP ganzheitliche Entwicklung

An der Schule mit dem Förderschwerpunkt ganzheitliche Entwicklung, sowie im Unterricht mit Schülern mit einem ganzheitlichen Förderbedarf (Stichwort Integration) verläuft dieser Entwicklungsprozess anders: Zum einen dauert er wesentlich länger, zum anderen bleiben manche Schüler im Durchlaufen der einzelnen Schuljahre auf den Entwicklungsstufen des Leselernprozesses stehen (vgl. GÜNTHNER sowie SCHÄFER/LEIS 2006a S. 18 ff.).

Entwicklungslinien im FSP ganzheitliche Entwicklung

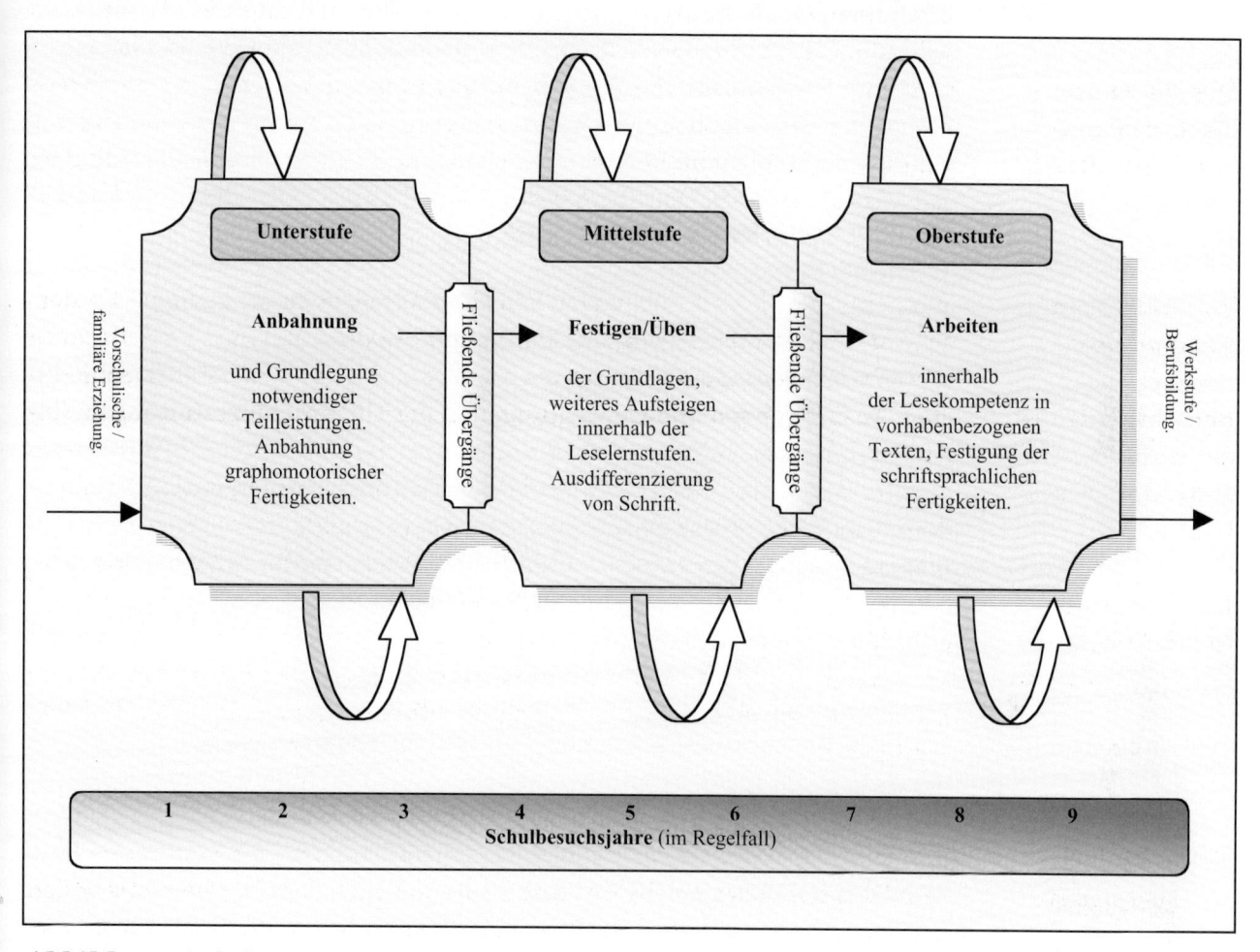

Abbildung 1: *Schwerpunktsetzung innerhalb des Leselernprozesses im Förderschwerpunkt ganzheitliche Entwicklung: 1. Anbahnung, 2. Festigen/Üben und 3. Arbeiten mit Texten.*

Im Rahmen der elementaren Erziehung zu Beginn ihrer Schulbesuchszeit erfahren die Schüler in der Unterstufe im Bereich der Kulturtechniken eine Anbahnung, ein Lesebegriff im erweiterten Sinne ist hier zu Grunde zulegen (Stundenplan lesen, Ämterplan lesen, Erfassen bildgestützter Arbeitsaufträge – auch in Anlehnung an die UK). Eine angemessene Relation in der Gewichtung kulturtechnischer Unterrichtsinhalte sollte zur Vermeidung einer kognitiven Einseitigkeit bedacht sein.

Lesen in der Unter-, Mittel- und Oberstufe

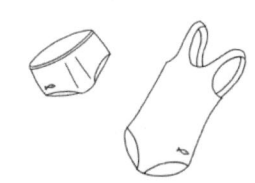

Abbildung aus BERRES-WEBER S. 81

Aufbauend auf diesen Grundlagen können sich manche Schüler schon in der Unterstufe zu einem Lesen im engeren Sinne vorarbeiten, die weitaus meisten Schüler beginnen jedoch erst in der Mittelstufe – also im vierten, fünften oder auch sechsten Schulbesuchsjahr – mit dem eigentlichen Lesen. Andere schaffen diesen Sprung womöglich erst in der Oberstufe oder bleiben auf der Stufe des Situationen- und Bilderlesens stehen.

Beispiel für ein Lesen im erweiterten Sinn ☛ Schwimmen

Dynamischer Charakter in der Entwicklung	Diesen Entwicklungsprozess haben wir in der Abbildung 1 grafisch festgehalten, besonders wichtig ist uns der dynamische Charakter innerhalb der Entwicklung. Selbst im Verharren auf einer Stufe der Entwicklungsleiter ist in keinem Fall ein sofortiger Stillstand von außen (Lehrer, Elternhaus) festzulegen.
Das Recht der „kleinen Pause"	Insbesondere Schüler mit einem ganzheitlichen Förderbedarf nehmen sich öfter eine „kleine Pause" bis sie dann nach einer unbestimmten Zeit einen weiteren Entwicklungsschritt machen. Die diagnostische Aufgabe sehen wir an dieser Stelle darin, die Pausen mit einem möglichst vielfältigen Material- und Übungsangebot zu gestalten. Dadurch lassen sich sowohl die bisherigen Fähigkeiten und Fertigkeiten eruieren, als auch seitens des Schülers auf einer ganzheitlichen Ebene festigen.
Vermeidung konzeptioneller, didaktisch-methodischer Brüche	Innerhalb dieser Grafik (vgl. Abb. 1) wird die Notwendigkeit des o.a. systematischen Vorgehens nachvollziehbar. Der Wechsel zwischen den einzelnen Stufen (insbesondere zwischen Unter- und Mittelstufe) darf keinen Bruch im inhaltlichen und methodischen Vorgehen des Lesenlernens entstehen lassen. Die Aufgabenzuweisungen zu den verschiedenen Stufen (Unterstufe ☞ Anbahnung usw.) möchten wir natürlich nicht als absolut verstanden wissen, auch in der Mittelstufe laufen Anbahnungsprozesse gegenüber Übungseinheiten in der Unterstufe ab. Im Sinne einer gesamtschulischen Konzeptbildung sollen sich hier jedoch didaktische Schwerpunkte erkennen lassen.
Der Anlautbaum als didaktisch methodisches Kontinuum	Unseres Erachtens liegt hier der zentrale Aspekt im Einsatz eines Anlautsystems und Lautgebärdenkonzepts: Durch die – wie oben beschrieben – heterogene Schülerschaft an der Schule mit dem Förderschwerpunkt ganzheitliche Entwicklung sowie der dadurch notwendigen offenen Gestaltung des Lehrplans muss es zu einer erheblichen Individualisierung des Leselernprozesses innerhalb der Klassen kommen (☞ vgl. zur Methodenvielfalt und Öffnung des Unterrichts auch die Ausführungen im LEHRPLAN DES LANDES RHEIN-LAND-PFALZ S. 12 ff. und BAYERN S. 14 ff.)
	Gerade hier bietet ein leselehrgangunabhängiges Anlautsystem sowie eine adäquate Lautgebärdenkonzeption (vgl. SCHÄFER/LEIS) ein didaktisches und methodisches Kontinuum. Unabhängig von Klasse, Lehrer und Leselernverfahren kann sich der Schüler seine Graphem-Phonem-Korrespondenzen erschließen, wiederholen und abspeichern (vgl. 3.2).

3.2 Problemfelder im Lesenlernen im FSP ganzheitliche Entwicklung

Wenn wir in diesem Unterpunkt den Bereich der Problemfelder innerhalb des grundlegenden Leselernprozesses ansprechen, meinen wir originäre, grundlegende Schwierigkeiten im Umgang mit dem Symbolcharakter von Schrift, dessen Handhabung sowie teilleistungsbezogenen Förderbedürfnissen (vgl. hierzu etwa NICKEL S. 86 ff. und SCHURAD u.a.). Vorab möchten wir einräumen, dass es unseres Erachtens immer Schüler in diesem FSP geben wird, die auf Grund umfänglicher Beeinträchtigungen (Sprache, auditive und visuelle Wahrnehmung, Kognition) primär von der Vermittlung alternativer, sprachunterstützender/-ersetzender Kommunikationsformen (Gebärden, Symbolkarten, PC) profitieren werden.

Grundlegende Schwierigkeiten

In Anlehnung an die Aussage von Watzlawick „*nicht nicht kommunizieren zu können*" (WATZLAWICK u.a. S. 53), gehen wir jedoch von einer grundsätzlichen und basalen Kommunikations- und Lesekompetenz aus. Auch der Schüler mit erhöhten Förderbedürfnissen „*erliest*" sich seine Umgebung und seine sozialen Situationen (Nahrungsaufnahme, Pflege, gemeinsame Unterrichtssituationen). Der Umfang des Förderbedarfs geht hier direkt mit einer Verknüpfung der in Abb. 2 angeführten Bedingungsfelder einher. Innerhalb eines erhöhten Förderbedarfs sehen wir alle Bedingungsfelder berührt, darüber hinaus ist innerhalb der vier Systemebenen eine gewisse Benachteiligung auszumachen. Innerhalb dieses Förderbedarfs dehnen wir ganz direkt den Ansatz des erweiterten Lesebegriffes – wie ihn WERNER GÜNTHNER in seinen Ausführungen zum Lesenlernen an der Schule mit dem FSP ganzheitliche Entwicklung aufzeigt (vgl. GÜNTHNER S. 13 f.) – aus.

WATZLAWICK und die grundsätzliche Kompetenz von Kommunikation

Schüler mit erhöhtem Förder- und Aufsichtsbedarf

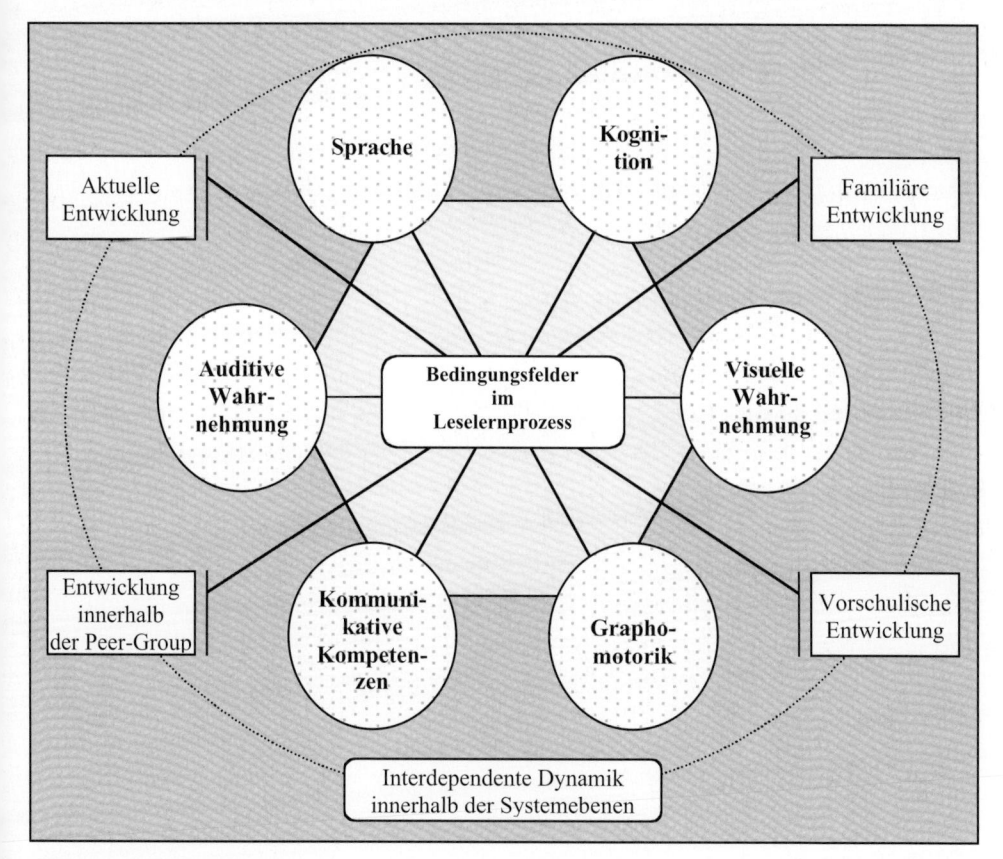

Bedingungsfelder

Abbildung 2: *Bedingungsfelder im Leselernprozess und deren Beeinflussung auf den Systemebenen.*

Eingrenzung des Lesebegriffs und diesbezügliche Vorraussetzungen

Grenzen wir den Lesebegriff im Folgenden mit dem Fokus einer alphabetischen bis orthographischen Leselernstufe (vgl. GORBAHN, HIRSCH u.a. S. 19) ein, sollten die Schüler sprachliche, graphomotorische, audiovisuelle und sozial-kommunikative Kompetenzen mitbringen, die ihnen das Erlernen, die Wiedergabe und das Üben der Graphem-Phonem-Korrespondenzen im weitesten Sinne ermöglichen. In nicht wenigen Fällen lassen sich mittlere bis große Abweichungen von einer phonemisch korrekten Aussprache ausmachen.

Integrierte Sprachförderung im Leselernprozess

Dies impliziert zugleich den Grundsatz/die Notwendigkeit der integrierten Sprachförderung im Leselernprozess (sprachlicher und sozial-kommunikativer Ansatz). Innerhalb der Eingrenzung des Lesebegriffes müssen wir uns grundsätzlich der Komplexität des Vorhabens bewusst sein und die Bemühungen unserer Schüler wertschätzen.

Verlaufsdiagnostik

In diesem Annehmen der Ausgangsleistungen (Ist-Zustand) unserer Schüler mit einem ganzheitlichen Förderbedarf ist es unbedingt notwendig sich der Teilbereiche (Bedingungsfelder ☞ vgl. Abb. 2) des in sich komplexen Leselernprozesses bewusst zu sein und die diesbezüglichen Schwierigkeiten/Problemfelder in der Unterrichtsvorbereitung und -planung zu berücksichtigen.

Soziale und kommunikative Kompetenzen

In Anlehnung an CHRISTA SCHENK sehen wir innerhalb dieser Bedingungsfelder die *„zentrale(n) Funktions-und Verstehensleistungen"* (CHRISTA SCHENK S. 54) im Leselernprozess, ergänzen möchten wir noch das Bedingungsfeld der sozial-kommunikativen Kompetenzen. Wir sehen in diesem Feld den Aspekt der Motivation, durch Schrift und Lesen im engeren Sinne in interaktionale und kommunikative Prozesse treten zu wollen. Diesen intrinsischen Ansatz halten wir im Leselernprozess für sehr wichtig. Wir haben im Unterricht die Erfahrungen machen können, gerade durch soziales und kommunikatives Lernen weitere Wahrnehmungskanäle ansprechen/stimulieren zu können. Der Ansatz eines ganzheitlichen Lernens wird dadurch in seinem Spektrum erweitert.

Ökosystemische Betrachtungsweise

Die Bedingungsfelder unserer Abbildung 2 (Sprache, Kognition, auditive Wahrnehmung, visuelle Wahrnehmung, sozialkommunikative Kompetenzen und Graphomotorik) sehen wir darüber hinaus noch in einem direkten Zusammenhang zu den verschiedenen Teilsystemen, in denen sich der Schüler bewegt. Wir sehen diese Teilsysteme von *vorschulischer, familiärer und aktueller Entwicklung*, sowie die *Entwicklung innerhalb der Gruppe der Gleichaltrigen* als beeinflussende Faktoren der Bedingungsfelder im Leselernprozess an. Eine unzureichende Stimulation der auditiven und visuellen Wahrnehmung, eine unangemessene Entwicklung der sprachlichen Fertigkeiten und eine lernstrategisch anregungsarme Umgebung in der Ontogenese des Kindes bedingen Förderbedürfnisse in den entsprechenden Kompetenzbereichen.

3.2 Problemfelder im Lesenlernen im FSP ganzheitliche Entwicklung

Wir haben im Eingangsbereich dieser Arbeit aufgezeigt, dass innerhalb der o.a. Bedingungsfelder Schüler des Regelschulbereiches keine wesentlichen/zentralen Schwierigkeiten und Probleme haben dürften. Verschiedene Autoren gehen im Rahmen des Erstleseprozesses im Regelschulbereich davon aus, dass die Synthese von Buchstaben nach etwa 3 Monaten erfasst worden ist (vgl. GORBAHN, HIRSCH u.a. S. 18 f. sowie CHRISTA SCHENK und KURT MEIERS). Dieser Ansatz impliziert zugleich das Vorhandensein grundlegender Kompetenzen innerhalb der Bedingungsfelder. In der Regel sind diese Schüler in der Lage minimale Unzulänglichkeiten eigenständig oder mit kleineren Hilfen kompensieren zu können. Grundsätzlich können wir davon ausgehen, dass der Förderbedarf im Leselernprozess proportional mit der Zunahme an problemimmanenten Bedingungsfeldern ansteigt.

Korrelation zwischen den o.a. Bedingungsfeldern und dem Leselernprozess

Oft lassen sich bei Schülern mit einem ganzheitlichen Förderbedarf deutliche Probleme innerhalb mehrer Bedingungsfelder ausmachen (etwa eine Verbindung aus sprachlichen Schwierigkeiten, auditiven Wahrnehmungsstörungen, Förderbedarf im Bereich der Kognition und einem nicht minder hohen Förderbedarf an sozialkommunikativen Kompetenzen). Eine entsprechend anregungsarme Umgebung und fehlende/unangemessene Stimulantia auf allen Systemebenen bedingen – neben organischen und/oder neurologischen Ursachen – einerseits diese Förderbedürfnisse, andererseits bleibt ihr Fortbestand zumindest zu Beginn der Schulzeit präsent und wirkt in die schulische Arbeit hinein. Die Aufgabe der Schule besteht nun darin, diese Systemebenen derart positiv zu beeinflussen, dass entsprechende Rückkopplungsprozesse entstehen.

Positive Beeinflussung der schulischen und außerschulischen Systemebenen

Im Hinblick auf unser Konzept eines lehrgangunabhängigen Anlautsystems stellen wir im Folgenden nur einige Schwierigkeiten aus den Bedingungsfeldern vor, mit denen sich unsere Schüler auseinandersetzen müssen. Es handelt sich hierbei nicht um eine lückenlose Darstellung diagnostischer Indikatoren, vielmehr möchten wir durch ein exemplarisches Aufzeigen der Probleme die Notwendigkeit eines fundierten und systematisierten – zugleich angemessen reduzierten – Arbeitsmaterials aufzeigen. Unseres Erachtens muss mit einer Zunahme an Förderbedarf ein hohes Maß an Differenziertheit und professioneller Planungs-und Unterrichtsarbeit einhergehen damit der Schüler „*Akteur seines Lernens*" (LEHRPLAN S. 13) sein – und bleiben – kann.

Notwendigkeit eines fundierten und systematisierten Arbeitsmaterials

3.2.1 Sprache in Wort und Bild

Sprache ist zentraler Bestandteil jeglichen Unterrichts, in unserem Vorhaben dient Sprache sowohl als Grundlage, ist zugleich aber Förderschwerpunkt. Wenn im Erstleseprozess der Grundschule bereits syntaktische Grundlagen anvisiert werden, dann sind die Grundlagen für Schüler mit einem ganzheitlichen Förderbedarf auf einer basalen und elementaren Ebene auszumachen.

Sprachförderung auf elementarer Ebene

Darunter verstehen wir zunächst die Sicherungen eines grundständigen Wortschatzes, der es dem Schüler ermöglicht, die Dinge des täglichen Lebens bezeichnen zu können. Wir stellen fest, dass auch Schüler ohne größere Probleme in der Artikulation den verbalen Dialog nicht suchen oder in Konfliktfällen zu Ersatzhandlungen (Schlagen) greifen. In der sprachlichen Entwicklung eignen sich Kinder sowohl klangfarbliche als auch syntaktische Vorlagen der Eltern und des weiteren Erziehungsumfeldes an, entsprechend hoch kann ein diesbezüglicher Förderbedarf sein, wenn ein (quantitativ und qualitativ) kommunikativ anregungsarmes Elternhaus diesen Entwicklungsprozess begleitet. Bezogen auf die Praxis des Erstlesens bedeutet dies, dass die Synthese von Lauten unter Umständen etwas Unbekanntes ergibt; es bleibt unbefriedigend und nicht motivierend Schrift zu enkodieren, die einem nichts zu sagen hat.

Auf-/Ausbau des aktiven Wortschatzes

Dieser Sachverhalt einer integrativen Sprachförderung legt im Leselernprozess für Schüler mit einem ganzheitlichen Förderbedarf zwei Grundsätze nahe:

1. Wenn Sprachförderung (verbal und nonverbal) ohnehin Unterrichtsprinzip sein sollte, ist gerade in Unterrichtseinheiten mit dem Schwerpunkt „Lesen und Schreiben" dieser Ansatz intensiv zu berücksichtigen. Die Schüler finden hier die Möglichkeit den Lehrer als aktives und positives Sprachvorbild zu nutzen, entsprechend sollte die Lehrersprache klar und deutlich strukturiert sein, Wiederholungen von Klangbildern und Lauten sowie die Rhythmisierung von Sprache dienen hier den Schülern zur Übung.

Lehrer als aktives Sprachvorbild

Im Sinne eines handlungs- und schülerorientierten Unterrichts sollten diese Übungen nicht in frontalen, geradlinigen und sitzenden Übungen stattfinden, sondern in kindlich angemessenen und spielerischen Situationen. Bewegungs-, Erlebnis- und Hörspiele können hier eine Auflockerung der Sozialformen ermöglichen und den Schülern ein Lernen sprachlicher Fähigkeiten und Fertigkeiten in mehreren Kanälen anbieten. Insbesondere Schüler, deren sprachliche Aktivität mit etwas Bequemlichkeit einhergeht lassen sich dadurch motivieren. Erfolge festigen sich im weiteren Verlauf und werden durch die Vorbildfunktion des Lehrers bestärkt.

Mehrkanalige und bewegte Umsetzung

2. Neben dieser syntaktischen und lautsprachlichen Ebene von Sprachförderung erhält der zweite Punkt insbesondere im Hinblick auf unsere Konzeptbildung einen erhöhten Stellenwert. Der Aufbau und weitere Ausbau des Wortschatzes – in seiner passiven/aktiven Ausprägung – steht im Mittelpunkt. Wir stellen fest, dass scheinbar leistungsstärkere Schüler oft über einen begrenzten Wortschatz verfügen, der ihnen die Bedeutungserfassung eines durch Lautsynthese „erlesenen" Wortes nicht direkt ermöglicht. Ein sinnentnehmendes Lesen scheitert in diesem Fall womöglich nicht an der Technik (Graphem-Phonem-Zuordnung/Synthese), sondern am sprachlichen Kontext.

Semantik – Lesen und der sprachliche Kontext

3.2 Problemfelder im Lesenlernen im FSP ganzheitliche Entwicklung

Da sprachliches Lernen – wie Lernen im Allgemeinen – nicht durch einen rein additiven Zugang, sondern vielmehr durch Vernetzungen und kommunikative Entwicklungsprozesse gezeichnet ist, dient auch in der Erweiterung des Wortschatzes das Üben, Wiederholen und das Lernen durch Fehler und Irrtum als methodischer Ansatz.

PIAGETS Assimilation und Akkommodation
Lesen als kommunikativer Prozess

Es sind Wörter anzubieten, die sowohl für die Kinder einen hohen emotionalen Aufforderungscharakter haben, als auch in ihrer Struktur zunächst einfach und lautgetreu aufgebaut sind. In Anlehnung an die unter 3.3.2 aufgezeigten Prinzipien eines Anlautsystems können etwa die verwendeten Wörter als grundlegende Arbeitswörter dienen, durch eine entsprechende Bodenständigkeit finden die Schüler Sicherheit und Orientierung innerhalb der Erweiterung ihres Wortschatzes. Parallel dazu kann natürlich das Arbeiten in einem grundlegenden Leselehrgang (vgl. 3.3.1) eine entsprechende Erweiterung bleiben.

... innerhalb eines schülerorientierten Umfeldes

Neben diesen beiden Föderansätzen auf dem Gebiet der Sprache (integrierte *Sprachförderung* und Auf-/Ausbau *Grundwortschatz*) ist das Verständnis der Schüler auszubauen, Sinnverbindungen zwischen enaktiver (gegenständlicher) und symbolischer Ebene (Schrift) herzustellen. Dies meint, dass die Schüler Schrift *„stellvertretend für die nicht unmittelbar wahrnehmbare Sprache"* (SCHENK S. 61) anerkennen. Aufbauend auf einfachen Verbindungen nimmt das Üben entsprechend der Leselehrgangentwicklung im Förderschwerpunkt ganzheitliche Entwicklung an Komplexität zu (vgl. hierzu Abbildung 1). Im Anfangsunterricht kann ein Anlautsystem mit einfachen Bildern und entsprechenden Wortgestalten als Einstieg dienen:

Schrift als Stellvertreter von Sprache wahrnehmen

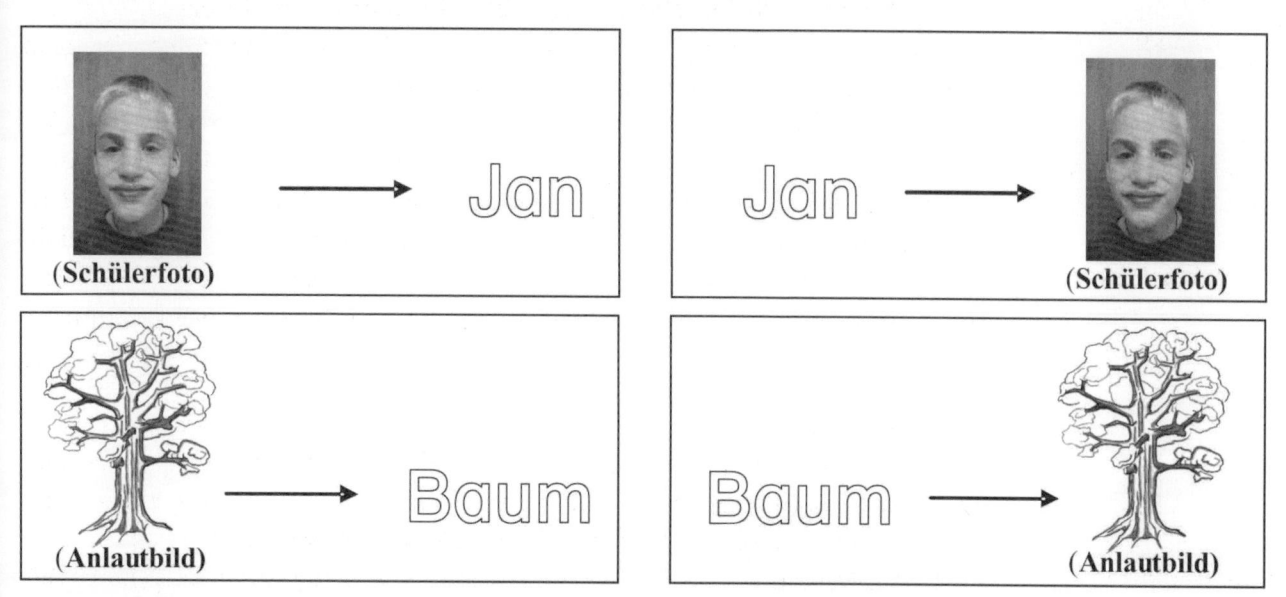

Abbildung 3: *Bild-Wort und Wort-Bild-Zuordnung in einer anbahnenden Struktur.*

Durch die einfache und schlichte Gestaltung der Zuordnung „Bild zu Wort" und einer entsprechenden Umkehrung wird den Schülern der Bedeutungscharakter des geschriebenen Wortes klar. Sie nehmen die Kombination aus Schriftzeichen wahr und setzen diese in Verbindung mit einem Gegenstand, einer Handlung oder einer Person.

Bedeutungscharakter von Schrift

Prägnanz als Auswahlprinzip

Wenn wir in 3.2.4 die Schwierigkeiten in der visuellen Wahrnehmung und Gliederung von Graphemverbindungen aufzeigen, möchten wir bereits an dieser Stelle auf die Notwendigkeit eines prägnant und einfach gestalteten Einstiegs verweisen. Es sollten einfache Wörter genutzt werden, die auch den Kindern bekannt sein können, deren sprachliche Entwicklung durch eine diesbezüglich anregungsarme Umgebung gezeichnet war oder noch ist. Die verbalsprachlichen Kompetenzen der Schüler korrespondieren auch stark mit diesbezüglichen Rahmenbedingungen durch den Lehrer. Die Lehrersprache sollte in einer klaren und deutlich strukturierten Weise den Schüler ansprechen und ihn nicht mit einer unangemessenen Fülle an unbekannten Wörtern konfrontieren.

Die Schüler abholen

Unseres Erachtens lassen sich viele Schüler innerhalb unseres Förderschwerpunkts auf einen für sie gewinnbringenden Dialog ein, wenn sie sich im angebotenen sprachlichen Umfeld wohl fühlen und sich einen Überblick verschaffen können. Es geht also um den schon oft benutzten Ausdruck, *die Schüler dort abzuholen, wo sie stehen.*

Im Bezug auf unsere Themenstellung und die Konzeptbildung eines lehrgangunabhängigen Anlautsystems müssen wir jedoch feststellen, dass stattdessen den Schülern häufig unbekannte oder in ihrer Aussprache/Artikulation schwierige Wörter zugemutet werden. Dies ist sowohl in alltäglichen Unterrichtssituationen, als auch in didaktisch-methodisch aufbereiteten Materialien und Konzepten wieder zu finden. Die Auswahl dieser Wörter berücksichtigt unseres Erachtens unzureichend die Komplexität des Schriftspracherwerbs und die damit verbundenen Förderbedürfnisse unserer Schüler.

3.2.2 Kognition

In Abbildung 2 haben wir den systemischen Charakter der Bedingungsfelder von Problemen im Erstleseprozess hervorgehoben. Auch MATTHIAS MARSCHIK und CHRISTIAN KLICPERA betonen in diesem Zusammenhang, dass es sich selten um monokausale Begründungsfelder handelt. Sie stellen fest, dass *„Leseschwächen auf einem Zusammentreffen verschiedener Ursachen (beruhen)"* (MARSCHIK/KLICPERA S. 56).

... selten handelt es sich um monokausale Ursachenfelder

In diesem Unterpunkt möchten wir uns mit zwei Aspekten aus dem Bedingungsfeld der Kognition befassen, die den Prozess des Lesen- und Schreibenlernens mit zu beeinflussen scheinen.

Zum einen ist dies der Komplex *spezieller kognitiver Fähigkeiten*, der in den beiden Fähigkeitsmerkmalen *Assoziation* und *Speicherfähigkeit* zum tragen kommt:

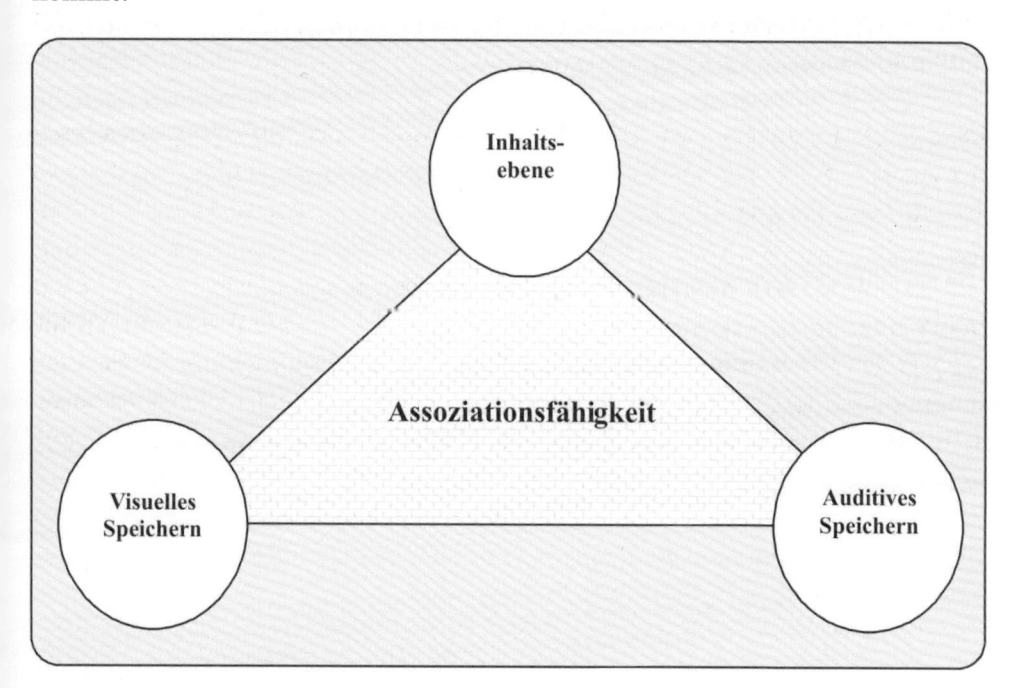

Spezielle kognitive Fähigkeiten

Abbildung 4: *Eckpunkte assoziativer Fähigkeiten*

<u>Assoziation:</u> Wenn wir in oberen Zusammenhängen Lernen als ein vernetztes und ein in sich aufbauendes inneres Handeln bezeichnet haben, so findet sich dieses Vorgehen gerade in den Anfängen des Lesernprozesses wieder. Für den Leseanfänger bedeutet dies, Verknüpfungen herzustellen zwischen dem Inhalt des Wortes (*Inhaltsebene*), der optischen Darstellung (*visuelles Speichern*) und dem klanglichen Auftreten (*auditives Speichern*). CHRISTA SCHENK geht davon aus, dass die *„Voraussetzung für eine Assoziation (...) Wahrnehmungen (sind), die zeitlich nebeneinander oder hintereinander ins Bewusstsein treten, um so miteinander in Beziehung gesetzt zu werden"* (SCHENK S. 62).

Assoziationen auf der Grundlage von Wahrnehmungstätigkeit

Dieses Beziehungsgeflecht ist jedoch nicht erst im Umgang mit Wörtern notwendig, sondern bereits in der Anbahnung einer grundlegenden Fähigkeit zur Erfassung der Graphem-Phonem-Korrespondenz.

Graphem-Phonem-Korrespondenzen als basale Assoziation

Dies bedeutet, nach visueller Wahrnehmung eines optischen Reizes (Graphem) den entsprechenden Laut (Phonem) wiedergeben zu können. Wir stellen in diesem Zusammenhang fest, dass unsere Schüler manche Buchstabenbilder besser mit ihrem Laut in Verbindung setzen (assoziieren) können als andere. So zeigt sich im Bereich der Vokale das „*i*" als ein sehr dankbarer Laut, wogegen das „*u*" einer längeren Gewöhnungszeit bedarf. Es zeigen sich hier auch die Querverbindungen zu den Teilleistungen der auditiven und visuellen Analyse sowie der verbalsprachlichen Fertigkeiten, die in diesen Punkt der Assoziation hineinstreuen.

Prinzipien von Anlautbildern ...

Für unser Konzept eines Anlautsystems bedeutet dies, dass zwar die Fähigkeit unterstützt wird, Grapheme durch Anlautbilder/Ankerbilder mit den entsprechenden Lauten verbinden (assoziieren) zu können, darüber hinaus aber die Prinzipien von Anlautbildern einer klaren, möglichst mehrkanaligen Hinführung/Gestaltung/Methodik bedürfen (klare Strukturen, lebensweltbezogene Darstellung und Auswahl, Originalbegegnungen, Eindeutigkeit und Prägnanz). Eine weitere Charaktereigenschaft unseres Förderschwerpunktes liegt in einer unbedingten Notwendigkeit, kontinuierliche Übungs-und Wiederholungssequenzen in den fortlaufenden Unterricht einfließen zu lassen. Die methodischen Möglichkeiten hierzu liegen besonders in den Formen offenen Unterrichts wie Freiarbeit und Wochenplan (vgl. RAEGGEL/SACKMANN S. 71 ff.).

... und die Notwendigkeit von Übungs- und Wiederholungsphasen

Speicherfähigkeit: Innerhalb der kognitiven Kompetenz der Assoziation führten wir das Üben und grundsätzliche Wiederholen dieser gedanklichen Verbindungen zwischen Bild und Laut als notwendig an, das Speichern im Langzeitgedächtnis zeichnet sich als das Ergebnis eines kontinuierlichen Übens aus. Diesbezügliche Speicherprozesse, die im Grundschulbereich nach einigen Monaten – zumindest innerhalb des ersten Schuljahres – abgeschlossen sind (s.o.), bedürfen innerhalb unseres Förderschwerpunktes mitunter einiger Jahre.

Speicherfähigkeit und auditive Analyse

Erst wenn das Speichern der Graphem-Phonem-Verbindungen in weiten Teilen abgeschlossen ist kann durch eine diesbezügliche Verbindung zum Kurzzeitgedächtnis ein Wort „erlesen" werden. Wir stellen im täglichen Lesen mit unseren Schülern fest, dass diese Fähigkeit zum Speichern akustischer Eigenschaften von Buchstaben im Langzeitgedächtnis die Grundlage jeglicher Methode des Lesenlernens darstellt (methodenintegratives Lesen/ Lesen in Silben).

Speicherbelastungen

In einer direkten Verbindung zu unserer Konzeption stehen die Fähigkeiten des Kurzzeitgedächtnisses. Erfasste Buchstabenbilder werden hier in Korrespondenz zu ihrem Phonem wie in einem Arbeitsspeicher zwischengelagert, innerhalb dieses Speicherprozesses findet die Synthese statt. In diesem Zwischenspeichern dürfen die o.a. Korrespondenzen nur einen geringen Teil der Speicherbelastungen ausmachen, um den Prozess der Synthese nicht erheblich zu beeinflussen (vgl. TOPSCH S. 61).

3.2 Problemfelder im Lesenlernen im FSP ganzheitliche Entwicklung

Steht hier ein Anlautsystem (und Lautgebärdensystem) als Stütz- und Ankermöglichkeit bewusst zur Verfügung, finden die Schüler Orientierung und können sich mit dem eigentlichen Syntheseprozess befassen.

Neben diesem Komplex der *speziellen kognitiven Fähigkeiten (Assoziation und Speicherfähigkeit)* lassen sich in diesem Bedingungsfeld weitere Ansätze ausmachen.

Diese sind in der Fachliteratur unter den Überschriften *Konzentration* und *Motivation* zu finden:

In einem Verständnis von <u>Konzentration</u> als der höchsten Steigerungsform von Aufmerksamkeit (vgl. SCHENK S. 66 und LEDL S. 45) sehen wir in der willkürlichen Lenkung auf einen Arbeitsprozess (also Lesen im engeren Sinne) die qualitative Auswirkung. Beobachtungen im Leselernprozess innerhalb unseres FSP zeigen, dass oft die Konzentrationsspannen – insbesondere im Eingangsbereich – sehr kurz sind, innerhalb der Förderplanung wird so Konzentration (und Arbeitshaltung) zum Schwerpunkt.

Unserer Einschätzung nach steht das Ausmaß an Konzentrationsfähigkeit gerade im Leselernprozess in einem direkten Zusammenhang zur <u>Motivation</u>. Je motivierter Schüler sind, sich auf das Arbeiten mit Buchstaben einzulassen desto leichter fällt es ihnen, sich auf einen diesbezüglichen Arbeitsprozess zu konzentrieren. Schüler, die etwas wollen, schaffen dies in der Regel auch, zumindest zeichnen sich im Rahmen ihrer Möglichkeiten Fortschritte ab. Im Regelschulbereich sieht CHRISTA SCHENK die *„Lesemotivation (als) die aktivierende Energie für die Bereitschaft, sich mit den notwendigen Lernprozessen für das Lesenlernen auseinander zu setzen"* (SCHENK S. 64). Unter diesem Gesichtspunkt lassen sich auch solche Beobachtungen erklären, dass sich manche Schüler im Rahmen der Freiarbeit wochenlang mit Aufgaben aus dem Bereich der Mathematik befassen und sich nur sehr schwer zu Leseübungen motivieren lassen. In anderen Phasen sind sie selber so motiviert in das Lesen vertieft, dass andere Aufgabenfelder (wie etwa Mathematik oder das aktuelle Vorhaben) an Relevanz verlieren.

Unsere Aufgabe sehen wir darin, im Sinne einer Verlaufsdiagnostik Kompetenzstände und Lernfortschritte zu beobachten und angemessene Angebote bereitzustellen. Durch diesen unsteten Entwicklungsverlauf zeigt sich auch die Notwendigkeit eines individualisierten Leselernprozesses auf (vgl. TOPSCH S. 65 ff. und BRÜGELMANN S. 158 ff.), den wir in seiner potenziellen Dauer in Abbildung 1 aufgezeigt haben.

Marginalien:
- Reduktion auf das Wesentliche
- Konzentration
- Lesemotivation als aktivierende Bereitschaft
- Spracherfahrungsansatz

3.2.3 Auditive Wahrnehmung

Wir haben in Kapitel 2, 3.2.1 und 3.2.2 gezeigt, in welchem Umfang Beeinträchtigungen der Sprache, der Motorik, der Kognition, der Wahrnehmung und des emotionalen Erlebens das Lesenlernen erschweren. Da ein großer Teil unserer Schüler einen umfangreicheren Förderbedarf auf allen Ebenen der Sprache (phonetisch-phonologisch, syntaktisch-morphologisch, lexikalisch-semantisch, pragmatisch-kommunikativ) aufweist, ist eine in den Leselernprozess integrierte Sprachförderung sehr wichtig (vgl. BRÜGELMANN S. 158 ff, GÜNTHNER S. 109 ff und SPITTA S. 14 und S. 19 ff.).

Integrativer Ansatz von Sprachförderung

Im Vergleich zu Schulen anderer Förderschwerpunkte (*Sprache, Lernen und auch der Grundschulbereich*), die ebenfalls die Sprachförderung in den Leselernprozess integrieren, gestaltet sich die sprachliche Weiterentwicklung unserer Schüler jedoch langsamer und im Förderansatz komplexer. In diesem Kapitel wollen wir auf die Schwierigkeiten eingehen, die sich diesbezüglich durch Beeinträchtigungen im Bereich der auditiven Wahrnehmung ergeben (vgl. hierzu auch OLBRICH S. 24 ff.).

Zur Vermeidung einer begrifflichen Unschärfe möchten wir eine Abgrenzung innerhalb der Bezeichnungen akustisch und auditiv anführen. Akustik (als die Lehre von Schall oder den Schallverhältnissen) und die davon abgeleiteten Begriffe meinen den physikalischen Reiz. Hier hingegen werden die anatomischen Grundlagen des Hörvorgangs und die physiologischen Prozesse als auditiv bezeichnet. Damit meint die auditive Wahrnehmung nicht „*das Hören an sich, sondern ein(en) Prozess der Erfassung des Gehörten und seiner Verarbeitung durch das Gehirn*" (ROSENKÖTTER S. 34). ROSENKÖTTER stellt zur Verdeutlichung die möglichen Vorgänge in einem vereinfachten Modell dar, bei dem von einem akustischen Signal ausgehend über die Ebenen der „*Verarbeitung akustischer Reize*", der „*Wahrnehmung sprachlicher Reize*" und der „*Phonologischen Bewusstheit*" das Sprachverständnis erreicht wird (vgl. EBD. S. 35).

Begriffsklärung: akustisch vs. auditiv

VICTOR LEDL (vgl. S. 42 f.) führt in seiner Handreichung „*Kinder beobachten und fördern*" verschiedene Beobachtungskategorien zur auditiven Wahrnehmung an, die man in einer umfassenderen Betrachtung auch als Teilkompetenzen bezeichnen kann (vgl. hierzu auch KLICPERA/GASTEIGER-KLICPERA Kapitel I 4 und II 2). Wir stellen bei unseren Schülern weiter fest, dass sich die auditive Wahrnehmung in eine engere und in eine weitere Betrachtungsweise einteilen lassen (vgl. hierzu auch KÜSPERT 2004 S. 144 ff.).

Engere Betrachtungsweise	**Weitere Betrachtungsweise**
Auditives Gedächtnis, auditive Identifikation, auditive Differenzierung, auditive Serialität, Richtungshören, Entfernungshören, auditive Gliederung und die auditive Intermodalität	Auditive Figur-Grund-Wahrnehmung und die Fokussierung der Aufmerksamkeit im auditiven Bereich

3.2 Problemfelder im Lesenlernen im FSP ganzheitliche Entwicklung 27

Eine ähnliche Unterscheidung findet sich auch bei LEDL (S. 43), der in den Bereichen der auditiven Wahrnehmung und der mnestischen Funktionen differenzierter unterscheidet (vgl. EBD. S. 43). Folgende Kompetenzen lassen sich im Bedingungsfeld einer engeren Betrachtungsweise nennen:

- Auditives Gedächtnis
  Unter dem Aspekt des auditiven Gedächtnisses versteht man Fähigkeiten, über das Kurzzeitgedächtnis Teilinformationen abzuspeichern, die man im Lesevorgang wieder abrufen muss (vgl. 3.2.2 und ROSENKÖTTER S. 47 ff.). In Folge einer „*verringerten auditiven Gedächtnisspanne*" (LEDL S. 42) können sowohl auf der Wort – als auch auf der Satzebene Schwierigkeiten auftreten, Informationen abzurufen. Dies kann dazu führen, dass am Ende eines Wortes die phonetischen Informationen des Wortanfangs nicht mehr vorhanden sind (vgl. TOPSCH S. 71 ff.).

Teilinformationen aus dem Kurzzeitgedächtnis

- Auditive Identifikation
  Die auditive Identifikation meint „*das Erkennen von Gegenständen an ihren Geräuschen mit geschlossenen Augen*" (LEDL S. 42). Diesbezügliche Schwierigkeiten meinen, dass die sensorische Integration des akustischen Reizes in ein bestehendes Vorstellungs- und Informationssystem nicht in angemessener Form gelingt. So ist etwa das Plätschern von Wasser bekannt, das Erkennen der Sache mit verbunden Augen gelingt jedoch nicht (vgl. hierzu auch KÜSPERT). Im Rahmen grundlegender Analyseübungen im auditiven Bereich bedeutet dies bei unseren Schülern oft ein Angewiesensein auf Bildmaterial oder Lautgebärden (vgl. hierzu SCHÄFER/LEIS). Sie haben den Laut zwar erkannt, können ihn jedoch bildlich zunächst keinem Graphem zuordnen, das Nutzen unterschiedlicher Kanäle bietet oft unterstützende Hilfen (vgl. weiter MAHLSTEDT und SCHENK S. 28 f./55 f. sowie das Kapitel 3.3.2.3 und Abb. 42).

Abbildung aus BORNS U.A. Lehrerhandbuch Kapitel III S.8

- Auditive Differenzierung
  Grundsätzlich lassen sich Schwierigkeiten in der Differenzierung unterschiedlicher akustischer Inputs anführen. Diese Inputs lassen sich in folgenden Wahrnehmungsfeldern ausmachen:

  – Geräusche,
  – Tonhöhe, Tonintensität und Tondauer,
  – Rhythmus und
  – Melodie (vgl. hierzu auch HILDEGARD WEIDEN S. 21 f.).

Versteht man diese Auflistung als qualitative Steigerung (Geräusch ☞ Laut) lassen sich recht schnell Parallelen zwischen einem arhythmischen Nachklatschen und einer falschen Wahrnehmung bestimmter Lautverbindungen und Wort-/Satzstrukturen herstellen. Man spricht hier von einer phonematischen Differenzierungsschwäche (vgl. BREUER/WEUFFEN 2004). Umgekehrt bedeutet dies *nicht*, dass alle Schüler, die einem vorgegebenen Rhythmus oder einer vorgesungenen Melodie nicht folgen können Schwierigkeiten im Bereich der auditiven Differenzierung/Strukturbildung/Rhythmisierung haben.

/o/ ⇔ /u/

/m/ ⇔ /n/

/b/ ⇔ /d/

Informelle Diagnostik

In Anlehnung an TALLAL (S. 182-198) sind solche Schwierigkeiten im Bereich der auditiven Wahrnehmung nicht nur auf sprachliche Reize beschränkt, *„sondern treten bei allen akustischen Reizen auf, bei denen rasch ablaufende Veränderungen zu unterscheiden sind"* (KLICPERA/GASTEIGER-KLICPERA S. 251). Entsprechend bietet sich diese informelle Möglichkeit (Rhythmisierung von Sprache) als diagnostisches Inventar (informeller Art) durchaus an.

Melodie und Rhythmik

BREUER/WEUFFEN (2004) unterscheiden innerhalb dieser Teilkompetenz der auditiven Differenzierung weiter zwischen der *melodischen Überprüfung* und der *rhythmischen Überprüfung* (vgl. BREUER/WEUFFEN 2004 und WEIDEN S. 21-23). Unseres Erachtens sind diese beiden Teilaspekte nur im Sinne einer theoretischen Darstellung zu trennen (vgl. hierzu MEIERS S. 62 f., OLBRICH S. 24 ff. und KLICPERA/GASTEIGER-KLICPERA S. 250 ff.) gehört doch die melodische Erfassung von Sprache unmittelbar in den Bereich der Rhythmik und umgekehrt. Eine Betonung der melodischen Überprüfung hebt die Sinnentnahme jedoch etwas mehr in den Mittelpunkt, denn *„... es kann davon ausgegangen werden, dass Melodiedifferenzierung eine wesentliche Voraussetzung für das richtige Erkennen und Verwerten sprachlicher Gebilde ist ..."* (BREUER/WEUFFEN 2004 S. 15).

- Auditive Serialität/auditive Gliederung
  Nach unserer Einschätzung stehen die beiden Beobachtungskategorien der *auditiven Serialität* (vgl. LEDL S. 42) und der *auditiven Gliederung* (EBD.) in einem unmittelbaren Zusammenhang – mehr als dies im Bezug zu den anderen Kategorien der Fall ist. Im Falle der auditiven Gliederung muss der Schüler das Wort in seiner Phonem-Gestalt erfassen und in einem metakognitiven Prozess strukturieren (vgl. MEIERS S. 62 und RITTMEYER S. 93 ff.). Es handelt sich hierbei um eine *„Lautpositionsbestimmung im Anlaut, Inlaut und Auslaut"* (LEDL S. 42 vgl. auch die spezifischen akustischen Übungen in WEIDEN S. 50 f. und MAHLSTEDT S. 67 ff. und 93 ff.).

Klangstruktur

Schüler, die nun Probleme in der serialen Wahrnehmung haben, erfassen unter Umständen in dem Wort „Ameise" das /a/ als phonemischen Bestandteil des Gesamten, verorten aber das /a/ in die Mitte oder an das Ende. Diese Schwierigkeiten beobachten wir bei unseren Schülern häufig, sehen aber zugleich die Möglichkeiten durch angemessene Übungsangebote eine Sensibilisierung herbeiführen zu können (vgl. auch TOPSCH S. 58 ff.). Vieles verläuft hierbei zunächst über die Ebene der Verbindung von auditiver, taktiler und visueller Wahrnehmung. Dadurch soll den Schülern die Wortgestalt in den ablaufenden kognitiven Prozessen präsent gemacht werden, sie sollen eine Vorstellung von der Wortstruktur bekommen. Analog zu unserer Abbildung 43 sehen wir eine unmittelbare Verbindung zwischen den mitgebrachten Voraussetzungen und diesbezüglichen Förderansätzen (vgl. MELZER/RADDATZ S. 20 ff.).

(Abbildungen aus BLUMENSTOCK 2004 S. 32)

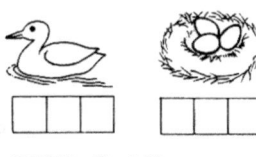

(EBD. S. 32)

3.2 Problemfelder im Lesenlernen im FSP ganzheitliche Entwicklung

Übungen wie die angeführten Beispiele (/a/ ☞ **A**st und G**a**bel oder /e/ ☞ **E**nte und N**e**st) aus BLUMENSTOCK (S. 32) oder MAHLSTEDT (S. 93) finden sich in vielen Leselehrgängen, Begleitbänden zu Fibeln oder auch aktuellen Programmen für den PC (☞ BUDENBERG LERN-SOFTWARE/ Deutsch/Mathematik).

Um diese einzelnen Aspekte sowohl im Sinne einer Eingangs- als auch einer Verlaufsdiagnostik grundsätzlich wahrnehmen und im Förderangebot/Förderplan entsprechend reagieren zu können empfehlen wir die Förderdiagnose nach THOMAS BETTINGER/VIKTOR LEDL (1999a) in der Kurzüberprüfung S. 10 [in Anlehnung an BREUER/WEUFFEN 2004] und die ausführliche Beobachtung auf den Seiten 13 und 14, sowie das sehr differenzierte Inventar von HEUER (S. 44-48), das in die Abschnitte

  Diagnostische Möglichkeiten

- *auditive Differenzierung,*
- *auditive Lokalisation im Raum,*
- *auditive Lokalisation in der Zeit,*
- *Strukturierung* und
- *auditiv-sprachliche Fähigkeiten* aufgeschlüsselt ist.

  Beobachtungskriterien nach HEUER (S. 44-48)

Zu einer vertiefenden Betrachtung eignet sich die Differenzierungsprobe (DP) nach BREUER/WEUFFEN (2004), insbesondere der Subtest 2 („akustisch-phonematische Differenzierung"), sowie der BREMER LAUTDISKRIMINATIONSTEST (BLDT) und der BREMER ARTIKULATIONSTEST (BAT).

  BREUER/ WEUFFEN, BLDT, BAT,

Wir haben im Eingang des Punktes 3.2.3 von einer engeren und weiteren Betrachtungsweise auditiver Wahrnehmungsmerkmale gesprochen. Darauf aufbauend haben sich die gezeigten Fähigkeitsbereiche auf den Verarbeitungsprozess in einem unmittelbaren Maße bezogen und direkte Verbindungen zum Leselernprozess wurden nachvollziehbar (*auditive Serialität/auditive Gliederung* ☞ *An-, In-und Auslautanalyse und Wahrnehmung der Wortstruktur*).

  Engere Betrachtungsweise

Dieser engeren Betrachtungsweise des auditiven Wahrnehmungsvermögens steht nun eine erweiterte Betrachtung gegenüber, die insbesondere durch die Kategorien der

  Weitere Betrachtungsweise

- *„auditiven Figur-Grund-Wahrnehmung und der*
- *Fokussierung der Aufmerksamkeit im auditiven Bereich"* (LEDL S. 43)

charakterisiert werden kann (EBD. S. 42 f., S. 45 und S. 48-52).

Konkret sind hier Schüler gemeint, die *„Schwierigkeiten* (haben)*, das Unterrichtsgeschehen mit konstanter Aufmerksamkeit zu verfolgen (...) und (...) ihre gesamte Aufmerksamkeit nur auf eine Tätigkeit (zu) richten"* (LEDL S. 45). CHRISTA SCHENK versteht darunter, dass der Schüler *„nicht nur hört, sondern hinhört oder sogar angestrengt lauscht (...).*

  ... angestrengtes Lauschen

Die Fähigkeit zur willkürlichen Aufmerksamkeit

Für das schulische Lernen ist die Fähigkeit zur willkürlichen Aufmerksamkeit entscheidend" (EBD. S. 66). Stellen wir uns vor diesen grundsätzlichen Aussagen aus der Literatur unsere eigenen Schüler aus dem Anfangsunterricht (in Unterstufen- und auch Mittelstufenklassen) vor, lassen sich wesentliche Parallelen ausmachen. Hier einige Beispiele:

Beispiele aus der eigenen Klasse

- Lukas fällt das Arbeiten in der Zweier-Gruppe schwer, weil er das Vorlesen in der Ecke ebenfalls wahrnimmt.
- Michelle arbeitet eigentlich mit den Klammerkarten hört aber Moritz beim Abzählen von Messer und Gabel zu.
- Moritz wiederum nimmt Anikas Zählen am Computer wahr und hat seine eigene Zahlenreihe durcheinander geworfen.

Realität zulassen und Möglichkeiten nutzen

Solche Situationen sind gewöhnlicher Unterrichtsalltag und sollten von den Schülern auch als solcher empfunden werden. Zukünftig werden sie sich im Berufsleben mit ähnlichen Wirklichkeiten konfrontiert sehen. Aktuell wird es immer zu Geräuschen innerhalb (*Zwischenfragen, Stift fällt, Stuhl rutscht*) und außerhalb (*Auto, Vogel, Schiff, Flugzeug, Stimmen auf dem Gang*) des Klassenraums kommen. Folglich sollte es also ein Ziel sein, die Schüler mit solchen Eventualitäten in gewissem Maße zu konfrontieren. Zum anderen liegt im Sprachvorbild des Lehrers – *vor dem Hintergrund der räumlichen Akustik sollte eine leise und gedämpfte Stimme mit Blickkontakt Unterrichtsprinzip sein* – auch die Chance eine ruhige und entspannte Unterrichtsatmosphäre herstellen zu können.

Wir konnten in einer solchen ruhigen Arbeitsatmosphäre folgende Veränderungen – sowohl bei den Schülern als auch bei uns – feststellen:

Allgemeine und spezifische Veränderungen

- Die beginnende Ruhe (Sprache, Bewegung, Gestik, Mimik) koppelt positiv auf eigenes Verhalten zurück.
- Ohnehin ruhige Schüler fühlen sich in dieser Arbeitsumgebung wohler und zeigen eine größere Leistungsbereitschaft.
- Unruhige und impulsive Schüler scheinen sich selber überdeutlich wahr zu nehmen und reagieren in der Regel durch ein ebenfalls ruhigeres Kommunikationsverhalten.
- In dieser ruhigen Arbeitsatmosphäre vertiefen sich die Schüler so in ihre Aufgaben, dass man durchaus von einem sehr konzentrierten Arbeiten sprechen kann.
- Kommt es dann doch zu einer Lösung der Aufmerksamkeit fällt der Rückweg erheblich leichter. Schnell findet man sich wieder in seine Aufgaben ein.

3.2.4 Visuelle Wahrnehmung

Im Bereich einer überschaubaren Menge an eingeführten Buchstaben mag die Graphem-Phonem-Zuordnung nun noch gelingen, Schwierigkeiten und Probleme entstehen in der Kombination zu teilleistungsbezogenen Anforderungen. Beziehen wir uns nach HILDEGARD WEIDEN auf die wichtigen Teilfunktionen im visuellen Bereich (vgl. hierzu weiter LEDL S. 43), sind die grundlegende Sehfähigkeit sowie die Wahrnehmung der Buchstaben als Schriftzeichen und Symbole in Unterscheidung zum Bilderlesen anzuführen (vgl. WEIDEN S. 10).

Sehfähigkeit und Wahrnehmung

Wie BRÜGELMANN (vgl. S. 51) feststellt, ist es natürlich von entscheidender Bedeutung, dass man sich über die wesentlichen Unterschiede im Graphemaufbau bewusst ist. Nur wenn man weiß, dass die sich durchaus ähnelnden Grapheme in Abbildung 5 gänzlich unterschiedliche phonetische Zugänge haben, beginnt man diese inhaltlich zu unterscheiden (ebd. S. 48 ff.).

Bewusste Wahrnehmung

Innerhalb unseres Förderschwerpunktes betrachten wir jedoch die unten angerissenen Teilleistungsaspekte als wesentliche Kompetenzbereiche im Schriftspracherwerb, da diesbezügliche Förderbedürfnisse unter Umständen die o.g. Bewusstheit beeinflussen und umgekehrt. Direkte Zusammenhänge sehen wir hier im Bereich der auditiven Wahrnehmung: Unterscheiden Schüler die in Abbildung 5 gezeigten Grapheme im Sinne der auditiven Analyse, können wir auch im visuellen Wahrnehmungsbereich eine bewusste Aktivität feststellen.

Auf dem Gebiet der Großbuchstaben treten bei einer Häufung ähnlich aussehender Grapheme die ersten Schwierigkeiten auf. Wurde im Anfangsunterricht das „E" noch mit seinem entsprechenden Laut in Verbindung gebracht, muss der Schüler in Abbildung 5 das Graphem „E" von den beiden anderen Schriftzeichen durch den Abgleich von Details herausfinden können (vgl. Abb. 5).

Weitere Teilleistungen – *auch innerhalb eines Wortes* – sind die Raumlagebeziehung sowie die Figur-Grund-Wahrnehmung. Selbst das scheinbar dankbare und leicht einzuführende Ganzwort „MAMA" kann im analytischen Prozess zu Schwierigkeiten führen, ähneln sich doch für den Leseanfänger möglicherweise „A" und „M" (vgl. Abb. 6).

Raum-Lage- und Figur-Grund-Wahrnehmung

Abbildung 5: *Optische Differenzierung.*

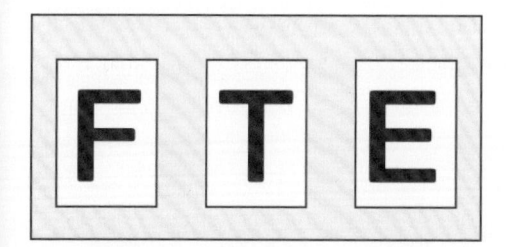

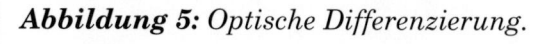

Abbildung 6: *Optische Differenzierung.*

Emotionaler Bezug zu den Aufgabenfeldern

In diesem Anfangs- und Grundlagenfeld haben wir die Erfahrung machen können, dass durch die Auseinandersetzung mit Anlautübungen und den entsprechenden Bildern ein Verankerungsprozess stattfinden kann, der dem Schüler die Verbindung von Laut und Schriftzeichen auf anderen Kanälen zu vermitteln in der Lage ist. Durch eine intensivere Beschäftigung (Domino, Ausmalen, Wieder finden, Memory) mit diesem Ankerbild scheint eine emotionale Bindung zu entstehen, die in Verbindung mit weiteren Übungen zu den o.a. Teilleistungsschwächen einen Auf- und Ausbau im Buchstabenkanon zulässt.

Strukturelle Gliederung in Klasse und Arbeitsfeld

Grundsätzlich sind im Bereich der visuellen Wahrnehmung die Voraussetzungen eines klar und übersichtlich gestalteten Lernfeldes zu schaffen. Wir sehen folgende zwei Bereiche als wichtig an: Dies ist auf der einen Seite die Klasse selber, die den Schülern klare Strukturierungshilfen geben muss und nicht – optisch – erschlagend wirken darf.

Wahrung eines Überblicks

Klare Aufteilungen in Arbeits-, Spiel- und Wohnbereiche schaffen Orientierung und geben den Schülern die Möglichkeit, sich auf das Wesentliche konzentrieren zu können. Auf der anderen Seite sind Arbeitsmaterialien analog zur Strukturbildung in der Klasse zu gestalten, Übersichtlichkeit und Prägnanz dienen hier zur möglichen Reduktion von Schwierigkeiten in der visuellen Wahrnehmung.

Wenn wir in der Abbildung 1 den dynamischen Charakter von Lesen – *und dessen Vermittlung* – an der Schule mit dem Förderschwerpunkt ganzheitliche Entwicklung angeführt haben, bedeutet dies implizit einen weiteren zu berücksichtigenden Punkt innerhalb dieses Problemfeldes. Die Schüler müssen in einem dynamischen Gleichgewicht zwischen Fordern und Fördern individuelle Möglichkeiten finden, sich sowohl neue Buchstaben erschließen, als auch die eingeführten Schriftzeichen in ihrer Korrespondenz zu den Phonemen in unterschiedlichen Kanälen vertiefen zu können. Den Bestand (quantitativer Aspekt) des Buchstabenkanons sehen wir in direkter Abhängigkeit zum Angebot an Synthese- und Analyseübungen sowie der konsequenten Festigung der Graphem-Phonem-Korrespondenz.

Druckschrift Nord in Gemischt-Antiqua

In unserem Bedingungsmodell (vgl. Abb. 1 und 2) sehen wir weiter die Notwendigkeit eines einheitlichen, gesamtschulisch verorteten Schrifttypus (vgl. 3.4.4). Um hinsichtlich der visuellen Differenzierung ein hohes Maß an Eindeutigkeit herstellen zu können erscheint uns die *Druckschrift Nord in einer Gemischtschreibweise* besonders geeignet.

Abbildung 7:
Der Einsatz einer gemischten Schreibweise und die Vorteile in der visuellen Differenzierung.

3.2 Problemfelder im Lesenlernen im FSP ganzheitliche Entwicklung

Im Gebrauch der Gemischtschreibweise sehen wir den Vorteil einer optischen Gliederung und eines eindeutigeren Erfassens kleiner Arbeitswörter schon alleine durch die Wortgestalt (Umrisse der Buchstaben). Sehen wir uns zunächst Abbildung 8 und 9 an, wird alleine durch die äußere Gliederung nicht erkennbar, welches der beiden Wörter *Mama* und welches *Papa* sein kann.

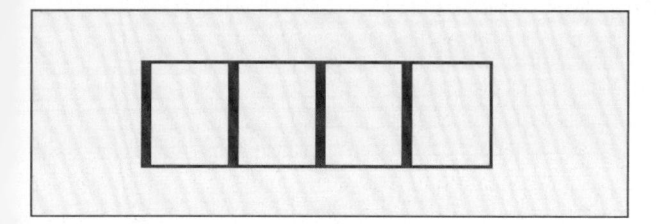

Abbildung 8: Das Wort **Mama** in Großbuchstaben

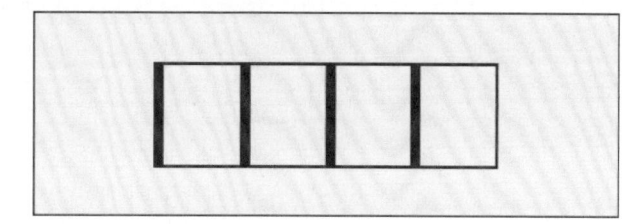

Abbildung 9: Das Wort **Papa** in Großbuchstaben

Gegenüber diesen identischen Wortbildern bei unterschiedlicher Bedeutung zeigen sich in den Darstellungen der Abbildungen 10 und 11 mehr Gliederungselemente. Mit Hilfe der Ober- und Unterlängen kann der geübte Leser sofort das Wort Mama und Papa unterscheiden, ohne die eigentlichen Grapheme gesehen zu haben. Unseren Schülern geht es zu Beginn ihres Lesenlernprozesses ähnlich. Ohne alle Buchstaben ihres Namens zu kennen, analysieren sie alleine durch die Wortgestalt den eigenen Namen gegenüber denen der Mitschüler heraus.

Vgl. hierzu 4.6

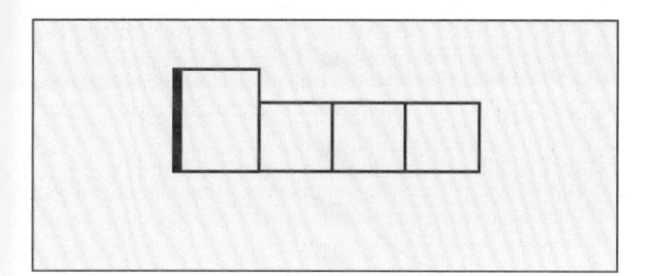

Abbildung 10: Das Wort **Mama** in der Darstellung der Ober- und Unterlängen

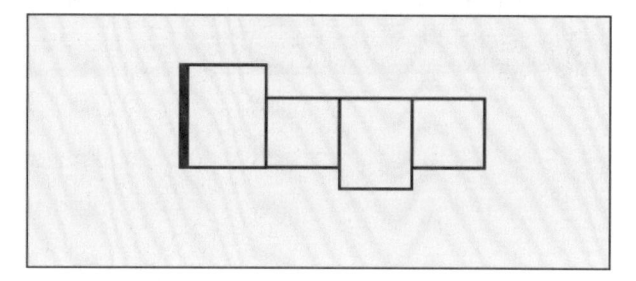

Abbildung 11: Das Wort **Papa** in der Darstellung der Ober- und Unterlängen

Hierbei nutzen sie neben den Ober- und Unterlängen auch die Gesamtlänge des Wortes und die Punktierungen (i oder ä). Die Vorteile, die sich hierbei im Bereich der visuellen Wahrnehmung ergeben, sind vor dem Hintergrund unserer Abbildung 1 über mehrere Jahre zu nutzen.

Analog dazu müssen jedoch die Voraussetzungen durch die o.a. Auswahl der Schrift grundgelegt werden (vgl. weiter 3.4.4). Dies sollte sich sowohl auf der Ebene der Klasse/der Stufe vollziehen, als auch im gesamtschulischen Bereich thematisiert werden. Unseres Erachtens ist hier ein Aspekt methodischer Stringenz auszumachen, mit dem man innerhalb unseres Förderschwerpunktes viele positive Impulse setzen und für unsere Schüler hilfreiche Ankerpunkte schaffen kann.

Jan

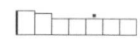

Florian

Methodische Stringenz auf der klassen- und schulbezogenen Ebene

3.2.5 Schreiben und Graphomotorik

Unmittelbare Korrespondenz von Lesen und Schreiben

Wir sehen den Ansatz von graphomotorischen Übungen – also das Schreiben im zunächst weiteren Sinne – in einem unmittelbaren Zusammenhang zum Komplex des Lesens (vgl. MEIERS S. 64 ff./77ff. und KLICPERA/GASTEIGER-KLICPERA S. 168 ff.). Wie wir in Abb. 1 den Schriftspracherwerb an unserer Schulform in seiner Prozesshaftigkeit dargestellt haben, lässt sich auch das Schreiben in dieser Entwicklungslinie verorten. Schließlich stellt „... *das Schreiben der Buchstaben (...) den Abschluss eines lange währenden Schreiblernprozesses dar*" (GÜNTHNER S. 82).

Motorische Fertigkeiten

Sprechen wir hier von Schreiben, meinen wir zunächst noch nicht die Textproduktion im Sinne eines freien Schreibens (vgl. BRÜGELMANN S. 158 ff., BRÜGELMANN/BRINKMANN S. 11 ff. und S. 170 ff. sowie MENZEL S. 68) und damit den Aspekt der Schrift als „...*kommunikative Handlung...*" (GÜNTHNER S. 81 und TOPSCH S. 94), sondern möchten auf die grundlegenden Fertigkeiten – und Fähigkeiten – innerhalb der graphomotorischen Entwicklung eingehen. In einer direkten Verbindung zu diesem Kompetenzfeld sehen wir die Leistungen der auditiven und visuellen Analyse (*vgl. hierzu 3.2.3 und 3.2.4*).

Graphomotorik

Grundlegend beginnen sollten wir jedoch mit den Fertigkeiten im Bereich der Feinmotorik, in unserem Gebrauch möchten wir dies als *Graphomotorik* bezeichnen. Wir verstehen darunter die Fertigkeit, mit Stiften Buchstabenbilder nachzubilden und aufzubauen. In Anlehnung an einen erweiterten Lern- und Lesebegriff legen wir hier ein erweitertes Verständnis von Schreiben zu Grunde. Die Betonung liegt hier auf einem Schreiben als „*motorische Handlung*" (GÜNTHNER S. 81). GÜNTHNER beschreibt die Stufen des graphomotorischen Schreiblernprozesses folgendermaßen (EBD. S. 84 ff.):

Vgl. hierzu auch SCHENK S. 122, BRÜGELMANN S. 183 und S. 200 und SPITTA 2000 S. 15

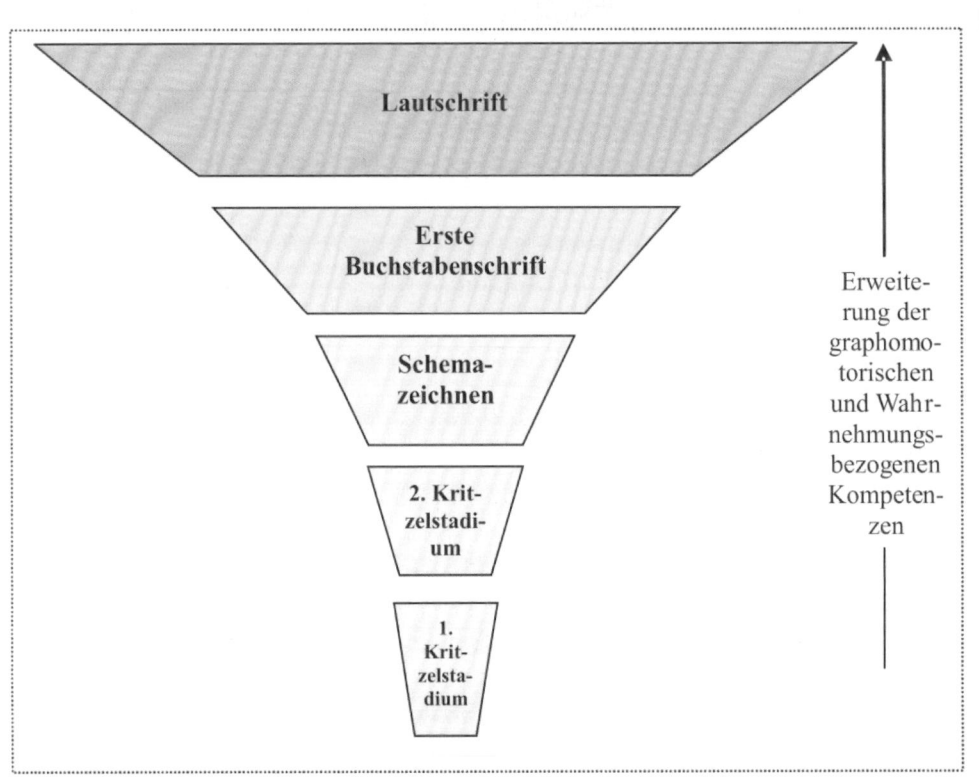

[Pyramidendiagramm von oben nach unten: Lautschrift – Erste Buchstabenschrift – Schemazeichnen – 2. Kritzelstadium – 1. Kritzelstadium; Pfeil nach oben: Erweiterung der graphomotorischen und Wahrnehmungsbezogenen Kompetenzen]

Abbildung 13: *Stufen des graphomotorischen Schreiblernprozesses (eigene Grafik in Anlehnung an GÜNTHNER S. 84 ff.)*

3.2 Problemfelder im Lesenlernen im FSP ganzheitliche Entwicklung

Wir stellen in diesem Zusammenhang fest, dass die meisten unserer Schüler zu dem Stadium der *„ersten Buchstabenschrift"* gelangen, hierbei jedoch oft einen langen Atem mitbringen müssen (vgl. auch SCHUMACHER S. 119 ☞ *Schreibentwicklungsstufen*). Den Bezug zur Lautschrift möchten wir in diesem Punkt außen vorlassen, er bezieht sich schon auf den Aspekt der Produktion (*Umsetzen der gesprochenen Sprache nach dem phonetischen Prinzip in Wörter*), also auf den kommunikativen Aspekt des Schreibens. Auch möchten wir hier nur kurz auf den Ansatz einer Unterscheidung in Handschrift und Tastaturschrift hinweisen *(vgl. http://www.ruediger-weingarten.de/start.htm)*.

Der Weg zur Schrift und der Computer

Wenn auch in unserem Unterricht der Computer zur inneren Differenzierung genutzt werden kann, soll der Schwerpunkt hier im Bedingungsfeld der Handmotorik liegen.

Während im Regelschulbereich oft schon innerhalb der Einschulungszeit die Phase der Lautschrift erreicht wird, bewegen sich Schüler innerhalb unseres Förderschwerpunktes meist erst auf den Stufen des Kritzeln- und Schemazeichnens. Hier ist festzustellen, dass diese Stufen weder von allen Schülern gleichmäßig durchlaufen noch in einer gleichen graphomotorischen Intensität erlebt werden (können).

Divergierende Ausgangssituationen

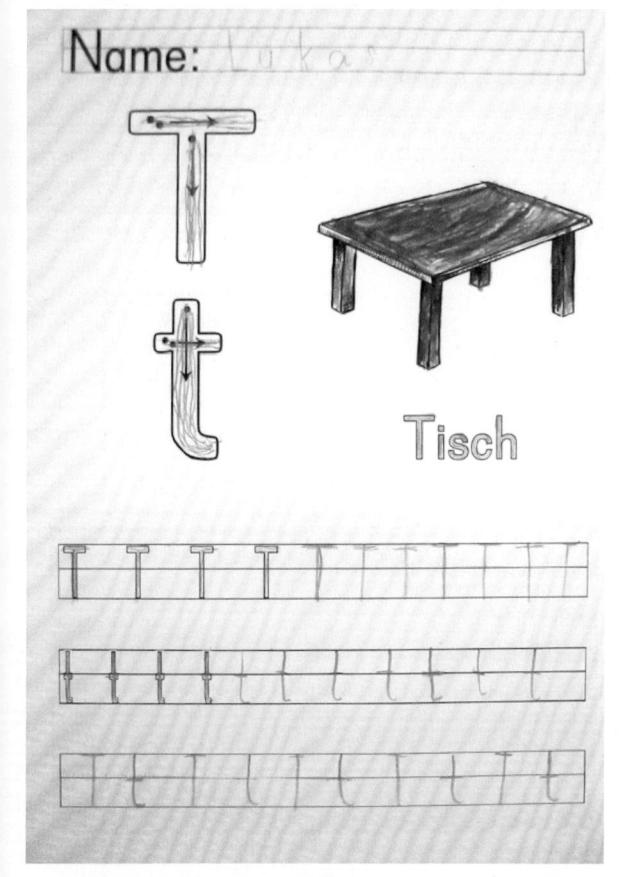

Abbildung 14: Lukas Übungen zum Buchstaben „T" (2. Schuljahr)

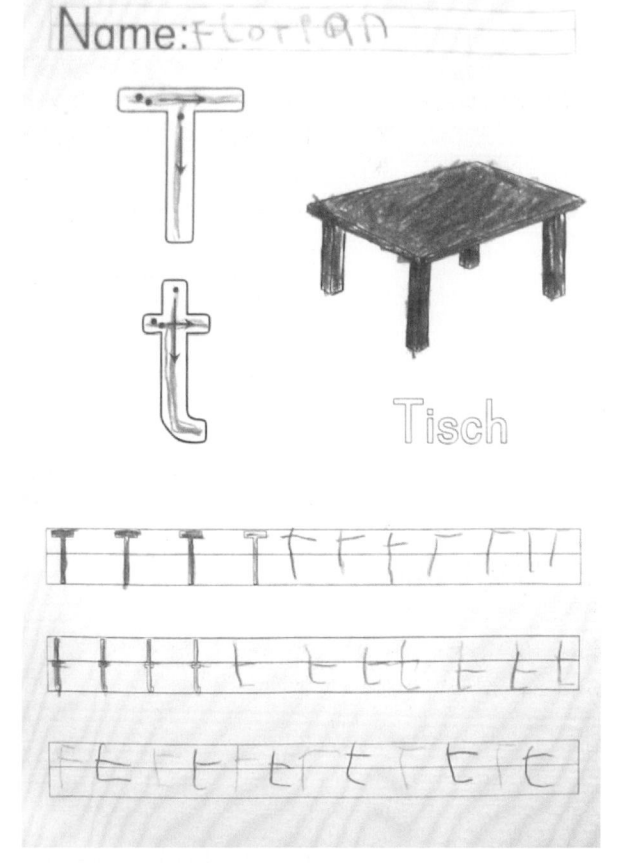

Abbildung 15: Florians Übungen zum Buchstaben „T" (3. Schuljahr)

Lukas und Florian

So durchläuft etwa Lukas (*vgl. Abb. 14*) eine Übungssequenz/Einführung/ Vertiefung des Buchstabens „T" sehr schnell und schreibt das Buchstabenbild in einem Zeitraum von etwa drei Wochen in Groß- und Kleinform. Dagegen arbeitet Florian schon seit längerer Zeit mit diesem Buchstaben. Es gelingt ihm erst ungefähr das Buchstabenbild ohne Vorlage wiederzugeben.

Florian kann den Stift zwar in einer günstigen Position halten, erzeugt jedoch durch einen insgesamt erhöhten Muskeltonus und eine erhöhte Körperspannung einen zu großen Druck auf seine Handbewegung. Runde und geschwungene Linienführungen gelangen ihm erst gegen Ende der Unterstufe.

Entwicklung der Motorischen Voraussetzungen

Die Literatur zur grundlegenden graphomotorischen Entwicklung von Kindern im Vor- und Grundschulalter geht davon aus, dass *„insgesamt (...) die notwendigen motorischen Voraussetzungen bei Schulanfängern noch nicht optimal entfaltet (sind)"* (TOPSCH S. 102). In einem Zusammenspiel von Fingerbewegungen, Handbewegungen und Armbewegungen sollen durch eine visomotorische Leistung Bilder aus dem visuellen Gedächtnis wieder gegeben werden. Betrachtet man sich die nachstehende Abbildung wird der Finger-/Handaspekt deutlich. Weiter bewegt der Arm die Hand in der Führung innerhalb der Linien.

Finger – Hand – Arm

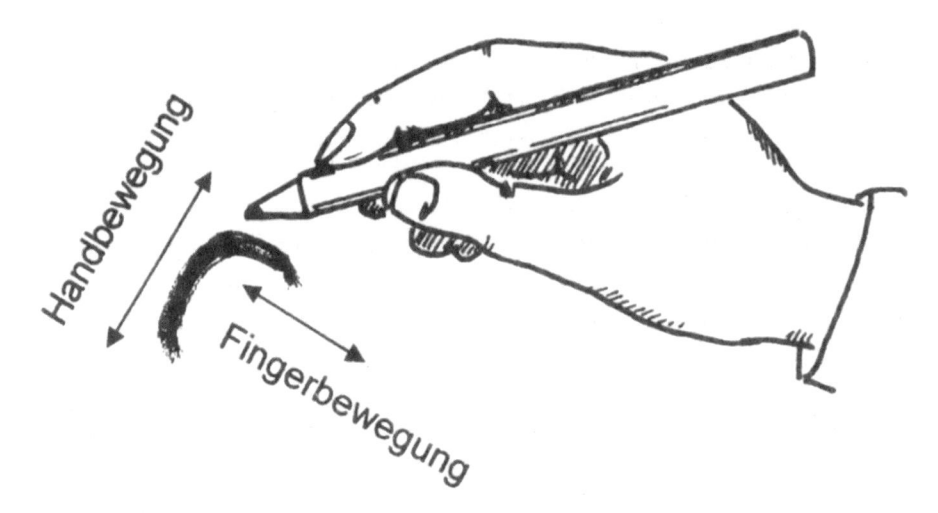

Abb. 16: *Bewegungskombination beim Schreiben (aus TOPSCH S. 102 Abb. 25)*

Diese Bewegungsabläufe mögen sich noch im Schreiben eines „T" oder eines „H" als möglicherweise unkompliziert erweisen, fallen doch Drehungen noch nicht ins Gewicht. Der Stift kann zunächst mit einer Handbewegung von links nach rechts, abschließend mit einem Nicken der Oberhand nach unten zum Abschluss geführt werden.

Drehungen

Ändern wird sich dieses – scheinbar einfache – Bewegungsmuster, wenn solche Buchstaben auf dem Plan stehen wie „O", „D" oder „B", oder sogar die kleinen Buchstaben der am Anfang eingeführten Laute wie „m", „a" und „u". Hier erschweren zusätzlich die in der Abbildung 17 aufgezeigten Drehungen (Linksdrehung – Rechtsdrehung – Drehrichtungswechsel) den motorischen und kognitiven Handlungsablauf.

Linksdrehung

Abbildung 17: *Grundlegende Drehrichtungen der Schrift (aus TOPSCH S. 106 Abb. 26)*

Drehrichtungen der Schrift

Eine weitere Schwierigkeit, die in das Schreiben einstreut, ist die der visuellen Koordination und der visuellen Speicherfähigkeit. Vereinfacht ausgedrückt bedeutet visuelle Koordination, mit der Hand/mit dem Stift dort entlang fahren zu können, wo das Auge/der Kopf es möchte. Hier spielen unseres Erachtens die teilleistungsbezogenen Kompetenzen

Visuelle Koordination und Speicherfähigkeit

- in der Ausübung der *Auge-Hand-Koordination*,
- in der Wahrnehmung der *Raum-Lage-Beziehung* und der
- *Figur-Grund-Wahrnehmung*, sowie der Auffassung von
- *Serialität* (Reihenfolge) und
- *Lateralität* (Seitigkeit)

eine wesentliche Rolle, die die eigentlichen Schwierigkeiten in der Hand-/Fingermotorik durchaus potenzieren.

Als besonders schwierig zeigen sich – *vor dem Hintergrund einer schon einfach strukturierten Schriftart* ☞ *Druckschrift Nord vgl. hierzu 3.4.4* – solche Buchstabenbilder, die in sich eine Vielzahl an Schreibrichtungswechseln (z.B. „M" „m") und Rundungen (z.B. „a" „m") beinhalten.

Die in der unteren Abbildung (vgl. Abb. 18) gezeigten Buchstaben bedingen mindestens zweimal mit dem Stift neu anzusetzen, meist sogar dreimal. Das bedeutet etwa beim „A",

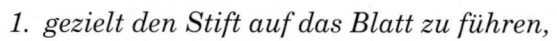

1. gezielt den Stift auf das Blatt zu führen,
2. die erste Bewegung gerade nachzuspuren,
3. an der entsprechenden Stelle zu enden,
4. den Richtungswechsel zu befolgen,
5. die zweite Bewegung gerade nachzuspuren,
6. unten abzusetzen und bei
7. Punkt 3 den Querstrich gerade bis zum Ende durchzuziehen.

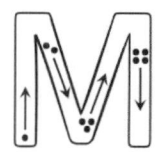

Spurübungen

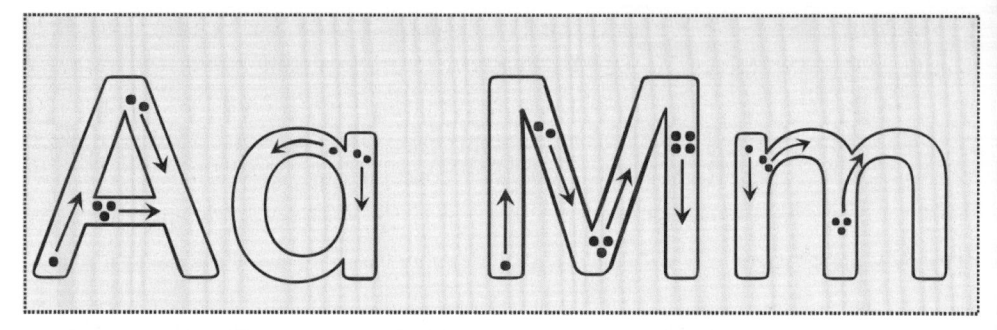

Abbildung 18: *Übungen zu den Buchstaben „A" und „M"*

Ganzheitliche Herausforderung

Wir haben in Abb. 2 auf den Zusammenhang der Bedingungsfelder im Leselernprozess hingewiesen (vgl. Abb. 2). Konkret bedeutet dies hier, dass sich Florian und Lukas in der schriftlichen Wiedergabe des Buchstabens „A" auf sieben wesentliche Handlungen konzentrieren müssen, die sowohl motorische Fertigkeiten als auch visuelle und kognitive Verarbeitungsprozesse einfordern.

In dieser Abfolge haben wir noch nicht berücksichtigt, dass sie sich zwischen dem ersten und zweiten Schritt diagonal nach rechts oben orientieren müssen (vgl. hierzu MEIERS S. 57 und SCHUMACHER S. 119). Dies ist insbesondere dann von Bedeutung wenn es darum geht, den Bildaufbau eigenständig zu gestalten, also ohne Spurvorlage (vgl. SCHUMACHER S. 119 f). Ähnliche Schwierigkeiten zeigen sich in Florians Arbeit zum Buchstaben „T" (vgl. Abb. 15)

Diagnostische Begleitung

Um in solchen Situationen der Schriftanbahnung unsere Schüler nicht zu überfordern, gestalten wir solche Phasen offen, kindgerecht und spielerisch (vgl. BRÜGELMANN/BRINKMANN S. 131 ff.). Im Sinne einer Eingangsdiagnostik – als Ergänzung zur Einschulungsdiagnostik und Gelegenheit zur eigenen Beobachtung – nutzen wir in der jeweiligen Einführung der Buchstaben Möglichkeiten einer großräumigen Erfassung des Graphemaufbaus (große Formen des Buchstabens an der Tafel, auf dem Boden, Nachgehen auf einem Seil u.a.).

Handlungsbegleitendes Sprechen zu den Bewegungsabläufen ...

Analog dazu bieten wir als Differenzierung nach oben bereits die Bildervorlagen des Anlautbaums für das Klassenzimmer (vgl. 4.2) und die dazugehörenden graphomotorischen Übungen (vgl. 4.3) an. Hierbei achten wir darauf, die *„...Bewegungsabläufe zu verbalisieren..."* (TOPSCH S. 108). Betrachten wir die in Abbildung 18 gezeigten Grapheme *„...ist es – gegebenenfalls nach einer individuellen Erkundungs- und Erprobungsphase – notwendig, mit den Kindern*

... und daraus resultierende Notwendigkeiten

- *den Startpunkt,*
- *die Verlaufsrichtung,*
- *Haltepunkte und*
- *Endpunkte*

zu besprechen" (ebd.).

3.2 Problemfelder im Lesenlernen im FSP ganzheitliche Entwicklung

In solchen Phasen lassen sich die Förderbedürfnisse der Schüler gut feststellen (vgl. HEUER S. 70, LEDL 1999a S. 7, LEDL 1999b S. 6, LEDL 1997 S. 35ff. und WÜBBE S. 235 ff.). Insbesondere alternative und ergänzende Angebote (Drucken, Stempeln, Computer) erweisen sich dann als sinnvoll, um die Schüler, die im Bereich der Graphomotorik mit erheblichen Schwierigkeiten zu kämpfen haben nicht mit Misserfolgserlebnissen von der Schriftsprache abzubringen.

Fühlen und Tasten als ein *„Sehen und Lesen"* mit den Fingern

„...das mit den Fingern macht Spaß..." meint Marie

Schreiben ohne Stifte

Abbildung 19: *Taktile Übungen zu den Buchstaben im Rahmen der Freiarbeit*

Im Rahmen der Freiarbeit bieten wir Möglichkeiten an, Übungen zur Graphomotorik im engeren Sinne auszuwählen. Hierbei unterscheiden wir auch verschiedene Übungsblätter auf den o.g. Schreibstufen (vgl. 4.2/4.3). Wir gehen von einem mitunter spielerischen Ansatz aus, der Wunsch ein „Linienblatt" haben zu wollen, kommt in der Regel von selber. Es zeigt sich in diesem Bedingungsfeld der Graphomotorik, dass sich im didaktisch-methodischen Kontext nur schwerlich monokausale Erklärungsansätze anführen lassen. Entsprechend sollten die Entwicklungsangebote in einen ganzheitlichen Rahmen eingebettet sein. Neben den o.g. Arbeitsblättern, die primär kognitive und graphomotorische Fertigkeiten im engsten Sinne ansprechen, bieten sich hier insbesondere Fühlspiele, Knet- und Tonübungen, Sandschreiben oder Rückendiktate an, um taktile und handelnde Elemente in den entsprechenden Formen offenen Unterrichts zu integrieren (vgl. Abb. 19).

Schreiben im Rahmen der Möglichkeiten

Als Ergänzung, Übungsmöglichkeit und Bindeglied zwischen „...*der Stufe (der) vorkommunikative(n) Aktivität...*" (SCHUMACHER S. 119) und dem „...*vorphonetischen Stadium...*" (EBD.) bieten wir auch Materialien an, die im kommerziellen Handel unter dem Namen „*graphomotorische Übungen*" zu finden sind.

Folgende Programme bieten wir im Sinne einer inneren Differenzierung in Auszügen an:

- SCHILLING, FRIEDHELM: Marburger Graphomotorische Übungen Teil 1 – Spielen, Malen, Schreiben – verlag modernes lernen – Dortmund 2004a

- SCHILLING, FRIEDHELM: Marburger Graphomotorische Übungen Teil 2 – Spielen, Malen, Schreiben – verlag modernes lernen – Dortmund 2004b

- NAVILLE, SUZANNE/MARBACHER, PIA: Vom Strich zur Schrift – verlag modernes lernen – Dortmund 1999

Diese Übungseinheiten möchten in spielerischer Form die verschiedenen Elemente der Schrift sukzessive ausbauen. Auf je 50 bis 60 Seiten werden die Kopiervorlagen in ihrer Darstellung komplexer und im graphomotorischen Anspruch schwieriger (vgl. hierzu SCHILLING 2004a S. 5 f.). Die Schüler haben die Aufgabe, Bilder zu ergänzen, zu vervollständigen, nachzuzeichnen oder eigene Gedanken zu integrieren. Die Übungen zielen darauf ab, „...*grundlegende graphische Bewegungsformen in immer neuen Variationen zu erarbeiten (...) und durch selbstständigen Umgang mit den Materialien neue Lösungsmöglichkeiten zu finden...*" (SCHILLING 2004a S. 6). In den unteren Abbildungen sind Übungen aus den Seiten 42 und 65 zu sehen.

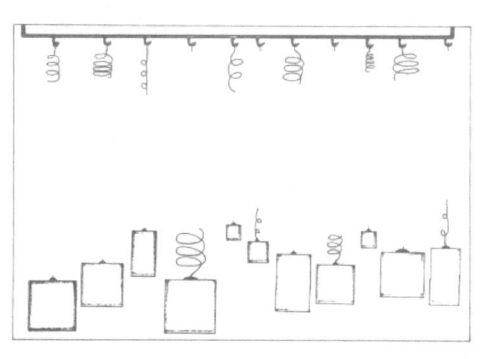

Abbildung 20: *Graphomotorische Übungen aus SCHILLING 2004a*

Entwicklungsstufen

Analog zu den o.a. Entwicklungsstufen im Ausbau graphomotorischer Fertigkeiten (vgl. näher TOPSCH S. 93, SCHUMACHER S. 119, und GÜNTHNER S. 84) orientiert sich auch SCHILLING an den Erkenntnissen der Entwicklungspsychologie (vgl. SCHILLING 2004a S. 6 und hierzu SCHENK S. 122 und VALTIN S. 18) und skizziert den Aufbau folgendermaßen:

1. *Zufällige Kritzelbewegungen,*
2. *Schwing-und Kreiskritzel,*
3. *so genannte Urkreuze und*
4. *erste Richtungsänderungen in Zickzacklinien (EBD.).*

3.2 Problemfelder im Lesenlernen im FSP ganzheitliche Entwicklung

Entsprechend dieser Entwicklungsrichtung sind auch die Übungen systematisch aufgebaut. In der praktischen Umsetzung kopieren wir die Vorlagen schon mal auf DIN A3, weil manche Striche und Linien im Hinblick auf den vorliegenden Förderbedarf in der Feinmotorik zu klein gehalten sind. Wenn wir oben von Auszügen sprachen, bezogen wir uns auf eine – didaktisch-methodische – Passung für den Förderschwerpunkt ganzheitliche Entwicklung.

Nicht alle Vorlagen werden von unseren Schülern ohne Schwierigkeiten in ihrer Intention erfasst, entsprechende Hilfestellungen und Aufgaben *("Hier ist es deine Aufgabe, dass ..." „Ich möchte, dass du hier das und das machst")* sind durch den Lehrer zu ergänzen. Insgesamt lassen sich die Übungen als eine sehr angemessene Ergänzung im Bereich der graphomotorischen Förderung einsetzen, entsprechende Beobachtungen im Sinne der o.a. Verlaufsdiagnostik und Förderplanarbeit (vgl. hierzu SCHUMACHER S. 116 und HEUER S. 70 ff.) sollten im Rahmen der Schülerorientierung selbstverständlich sein.

Passung für den FSP ganzheitliche Entwicklung

Als sehr wichtig sehen wir auch emotionale Zugänge, über die unsere Schüler scheinbar nebenbei fingermotorische Übungen handelnd bewerkstelligen können. Sie reißen aus farbigem Papier kleine Stücke und legen tolle, bunte Buchstabenbilder, sie schneiden oder prickeln Buchstaben aus und legen daraus Kollagen oder ordnen sie den Bildern des ANLAUTBAUMS zu.

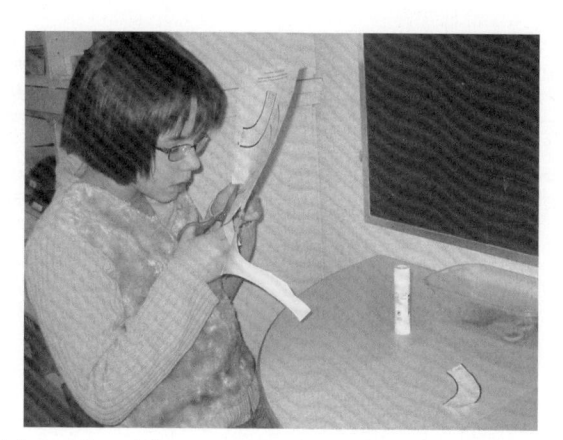

Spielerische und emotionale Zugänge

Abbildung 21: *Papierreißen und Ausschneiden von Buchstaben als Aufbau emotionaler Zugänge*

Beides sind spielerische Übungen, die der Stabilisierung der visuellen Koordination sehr zu gute kommen. Innerhalb dieses spielerischen, bastelnden und spaßigen Rahmens können wir die Entwicklungsschritte jedes Schülers beobachten.

Sehen wir, dass diese Aufgaben über einen längeren Zeitraum unterhalb der individuellen Möglichkeiten liegen, führen wir die Schüler langsam aber kontinuierlich an neuere Herausforderungen heran. Ziel ist und bleibt der Ausbau und die Festigung der graphomotorischen Kompetenz im Rahmen der schülerbezogenen Möglichkeiten.

Förderdiagnostische Begleitung

3.2.6 Sozial-kommunikative Kompetenzen

Wenn wir von Problemfeldern im Schriftspracherwerb innerhalb unseres Förderschwerpunktes sprechen und in diesem Unterpunkt den Fokus auf den Aspekt der Kommunikation legen meinen wir damit zwei – unmittelbar miteinander verbundene – Gesichtspunkte:

Kommunikations-gestaltung und Informationscodierung/-decodierung

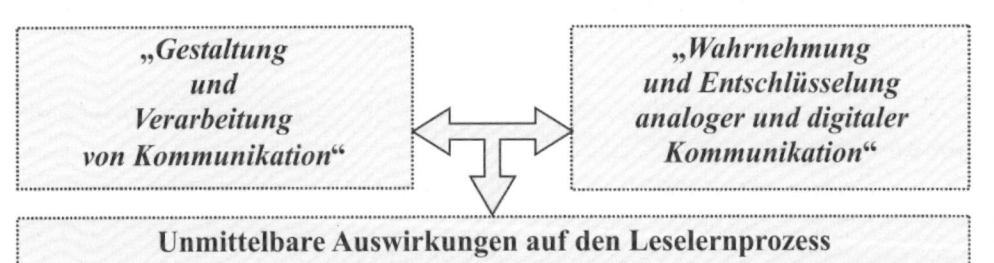

„Gestaltung und Verarbeitung von Kommunikation" ⇔ *„Wahrnehmung und Entschlüsselung analoger und digitaler Kommunikation"*

Unmittelbare Auswirkungen auf den Leselernprozess

Wir möchten an dieser Stelle auf eine ausführliche Darstellung kommunikationstheoretischer Hintergründe verzichten und verweisen in einem Exkurs auf die – *in unserem Verständnis* – wesentlichen Grundlagen.

Exkurs:

Grundsätzlich gehen wir – *in Anlehnung an das metakommunikative (1.) Axiom nach Watzlawick (vgl. WATZLAWICK u.a. S. 50)* – davon aus, dass „*...man nicht nicht kommunizieren...*" (EBD. S. 53) kann. Zur Vertiefung/Klärung an dieser Stelle im Überblick seine weiteren Axiome:

WATZLAWICK

... und die 5 Axiome seiner Kommunikationstheorie

Axiom 2: „*...Kommunikation hat einen Inhalts- und Beziehungsaspekt, derart, dass letzterer den ersteren bestimmt und daher eine Metakommunikation ist...*" (EBD. S. 53 ff.)

Axiom 3: „*...Die Natur einer Beziehung ist durch die Interpunktion (Deutung) der Kommunikationsabläufe seitens der Partner bedingt...*" (EBD. S. 57)

Axiom 4: „*...Menschliche Kommunikation bedient sich analoger und digitaler Modalitäten...*" (EBD. S. 61 ff.)

Axiom 5: „*...Zwischenmenschliche Kommunikationsabläufe sind entweder symmetrisch oder komplementär...*" (EBD. S. 61 ff. ☞ zum Überblick HILLENBRAND S. 93 f.)

Dialog

Unter diesen Gesichtspunkten verstehen wir Kommunikation grundsätzlich als Dialog, an dem 2 Personen (Schüler – Schüler / Schüler – Lehrer) unabhängig ihrer Förderbedürfnisse aktiv beteiligt sind. Innerhalb dieser Beziehung sehen wir alle Handlungen als sinnhaft an, unangemessen ist möglicherweise die Umsetzung innerhalb eines bestimmten Kontextes. Insbesondere im schulischen Kontext wirkt ein Kommunikationsverhalten auffällig, was zu Hause mehr oder weniger geduldet wird.

Wert – Mittel – Diskrepanz

GEORGE HERBERT MEAD spricht hier von einer Wert-Mittel-Diskrepanz: Demzufolge besteht ein diskrepantes Verhältnis zwischen den Möglichkeiten (*den Mitteln*) des Schülers und den Vorstellungen (*den Werten*) die er verfolgt. So entsteht ein Ungleichgewicht und es kommt zu einem auffallenden Verhalten im Klassenverband sowie zu Störungen der Kommunikation und der sozialen Interaktion.

3.2 Problemfelder im Lesenlernen im FSP ganzheitliche Entwicklung

In diesem kurzen Abriss zeigt sich bereits, dass unangemessene Kommunikationsformen in der Regel für den Sender einen Sinn ergeben, die Botschaft, die der Sendung immanent ist, gilt es zu entschlüsseln (vgl. hierzu auch HEIKOOP und THEUNISSEN S. 27 ff.). Wie es zu scheinbaren und tatsächlichen Störungen der Kommunikation kommen kann, stellen wir im Folgenden mit Hilfe des *Kommunikationsmodells* (vgl. Abb. 22) und des *Vier-Ohren-Modells* (vgl. Abb. 23) dar.

Sinnhaftigkeit für den Sender – Sinnhaftigkeit auch für den Empfänger

In Abb. 22 stellt das Kommunikationsmodell den Vorgang der Ver- und Entschlüsselung von Informationen dar, es zeigt „...*die verschiedenen Faktoren, die am Kommunikationsprozess beteiligt sind...*" (SCHENK S. 35).

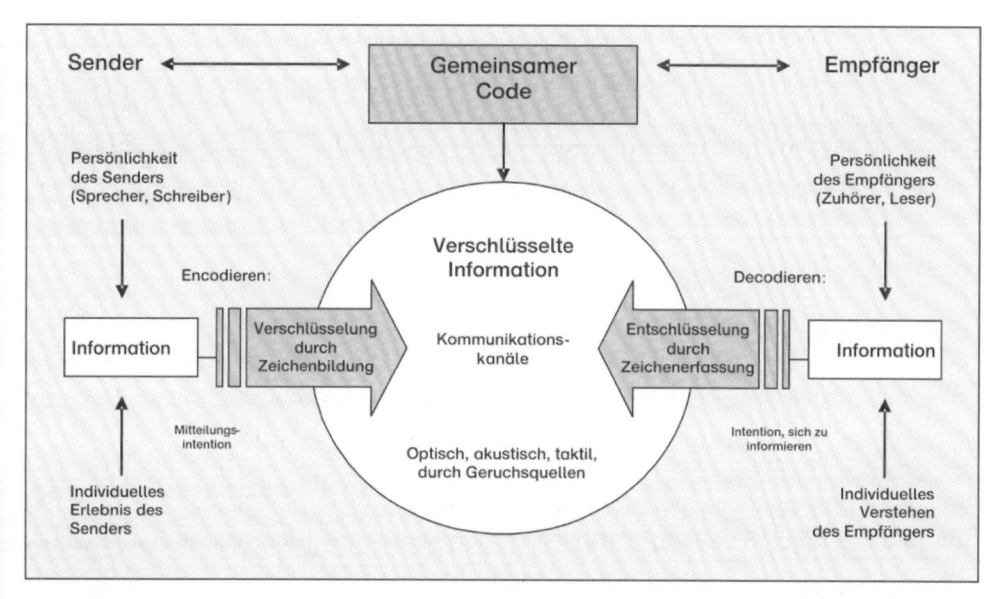

Abbildung 22: *Das Kommunikationsmodell mit En- und Decodierung (Eigene Grafik in Anlehnung an ORTNER in SCHENK Abb. 9 S. 36)*

<u>Informationen</u> werden vom Sender <u>encodiert</u> (Verschlüsselung durch Zeichenbildung) und über Kommunikationskanäle an den Empfänger gegeben, der diese Informationen auf der Grundlage eines gemeinsamen Codes decodiert (Entschlüsselung durch Zeichenerfassung).

Vor dem Hintergrund einer sowohl digitalen (durch Zeichen) als auch analogen (Körpersprache) Kommunikationsform (vgl. WATZLAWICK S. 61 ff. und 96 ff.), verläuft der Kommunikationsprozess nicht nur in die Richtung des Empfängers, sondern kann durch dessen analoges Handeln bilateral – also rückkoppelnd zum Sender verlaufen. Das bedeutet, dass dieses Modell nur einen Auszug von Kommunikation nachbilden kann, nämlich das für den Außenstehenden scheinbar wahrzunehmende (vgl. SCHENK S. 34 f. und SCHULZ VON THUN S. 11 ff.).

Rückkoppelungen der kommunikativen Handlungen

Diese Wahrnehmung „...*sagt (...) (demzufolge) wenig über die interpersonalen psychischen Abläufe bei der Informationsverarbeitung aus ...*" (SCHENK S. 35 vgl. hierzu auch WATZLAWICK u.a. S. 53 und S. 57). Ebenso werden damit die „...*Motivation, Kreativität, Antizipation und Zielgerichtetheit einer sprachlichen Aktivität (sowie) Reaktionen auf die Mitteilung...*" (EBD.) nicht erfasst.

Grenzen des Modells

Intrapersonale Empfindungen

Für unseren Sachverhalt – *Problemfelder im Schriftspracherwerb* ☛ *Kommunikation* – kommt erschwerend hinzu, dass das tatsächliche semantische (also inhaltliche) Erfassen der Sendung im Empfänger selber abläuft, wodurch es trotz eines gemeinsamen Zeichenvorrats – *„Gemeinsamer Code"* (EBD.) – zu Missverständnissen und so genannten Kommunikationsstörungen kommen kann.

Vier-Ohren-Modell

Ein Ansatz, der als eine gute Ergänzung/Erweiterung des Kommunikationsmodells aufzugreifen ist, ist das *„...Vier-Ohren-Modell..."* nach FRIEDEMANN SCHULZ VON THUN (Abb. 13 S. 45). SCHULZ VON THUN geht davon aus, dass eine Nachricht auf Seiten des Senders und des Empfängers durch vier Informationsebenen gekennzeichnet ist. Jede Ebene wird von einem anderen „Ohr" wahrgenommen, er führt hier

- das *„Sach-Ohr" (Wie ist der Sachverhalt zu verstehen? vgl. weiter S. 47 ff.)*,
- das *„Beziehungs-Ohr" (Wie redet der eigentlich mit mir? Wen glaubt er vor sich zu haben? vgl. weiter S. 51 ff.)*,
- das *„Selbstoffenbahrungs-Ohr" (Was ist das für einer? Was ist mit ihm? vgl. weiter S. 54 ff.)* und
- das *„Appell-Ohr" (Was soll ich tun, denken, fühlen auf Grund seiner Mitteilung? vgl. weiter S. 58 ff.)* an.

Personen, die etwa primär mit dem „Sachohr" hören, nehmen wenige interpersonale Schwingungen, Selbstoffenbahrungen oder Appelle war, wogegen der *„...Empfänger auf dem Appell-Sprung..."* (EBD.) womöglich die Sache aus den Augen verliert und in einem *„...Funktionalitätsverdacht..."* (EBD. S.60) jedem Handeln eine berechnende Absicht unterstellt. Beide Personen ignorieren unter Umständen wesentliche Inhalte der Botschaft und verursachen eine Störung.

Die vier Ebenen des Informationsflusses

Abbildung 23: *Der „Vierohrige Empfänger" nach SCHULZ VON THUN (Eigene Grafik in Anlehnung an Abb. 13 S. 45)*

Systemtheorien

Durch diese Perspektiverweiterung wird deutlich, wie umfangreich Kommunikationsabläufe sein können und welche Facetten eine Sendung enthalten kann. Neben der vordergründigen Sache sind Gefühle, Stimmungen, Launen, familiäre Hintergründe und auch persönliche Belange mit zu berücksichtigen (vgl. hierzu auch interdisziplinär HILLENBRAND S. 91 ff., MYSCHKER S. 151 ff., STEIN/FAAS S. 191 und NICKEL S. 86 ff).

3.2 Problemfelder im Lesenlernen im FSP ganzheitliche Entwicklung

Kehren wir nach diesem Exkurs zur Ausgangsstellung dieses Unterpunktes zurück, dies waren zum einen (1) *die Gestaltung und Verarbeitung von Kommunikation* und zum anderen (2) *die Wahrnehmung und Entschlüsselung analoger und digitaler Kommunikation*.

Ende des Exkurs'

Im ersten Punkt spielt das Sprachverhalten eine wesentliche Rolle. Diesmal jedoch nicht unter dem Aspekt einer Aussprache- und Artikulationsförderung (vgl. hierzu 3.2.1). Vielmehr möchten wir an dieser Stelle das Sprachverhalten unter dem Gesichtspunkt aktiven sprachlichen, kommunikationstheoretischen Handelns betrachten:

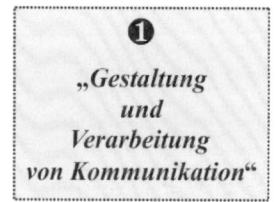

❶ *„Gestaltung und Verarbeitung von Kommunikation"*

- „In welcher Art beteiligt sich ein Schüler am Klassengespräch?"
- „Handelt er sprachlich aktiv oder zieht er sich im Dialog zurück?"
- „Spricht er mit anderen Schülern in Gruppenarbeiten oder ist es ein stilles Nebeneinander?"
- „Ist sein sprachliches Verhalten produktiv oder primär rezeptiv?"
- „Ist sein Kommunikationsverhalten in der Klasse angemessen oder wirkt ein „Zuviel" ab und an störend?"

Mögliche Kommunikationsmuster

Mit dieser kurzen Auswahl an Fragen möchten wir lediglich andeuten, dass es unseres Erachtens von großem Vorteil ist, wenn Schüler im Unterricht insgesamt – natürlich im Rahmen eines angemessenen Regelbewusstseins – Sprachanteile integrieren. Sie stellen Fragen, sie äußern Kritik, sie verbalisieren Handlungen, sie sprechen mit Mitschülern Probleme an und lösen sie gemeinsam im Gespräch und in der sich daraus ergebenden Handlung. Auch ein diesbezügliches Reflektieren erfolgt auf verschiedenen sprachlichen Ebenen *(vgl. hierzu GALPERIN S. 81 ff. in SCHULTE-PESCHEL / TÖDTER S. 68 ff.)*.

GALPERIN und die Sprache

Nach unseren Erfahrungen im Schriftspracherwerb hat dieses Kommunikationsverhalten einen unmittelbaren Einfluss auf die Bereitschaft zur sprachbezogenen Mitarbeit im Leselernprozess. Verfügen Schüler über stabile Kommunikationsstrukturen, fällt es ihnen in der Regel leichter sich auf eine aktive und produktionsbezogene Übungseinheit im Lesen einzulassen. Unsicherheit, Zurückhaltung und eine insgesamt passive Rollenübernahme führt oft zu einem ebensolchen Verhalten in schriftbezogenen Übungsphasen. Wir stellen fest, dass sich die Schüler weniger zutrauen und zunächst verunsichert sind, vielleicht sogar Angst vor Analyse- oder Syntheseübungen haben und mit anderen Schülern schon gar nichts gemeinsam üben oder arbeiten möchten.

Sicherheit und Unsicherheit

So war Michelle in ihrem Wesensmerkmal zu Beginn ihrer Schulbesuchszeit in unserer Klasse vornehmlich als schüchtern, scheinbar unsicher und im Allgemeinen als zurückhaltend zu beschreiben. Ihr gesamtes – für uns wahrnehmbares – Kommunikationsverhalten war auf ein Minimum reduziert, sowohl in Pausen, Unterrichts-und Essenszeiten beobachtete sie zunächst und nahm wahr.

Unterrichtsbeobachtungen ...

... und Rückschlüsse für das weitere Vorgehen	Sie gliederte sich zwar in den Tages- und Unterrichtsablauf ohne weitere Schwierigkeiten ein, neigte jedoch innerhalb der Kommunikation zu einem rezipienten Verhalten. Analog dazu zeigte sich auch ihr Verhalten in den Übungseinheiten zum Lesen. Sehr zurückhaltend und zögerlich arbeitete sie anfangs mit, wir ließen ihr diese Zeit der Eingewöhnung und des Findens ihrer eigenen Kommunikationsstrukturen.

Ein ähnliches Kommunikationsverhalten zeigte auch Lukas, der zum zweiten Schulbesuchsjahr in unseren Förderschwerpunkt wechselte. Zwar schon etwas lebhafter und gewagter, aber insgesamt noch beobachtend und abwartend lebte sich Lukas in den Klassenverband ein. Dieses Einleben fand auch in den Einheiten gemeinsamen Lesens auf eine sehr behutsame Art statt. Selbst Inhalte, die Lukas – vor dem Hintergrund der Umschulungsdiagnostik – aus dem Förderschwerpunkt Lernen bekannt waren (*Arbeitswörter, Graphem-Phonem-Korrespondenzen, Analyse- und Syntheserfahrungen oder auch Buchstabenspiele*) teilte er weder mit, noch ließ er dieses Wissen erkennen.

Analogien und Unterschiede zum Regelschulbereich	Im Hinblick auf den Leselernprozess, sowie auf den Themenschwerpunkt dieses Kapitels („*Kommunikation*") könnte man nun anführen, dass diesbezügliche Zusammenhänge sowohl im Regelschulbereich als auch innerhalb anderer Förderschwerpunkte in gleicher oder ähnlicher Form wieder zu finden sind. Das sehen wir genau so. Allein unser Verständnis von Kommunikation und deren Förderung als durchgehendes Unterrichtsprinzip impliziert schon diesen Standpunkt gegenüber den o.a. anderen Schulformen. Jedoch fällt dies aus zweierlei Gründen dort weniger ins Gewicht bzw. kann von den Schülern/Lehrern/Eltern und durch den Unterricht unmittelbarer kompensiert werden:
Gestörte Kommunikation	1. Zum einen kann man dort weniger von eigentlichen Kommunikationsstörungen (vgl. SCHULZ VON THUN S. 99 ff., 156 ff. und 209 ff. sowie MYSCHKER S. 42.ff.) sprechen, handelt es sich doch meist um primär kurzfristige Phasen der Eingewöhnung in neue Schulformen, des Kennen Lernens der Mitschüler oder einem Herantasten an die bestehenden Klassenstrukturen und Persönlichkeitsmerkmale des Lehrers. Meist sind diese Momente schnell überwunden und die Kommunikation im Sinne des o.a. Kommunikationsmodells (vgl. Abb. 22 und Abb. 23) verläuft weitestgehend ungestört ab. Die Betonung liegt hier demzufolge auf der geringen Intensität und der dadurch bedingten Kurzfristigkeit des Förderbedürfnisses. Innerhalb dieser allgemeinen Darstellung sind wir uns möglicher Ausnahmen bewusst.
Außerschulische Kompensation	2. Zum anderen werden solche Phasen einer gestörten und nicht optimal ablaufenden Kommunikation oft durch die Eltern und den Familien- und Freundeskreis aufgefangen: Gespräche und Trost, vor allem aber aufbauende Worte für den Schüler, dem es in der Klasse noch etwas zu voll oder etwas zu laut ist oder der sich an die neuen Lehrer noch nicht gewöhnt hat.

3.2 Problemfelder im Lesenlernen im FSP ganzheitliche Entwicklung

Wir sehen hier in anderen schulischen Bedingungsfeldern bessere/andere Formen der außerschulischen Kompensation, familiäre Ressourcen können einer Manifestierung unangemessener, möglicherweise auch komplementärer Kommunikationsstrukturen (vgl. WATZLAWICK/BEAVIN S. 97 ff. und SLUZKI/BEAVIN S. 117 ff.) vorbeugen.

Prävention komplementärer Strukturen

Dies bedeutet, dass das Wesensmerkmal der Kommunikation innerhalb des Förderschwerpunkts ganzheitliche Entwicklung durch die Manifestierung der Kommunikationsstrukturen eine mittel- bis durchaus langfristige Berücksichtigung erfährt und demzufolge durch die oft nur mittelbar und unzureichend fassenden Kompensationsmöglichkeiten familiärer und außerschulischer Natur im Unterricht inhaltlich intensiv berücksichtigt und kontinuierlich aufgegriffen werden muss.

Veränderungen im FSP ganzheitliche Entwicklung

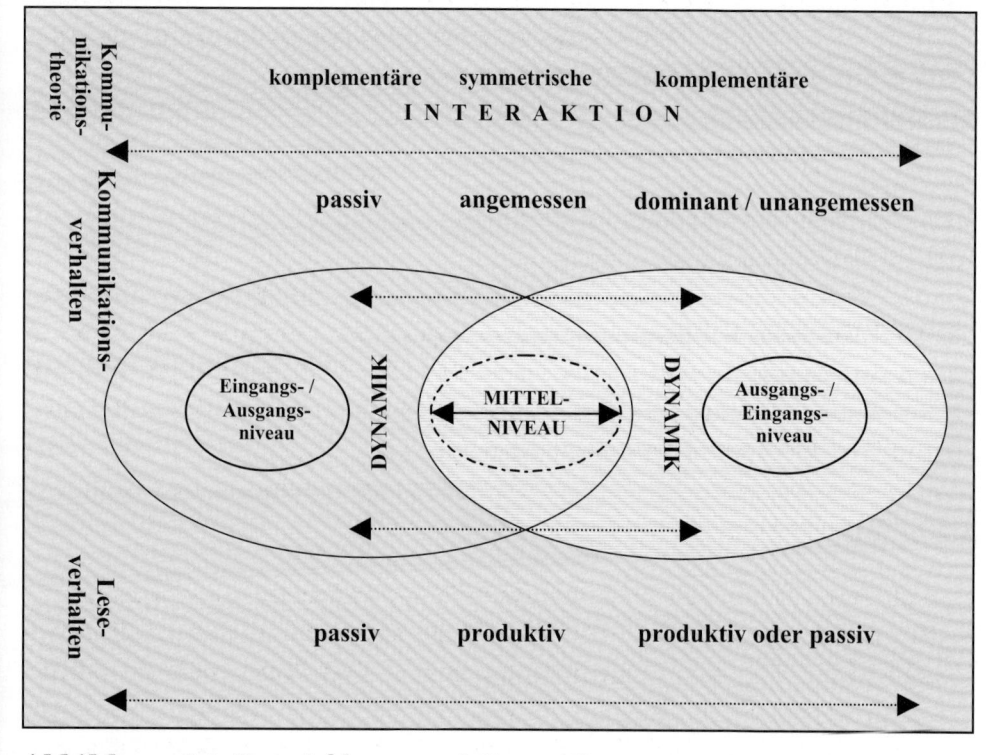

Entwicklungsmodell von Symmetrie

Abbildung 24: *Entwicklungsmodell von Symmetrie („Mittelniveau") als Grundlagenbildung im Leselernverhalten*

Wir stellen mit der Abbildung 24 ein Entwicklungsmodell von Symmetrie im Kommunikations- und Unterrichtsverlauf vor, das die Korrelation zwischen Leseverhalten einerseits und dem Kommunikationsverhalten andererseits unter Berücksichtigung unterschiedlicher Lernausgangsbedingungen erklären möchte. Damit greifen wir neben den oben angeführten „ruhigen Schülern" (passiv) auch die Schüler auf, deren Kommunikationsverhalten oft als unangemessen und dominant bezeichnet wird. Wir gehen davon aus, dass erst auf einem so genannten „Mittelniveau" (vgl. Abb. 24) ein tatsächlich produktives Leseverhalten auszumachen ist. Dies sehen wir sowohl in angeleiteten Übungsphasen als auch in Situation innerhalb der Freiarbeit, in denen sich die Schüler zur Partner- oder Gruppenarbeit entschieden haben.

Korrelation von Lese- und Kommunikationsverhalten

Das „Mittelniveau" als dynamische Spanne

Unsere beiden oben vorgestellten Schüler *Michelle* und *Lukas* konnten sich nach einer längeren Zeit der Eingewöhnung – *auch durch die Unterstützung des Klassenverbandes* – auf diesem „Mittelniveau" einfinden. Sie beteiligten sich an Unterrichtsgesprächen und Diskussionen, sie handelten also sprachlich aktiv ohne jedoch in unangemessene Kommunikationsmuster zu verfallen. Im Sinne systemtheoretischer Ansätze (vgl. HILLENBRAND S. 92 ff.) verlaufen solche Entwicklungen natürlich prozesshaft und dynamisch. Demzufolge ist dieses „Mittelniveau" nicht punktuell zu verstehen, sondern meint eine dynamische Spanne angemessener Kommunikationsmuster (Schnittmenge in Abb. 24), die zwischen den beiden Polen symmetrischer Strukturen pendelt.

❷
„Wahrnehmung und Entschlüsselung digitaler und analoger Kommunikation"

Im Entwicklungsverlauf unserer beiden Schüler *Michelle* und *Lukas* haben wir die potenziellen Problemfelder innerhalb dieses Unterpunktes „sozialkommunikative Kompetenzen" unter dem Gesichtspunkt *„Gestaltung und Verarbeitung von Kommunikation"* überblicksartig aufgezeigt. Unser Anliegen war es hier, Kommunikations- und Verhaltensmuster in ihrer Korrelation zum Leselernverhalten herauszustellen.

Inter- und intrapersonale Kommunikationsmuster

Neben diesen – *von außen im Grunde gut wahr zu nehmenden* – interpersonalen Kommunikationsmustern, läuft im Leseprozess unter dem Fokus kommunikationstheoretischer Ansätze eine intrapersonale Kommunikation ab, die es auch im Hinblick auf unser Konzept des ANLAUTBAUMS zu berücksichtigen gilt. Intrapersonal meint, Kommunikationsinhalte so in das eigene Wahrnehmungs-und Handlungskonzept integrieren zu können, dass ein *„Sinn"* und eine inhaltliche Verbindung zwischen *„Sprecher – Zuhörer"* oder *„Schreiber – Leser"* sowohl auf verbaler, als auch auf nonverbaler Ebene entsteht. Das eigentliche Problemfeld entsteht in unserem Förderschwerpunkt durch den *„eigengesetzlichen Kommunikationscharakter der Schriftsprache"* (SCHENK S. 38). Zusammengefasst lassen sich *„mündliche und schriftliche Verständigung (...) (als) verschiedene Verständigungsformen"* (EBD.) folgendermaßen gegenüberstellen:

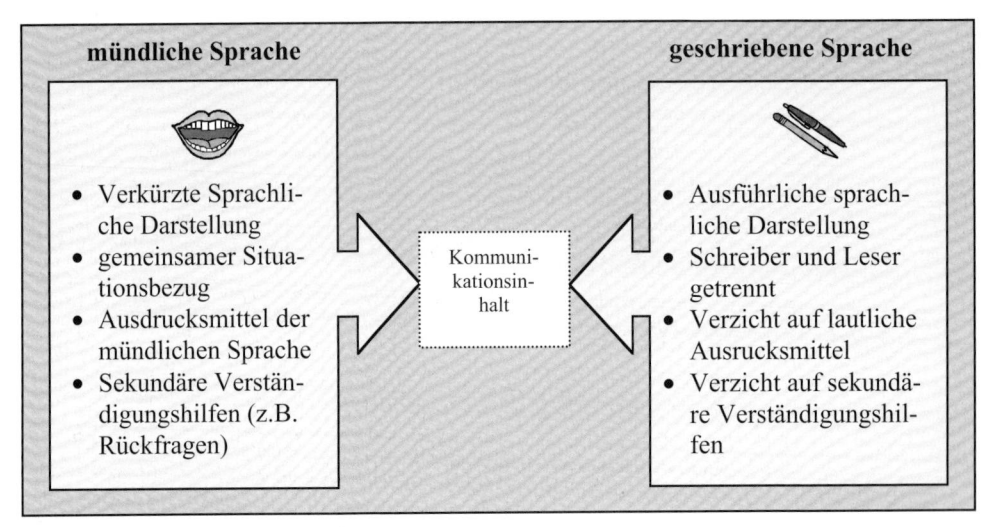

mündliche Sprache		geschriebene Sprache
• Verkürzte Sprachliche Darstellung • gemeinsamer Situationsbezug • Ausdrucksmittel der mündlichen Sprache • Sekundäre Verständigungshilfen (z.B. Rückfragen)	Kommunikationsinhalt	• Ausführliche sprachliche Darstellung • Schreiber und Leser getrennt • Verzicht auf lautliche Ausrucksmittel • Verzicht auf sekundäre Verständigungshilfen

Abbildung 25: *Der eigengesetzliche Kommunikationscharakter der Schriftsprache (in Anlehnung an SCHENK S. 39)*

3.2 Problemfelder im Lesenlernen im FSP ganzheitliche Entwicklung

Gerade dieser Charakter der Schriftsprache hat zur Folge, im Lesen über weniger Informationen zu verfügen, als dies im analogen Kommunikationsprozess der Fall ist. Konkret bedeutet dies für unsere Schüler, ohne Kontext- und Situationsbezug, Mimik und Gestik des Gegenübers, ohne Sach- oder Gegenstandsorientierung und ohne Deuten und Zeigen Informationen aus Schrift entnehmen zu müssen, die wiederum in einen sachlogischen Rahmen zu stellen sind. Die „...*Fähigkeit zur Sinnerwartung/Antizipation...*" (SCHENK S. 63) als eine spezielle Form kognitiver Fähigkeiten (vgl. auch 3.2.2) spielt hier eine nicht unwesentliche Rolle.

Antizipation

Unseres Erachtens wissen/spüren unsere Schüler schon sehr früh, dass durch schriftsprachliche Kommunikation Informationen austauschbar sind: Sie schreiben sich Kritzelbriefe (agieren hier als Sender) oder fragen nach der Bedeutung von Schildern und Beschriftungen (möchten Empfänger sein). Auf diesen Grundlagen ist das Lesen lernen so aufzubauen, dass sukzessive die zu Beginn noch bebilderten Wörter und Sätze in eine isolierte Form übergehen. Was im Regelschulbereich bereits nach der Einführung der ersten Buchstaben möglich ist, sollte innerhalb des Förderschwerpunktes ganzheitliche Entwicklung behutsam und mittel- bis langfristig angedacht werden.

Unterstützung durch Bildmaterial im Erstlesen

Auch das in 3.2.1 dargestellte Prinzip einer kontinuierlichen Sprachförderung im Leselernprozess wird in diesem Punkt unter Nuancierung der Wortschatzfestigung und -erweiterung berücksichtigt. Meist sind es schon kleine, grundlegende Wörter, an die im Erlesen eines Wortes nicht gedacht wird. Dies hängt auch mit dem relativ häufig auszumachenden Phänomen dysgrammatischen Sprechens zusammen. In der Regel nehmen manche Schüler es anfangs gar nicht wahr, ob sie „*ich male*" oder „*ich malen*" als Satzstruktur erlesen haben. Parallelen lassen sich im Bereich der Konjunktionen und der bestimmten und unbestimmten Artikel ausmachen. Im Sinne der oben angeführten Antizipation bedeutet dies etwa, nach einem maskulinen Artikel („der" oder „ein") eine bestimmte, nämlich maskuline Form von Nomen zu erwarten (Hase, Hund, Fisch, nicht aber Haus, Hose oder Pauke).

Dysgrammatismus

Grundlegung grammatikalischer Strukturen

Erst wenn man sich dieser Problemfelder im Bereich der sozialkommunikativen Kompetenzen bewusst ist, kann man Konsequenzen für den Leselernprozess ziehen. Für uns bedeutet das, innerhalb eines synthetisch-analytischen Leselernprozesses

- den Ansatz einer immanenten Sprachförderung zu verfolgen,
- Anschauung in Bild- und Gegenstandsform anzubieten,
- sensorische Angebote mit Sprachförderung zu verbinden
- und Formen bewegten Lernens zu integrieren.

In Anlehnung an Abb. 1 kann sich diese Hilfestellung langsam lösen, das Leseniveau des Schülers steht hierbei jedoch im Mittelpunkt der Planungen.

3.3 Leselehrgänge und Anlauttabellen – Überblick und theoretische Grundlegung

Kriterien im Überblick

Der in sich sehr komplexe Vorgang des Lesenlernens gibt einem Leselehrgang differenzierte Vorgaben, die einer in sich interdependenten Verknüpfung unterliegen. Im Sinne einer überblicksartigen Vorstellung möchten wir in Abbildung 26 die Kriterien anführen, die wir im Aufbau eines Leselehrgangs für wichtig erachten. Ohne den Anspruch auf Vollständigkeit erheben zu wollen, bieten wir in den unteren Feldern die Möglichkeit eigener Ergänzungen.

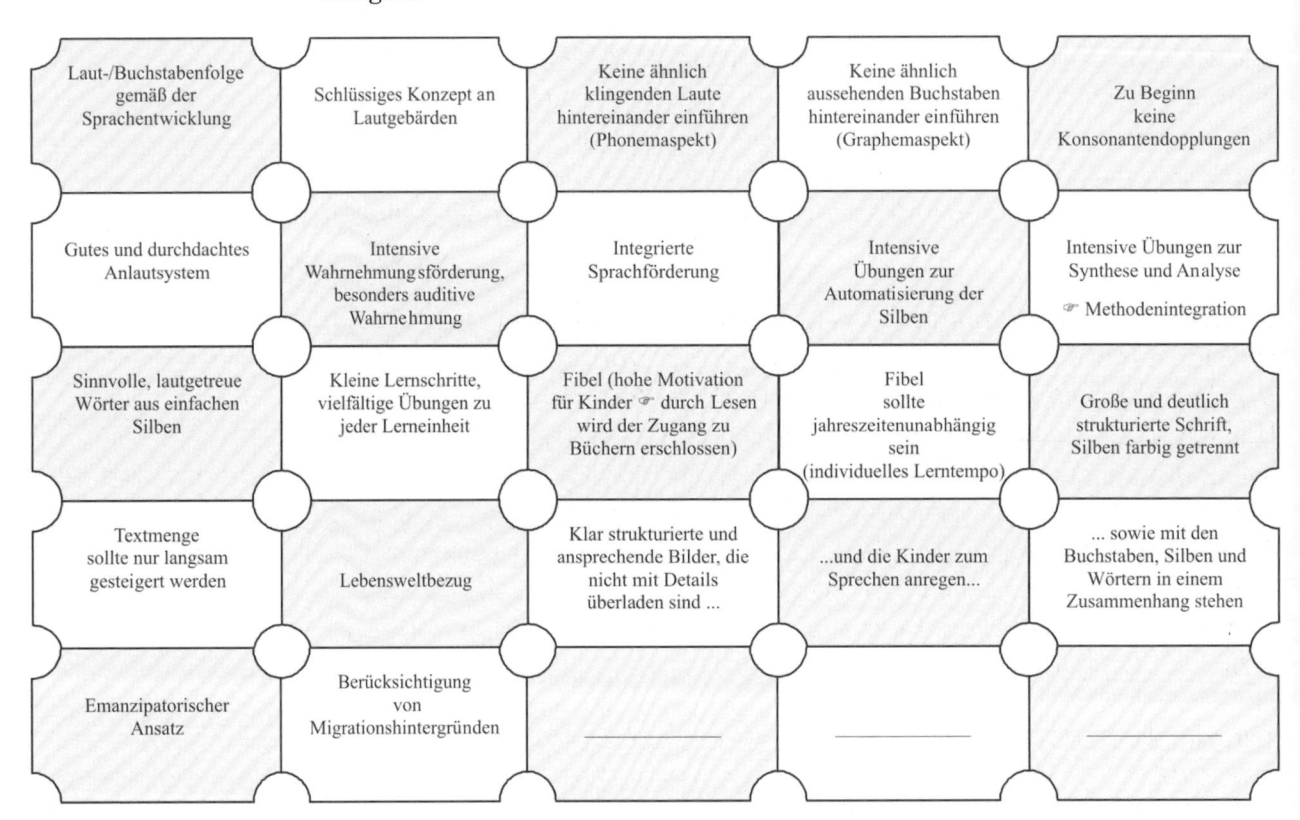

Laut-/Buchstabenfolge gemäß der Sprachentwicklung	Schlüssiges Konzept an Lautgebärden	Keine ähnlich klingenden Laute hintereinander einführen (Phonemaspekt)	Keine ähnlich aussehenden Buchstaben hintereinander einführen (Graphemaspekt)	Zu Beginn keine Konsonantendopplungen
Gutes und durchdachtes Anlautsystem	Intensive Wahrnehmungsförderung, besonders auditive Wahrnehmung	Integrierte Sprachförderung	Intensive Übungen zur Automatisierung der Silben	Intensive Übungen zur Synthese und Analyse ☞ Methodenintegration
Sinnvolle, lautgetreue Wörter aus einfachen Silben	Kleine Lernschritte, vielfältige Übungen zu jeder Lerneinheit	Fibel (hohe Motivation für Kinder ☞ durch Lesen wird der Zugang zu Büchern erschlossen)	Fibel sollte jahreszeitenunabhängig sein (individuelles Lerntempo)	Große und deutlich strukturierte Schrift, Silben farbig getrennt
Textmenge sollte nur langsam gesteigert werden	Lebensweltbezug	Klar strukturierte und ansprechende Bilder, die nicht mit Details überladen sind ...	...und die Kinder zum Sprechen anregen...	... sowie mit den Buchstaben, Silben und Wörtern in einem Zusammenhang stehen
Emanzipatorischer Ansatz	Berücksichtigung von Migrationshintergründen			

Abbildung 26: *Kriterien zur Gestaltung und zum Aufbau eines Leselehrgangs*

Orientierung an den LERNGÄNGEN der Kinder

Schülern im Regelschulbereich gelingt es meist, diesbezügliche Unzulänglichkeiten innerhalb der Leselehrgänge kompensieren zu können. Liegt ein gewisser Förderbedarf vor, sehen wir eine hohe Notwendigkeit, möglichst viele der o.a. Kriterien zu berücksichtigen. Da es für die Schule mit dem FSP ganzheitliche Entwicklung unseres Erachtens keinen passenden Leselehrgang gibt (geben kann ☞ vgl. 3.3.1), liegt die Kunst des didaktisch-methodischen Vorgehens darin, vor dem Hintergrund dieser Kriterien angemessene Materialien aus bestehenden Werken auszuwählen. „*Statt des Lehrgangs für alle orientiert sich der Unterricht an den* Lerngängen *der Kinder*" (POSITIONSPAPIER GRUNDSCHULVERBAND „KIND" 2005)

Methodisches Kontinuum

Der Nachteil, der sich aus dieser Kombination ergeben kann, findet sich in Übergängen von einer Klasse zur anderen oder im Stufenwechsel wieder. In der Kombination verschiedener Leselehrgänge muss ein methodisches Kontinuum vorliegen, das sich in den Bereichen Schrifttyp, Anlauttabelle und Lautgebärdensystem finden lässt.

3.3 Leselehrgänge und Anlauttabellen – Überblick und theoretische Grundlegung

Im Folgenden möchten wir drei häufig verwendete Leselehrgänge an unserer Schulform kurz vorstellen und deren Einsatzmöglichkeiten aufzeigen. Darüber hinaus haben wir einen Prinzipienkatalog entwickelt, der die Auswahl von Anlautbegriffen und -bildern in einen Gesamtzusammenhang stellen möchte. Diesem Prinzipienkatalog stellen wir abschließend die Anlautsysteme der Leselehrgänge gegenüber.

Prinzipienkatalog zur Auswahl von Anlautbegriffen

3.3.1 Leselehrgänge an der Schule mit dem FSP ganzheitliche Entwicklung

Die sehr stark divergierenden Ausgangsbedingungen zu Beginn des Schriftspracherwerbs schließen unseres Erachtens das lineare Nutzen eines Leselehrgangs an unserer Schulform aus (vgl. hierzu BRÜGELMANN S. 158 ff., TOPSCH S. 65 ff. und weiterführend SPITTA S. 14). Neben einer großen Bandbreite innerhalb der Förderbedürfnisse zeichnen sich die Klassen auch durch eine Zusammensetzung verschiedener Altersstufen aus. Nicht selten lassen sich in einer Unterstufenklasse Schüler im Alter zwischen 6 und 10 Jahren finden.

Heterogenität

Materialien aus dem Anfangsunterricht der Grundschule sind meist schon zu Beginn sehr komplex gestaltet. In zu großen Schritten in Querschnitts- und Längsschnittbetrachtungen entwickelt sich hier der Leselernprozess. Wir sehen insbesondere den Aspekt des Übens und des Angebots einer langsamen Entwicklung als wesentlich an. Schülern mit einem ganzheitlichen Förderbedarf sollte ein angemessenes Zeitfenster zur Verfügung stehen. In diesem langfristig angelegten zeitliche Rahmen sind die angebotenen Übungsphasen so mehrdimensional (vgl. SCHUMACHER u.a. S. 76 ff.), kommunikationsimmanent und handlungsorientiert (vgl. SCHENK S. 229 und GUDJONS S. 113 ff.) wie möglich zu gestalten.

Zeit geben und Zeit lassen

Vor diesem Hintergrund zeigt die Praxis das Kombinieren verschiedener Leselehrgänge und Fibelwerke als geeignete Möglichkeit, unseren Schülern solche Lern- und Handlungsräume anzubieten. Insbesondere die Umsetzung des Spracherfahrungsansatzes, *„der eine Verbindung unterschiedlicher methodischer Ansätze darstellt"* (TOPSCH S. 65) möchten wir hier in den Fokus rücken, da wir in diesem Ansatz einen für unsere Schüler angemessenen Weg sehen.

Öffnung des Unterrichts und Orientierung am Schüler

In Anlehnung an GUDRUN SPITTA (S. 14) möchten wir folgende Kritikpunkte an Fibeln und Leselehrgängen auch auf unseren Förderschwerpunkt projizieren:

- Lesen und Schreiben wird oft nicht in seiner Prozesshaftigkeit wahrgenommen.

- Steuerung von außen (Lehrgang) verhindert meist die Integration in die Kinderwelt.

- Enge Bindungen an ein methodisches Konzept verwehren den Schülern oft die aktive Beteiligung *„am Prozess des Entdeckens von Schrift"* (EBD.).

GUDRUN SPITTA und die Projektion auf unseren Förderschwerpunkt

- Lese- und Schreiblehrgänge können nicht der Heterogenität heutiger Klassen gerecht werden.

- Die Betonung der Lese-und Schreibtechnik verhindert den Blick auf den kommunikativen Charakter der Schriftsprache (EBD.).

Didaktische vs. methodische Kontinuität

Im Rahmen der Qualitätsentwicklung arbeiten viele Schulen daran, ein methodisch stringentes Konzept vom Anfangsunterricht bis zur Werkstufe anbieten zu können und führen einen Leselehrgang/eine Fibel (*Lesen lernen mit Hand und Fuß, Lesen mit Lo, Momel lernt lesen, die Umi-Fibel, Lesen in Silben u.a.*) für die ganze Schule ein. Unseres Erachtens mag dieses Vorgehen im Anfangsunterricht durchaus vertretbar sein, spätestens in den Mittelstufenklassen aber befinden sich die Schüler auf derart unterschiedlichen Leselernstufen, dass der Spagat auf der Grundlage eines Leselehrgangs nur noch sehr schwer, wenn überhaupt machbar ist. Darüber hinaus sind die Fibelinhalte irgendwann im Hinblick auf das Alter und die Interessen der Schüler nicht mehr angemessen.

Historisch bedingt finden die Leselehrgänge „*Leselernen mit Hand und Fuß*" und „*Lesenlernen mit Lo*" jedoch noch häufige Verwendung an vielen Schulen unseres Förderschwerpunkts. Wurden diese Lehrgänge oft im Sinne eines linearen Vorgehens verwendet, benutzen wir sie heute – neben den Materialen der Freiarbeit und der Fibel „LESEN IN SILBEN" (vgl. 3.3.1.3) – als Möglichkeiten der inneren Differenzierung. Zusammenfassend möchten wir die jeweiligen Stärken und Schwächen kurz aufzeigen, um später die Notwendigkeit eines methodisch systematisierten Anlautsystems gegenüberstellen zu können.

Den Schwerpunkt legen wir hier vor dem Hintergrund einer häufigeren Verwendung in unserem Unterricht auf den Leselehrgang „*Lesenlernen mit Hand und Fuß*" sowie die Fibel „*Lesen in Silben*".

3.3.1.1 Lesenlernen mit Hand und Fuß

Der Leselehrgang Lesenlernen mit Hand und Fuß wurde ursprünglich aus der Sprachheilgrundschule heraus entwickelt und möchte im Unterricht die Gesamtpersönlichkeit des Kindes ansprechen. Über diesen Ansatz können von den Schülern neue Lernfelder handelnd erschlossen werden. In einem didaktisch-methodisch strukturierten Lehrgang werden folgende Grundsätze explizit berücksichtigt:

Rahmenthema

Identifikationsmöglichkeiten

Jede Unterrichtseinheit ist in ein Rahmenthema eingebunden, das der Fantasie- und Erlebniswelt der Kinder angehört. Identifikationsmöglichkeiten zu Gestalten und Inhalten sind gegeben und entsprechen dem Prinzip der Kindgemäßheit. Darüber hinaus stehen die Rahmenthemen in einer engen Verbindung zu den Themen des Sachunterrichts: Ich, Kinder im Verkehr, Essen und Trinken, Wald.

3.3 Leselehrgänge und Anlauttabellen – Überblick und theoretische Grundlegung

Mehrdimensionalität
In einem Lernen an Stationen werden alle Dimensionen (Wahrnehmung, Sprache, Motorik, Kognition, Emotion, Soziabilität) angesprochen. Durch dieses Erschließen über verschiedene Eingangskanäle können die Lerninhalte intensiv abgespeichert werden.

Nutzen verschiedener Eingangskanäle

Individualität
Durch die immer wiederkehrende Grundstruktur des Unterrichts (vor einem methodischen Hintergrund) wird den Schülern die selbständige Bewältigung der Aufgabenstellung erleichtert. Dies entspricht dem Prinzip der HANDLUNGSORIENTIERUNG. Entsprechend des Stationenprinzips bestimmen die Schüler die Reihenfolge der Übungen, die Intensität der Bearbeitung und ihr individuelles Arbeitstempo selber.

Handlungsorientierung

Lernstufen
Im Verlauf des Leselehrgangs steigt der sachliche und sprachliche Anspruch, insgesamt lassen sich hier 3 Lernstufen ausmachen

- ✓ Stufe 1: Unterrichtseinheit 1 bis 4
- ✓ Stufe 2: Unterrichtseinheit 5 bis 11
- ✓ Stufe 3: Unterrichtseinheit 12 bis 31

Methodenintegration
Dem Leselehrgang liegt ein methodenintegrierendes Verfahren zu Grunde, das heißt, ein sich ergänzendes Abwechseln von Analyse und Synthese. Das methodische Vorgehen der Synthese stützt sich auf vier Prinzipien:

Synthese und Analyse

1. Die Syntheseübungen des Lehrgangs erfolgen innerhalb eines Sinnrahmens

2. Das Erschließen neuer Bedeutungen erfolgt durch Synthese (Verbindungen von Buchstaben zu neuen Wörtern auf jeder Stufe des Lehrgangs)

3. Unterstützung der Schüler, aus einer Wortvorgestalt auf die Wortendgestalt zu schließen („O-m-a" ☞ Oma), indem der Lehrer innerhalb des jeweiligen Sinnrahmens Wortvorgestalten anbietet.

4. Bewusste Auswahl zweisilbiger lautgetreuer und einfach strukturierter Wörter, bei denen auf einen langen Anfangsvokal ein Konsonant folgt.

Zur Erleichterung des Synthesevorgangs berücksichtigt der Leselehrgang die Aspekte der Sprachentwicklung in der Lautbuchstaben-Folge.

Lautbuchstabenfolge

Lautgebärden
Der Leselehrgang beinhaltet den Einsatz von Lautgebärden, es ist dem Lehrer jedoch freigestellt ob er dieses oder ein anderes System benutzt (vgl. hier auch SCHÄFER/LEIS).

	Lautgebärden dienen als motorische Hilfestellung zur Erleichterung von Artikulation, Synthese und Analyse, sowie der Förderung von Konzentration, Merkfähigkeit und Motorik. Darüber hinaus kommen Lautgebärden dem Bewegungsdrang von Kindern entgegen und berücksichtigen spielerische Momente (vgl. hierzu auch SCHÄFER/LEIS).
Vorzüge von Lautgebärden	

Druckschrift Nord

Schrift
Wir arbeiten mit der Ausgabe DRUCKSCHRIFT NORD, die den Schülern in GEMISCHT ANTIQUA deutliche Gliederungshilfen anbietet. Durch dieses klar gegliederte Schriftbild sollen potenzielle Schwierigkeiten vermieden werden (vgl. hierzu SCHÄFER 2006a und SCHÄFER/LEIS 2006).

Neben diesen fundierten Grundsätzen lassen sich auch einige Schwachstellen feststellen. Zum einen liegt dem Leselehrgang keine Fibel zu Grunde. Entsprechend den von uns aufgezeigten Prinzipien (vgl. Abb. 26) konnten wir feststellen, dass eine Fibel/ein Buch einen sehr hohen Aufforderungscharakter für die Schüler hat; die Vielzahl an ausgeteilten Arbeitsblättern wird dagegen oft „nur" abgeheftet. Damit verbunden ist ein unzureichendes Maß an Leseübungen, Lesen steht innerhalb des Leselehrgangs in einem isolierten Zusammenhang.

Der uns in diesem Zusammenhang wichtige Ansatz eines Anlautsystems fand durch eine Ergänzung im Jahr 2001 Berücksichtigung (*Buchstabenblätter von A-Z [Nord und Süd] mit Poster DIN A2, Persen-Verlag 2001*). Auf die Passung des Anlautsystems gehen wir in 3.3.3 näher ein. Zuvor möchten wir unsere Prinzipien zur Auswahl von Anlautbegriffen und -bildern aufzeigen (vgl. 3.3.2). Insgesamt sehen wir den Leselehrgang „*Lesenlernen mit Hand und Fuß*" als eine sinnvolle Ergänzung in einem offenen Konzept zu Beginn des Schriftspracherwerbs an, das den Grundsätzen eines mehrdimensionalen und handlungsorientierten Unterrichts entsprechen möchte.

3.3.1.2 Lesen mit Lo

„Berücksichtigung der besonderen Bedürfnisse"	Der Leselehrgang „*Lesen mit Lo*" ist ein vierteiliges Konzept, das für so genannte „*geistigbehinderte Schüler*" (SCHULTZE/ HIPP S. 1) entwickelt wurde. Die Autoren INGRID SCHULTZE und WOLFGANG HIPP sehen durch den Aufbau und durch das Angebot vielgestaltiger Übungen „*die besonderen Bedürfnisse geistigbehinderter Schüler*" (SCHULTZE/HIPP S. 1) berücksichtigt.
Bewusste Reduktion	Sie führen weiter an, „*die Anstrengungsbereitschaft der Kinder nicht (...) überfordern zu wollen*" (EBD.). Deshalb „*(wird) (...) – mit Ausnahme des ersten Schlüsselwortes „Lo" – mit jedem Schlüsselwort jeweils nur ein neuer Laut/Buchstabe eingeführt und in jedem Lesetext aus bekannten Wörtern jeweils nur ein unbekanntes Wort eingefügt*" (EBD.).

3.3 Leselehrgänge und Anlauttabellen – Überblick und theoretische Grundlegung

Innerhalb dieses, auf vier Jahre ausgelegten Leselehrgangs werden dem Lehrer für jede Stunde sowohl das

- Thema, als auch die
- Lernziele,
- Stundenverlauf und die
- Hausaufgaben vorgegeben.

Angelegt auf 4 Jahre

Dieser Lehrgang geht von einer relativ homogenen Gruppenstruktur aus, die sich zweimal in der Woche in Form eines Kursunterrichts mit je einer Einheit auseinandersetzt. Unseres Erachtens werden hier in Abgrenzung zum Klassenunterricht didaktische Inseln geschaffen, die in einer solchen Homogenität in unseren Klassen nicht auszumachen sind. Zum einen setzen sich die Klassen an unserer Schulform in der Regel aus mehren Jahrgängen zusammen, die schon dadurch unterschiedliche Lernausgangsbedingungen mit sich bringen. Zum andern ist der Lern- und Entwicklungsfortschritt oft so divergent, dass ein Lehrgangskonzept wie dieses schon nach wenigen Stunden innerhalb des Klassenunterrichts auseinander driftet.

Didaktische Inseln

Wir sind in der Verwendung dieses Lehrgangs dazu übergegangen, einzelne Bausteine und Übungen in den Leselernprozess zu integrieren. Insbesondere im Anfangsunterricht eignet sich die Herstellung des emotionalen Bezugs zu „Lo" für unsere Schüler. Sie winken Lo zu und lachen mit dem Affen, das Speichern dieser Silbe, sowie der darauf folgenden Schlüsselwörter fällt ihnen dadurch sehr leicht.

„Lo" als emotionaler Zugang

Im Hinblick auf die Ankerbilder zu den eingeführten Buchstaben (Stichwort Anlauttabelle) orientiert sich der Lehrgang an der Einführung der Schlüsselwörter. Die Schüler können dadurch in Verbindung mit dem Bild auf das Wort schließen *(vgl. hierzu Abb. 27 und Abb. 28)*, ein Anlautsystem im eigentlichen Sinne wird nicht angeboten.

Einführung von Schlüsselwörtern

Abbildung 27: *Einführung des Schlüsselwortes „Mama" (Lesen mit Lo Teil 1 S. 26)*

Abbildung 28: *Einführung des Schlüsselwortes „Oma" (Lesen mit Lo Teil 1 S. 31)*

Eine Schwierigkeit die sich aus dem komplexen Aufbau des Leselehrgangs ergibt, steht in direkter Verbindung zur Alterstruktur innerhalb der Leselernstufen: Wirkt der Leselehrgang auf jüngere Schüler durch den spielerischen Charakter sehr motivierend, halten wir die Inhalte für ältere Schüler für nicht mehr angemessen.

In seinen Lautgebärden orientiert sich der Leselehrgang an dem Lautgebärdensystem nach BLEIDICK (Lesen und Lesenlernen unter erschwerten Bedingungen, Essen 1972). Der Affe Lo gebärdet hierzu nahezu alle Buchstaben nach, Näheres dazu unter SCHÄFER/LEIS.

Zurzeit wird der gesamte Lehrgang nicht mehr aufgelegt, der BILDUNGSVERLAG EINS in Troisdorf hat ihn aus dem Programm genommen. Auch die seitens der Universität Köln (Netzwerk Medien und Lernkultur) geplante CD-ROM Fassung namens „Mit Lo im Zoo" als Ergänzung zum Lehrgang http://www.uni-koeln.de/hp-fak/netzwerkmedien/index.html?/hp-fak/netzwerkmedien/forchung/lo/index.html) wird so nicht auf dem Markt erscheinen.

Abbildung 29: *Ausschnitte aus der DEMO-Version „Mit Lo im Zoo" – hier an den Stationen „am Löwenkäfig", „am Krokodilgehege" und „am Seehundbecken"*

Ein Auslaufen des Modells „Lesen mit Lo"

Insgesamt hätten wir uns dieses Paket als eine gelungene Ergänzung vorstellen können. Wir gehen davon aus, dass vorhandene Lehrgänge („Lesen mit Lo") auch weiterhin sinnvoll genutzt werden, zunehmend jedoch aus unserem Schulbild leider verschwinden werden.

3.3.1.3 Lesen in Silben

Die Fibel „Lesen in Silben" ist ein *„Unterrichtswerk (...) (dessen) Arbeit (...) auf zwei Säulen (ruht)"* (HANDBUCH S. 2):

1. Zum einen geht man davon aus, durch die Methode von *„Lesen und Schreiben in Silben"* (EBD.) Lese-Rechtschreib-Schwächen (LRS) schon im Beginn vermeiden zu können. Zugleich werden leistungsstärkere Schüler durch diese Methode nicht gebremst.

2. Zum anderen sieht man in der Darstellung der Silbenstrukturen der Wörter den Kernbereich der deutschen Rechtschreibung berücksichtigt. Ziel ist hier ein bewusstes Rechtschreiben.

Im Handbuch zu diesem Leselehrgang findet sich die u.a. Grafik, in der die methodischen Überlegungen im Sinne einer *„Prävention statt Kompensation"* (EBD.) aufgezeigt werden.

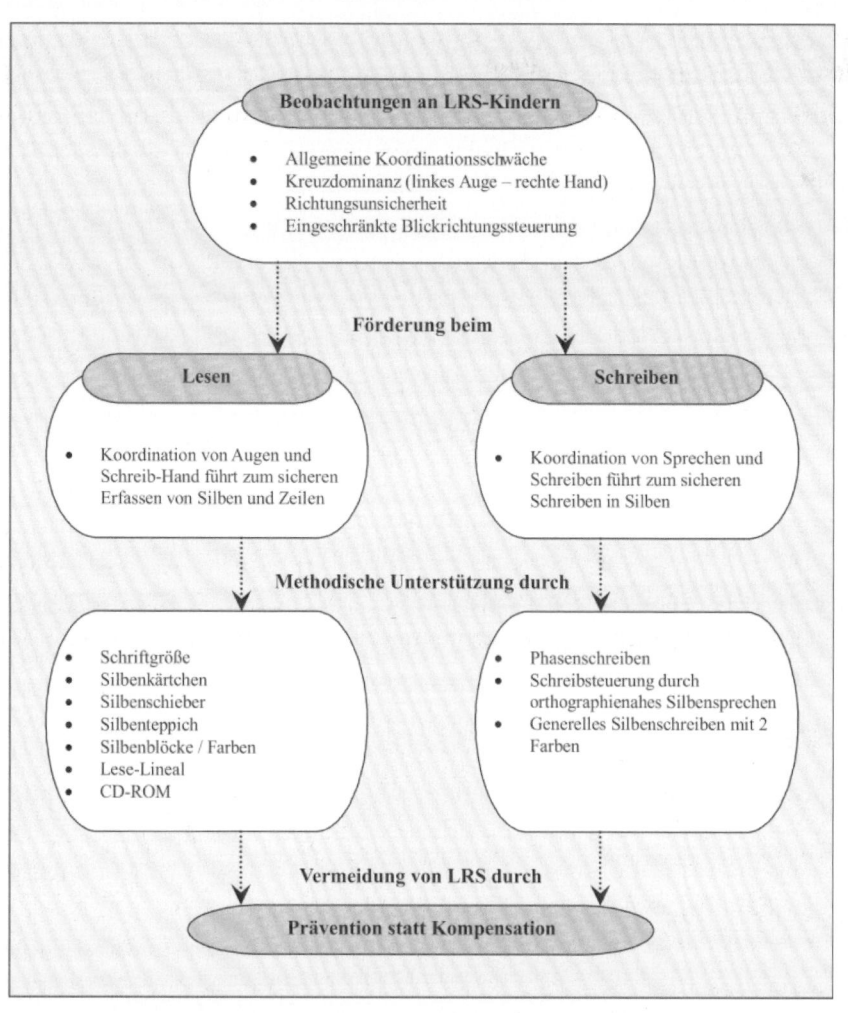

3.3 Leselehrgänge und Anlauttabellen – Überblick und theoretische Grundlegung

```
┌─────────────────────────────────────────────────────────────┐
│              ╭──────────────────────────╮                    │
│              │ Beobachtungen an LRS-Kindern │                │
│              ╰──────────────────────────╯                    │
│         • Allgemeine Koordinationsschwäche                   │
│         • Kreuzdominanz (linkes Auge – rechte Hand)          │
│         • Richtungsunsicherheit                              │
│         • Eingeschränkte Blickrichtungssteuerung             │
│                                                              │
│                    Förderung beim                            │
│         ╭────────╮              ╭──────────╮                 │
│         │ Lesen  │              │ Schreiben│                 │
│         ╰────────╯              ╰──────────╯                 │
│   • Koordination von Augen und    • Koordination von Sprechen und │
│     Schreib-Hand führt zum sicheren  Schreiben führt zum sicheren │
│     Erfassen von Silben und Zeilen   Schreiben in Silben          │
│                                                              │
│              Methodische Unterstützung durch                 │
│   • Schriftgröße                  • Phasenschreiben          │
│   • Silbenkärtchen                • Schreibsteuerung durch   │
│   • Silbenschieber                  orthographienahes Silbensprechen │
│   • Silbenteppich                 • Generelles Silbenschreiben mit 2 │
│   • Silbenblöcke / Farben           Farben                   │
│   • Lese-Lineal                                              │
│   • CD-ROM                                                   │
│                                                              │
│              Vermeidung von LRS durch                        │
│         ╭──────────────────────────────╮                     │
│         │ Prävention statt Kompensation │                    │
│         ╰──────────────────────────────╯                     │
└─────────────────────────────────────────────────────────────┘
```

Abbildung 30: *Grafik zum Methodenkonzept (eigene Grafik nach dem Handbuch „Lesen in Silben" S. 2)*

Methodenkonzept aus „Lesen in Silben"

In der Ausgangssituation der Grafik wird schnell deutlich, warum dieses Fibel-Werk auch für Schüler in unserem Förderschwerpunkt im Sinne einer Prävention sinnvoll sein kann: *„Allgemeine Koordinationsschwächen, Kreuzdominanz (linkes Auge – rechte Hand), Richtungsunsicherheit sowie eine eingeschränkte Blickrichtungssteuerung"* (Abb. 30) zeigen einen Förderbedarf auf, den wir auch bei unseren Schülern in der Regel feststellen können.

Analoge Ausgangsbedingungen auch in unserem FSP

Neben diesen Förderbedürfnissen lassen sich in unserem Förderschwerpunkt jedoch noch weitere und umfangreichere Aspekte feststellen (vgl. hierzu 3.2.1 bis 3.2.6). Vor diesem Hintergrund verstehen wir das Fibelwerk „LESEN IN SILBEN" als eine sinnvolle Ergänzung zu den eingesetzten Leselehrgängen *„Lesenlernen mit Hand und Fuß"* (vgl. 3.3.1.1) und *„Lesen mit Lo"* (vgl. 3.3.1.2), den methodischen und didaktischen Schwerpunkt sehen wir in Ergänzung zu den o.a. Aspekten auf weiteren drei Gebieten:

Fibel als Ergänzung

1. Zunächst stellen wir fest, dass alleine der Einsatz einer Fibel/eines Buches für viele Schüler einen hohen <u>Aufforderungscharakter</u> mit sich bringt. Sie schätzen ihr eigenes Buch und gehen in der Regel sorgfältig damit um, auch der Einsatz zu Hause wird dadurch erleichtert, dass es keine „Loseblattsammlung" ist. Zum Wochenende nehmen meist alle Schüler die Fibel mit nach Hause: An diesen Tagen blättern sie darin, sehen sich „nur" die Bilder an oder üben etwas mit Geschwistern und Eltern.

Motivation durch ein eigenes Buch

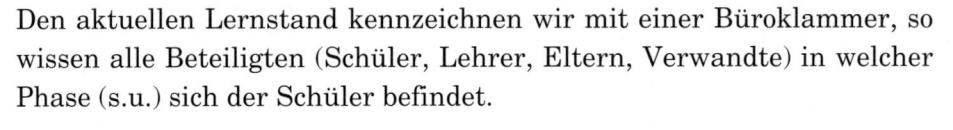

Den aktuellen Lernstand kennzeichnen wir mit einer Büroklammer, so wissen alle Beteiligten (Schüler, Lehrer, Eltern, Verwandte) in welcher Phase (s.u.) sich der Schüler befindet.

2. Neben diesem motivationalen Ansatz bietet die Fibel – durch eine Vielzahl an weiteren Angeboten – geeignetes Material zur inneren Differenzierung sowohl für den Anfangsunterricht als auch für die Arbeiten in der Mittel-und Oberstufe innerhalb unseres Förderschwerpunktes: Mit dem Verweis auf die Internetseiten des Verlags www.abc-der-tiere.de/index.html und www.mildenberger-verlag.de, die viele und aufschlussreiche Informationen zu den Materialien bieten möchten wir hier lediglich einen Überblick über weitere Angebote herstellen:

- Differenziert gestaltetes Handbuch,
- ABC der Tiere – Leselehrgang (Fibel),
- Arbeitsheft zum Leselehrgang,
- Lesezirkus – zusätzliches Lesematerial,
- Schreibheftchen – mein Tierbüchlein,
- ABC der Tiere – Arbeitsheft/Folien spontane Schreibung von Doppelkonsonanten
- ABC der Tiere – Silbenkärtchen, Silbenteppiche und Silbendomino,
- Arbeitsblätter zur inneren Differenzierung,
- Ankerbilder (vgl. hierzu 3.3.3.3) und der
- Schreiblehrgang (in Druckschrift, LA, VA und SAS).

Ein weiteres Medium der inneren Differenzierung ist die *CD-Rom,* die als Ergänzung zur Fibel angeboten wird. Die Bedienoberfläche ist relativ einfach gestaltet und auch für viele unserer Schüler nach kurzer Zeit nachzuvollziehen und bedienbar. In den Kategorien:

- *Silben-und Lesetexte,*
- *Wort-Bild-Kategorien,*
- *Silbenteppich,*
- *Memo-Spiel,*
- *Silbenautomat,*
- *Wortautomat*
- *und Lückentext*

werden unter Verwendung von Sprachausgabe Übungen mit den Bild- und Wortfeldern der Fibel angeboten (vgl. hierzu Abb. 31).

Abbildung 31: *Oberfläche zur Auswahl der Fibelseiten. Durch anklicken der jeweiligen Seite kommt man direkt zum Untermenü und kann hier je nach Fortschritt innerhalb der Fibel verschiedene Unterprogramme (s.u.) mit verschiedenen Schwierigkeitsgraden wählen.*

3.3 Leselehrgänge und Anlauttabellen – Überblick und theoretische Grundlegung 59

Wortbildkategorien

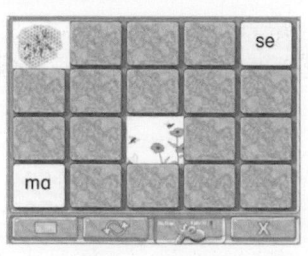

Memo-Spiel

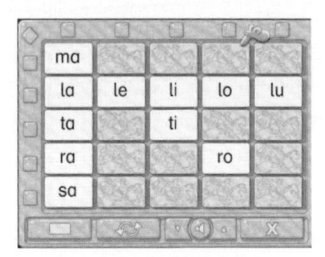

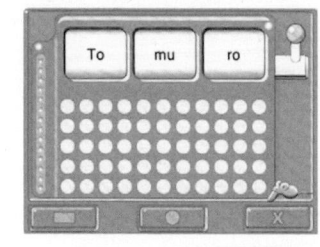

Silbenteppich

Silbenautomat

Die Oberflächen der verschiedenen Unterprogramme der CD-Version

3. Neben den Gesichtspunkten der Motivation (1) und einem umfangreichen Materialangebot zur Differenzierung (2) ist uns der Ansatz der auditiven und visuellen Gliederung von Schrift wichtig. Durch das Arbeiten mit den Silben wird den Schülern das mögliche Aufgliedern von Sprache – und Schrift – deutlich. Michelle findet so die Silbe „Mi" in ihrem Vornamen und Lukas stellt fest, dass auch sein Name mit einer Silbe („Lu") aus der Fibel beginnt. Auch die Wochentage im Kalender lassen sich so leichter erlesen und das „Erklatschen" der Silbenanzahl wird durch die Visualisierung erleichtert.

Auditive und visuelle Gliederung

Zum Fibelaufbau

Die Fibel ist in ihrem Lehrgang in 5 Phasen aufgebaut, wobei diese Phasen für die Schüler keine erkennbaren Blöcke darstellen. Zu allen 83 Seiten der Fibel gibt es in den o.a. Differenzierungsmaterialien unterschiedliche Angebote. In Abb. 32 stellen wir die 5 Phasen kurz vor:

Der methodische Aufbau in 5 Phasen

Phase 1 (S. 2 bis S. 11)
Im Mittelpunkt dieser Phase steht nicht die Synthese einzelner Buchstaben oder die Konsonant-Vokal-Verbindungen, sondern das automatisierte Lesen der Silben. Der grafische Teil der Fibel gibt sinnvolle Sprachanlässe ☞ sprachliches Handeln.

Phase 2 (S. 12 bis S. 23)
Hier werden weitere Konsonanten (l, t, r, s und w ☛ Starter) eingeführt. Sie stehen nicht vereinzelt, man möchte keine „mentalen Barrieren" zwischen Konsonanten und Vokalen errichten. Als Differenzierungsmaterial dienen LESETEPPICH und SILBENSCHIEBER.

Phase 3 (S. 24 bis S. 25)
In dieser Phase tauchen bekannte Starter als Stopper auf ☛ „l" bei „del" oder „s" bei „das". Unter dem Aspekt des Stoppers werden die Buchstaben auditiv isoliert und analysiert.

Phase 4 (S. 26 bis S. 29)
Hier findet nun ein Übergang von Klangsilbenreihen zu Wörtern und Sätzen statt („Ma ri na und Mo na ma len Tan nen").
Je nach Lern- und Entwicklungsstand unserer Schüler achten wir auf ein silbenbetontes oder schon synthetisierendes Lesen.

Phase 5 (ab S. 30)
Nach diesen durchlaufenen 4 Phasen geht es nun in der Phase 5 ab Seite 30 darum, bei Konsonantenhäufungen und Doppellauten sicherer zu werden. Die Fibel und die o.a. Materialien bieten anregende und sinnvolle Texte.

Abbildung 32: *Die 5 Phasen des Lesenlernens (gemäß der Silbenmethode ☛ vgl. hierzu Abb. 30).*

Anlautsystem/ Lautgebärden

Während wir auf das Anlautsystem der Fibel gesondert eingehen werden (vgl. 3.3.3.3), möchten wir die im Konzept angeführten Lautgebärden kurz anreißen (HANDBUCH S. 105 ff.).

Sprachheilpädagogik

Wir finden hier ein unter sprachheilpädagogischen Gesichtspunkten schlüssiges Konzept an Lautgebärden, das unserer Einschätzung nach im FSP ganzheitliche Entwicklung ein zu hohes Maß an Abstraktion einfordert. Viele Assoziationen laufen über die Nachbildung von Lauten, wir würden uns hier primäre Assoziationen zu tatsächlichen, konkreten Sachverhalten wünschen.

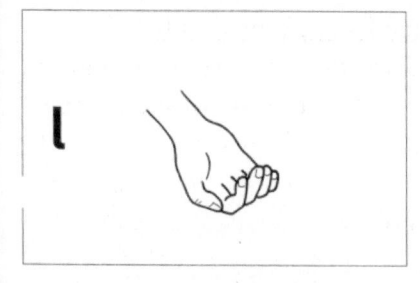

3.3 Leselehrgänge und Anlauttabellen – Überblick und theoretische Grundlegung 61

l		Handfläche und Finger sind nach oben gekrümmt. Assoziation: Zungenstellung wird nachgeahmt.
 t		Handrücken gegen den Mund halten. Assoziation: Luftstoß wird wahrgenommen; Unterarm bildet den Querstrich nach.
u		Beide Hände bilden den U-Schwung nach. Assoziation: oben offen Grube: Häschen in der Grube ...

Beispiele zu den Lautgebärden

Abbildung 33: *Lautgebärden aus Lesen in Silben (HANDBUCH S. 105 bis 110)*

Insgesamt bietet „Lesen in Silben" – *bei durchgehender Berücksichtigung der Lernausgangslage der Schüler* – unseres Erachtens ein durchaus geeignetes Material für den Schriftspracherwerb im Förderschwerpunkt ganzheitliche Entwicklung.

Während die originäre Konzeption des Konzeptes das Lesen der Seiten 31 ff. im Regelschulbereich gegen Weihnachten erschlossen sehen möchte, führen wir in der Regel unsere Schüler etwa zu dieser Zeit erst an das Arbeiten mit der Fibel heran. Unserer Erfahrung nach arbeiten sich einige Schüler im Verlauf von etwa zwei bis drei Schuljahren an den Anspruch der Phase 5 heran, so dass sie das eigentliche Lesen mit den Silben als Texterfassung in der Mittelstufe erfahren.

Wir sehen unbedingt von einer linearen und alleinigen Nutzung des Konzeptes ab und bieten den Schülern Ergänzungen aus den beiden oben angeführten Leselehrgängen an. Diese Ergänzungen stehen in einem unmittelbaren Zusammenhang zu den Grundsätzen und Methoden des Spracherfahrungsansatzes (vgl. BRÜGELMANN und BRÜGELMANN/BRINKMANN). Eine deutliche Schwierigkeit innerhalb unseres FSP sind die Übungsphasen in der Fibel. Für manche Schüler ist das Vorankommen zu grobmaschig, kleinere Schritte wären hier oft wünschenswert. Analog zur didaktischen Variation des Lesezirkus als Differenzierung für leistungsstärkere Schüler im Regelschulbereich könnten wir uns ein Lesewerk vorstellen, dass kurze Texte mit wenigen Silben interessant darzustellen vermag.

3.3.2 Prinzipien eines Anlautsystems und Passung für den FSP ganzheitliche Entwicklung

Auf der Suche nach einem sinnvollen Anlautsystem

In unserer Arbeit zur Erstellung eines Anlautsystems fällt uns unter Berücksichtigung qualitativer Gütekriterien auf, dass diese Gesichtspunkte in einer sehr subjektiven Nuancierung – wenn überhaupt – in diesbezüglichen Arbeiten angeführt werden. Vielmehr ist es die Regel, dass zu den Fibeln und Schreiblehrgängen in einer ganz selbstverständlichen Weise Anlauttabellen gegeben werden, die hinsichtlich ihres didaktischen und methodischen Aufbaus oft nicht durchdacht erscheinen. Insbesondere Schüler deren Förderschwerpunkt im Bereich der ganzheitlichen Entwicklung liegt, sind auf ein klar strukturiertes Arbeitsfeld angewiesen, innerhalb dessen sie ihre individuellen Kompetenzen ausbauen und Fähigkeiten weiterentwickeln können. Didaktische und methodische Schwachstellen sind daher – noch mehr als im grundschulpädagogischen Lernfeld – zu vermeiden.

Aus diesem Grund zeigen wir im Folgenden überblicksartig die nach unserer Einschätzung wesentlichen Prinzipien und Kriterien eines Anlautsystems auf:

Prinzipien zur Auswahl

- Das Prinzip der Ordnung (Alphabetische Orientierung – Lautorientierung)
- Das Prinzip der grafischen und inhaltlichen Prägnanz
- Vermeidung von Konsonantendopplungen am Wortanfang
- Abgrenzung des Lautes und des Buchstabennamens
- Reduktion in der Abbildung aller Laute der deutschen Sprache

Klare Strukturen

Im Sinne eines lehrgangunabhängigen Einsatzes steht ein objektives Vorgehen im Mittelpunkt. Die Anordnung der Prinzipien verfolgt keine Festlegung der Prioritäten, vielmehr ergänzen sich die Prinzipien in ihrem funktionellen Auftreten. Entsprechend unserer Zielgruppe stehen klare Strukturen und ein pragmatisches Handeln im Vordergrund, was den Grundsatz der Reduktion impliziert.

3.3.2.1 Das Prinzip der Ordnung (Alphabetische Orientierung – Lautorientierung)

Grundsätzlich lassen sich zwei verschiedene Formen im Aufbau unterscheiden. Zum einen ist dies ein Aufbau, der sich an der Lautstruktur der deutschen Sprache orientiert. Hier ist der Laut zentraler Ausgangspunkt, dies finden wir z.B. in der Anlauttabelle nach JÜRGEN REICHEN.

REICHENS Ordnung

REICHEN ordnet in seiner Anlauttabelle (hier in der neuen Fassung) im oberen Bogen die Vokale, Umlaute und Diphthonge an, jeweils unter Berücksichtigung kurz- oder lang gesprochener Laute. In der linken Säule findet man die weich gesprochenen Konsonanten, in der rechten Säule sind die Konsonanten angeführt, die mit einem harten Laut beginnen.

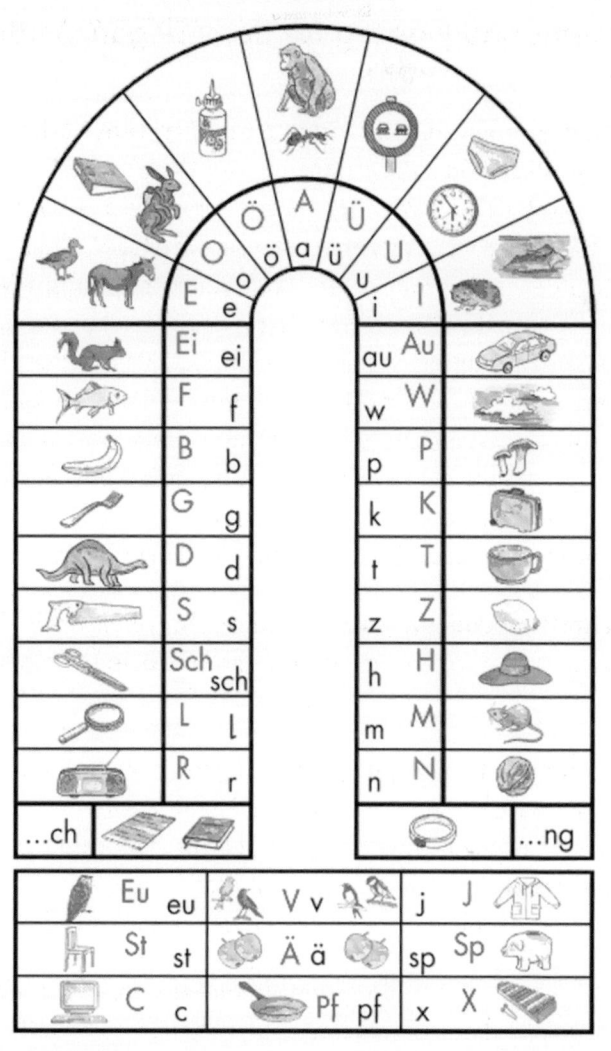

3.3 Leselehrgänge und Anlauttabellen – Überblick und theoretische Grundlegung

Das neue Anlauttor im Mai 2006

Abbildung 34: *Die Anlauttabelle nach JÜRGEN REICHEN (Bildnachweis: http://www.heinevetter-verlag.de)*

In dieser neuen Fassung seines Anlauttors sind kleine Veränderungen auszumachen: Unterhalb des Tores befindet sich eine weitere Tabelle mit den Sonderzeichen sowie Umlauten und Diphthongen (/eu/, /v/, /j/, /st/, /ä/, /sp/, /c/, /pf/ und /x/). Innerhalb einer solchen Orientierung an den Lauten sollten verschiedene Kriterien befolgt werden, um den Schülern ein möglichst eindeutiges Arbeiten und produktiven Umgang mit Schriftsprache zu ermöglichen.

Neuerungen

Zum einen sollten schwer unterscheidbare Laute räumlich zu trennen sein, ein Aspekt der in der Orientierungsdiskussion scheinbar gegen eine alphabetische Orientierung spricht (/i/ – /j/ oder /m/-/n/ und /p/ – /q/). Potentielle Verwechslungen sollen dadurch vermieden werden.

Für und Wider

Weiter sind die Vokale, Diphthonge und Umlaute deutlich hervorzuheben, sowie die harten und weichen Konsonanten grafisch gegenüber zu stellen. Liegt der Aufbau einer Anlauttabelle in einer solchen lautorientierten Gliederung vor, muss ganz klar der Vorteil darin gesehen werden, dass die Kinder leichter und zunächst sicherer zur Lautstruktur finden. Der diesbezügliche Nachteil scheint aber in der Methode selber zu liegen, schließen sich doch die Kriterien im Gesamten zum Teil selber aus (*vgl hierzu auch die Ausführungen in* TOPSCH *zum Umgang mit Anlauttabellen S. 68 ff.*).

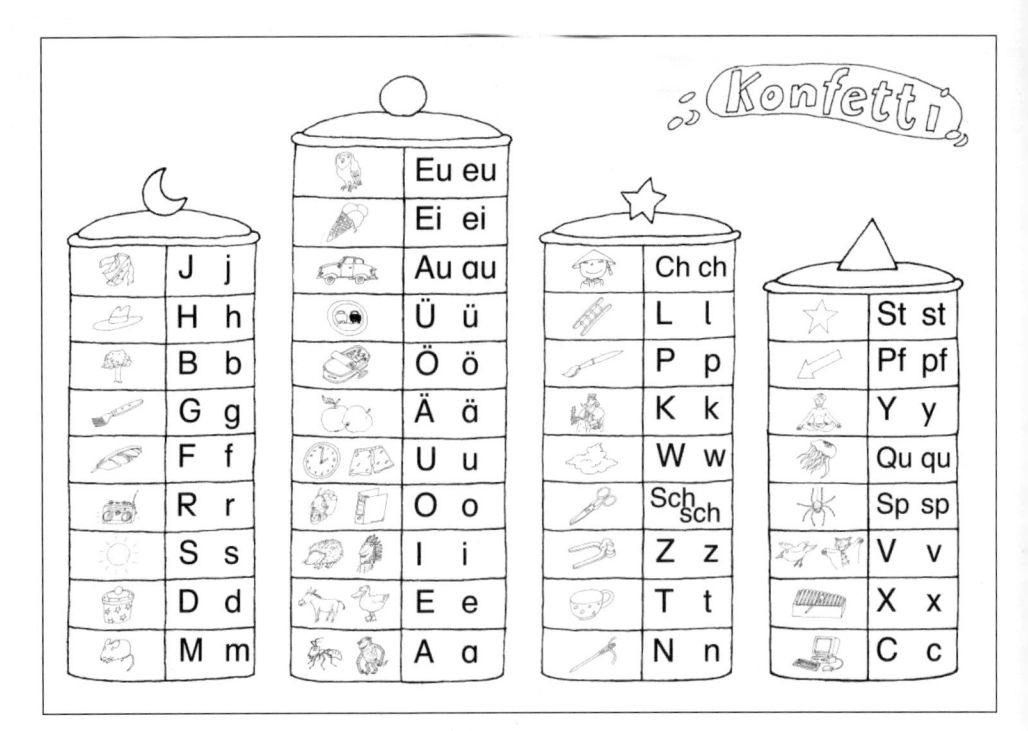

KONFETTI-FIBEL

Abbildung 35: *Die erweiterte Anlauttabelle zur KONFETTI-FIBEL aus dem Verlag Moritz Diesterweg, Frankfurt*

Unseres Erachtens kann keine lautorientierte Gliederung/Ordnung alle Kriterien zu gleichen Teilen erfüllen. So wird etwa in der KONFETTI-FIBEL (Abbildung 35) innerhalb der beiden Säulen die Gegenüberstellung von Paaren verfolgt, es findet jedoch eine Durchmischung paarig (D – T) und nicht paarig (M – N) zugeordneter Konsonanten statt. In einer Abgrenzung zu REICHEN kommt die Anlauttabelle der KONFETTI-FIBEL in ihrer lautorientierten Gliederung den o.a. Kriterien näher.

Berücksichtigung vermeintlicher Kleinigkeiten

Jedoch wurde der Aspekt der *horizontalen Gliederung*, der unseres Erachtens auch in dieser Form der lautorientierten Darstellung für das Arbeiten gewinnbringend wäre nicht berücksichtigt. Der Schüler arbeitet in unserem Schriftsystem von links nach rechts, also in einem horizontalen Vorgehen, dies sollte innerhalb der Anlauttabelle berücksichtigt werden. Wir sehen hier die Gefahr, dass insbesondere Schüler, die innerhalb der diesbezüglichen Teilleistungen (Seitigkeit, Reihenfolgen u.a.) Förderbedürfnisse haben, den Wechsel zwischen horizontalen und vertikalen Lese-/Arbeitsrichtungen nicht ohne weiteres verfolgen können.

Vertikale Gliederung auch in alphabetischen Systemen

Die bisher genannten Prinzipien und Kritikpunkte bedeuten zugleich das Auftreten von Schwierigkeiten, die unter Umständen auch in einer alphabetisch aufgebauten Tabelle auszumachen sind. Auch hier finden wir in den Materialien und Fibeln Anlauttabellen, die zwar eine alphabetische Orientierung im Aufbau der Laute wählten, aber ebenfalls im Aufbau der Graphembilder eine vertikale Gliederung vorgenommen haben. Selbst der erfahrene Leser – ohne Schwierigkeiten im Lesen und Schreiben – wird bei einem ersten Durchsehen der Tabelle (vgl. Abb. 36) nach dem /a/ das /i/ und danach das /qu/ erfassen, erst das /w/ (wie Wal) wird ihn auf die richtige Spur bringen.

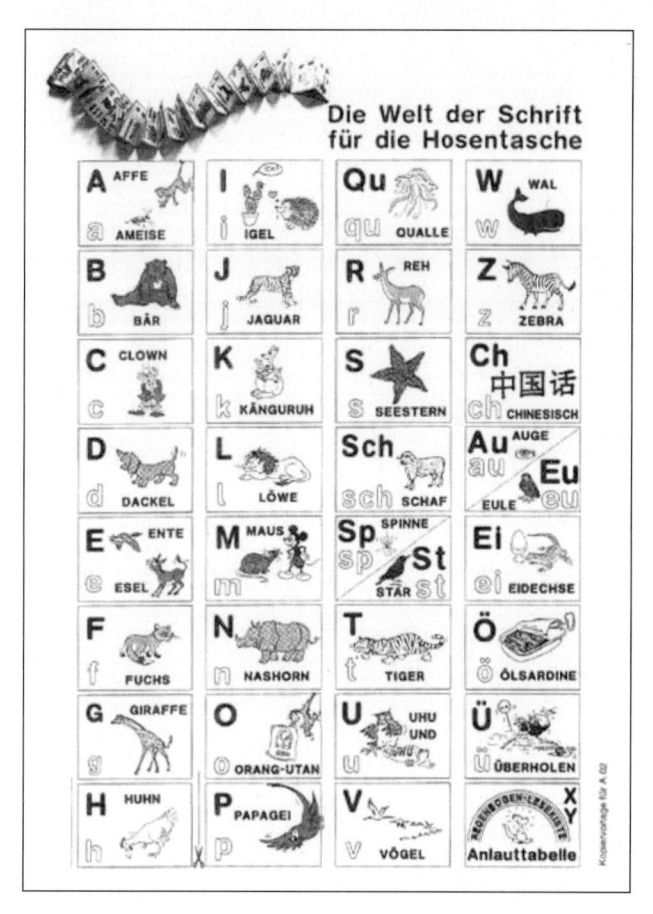

3.3 Leselehrgänge und Anlauttabellen – Überblick und theoretische Grundlegung

Abbildung 36: *Kopiervorlage für A.2; IDEEN-KISTE I Schrift-Sprache. Verlag für pädagogische Medien, Hamburg 1994*

Im Abwägen zwischen vertikaler oder horizontaler Gliederung wird innerhalb der alphabetischen Struktur schnell deutlich, dass die o.a. Problemstellung der räumlichen Nähe ähnlicher Grapheme/Phoneme in beiden Varianten zu finden ist: Sowohl in der „*Anlauttabelle IDEEN-LESEKISTE*" (vgl. Abb. 36) als auch in „*UMIS LAUTTABELLE*" (vgl. Abb. 37) liegen das /i/ und /j/ und das /m/ und /n/ neben- bzw. untereinander.

Hinsichtlich dieser nachbarschaftlichen Schwierigkeiten der Laute /i/-/j/, /m/-/n/ und /p/-/q/ ist uns aufgefallen, dass unseren Schülern im Falle eines prägnanten Anteils (Anlautbild) innerhalb eines solchen Paares eine diesbezügliche Unterscheidung leichter fällt bzw. sehr eindeutig gelingt. Hier kommt der Ansatz eines inhaltlich mehrdimensionalen Anlautsystems hinzu. Mehrdimensional bedeutet hier, dass die Anlautwörter aus unterschiedlichen Wortfamilien/-feldern kommen sollten (vgl. hierzu weiter den Unterpunkt „Wort-Bild-Auswahl"). In „UMIS LAUTTABELLE" dürften sich in den Graphemfeldern /m/ wie Maus und /n/ wie Nashorn beispielsweise entsprechende Probleme ergeben.

Wenn es sich in UMIS LAUTTABELLE um eine alphabetische Orientierung handelt, wird der diesbezügliche Vorteil der gewohnten Übersichtlichkeit durch die Aneinanderreihung von Alphabet, Diphthongen, Umlauten und Sonderlauten (in einer begrenzten Auswahl) aufgehoben. Die Kriterien der Anordnung innerhalb der Sonderzeichen sind nicht nachzuvollziehen.

Randnotizen: IDEEN-KISTE 1; Prägnante Anlautbilder als Stützen; Sonderzeichen

UMIS Lauttabelle

Abbildung 37: *UMIS LAUTTABELLE aus dem Arbeitsheft mit Druckschriftlehrgang, Kamp Schulbuchverlag Düsseldorf 2002*

Die schräg gesetzte Graphem-Anlaut-Ankerung (/z/ wie Zaun) als Trennung zwischen eigentlichem Alphabet und weiteren Graphem-Phonem-Korrespondenzen dürfte erst im weiteren Arbeiten auffallen und dient nur unwesentlich dem Zugewinn von Übersicht.

Vor- und Nachteile in beiden Grundsätzen

Zusammenfassend lassen sich zur Auswahl der beiden hier aufgezeigten Gliederungsmöglichkeiten der alphabetischen oder lautbezogenen Orientierung sowohl jeweilige Vor- und Nachteile feststellen. Können die Vorteile der lautbezogenen Orientierung genutzt werden, müssen sich die Schüler später – bezogen auf das Ordnungssystem unseres Kulturkreises – eine weitere und neue Orientierung aneignen (Arbeitswelt [Sortiersysteme], Telefonbuch, Geschäfte, Computer-Nutzung und Internet-Darstellungen).

Umgehen von Schwierigkeiten ...

Umgekehrt werden die Schüler innerhalb der alphabetischen Ordnung mit der Schwierigkeit konfrontiert, Phoneme zu finden (/c/ wie Computer) deren Klang ähnlich dem des eigentlich gesuchten Buchstabens ist (im Falle von UMIS LAUTTABELLE /k/ wie Koffer) jedoch in der alphabetischen Suche weiter vorne kommen. Solche Schwierigkeiten einer undifferenzierten Graphemwahl können umgangen werden, indem innerhalb des Klassenraums die Anlautbilder in alphabetischer Reihenfolge aufgehängt werden.

3.3 Leselehrgänge und Anlauttabellen – Überblick und theoretische Grundlegung

Dabei werden die in ihrer Lautstruktur komplexen, seltener vorkommenden und dadurch später eingeführten Buchstaben durch eine Lücke angedeutet.

... und Mut zur Lücke

In der Darstellung der Anlautkette (vgl. Abb. 38) in der Unterstufenklasse U/M 3 der Rosenberg-Schule sieht man deutlich die eingeführten Buchstaben /a/, /b/ mit der folgenden Lücke des /c/ wie Computer und dem daran anschließenden /d/ wie Daumen. Im Sinne einer durchgehenden Handlungsorientierung gewinnen die Schüler einen Überblick und erfahren im Lesen und Arbeiten mit den Buchstaben eine Kompetenzerweiterung im Bereich der Selbsteinschätzung („Das haben wir gearbeitet", „dort sind noch Lücken" und „das fehlt uns noch").

Ausblick ANLAUTBAUM

Anlautkette im Klassenzimmer (Auszug)

Abbildung 38: *Aufgehängte Anlautbilder in der Unter-/Mittelstufenklasse U/M 3 der Rosenberg-Schule. Die Lücke zwischen /b/ und /d/ deutet den noch nicht eingeführten Buchstaben /c/ wie Computer an.*

Darüber hinaus lässt sich feststellen, dass die Schüler in der Darstellung der Anlautbilder im Klassenraum sehr wohl gewisse Ordnungspunkte (Strukturbildung) zu internalisieren beginnen. Hilfreich scheint hier insbesondere die seriell vorgebende Anordnung der Buchstabenleine zu sein, in unserem Falle über die Zimmerecke.

Das Nutzen räumlicher Strukturen

Es lässt sich beobachten, wie die Schüler im Suchen selber eine räumliche und strukturelle Orientierung aufbauen, durch die sie im Arbeiten mit den Graphem-Phonem-Verbindungen sicherer werden. Zentrale Anknüpfpunkte sind hier sowohl unterschiedliche Buchstaben, mit denen sich die Schüler besonders identifizieren (/p/ wie Paul) können, als eben auch räumliche Strukturen, die es im Sinne der Orientierung zu nutzen gilt (Ecken, Absätze, unterschiedliche, jedoch einfach und klar strukturierte Wandhintergründe).

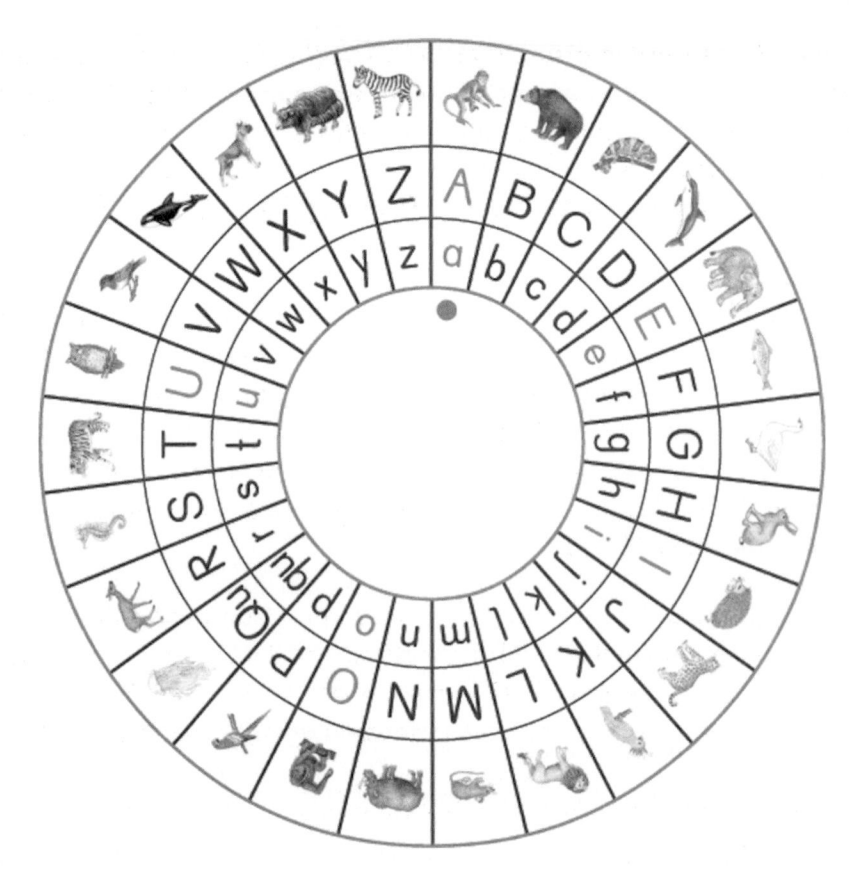

Anlauttabelle aus
„Lesen in Silben"

Abbildung 39: *Die Anlauttabelle aus „LESEN IN SILBEN"* ☞ *Alphabetische Orientierung mit Tierdarstellungen und drehendem Charakter*

Wenngleich verschiedene Ansätze in der Theorie der Anlautsysteme davon ausgehen, dem Schüler direkt alle Buchstaben anzubieten, möchten wir innerhalb unseres FSP hinsichtlich der Buchstabenkette im Klassenzimmer den Aspekt der Reduktion und Buchstabeneinführung anbringen. Dies erscheint insbesondere in der Arbeit der Unterstufe von Vorteil, um die Schüler nicht mit einer Fülle neuer Buchstaben zu konfrontieren und ihnen das Üben und Festigen der bisher bekannten und eingeführten Graphem-Phonem-Verbindungen zu ermöglichen.

Reduktion

Auch wenn der ANLAUTBAUM als Grafik (Poster) und Anlauttabelle (kleiner kopiertes Arbeitsmaterial) in der Klasse zur Verfügung steht (vgl. 3.4.1), sollte innerhalb des Förderschwerpunktes ganzheitliche Entwicklung gerade in den unteren Klassen der Aspekt der Reduktion im Vordergrund stehen, die Anlautbilder (DIN A4) der Buchstabenkette orientieren sich am aktuellen Buchstabenkanon. Insgesamt wird den Schülern im Sinn einer makrosystemischen Handlungsorientierung der Umfang/die Menge der zu erlernenden Graphem-Phonem-Korrespondenzen (*„das sind aber viele Buchstaben"* und dann später *„wir haben aber nur noch wenige Lücken"*) bewusst.

Handlungsorientierung

Ein weiterer Ansatz, der neben der späteren Umgewöhnung an dieses Ordnungssystem für die Nutzung der alphabetischen Orientierung spricht zeigt sich unseres Erachtens sowohl im Arbeiten mit einer veränderten Schülerstruktur an der Schule mit dem Förderschwerpunkt ganzheitliche Entwicklung als auch in einer verstärkten Einwirkung/Mitarbeit der Eltern im Erwerb der Kulturtechniken (*„Das kenn ich schon, das hat meine Mama schon mal mit mir geübt"*).

Veränderte Schülerschaft

3.3 Leselehrgänge und Anlauttabellen – Überblick und theoretische Grundlegung

In beiden Fällen werden diesbezügliche Grundlagen an die Schüler herangetragen. Das „A, B, C" – namentlich in der Nennung der Buchstabennamen „A, Be, Ce" – ist den Schülern bekannt, es würde im Falle einer anderweitigen Orientierung zu Unklarheiten und Missverständnissen führen. Es zeigt sich, dass die Schüler den Aspekt des „Ernstnehmens" ihrer selbst als positiv empfinden.

Gegenwartsbezug

Fazit: Sowohl die Orientierung an der Lautstruktur als auch der alphabetische Aufbau von Anlautsystemen zeigen jeweilige Vor- und Nachteile. Von besonderer Bedeutung erscheint uns der Aspekt, dass manche Vorteile zugleich Nachteile implizieren (vgl. TOPSCH S. 68 ff.). Für die Auswahl eines Ansatzes bedeutet dies eine adressatenbezogene Akzentuierung und gleichzeitiges Setzen von Prioritäten innerhalb des Arbeitsfeldes.

Hinsichtlich der Passung für Schüler mit Förderbedürfnissen im Bereich der ganzheitlichen Entwicklung und darüber hinaus innerhalb des Förderschwerpunktes Lernen zeigt sich unseres Erachtens der Ansatz einer alphabetischen Orientierung angemessen.

Alphabetische Orientierung

3.3.2.2 Das Prinzip der grafischen und inhaltlichen Prägnanz

KURT MEIERS hebt in seinen Thesen zur Methodik des Lesenlernens und zur praktischen Umsetzung im Unterricht den Aspekt der Beziehung des Kindes zu den Buchstaben deutlich hervor (vgl. MEIERS S. 218 ff.). Die Gedanken und Emotionen, die in den ersten Momenten innerhalb der Einführung von Buchstaben ablaufen bezeichnet er als essentiell und wesentlich, *„nicht übersehen werden darf die emotionale Seite, das Erlebnis beim Lernen eines Buchstabens"* (MEIERS S. 221).

Die Beziehung des Kindes zum Buchstaben

Analog dazu betrachten wir die Gestaltung der Anlautbilder als wesentlichen Bestandteil im Prozess der Buchstabeneinführung. Neben der methodischen Nutzung als Hilfe im Schreibvorgang bieten wir die Anlautbilder – *als einzelne Bestandteile der ganzen Anlauttabelle* – als Ankermöglichkeiten innerhalb der Einführung eines neuen Buchstabens an. In Ergänzung zur spielerischen Hinführung (Spiel mit einer Feder zur Einführung des Buchstabens /f/ wie Feder ☛ Schüler sitzen sich gegenüber und blasen sich die Feder zu oder gezieltes Wegblasen mit dem Spruch „Feder fliege fort") mit vielen auditiven Erlebnissen zeichnet sich das Anlautbild durch seine Erweiterung im Bereich der visuellen Ebene aus.

Spielerische Zugänge

Der neue Buchstabe ist nicht nur durch seine Graphemdarstellung präsent, sondern zusätzlich durch ein Bild, dem die Schüler eine je individuelle Bedeutung beimessen. Durch die Ankerbilder sehen wir die Graphem-Phonem-Korrespondenz für den Schüler visuell auf den Punkt gebracht.

Individuelle Zugänge

Keine Frage des Zufalls

Durch den wichtigen Moment der ersten (visuellen) Berührung mit dem Bild darf dessen Auswahl/Gestaltung jedoch nicht dem Zufall oder willkürlichen, subjektiven Kriterien des Lehrers oder eines Leselehrgangs überlassen sein, sondern sollte objektiven und schülerbezogenen Kriterien obliegen.

Gütekriterien in der Auswahl

Schüler- und Situationsorientierung

Solche Gütekriterien, die versuchen, ein Maximum an qualitativen Standards zu setzen führen wir in Abbildung 40 an. Diese 5 Aspekte sollten unter ständiger Berücksichtigung einer Schüler- und Situationsorientierung (Lernhintergrund, Motivation, Individualität, Lernumfeld [Schule, Klasse, Familie] und Leselehrgang) verfolgt werden. Wenn es darum gehen soll, ein Anlautsystem im Bezug auf seine grafische und inhaltliche Prägnanz zu hinterfragen, sollten im Idealfall alle Anlautbilder mit diesen Gütekriterien korrespondieren (vgl. SCHÄFER/LEIS 2006 S. 20).

Im Folgenden gehen wir auf die Aspekte der Prägnanz, der illustrativen Kontinuität, einer Lehrgangunabhängigkeit, eines mehrdimensionalen Charakters und der Kindgemäßheit ein.

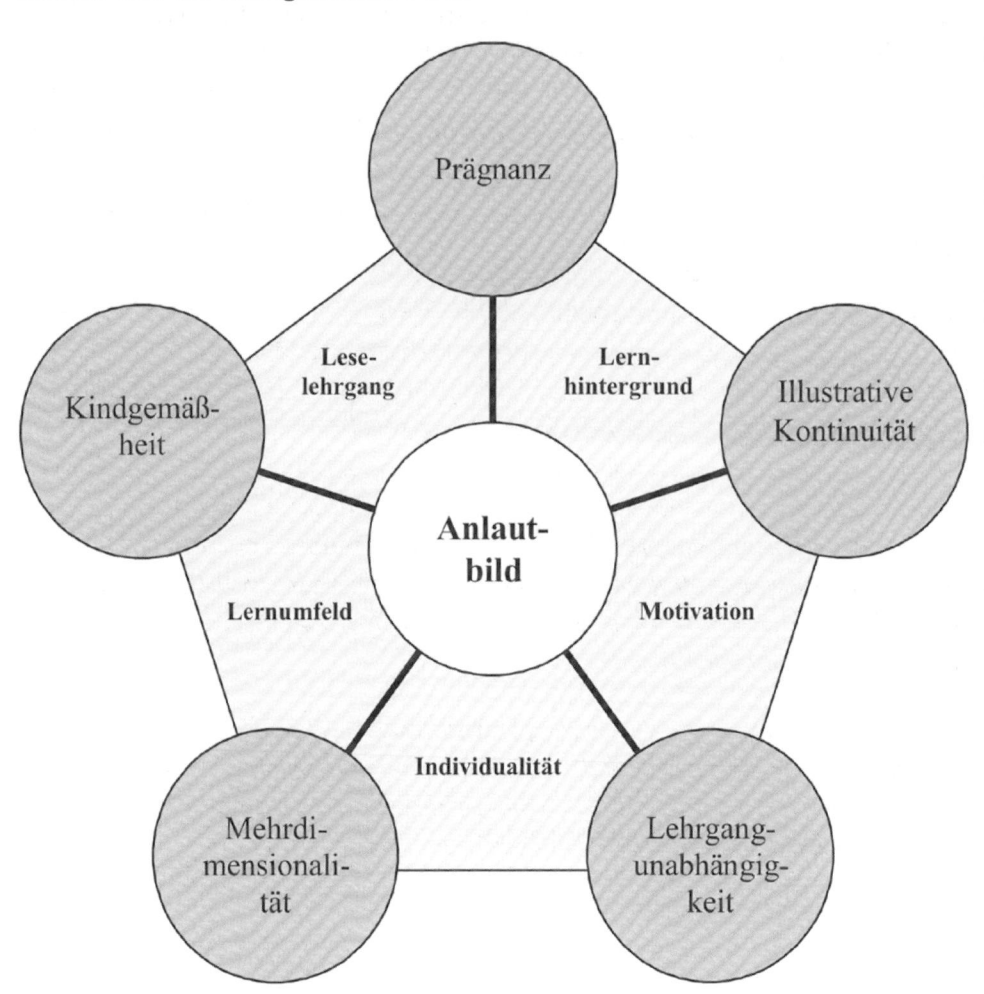

Analysemodell

Abbildung 40: Gütekriterien von Anlautbildern in ihren Bedingungszusammenhängen vor dem Hintergrund einer kontinuierlichen Schüler- und Situationsorientierung

Grafische und inhaltliche Gütekriterien

Wir möchten in diesem Prinzipienkatalog eine allgemeine Grundlegung hinsichtlich grafischer und inhaltlicher Gütekriterien schaffen, die auch der Bewertung und einer didaktisch-methodischen Einschätzung anderer Anlauttabellen/-systeme dienen kann.

3.3 Leselehrgänge und Anlauttabellen – Überblick und theoretische Grundlegung

Wir sind uns jedoch auch einer gewissen Vorprägung durch unsere gewonnenen Erfahrungen in der Erarbeitung des vorliegenden Konzeptes bewusst (*Sichtung bestehender Anlautsysteme*). Diese subjektiven Akzentuierungen werden in einigen Ansätzen (*„Prägnanz"*, *„Lehrgangunabhängigkeit"*) bereits theoretische Ansätze und Gedanken aus 3.4 (*„DER ANLAUTBAUM – Konzept einer lehrgangunabhängigen Anlauttabelle"*) anreißen.

Das Prinzip der Prägnanz ist unseres Erachtens Grundsatz jeglichen Unterrichts, insbesondere im Falle erhöhter Förderbedürfnisse ist auf die Wahrung von Eindeutigkeit zu achten. Je höher der Förderbedarf ist, desto schwerer fällt es den Schülern diesbezügliche Unzulänglichkeiten im didaktisch-methodischen Kontext kompensieren zu können. Doch was bedeutet dieses Prinzip nun für das System von Anlautbildern und welche Vorteile bringt es den Schülern?

Prägnanz

Wenn wir davon ausgehen, dass ein solches Anlautsystem unter anderem der Hinführung zu einem hohen Maße eigenständigen Arbeitens und Handelns im Leselernprozess dienen soll, erscheint es notwendig, dass Schüler ohne ständiges Eingreifen und Hilfestellung durch den Lehrer mit ihrem Material agieren können. Bezogen auf unser Kriterium der Prägnanz bedeutet dies, innerhalb der Darstellung Zwei- und Mehrdeutigkeiten vermeiden zu wollen. Die Schüler müssen dem Bild *genau eine Bedeutung* klar und deutlich entnehmen können.

Nutzbarkeit ohne Hilfestellung

Dieser Ansatz der Eindeutigkeit ist auf zwei Ebenen zu beachten. Zum einen sollten Begrifflichkeiten gewählt werden, die in ihrer Darstellung nur den Schluss zu einem Begriff (Anlautbegriff) zulassen. Soll das Phonem /f/ durch den Begriff „Feder" verankert werden, sollte kein Vogel oder ein Indianer (*beide wären mit Federn in Verbindung zu bringen*) dargestellt sein, sondern eine einzelne Feder. Schüler könnten mit dieser Darstellung sowohl die „Feder" als auch „Vogel", „Tier" „Amsel" oder andere Vogelnamen assoziieren (ähnlich würde es der Feder des Indianers ergehen), was ihnen im Sinne der Anlautsuche nicht weiterhelfen würde (vgl. weiter den Aspekt „Schüler und Situationsorientierung").

Eindeutigkeit der Begriffe

Zum anderen sollten die grafischen Darstellungen ausschließlich eindeutige Schlüsse auf die Begrifflichkeit zulassen. Weder eine übertrieben naturalistische, noch eine unangemessen künstlerische Wiedergabe dient der Sache. Die Illustrationen dienen als grafische Darstellung eines Wortes (vgl. auch „Illustrative Kontinuität").

Eindeutigkeit der grafischen Aufbereitung

Zentraler Aspekt ist die Reduktion auf die wesentlichen Elemente einer Sache ohne dabei den Anspruch einer unbedingten Eindeutigkeit zu verlieren. Diese Eindeutigkeit der Illustrationen sollte für die Schüler darüber hinaus ansprechend und motivierend wirken, unseres Erachtens stellt der ästhetische Wert und die Attraktivität des Bildes einen hohen Aufforderungscharakter dar: *Was gefällt, wird mehr beachtet sowie schneller und effizienter abgespeichert.*

Reduktion und Wirkung

Konzentration auf das Wesentliche

Dieses schnellere Abspeichern bedeutet vor dem Hintergrund einer Automation der Graphem-Phonem-Zuordnungen eine ebenso zügige Wiedergabe (Decodierung). In Anlehnung an 3.2.2 kann sich das Kurzzeitgedächtnis im Syntheseverfahren auf das eigentliche Zusammenschleifen konzentrieren, ohne erst noch nach dem Laut zu den Schriftzeichen suchen zu müssen.

Illustrative Kontinuität

In den ursprünglichen Bemühungen, für unsere Schüler ein Anlautsystem zu entwickeln, das einer Vielzahl von Gütekriterien entsprechen sollte, stellten wir ein Gerüst mit den Bildern aus unterschiedlichsten Leselehrgängen, Fibeln und eigenen Zeichnungen auf. Während uns die Auswahl unserer Begriffe grundsätzlich klar war, stießen wir auf der Suche nach Bildmaterial auf unterschiedliche Schwierigkeiten: Hieraus entwickelte sich das Bemühen nach illustrativer Kontinuität.

Kopieren verschlechterte die Grafiken

Im o.a. Aspekt der Prägnanz lassen sich diesbezügliche Stellungnahmen wieder finden, darüber hinaus traten Schwierigkeiten in der grafischen Handhabung auf. Grafiken einer klein gestalteten Anlauttabelle wirkten größer kopiert nur in einer schlechten Auflösung. Neben unserem eigenen Anspruchsdenken zeigten auch einige unserer Schüler Bedenken *("das sieht aus, wie wenn ich meine Brille ausziehe")*. Weitere Probleme ergaben sich in der Übernahme farbiger Zeichnungen.

Die eigentliche Schwachstelle einer solchen Systematik aus zusammengestellten Bildern lag im grafischen Charakter der Zusammenstellung selber: Da hängt das /m/ wie Mimi die Maus aus LESEN LERNEN MIT HAND UND FUSS neben dem /n/ wie Nashorn aus der UMI-FIBEL und dem /o/ wie Oma (Schlüsselwort) aus LESEN MIT LO (vgl. hierzu auch 3.3.1 und 3.3.3).

Anlautbilder aus verschiedenen Konzepten wirkten diffus

Abbildung 41: *Anlautbilder aus drei verschiedenen Leselehrgängen (v.l.n.r. LESENLERNEN MIT HAND UND FUSS, UMI-FIBEL und LESEN MIT LO)*

Viele Kriterien können Berücksichtigung finden (*vgl. weiter 3.3.2.1 und 3.3.2.3 bis 3.3.2.5*), doch gerade durch diese Selektion und Nutzung unterschiedlicher Lehrgänge (bezüglich Alter, Adressatenkreis und Methodik) wirkt eine zusammengesetzte Anlautkette in ihren Grafiken unruhig und diffus (vgl. Abb. 41 sowie die Punkte 3.2.4 und 3.3.2.2).

3.3 Leselehrgänge und Anlauttabellen – Überblick und theoretische Grundlegung

Solche Probleme und grafischen Unzulänglichkeiten treten *innerhalb* der gängigen Anlautsysteme zu den Fibeln und Leselehrgängen seltener auf. Jedoch ist auch die durchgehende Berücksichtigung der o.a. Kriterien nur selten auszumachen. Im Hinblick auf die Entwicklung eines eigenen Konzeptes (vgl. 3.4.1) sehen wir im Bereich der Illustrationen die unbedingte Notwendigkeit der Kontinuität. Schüler achten hier auf Zeichenstile, auf die Art der Gestaltung und die materielle Herangehensweise. Unsere Beobachtungen zeigen uns, dass mit einer Reduktion von Unregelmäßigkeiten dem zentralen Ansatz von Prägnanz entsprochen werden kann.

Hoher ästhetischer Anspruch

Mit der Absicht einer differentiellen Nutzung der Anlautbilder sollte auch auf die Möglichkeit der farblichen Gestaltung durch die Schüler geachtet werden. Sowohl die Bildvorlagen für das Klassenzimmer, als auch die verkleinerten Versionen (Arbeitsblätter) sollten so gestaltet sein, dass die Schüler die Kopien ausmalen können.

Gerade im Anfangsunterricht, aber auch noch innerhalb der Mittelstufe bietet diese Form der Maximalplanung im Unterrichtsentwurf einen hohen Aufforderungscharakter. Hier lassen sich mittels solcher Illustrationen, die kontinuierlich den o.a. Gütekriterien entsprechen im Vorfeld Missverständnisse und Unklarheiten vermeiden.

Wir haben in unseren Darstellungen zu den Problemfeldern im Leselernprozess innerhalb des Förderschwerpunktes ganzheitliche Entwicklung (vgl. 3.2) auf die Methodik hingewiesen, in Folge der sehr heterogenen Lernausgangsleistungen diesbezügliche Unterrichtsangebote aus einem Fundus an Leselehrgängen, Fibeln und eigenen Materialien zusammen stellen zu müssen (vgl. 3.3.1).

Lehrgangunabhängigkeit

Es ist üblich, dass diese Leselehrgänge unter Berücksichtigung unterschiedlicher Schwerpunkte die Graphem-Phonem-Korrespondenzen durch Anlautbilder zu unterstützen suchen. Dadurch entstehen schnell solche Situationen, in denen es durch die unterschiedlichen Nutzungen eines Bildes zu Verwechslungen in der Anlautbildung kommen kann. Besonders solche Bilder die in ihrer Darstellung unspezifisch sind (Mama, Frau, Oma sowie Papa, Mann, Opa) oder in einer direkten Verbindung zum Leselehrgang stehen (Lo, Lilo, Umi, Momel) können in ihrer Vielfalt an Informationen im Anfangsunterricht kontraproduktiv wirken.

Sehr wohl sind wir uns der positiven Impulse unterschiedlicher visueller und auditiver Übungsmöglichkeiten bewusst und greifen in der eigenen unterrichtlichen Arbeit in angemessener Weise darauf zurück (vgl. 3.1).

Insbesondere in Übungen zur auditiven Analyse des An-, Mittel- und Auslautes ist auch vor dem Hintergrund phonologischer Nuancen (/a/ wie Ameise und /a/ wie Affe ☛ kurze und gedehnte Form des Vokals „A") das Anbieten eines zunehmend größer werdenden Wortfeldes zu berücksichtigen (vgl. SCHÄFER/LEIS).

Didaktische Öffnung

Kombination verschiedener Lehrgänge ☞ aber Arbeiten in einem Anlautsystem

Wir haben jedoch in diesem Punkt im Leselernprozess innerhalb des o.a. Förderschwerpunktes die Erfahrungen machen können, dass gerade im Anfangsunterricht eine diesbezügliche Reduktion für alle Schüler von Vorteil ist. Die Umsetzung im Rahmen eines Anlautsystems sehen wir in der Konsensbildung bezüglich eines grundständigen Anlautfeldes. Das bedeutet, dass alle Schüler – auch wenn sie sich in Wochenplan- oder Freiarbeitsphasen in verschiedenen Lernfeldern bewegen – innerhalb eines Anlautsystems arbeiten.

Ein weiterer Grund zur Orientierung an einem Leselehrgangunabhängigen Anlautkonzept liegt in der Organisation und Entwicklung des Leselernprozesses innerhalb des Förderschwerpunktes ganzheitliche Entwicklung (vgl. 3.1 und Abb.1): Nach einer Anbahnung grundlegender Lesekompetenzen in der Unterstufe ist es nicht auszuschließen, dass sich die Schüler in der Mittelstufe und weiterführenden Klassen mit einer anderen Vorgehensweise im Bereich der Kulturtechniken im engeren Sinne auseinander setzen müssen.

In der Arbeit der Gruppe Kulturtechniken unseres Qualitätsprogramms (vgl. SCHÄFER/LEIS 2006a) erschien es uns an dieser Stelle sinnvoll und wichtig, durch ein Anlautsystem (in der späteren Verbindung mit einem Lautgebärden-System vgl. SCHÄFER/LEIS) ein durchgehendes Konzept anbieten zu können; die Durchgängigkeit ist durch die Loslösung von Leselehrgängen und Fibeln zu gewährleisten.

Mehrdimensionalität

Sollte sich ein ganzheitlicher Förderansatz unter didaktisch-methodischen Gesichtspunkten durch die Berücksichtigung aller Wahrnehmungskanäle und Kompetenzen eines Menschen in seinen vielfältigen Dimensionen charakterisieren lassen, so gehört eine solche Vielschichtigkeit innerhalb der Begriffsbildung zu den Grundlagen eines Anlautsystems. Die Auswahl der Begriffe aus mehreren Dimensionen kommt durch das Angebot einer kognitiven und emotionalen Vielfalt der Differenzierbarkeit zu Gute.

Erschließen unterschiedlicher Wortfelder

Dies bedeutet konkret, dass die verwendeten Begriffe nicht ausschließlich aus dem Wortfeld „Tiere", „Natur" oder „Haushalt" kommen sollten. Im Lernen selber werden dem Schüler dadurch unzureichende Möglichkeiten geboten, Verknüpfungen zu anderen Erfahrungen, Lernfeldern und emotionalen Erlebnissen herstellen zu können. Insbesondere vor dem Hintergrund unseres Verständnisses von Lernen als einem dynamischen und konstruktiven Prozess, der Vernetzungen von Grundlagen und Erfahrungen mit neuen Impulsen herstellt, ist ein solches Angebot unter dem Gesichtspunkt von Vielfalt aufzuzeigen. *Wir bezeichnen dies als das Prinzip der Mehrdimensionalität.*

Neben einem Aufgreifen und Wertschätzen der individuellen Vorlieben der Schüler sind durch das Arbeiten in mehreren Dimensionen auch das Prinzip der Prägnanz (s.o.) und die Möglichkeit einer kindgemäßen Orientierung (s.u.) berücksichtigt.

3.3 Leselehrgänge und Anlauttabellen – Überblick und theoretische Grundlegung 75

Darüber hinaus lassen sich Verwechslungen von Begriffen ausschließen, was sich im methodischen Ansatz einer Anlauttabelle als Unterstützung audiovisueller Fähigkeiten und Fertigkeiten positiv auswirkt. Demzufolge sollte auch in der Begriffsordnung auf eine entsprechende Streuung der Wortfelder geachtet werden.

Unterstützung audio-visueller Fähigkeiten

Soll etwa das Wortfeld „Tiere" in die Begriffstruktur des Anlautsystems aufgenommen werden, entspricht es dem Prinzip der Mehrdimensionalität einerseits nur eine begrenzte Anzahl solcher Begriffe aufzunehmen, zum anderen auf eine räumliche Trennung zu achten. Unter räumlicher Trennung verstehen wir das Durchmischen des gesamten Systems, um innerhalb der alphabetischen Orientierung die eingesetzten Wortfelder über die ganze Bandbreite (/a/ bis /z/) zu streuen. Neben dem Ausschluss von Verwechslungen kommt diese Notwendigkeit des Umschaltens den Denk- und Wahrnehmungsleistungen der Schüler entgegen (vgl. hierzu die Darstellungen in 3.3.1 und 3.3.3).

Streuung innerhalb des Wortfeldes

Unter Kindgemäßheit verstehen wir den methodischen Ansatz, Überlegungen sowohl zu *Begriffsfindungen* als auch *grafischen Darstellungen* am Maßstab des Kindes und gemäß den kindlichen Interessenslagen auszurichten. Hierbei sind kognitive, emotionale, entwicklungspsychologische und soziokulturelle Aspekte zu berücksichtigen, es besteht eine direkte Korrespondenz zu den Leitaspekten der Prägnanz und der Mehrdimensionalität (vgl. Abb. 40).

Kindgemäßheit

Damit dem primären Ansatz einer prägnanten Darstellung entsprochen werden kann, sollte eine Begriffsfindung grundsätzlich unter Berücksichtigung eines kindgemäßen Wortschatzes erfolgen. Begrifflichkeiten, die den Schülern nicht schon zu Beginn der Beschäftigung mit dem Buchstaben bekannt sind und in ihrer Bedeutung und Sinnfindung erst weitläufig eingeführt und erklärt werden müssen, lassen sich meist schwer abspeichern und werden im Umkehrschluss nicht effizient genutzt werden können (vgl. hierzu 3.4.3.3 und 3.4.3.4 sowie 3.2.1 und 3.2 6).

Zusammenhang von Förderbedarf und Wortschatz

Unserer Erfahrung nach lässt sich in Relation zum Umfang der Förderbedürfnisse ein umgekehrt ausgeprägter Umfang bekannter und auch verwendeter Wörter ausmachen. Insbesondere in solchen Formen der Beeinträchtigungen, die mit Ansätzen einer sozialen Deprivation einhergehen, finden wir häufiger ein sehr eingeschränktes Wortfeld.

Aus diesen Gründen sollten Begriffe im Anlautsystem aufgenommen werden, die einen Minimalkonsens hinsichtlich der unmittelbaren Lebenswirklichkeit herzustellen versuchen. Dabei sind die Ansätze einer veränderten Kindheit (vgl. hierzu ROLFF/ZIMMERMANN S. 28 ff., FÖLLING-ALBERS S. 40 ff. und NEUMANN S. 67 ff.) und der dadurch veränderten Umgangsformen (Medien/Technik) zu berücksichtigen (vgl. GARLICHS S. 134 ff. und SCHWARZ S. 146 ff.).

Begrifflicher Minimalkonsens

3.3.2.3 Vermeidung von Konsonantendopplungen am Wortanfang

Gute Ratschläge geübter Leser

Beobachtet man Situationen, in denen Erwachsene – und damit meist geübte Leser, die selbst in pädagogischen Umfeldern anzutreffen sind – Kindern das Lesen und im engeren Sinne den Zusammenhang zwischen Buchstaben und Lauten näher zu bringen versuchen, zeigt sich eine meist unbedachte, wenn auch gut gemeinte Umsetzung. Der häufigste Fehler (vgl. hierzu weiter 3.3.2.4) liegt hier in der Verwendung solcher Wörter, die zusätzlich zum Anlautkonsonanten noch einen Konsonanten an zweiter Stelle aufzeigen (Konsonantendopplung):

Phonologische Bewusstheit

„Brot", „Blatt", „Blitz", oder „Blume" sind solche Wörter, die dem Leseanfänger in ihrem Anlaut kein eigenständig klingendes /b/ vorgeben, sondern den Klang aus /br/ oder aus /bl/. Die sprachlichen Teilleistungen zu einer solch differentiellen Analyse /br/ ☞ /b/ und /r/ sind innerhalb unseres Förderschwerpunktes erst im weiteren Entwicklungsprozess des Schriftspracherwerbs auszumachen. Sie werden mit dem Begriff der phonologischen Bewusstheit beschrieben (vgl. hier KLICPERA/GASTEIGER-KLICPERA S. 76 ff. und BRÜGELMANN S. 200 ff.). Hinsichtlich der Darstellung potentieller Problemkonstellationen möchten wir hier auf diesen Teil des Schriftspracherwerbs näher eingehen.

Synthese und Analyse von und mit sprachlichen Segmenten

Wir verstehen den Erwerb sprachlicher Fertigkeiten als einen dynamischen Prozess, der in Bewusstsein und Erfahrung nicht einfach mit einem Mal da ist (vgl. MELZER/RADDATZ S. 20), sondern in einer Zirkulation zwischen endo- und exogenen Bedingungsfeldern entsteht. Die Fähigkeiten zur auditiven Analyse hinsichtlich Zuordnung und Diskrimination sind hier der zentrale Kompetenzbereich. In diesem Bedingungsfeld der Sprachentwicklung konstituiert sich die *phonologische Bewusstheit*. Unter phonologischer Bewusstheit versteht man *„die Fähigkeit (...), die Sprache als ein aus Segmenten bestehendes Gebilde zu betrachten und mit diesen Segmenten analytisch und synthetisch umzugehen"* (MELZER/RADDATZ S. 21).

/a/ wie Ameise

/a/ wie Affe

Erschwerend kommt im Hinblick auf den Aspekt der Konsonantendopplung hinzu, dass *„Buchstabenschriften (...) im strengen Sinne nicht phonetisch (sind), sondern (...) sich lediglich an einem phonemischen Prinzip (orientieren)"* (SCHENK S. 28). Das bedeutet, dass nicht jedes Graphem in jedem Kontext dem gleichen Phonem zuzuordnen ist, vielmehr werden *„verschiedene Klänge (mitunter) durch ein und dasselbe Graphem repräsentiert"* (SCHENK S. 28 f und S. 55 ff.).

Unmittelbare Orientierung an den Förderbedürfnissen

Wir verstehen die phonologische Bewusstheit in ihrer Entstehung als einen dynamischen, kognitionsbetonten Entwicklungsprozess, dem ein methodisch-didaktisch gut überlegter Erstleseunterricht gegenüber stehen sollte. *„Sprachbewusstheit und sprachanalytische(...) Fähigkeiten"* (SCHENK S. 57) sind analog zum Umfang eines ganzheitlichen Förderbedarfs besonders in den Leselernprozess einzubeziehen.

3.3 Leselehrgänge und Anlauttabellen – Überblick und theoretische Grundlegung

Auch CHRISTA SCHENK (S. 58) geht in Anlehnung an SPITTA davon aus, dass „*auditive Fähigkeiten (...) viel enger mit Schriftsprachleistungen verknüpft (sind) als visuelle Fähigkeiten*" (EBD.).

Phonologische Bewusstheit im weiteren Sinne:

„Sie bezieht sich auf die Gliederung des Sprechstroms, die sich an der „Oberfläche" und den Merkmalen konkreter Lautbildung orientiert, und beinhaltet einfachere phonologische Fähigkeiten wie Reimerkennung und Gliederung von Wörtern in Silben. Diese Aufgaben haben einen sprechrhythmischen Bezug und können häufig auch schon von Kindern im Vorschulalter bewältigt werden".

Phonologische Bewusstheit im engeren Sinne:

„Sie bezieht sich auf die Gliederung von Lautfolgen nach einzelnen Phonemen und beinhaltet spezifische Fähigkeiten: Anfangslaute erkennen, Laute synthetisieren, Lautanzahl in einem Wort erfassen oder Lautumstellungen. Die Fähigkeit, Lautunterscheidungen vorzunehmen, entwickelt sich meist erst vollständig in der Auseinandersetzung mit dem alphabetischen Schriftsystem."

Abbildung 42: *Phonologische Bewusstheit im weiteren und engeren Sinn (eigene Grafik in Anlehnung an FORSTER / MARTSCHINKE S. 8)*

Vor dem Hintergrund der eingangs angeführten Beschreibung einer pädagogischen Situation, würde im Fall einer vollständig ausgebildeten phonologischen Bewusstheit im engeren Sinne ein Kind das Wort „*Krokodil*" als Anlauthilfe zum Phonem /k/ auffassen können (/k/ wie Krokodil).

Während innerhalb der phonologischen Bewusstheit im weiteren Sinne die auditive Analyse das Wort „Krokodil" zunächst in die Silben „Kro" – „ko" – „dil" zerlegen wird, bedeutet die phonologische Bewusstheit im engeren Sinne das Vermögen, die Silbe „Kro" in deren Laute /k/, /r/ und /o/ zerlegen zu können. In der auditiven Wahrnehmung wird die phonologische Zusammensetzung der Silbe analysiert („Kro") und in ihren Segmenten erkannt (/k/-/r/-/o/). Innerhalb der Pädagogik bei ganzheitlichen Förderbedürfnissen können wir jedoch nicht davon ausgehen, dass in der Grundlegung des Leselernprozesses eine phonologische Bewusstheit im engeren Sinne ausgebildet ist. Vielmehr müssen wir davon ausgehen, dass selbst die phonologische Bewusstheit im weiteren Sinne in nicht wenigen Fällen zunächst angebahnt und grundgelegt werden muss.

Kro-

ko-

dil

Im Hinblick auf das Arbeiten mit Anlautbildern – insbesondere aber im Umgang mit einer Anlauttabelle – bedeutet dies die Notwendigkeit, die Wortstruktur in ihrem phonemischen Aufbau so transparent wie möglich zu gestalten. Durch den dynamischen Charakter (vgl. SCHENK S. 59) innerhalb der Entwicklung und Festigung phonologischer Bewusstheit (vgl. Abb.43) müssen wir insbesondere für Schüler im Förderschwerpunkt ganzheitliche Entwicklung ein diesbezüglich eindeutiges Wortmaterial anbieten (vgl. hier KLICPERA/GASTEIGER-KLICPERA S. 90 ff.). Unzulänglichkeiten wie Anlautwörter mit einer Konsonantendopplung würden sich in Anlehnung an die interdependente Entwicklungsstruktur kontraproduktiv auswirken.

Eindeutiges Wortmaterial

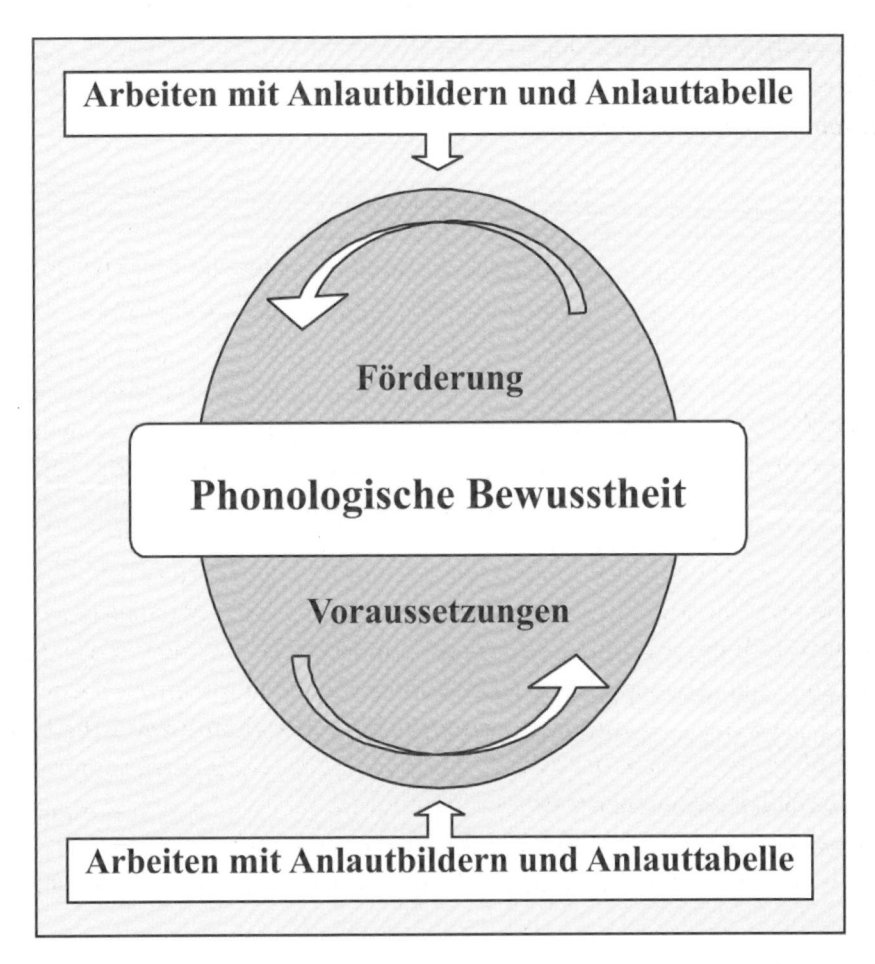

Abbildung 43: *Dynamische Entwicklung zwischen den Voraussetzungen und der Förderung phonologischer Bewusstheit (im weiteren und engeren Sinne) im Arbeiten mit Anlautbildern und Anlauttabelle.*

Entsprechend bedeutet eine unangemessene Berücksichtigung der auditiven und verbalsprachlichen Fähigkeiten (Voraussetzungen) das Auslassen potentieller Förderanlässe (Förderung).

Förderung und Voraussetzung im Bezug zur phonlogischen Bewusstheit

Wir beobachten in diesem Zusammenhang, dass innerhalb des Förderschwerpunktes ganzheitliche Entwicklung der Förderbedarf Sprache einen in diesem Zusammenhang größeren Umfang einnimmt (vgl. hierzu 3.2.1). Dieser ist unter dem Aspekt der Voraussetzung im Sinne einer Verlaufsdiagnostik zu erfassen, das Eruieren der Lernausgangslage ist zur Vermeidung von überfordernden Unterrichtssituationen unbedingt zu berücksichtigen (vgl. hierzu HEUER und LEDL sowie BRÜGELMANN und BRINKMANN/BRÜGELMANN). Sowohl in der Förder- als auch in der Regelschulpädagogik können sich durch eine Nichtberücksichtigung dieser spezifischen Bedingungsfelder weitere Störungen ergeben.

Sprache als umfangreicher Förderbedarf

Während es sich in der phonologischen Bewusstheit um einen primär kognitiven Prozess handelt, der die „*Einsicht (zu Grunde legt), lautliche Segmente mit geschriebenen Einheiten in Beziehung setzen (zu können), bzw. umgekehrt*" (SCHENK S.21), basieren die Sprachwahrnehmungsleistungen auf primär sensomotorischen Voraussetzungen. BREUER/WEUFFEN (2004 S. 24 ff) nennen in diesem Zusammenhang die

Sprachwahrnehmungsleistungen

3.3 Leselehrgänge und Anlauttabellen – Überblick und theoretische Grundlegung

- *„optisch-graphomotorische,*
- *phonematisch-akustische,*
- *kinästhetisch-artikulatorische,*
- *melodisch-intonatorische und*
- *die rhythmisch-strukturierende*

Differenzierungsfähigkeit" (BREUER/WEUFFEN 1990 und BREUER/WEUFFEN 2004 S. 24 ff.) als *„unersetzbare Grundlage für das Sprechen-, Schreiben-und Lesenlernen"* (BREUER/WEUFFEN 2004 S. 24 ff.). Aus diesem Grund sehen wir das Üben und die Förderung in der Entwicklung phonologischer Bewusstheit vor dem Hintergrund einer ganzheitlichen Pädagogik, die sensorische, spielende, musisch-ästhetische, auditive, rhythmische und auch kognitive Phasen kombiniert und miteinander in Beziehung setzt.

Kombination unterschiedlicher Übungsphasen

Das Prinzip der Vermeidung von Konsonantendopplungen in Anlautsystemen verstehen wir im Hinblick auf unsere Schüler mit einem ganzheitlichen Förderbedarf. Soll das Anlautbild eine Hilfe im Lesenlernen sein, muss das dahinter stehende Konzept die zu Grunde liegenden Kompetenzen berücksichtigen. Hinsichtlich der hier notwendigen phonologischen Bewussheit (*Analyse und Synthese einzelner Wortbausteine in und zu Lauten*) sind die entsprechenden Kompetenzen im Schuleingangsalter unseres Förderschwerpunktes nur rudimentär und damit unzureichend vorhanden, um vorliegende methodische Unzulänglichkeiten (Konsonantendopplungen) kompensieren zu können.

Nutzung von Bedingungsfeldanalysen

Mit einem qualitativen Anstieg der Förderbedürfnisse – wir bewegen uns hier in den Förderschwerpunkten Lernen und ganzheitliche Entwicklung – nehmen diese Möglichkeiten einer kompensatorischen Begegnung mit didaktisch-methodisch unzureichend aufbereiteten Medien und Materialien signifikant ab. Entsprechend der o.a. Aspekte in der Entwicklung phonologischer Bewussheit werden Schüler mit solchen Förderbedürfnissen das Wort „Krokodil" nicht als Repräsentanten für das /k/ verstehen. Um solche verwirrenden Begegnungen vermeiden zu können, sollten innerhalb eines Anlautsystems Wörter mit einer Konsonantendopplung im Wortanfang grundsätzlich ausgeschlossen werden.

Das KROKODIL als Hürde

3.3.2.4 Abgrenzung des Lautes und des Buchstabennamens

Anlehnend an das Prinzip zur Vermeidung von Konsonantendopplungen im Anlaut, möchten wir auch mit dem folgenden Punkt zum Abbau von Schwierigkeiten in der Nutzung von Anlautsystemen beitragen. Schwierigkeiten, die sich insbesondere durch die Vermischung von Buchstabennamen und phonemischen Eigenschaften eines Graphems ergeben. Besonders häufig sind uns in diesem Zusammenhang das /h/ (wie Hase/Hand), /k/ (wie Kamel oder Katze), /t/ (wie Telefon/Teller) und /z/ (wie Zebra) aufgefallen.

Abbildung aus der TOBI-FIBEL – Druckschriftlehrgang S. 14

Dies lässt sich dadurch erklären, dass nicht wenige Schüler an das Lesen im engeren Sinne durch das Aufsagen des Alphabets herangeführt werden (durch Elternhaus oder andere Stationen vorschulischer Erziehung). Dadurch haben sie für sich erste Erfahrungen z.B. mit dem Laut /h/ machen können, den sie mit dem Namen /ha/ kennen gelernt haben.

Abbildung aus URSULA KÖHLER

Darauf aufbauend nehmen sie in einem Anlautbild zum Laut /h/ dessen Laut nicht als /h/ war, sondern sehen ihre vermeintlichen Vorerfahrungen bestätigt: /ha/ wie Hase (Weitere kritische Buchstaben sind hier /b/, /d/, /g/, /p/ und /w/, also Konsonanten, die in ihrem Buchstabennamen einen Vokal an zweiter Stelle aufzeigen).

Phonologische Bewusstheit

Schülern, die im Regelschulbereich schon in den Anfängen des Leselernprozesses eine deutliche Unterscheidung zwischen Buchstabennamen und Buchstabenlaut internalisiert haben, dürften solche Schwierigkeiten fremd sein. In Anlehnung an Abbildung 2 zeigen sich hier genügend Ressourcen, solche Unzulänglichkeiten kompensieren zu können (vgl. 3.2). Da wir jedoch auch in diesem Gütekriterium eines Anlautsystems den Aspekt der phonologischen Bewusstheit vertreten sehen, gehen wir davon aus, dass nur ein geringer Teil der Kinder im Erstleseprozess auf solche Ressourcen zurückgreifen kann.

Innerhalb des FSP ganzheitliche Entwicklung finden wir diesbezügliche Möglichkeiten zur Kompensation nur sehr selten an. Vielmehr zeigen unsere Erfahrungen bezüglich der Lernausgangslagen, dass mitgebrachte Kenntnisse in der Alphabetisierung sehr stark mit der Phonemzuweisung verwischen. Viele Schüler beginnen in der Analyse des Wortes „Kind" mit dem Abrufen folgender Graphem-Phonem-Korrespondenzen: /ka/ – /i/ – /n/ – /d/. Die weiteren Schwierigkeiten in der Synthese liegen auf der Hand.

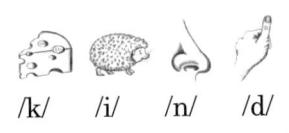

/ka/ – /i/ – /n/ – /d/

Vor diesem Hintergrund sind also die Begrifflichkeiten in einem Anlautsystem so zu wählen, dass die entsprechenden Wörter in ihrem Anlaut nicht dem Buchstabennamen entsprechen. Je deutlicher die Unterscheidung, desto größer ist die Auswirkung auf die Handlungsorientierung und Ausführungssicherheit der Schüler.

/k/ /i/ /n/ /d/

3.3.2.5 Abbildung aller Laute der deutschen Sprache

Betrachtet man sich unsere ausschnittsartige Darstellung anderer Anlautsysteme (vgl. 3.3.2.1 ☞ Anlautbogen nach REICHEN, Anlauttabelle KONFETTI-FIBEL, Anlauttabelle REGENBOGEN-LESEKISTE und UMIS Lauttabelle) wird man feststellen, dass in der Auswahl der dargestellten Laute gewisse Gemeinsamkeiten aber auch Unterschiede auszumachen sind (vgl. hierzu auch Abb. 44 und Abb. 45).

Unterschiedliche Ansätze in der Literatur

Die Gemeinsamkeiten lassen sich überwiegend in der Darstellung der Vokale finden. Hier werden sowohl die „*kurze(n) einfache(n) Vokale*" (MINISTERIUM FÜR BILDUNG, FRAUEN UND JUGEND S. 17) als auch die „*lange(n) einfache(n) Vokale*" (EBD.) auszugsweise berücksichtigt. Im Sinne der Vollständigkeit macht es ohne Frage Sinn, dem Schüler – insbesondere im Regelschulbereich – alle Lautverbindungen anzubieten, jedoch scheinen uns die Auswahl und die Begrenzungen fragwürdig. Warum werden nur zwei der vier möglichen Formen des /e/ angeboten (vgl. DUDEN S. 862)?

3.3 Leselehrgänge und Anlauttabellen – Überblick und theoretische Grundlegung 81

Auch das /ö/ und das /ü/ liegen in je drei Lautformen vor. Während es dann innerhalb der Diphthonge (/au/, /ei/ und /eu/) wiederum allgemeine Übereinstimmungen gibt, klaffen im Bereich der Sonderlaute wieder große Lücken. Wir gehen an diese Stelle davon aus, dass es innerhalb des gezeigten Lautfeldes keinen Sinn macht, eine vollständige Auflistung anbieten zu wollen. Zu umfangreich wäre hier das Angebot und zu unübersichtlich würde dadurch der grafische Gesamteindruck.

Vom Sinn und Unsinn einer vollständigen Auflistung

		REICHEN	KONFETTI-FIBEL	REGENBOGEN-LESEKISTE	UMI-FIBEL
1	Sch	✓	✓	✓	✓
2	St	✓	✓	✓	✓
3	Pf	✓	✓		✓
4	Sp	✓	✓	✓	✓
5	Ch		✓	✓	✓
6	ie				✓
7	ck				✓
8	ß				✓
9	Äu				✓
10	tz				✓
11	chs				✓
12	ng	✓			

Abbildung 44: *Anlautsysteme und die Berücksichtigung von Sonderlauten – eine Auswahl (vgl. die o.a. Anlautsysteme).*

In Abbildung 44 haben wir die berücksichtigten Sonderlaute der o.g. Anlautsysteme gegenübergestellt. Unsere Vorstellungen korrespondieren hiernach stark mit der Auswahl der UMI-FIBEL. Die für uns wichtigen Laute (weg lassen könnte man /äu/, /tz/ und /chs/) sind hier vertreten und weitestgehend in kindgemäßen Begrifflichkeiten abgebildet. Die Gründe für eine diesbezügliche Auswahl der Sonderlaute sind innerhalb unseres Planungskreises ganz klar an den sprachlichen Bedürfnissen unserer Schüler (bezogen auf den FSP ganzheitliche Entwicklung) festzumachen. Hierbei haben wir in einem Abgleich der – *innerhalb unserer Stufen verwendeten* – Leselehrgänge (vgl. 3.3.1) sowie der Arbeitsmaterialien zur Differenzierung folgende Sonderlaute (z.T. in Groß- und Kleinschreibung) heraus stellen können:

Schülerorientierung als Auswahlkriterium

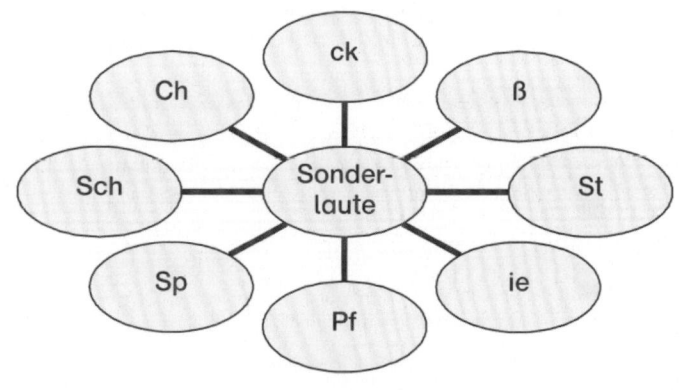

Minimalkonsens

Abbildung 45: *Minimalkonsens an Sonderlauten vor dem Hintergrund bestehender Anlautsysteme sowie den Förderbedürfnissen innerhalb des FSP ganzheitliche Entwicklung.*

In dieser Erörterung zur Auswahl der Laute stellen wir insgesamt das Prinzip der Reduktion vorne an. Hierfür erscheinen uns zwei Gründe wesentlich:

Herstellung von Übersicht und Struktur

1. Zum einen erscheint das Angebot an Lauten und den sich daraus ergebenden Darstellungsnotwendigkeiten so groß, dass der Anspruch einer ausnahmslos vollständigen Auflistung den Grundsätzen von Prägnanz, Übersichtlichkeit und Handhabbarkeit widersprechen würde. TOPSCH weist auf die Zahl der notwendigen Teilanalysen hin, die ein Kind im Rahmen der Vollanalyse bewerkstelligen muss (vgl. TOPSCH S. 71 f.). Er geht davon aus, dass sich Kinder in der Nutzung von Anlauttabellen ohnehin „...*einer Doppelstrategie bedienen (müssen), die im Verfahren selbst als Widerspruch angelegt ist...*" (TOPSCH S. 72). Zur Reduktion von Teilanalysen schlagen wir eine Konzentration auf die zentralen und im Anfangsunterricht anzubahnenden Laute vor.

Primäres Nutzen als Ankersystem

2. Zum anderen sehen wir die Nutzung des Anlautsystems innerhalb unseres Förderschwerpunktes primär im Ankersystem der Graphem-Phonem-Zuordnungen. Schüler, die im weiteren Prozess des Schriftspracherwerbs zur Methode eines „Lesen durch Schreiben" im engeren Sinne in der Lage sind, differenzieren phonetisch doppelt belegte Buchstaben (/a/ wie Ameise und /a/ wie Affe) nach einer gewissen Übungsphase eigenständig. Es lassen sich Phasen einer Automatisierung feststellen.

Konzentration auf die langen Vokale

Wir haben uns in der Darstellung des Anlautbaums auch im lautlichen Bereich für eine schülerorientierte Reduktion entschieden. Innerhalb der Vokale lag hierbei der Schwerpunkt auf den langen Vokalen, die in unseren Übungsphasen zu Beginn des Schriftspracherwerbs dominieren.

Materialerweiterung

Eine Ergänzung wird das System im Rahmen der Materialerweiterung erfahren (vgl. Punkt 1 sowie SCHÄFER/LEIS). Hier werden zu den langen Vokalen – auf der Grundlage der in 3.3.2 ausgeführten Prinzipen zur Auswahl von Anlautbegriffen – Anlautbilder zu den kurzen Vokalen hinzugefügt (einschließlich einer Materialerweiterung im Bereich der Freiarbeitsmaterialien ☞ Domino, Memory, Anlautpuzzle, Silben- und Wendekärtchen)

3.3.3 Die Leselehrgänge und ihre Anlautbilder

3.3.3.1 Lesenlernen mit Hand und Fuß

Das Prinzip von Anlautbegriffen ist in diesem Leselehrgang in zwei Teile untergliedert: Zum einen bietet der Persen-Verlag „Buchstabenblätter von A-Z" im Sinne von Ankerbildern an (MARX u.a.). Diese DIN A4 Seiten sind gegliedert in die *Graphem-Abbildung* (Druckschrift Nord gemischt antiqua), ein Anlautbild, ein Mundbild sowie das Wortbild des Anlautbegriffs. Die Auswahl der Anlautbegriffe ist analog zum Aufbau des Leselehrgangs (z.B. /u/ wie Uhu, /l/ wie Lulu, /b/ wie Biber oder /n/ wie Natur).

Im Sinne der Ankerbilderfunktion sehen wir hinsichtlich der Passung zu den Förderbedürfnissen unserer Schüler zwei Schwierigkeiten:

- Auf der einen Seite fehlt uns trotz eines analogen Aufbaus und einer Gliederung des Bildes die Prägnanz des Gesamten. Sowohl die Mundbilder als auch das Wortbild des Anlautbegriffes können zu Irritationen führen und stehen so einer zügigen Graphem-Phonem-Zuordnung im Wege.

- Auf der anderen Seite stehen viele Begriffe der Buchstabenblätter im Gegensatz zu unseren o.a. Prinzipien (vgl. 3.3.2). Insbesondere Begriffe wie Natur, Garten, Segelschiff, Jahrmarkt, Euter, Biber, Kinder sind Begriffe, die dem Anspruch einer inhaltlichen Prägnanz nicht gerecht werden.

Im Grundschulbereich dürften sich unter dem Gesichtspunkt der auditiven und visuellen Wahrnehmung und den damit verbundenen Teilleistungen sowie den sprachbezogenen Vorraussetzungen weniger Schwierigkeiten ergeben. Wir sehen jedoch mit einem zunehmenden Förderbedarf (*sowohl in den Bedingungsfeldern der Förderschwerpunkte Lernen als auch der ganzheitlichen Entwicklung*) die Notwendigkeit, die in 3.3.2 aufgezeigten Prinzipien zu berücksichtigen.

Unzureichende Reduktion

Neben diesem Angebot der Ankerbilder bietet das Ergänzungswerk „Buchstabenblätter von A-Z" (MARX U.A.) eine Anlauttabelle in der Form einer Buchstabenburg an. Diese Darstellung liegt sowohl als kleinere Anlauttabelle als auch in Form eines DIN A2 Posters für die Klasse vor. Entgegen der Orientierung der Ankerbilder am Leselehrgang liegt der Anlauttabelle eine Gliederung zu Grunde, die unseren o.a. Prinzipien weitaus mehr entspricht. Durch die primäre Verwendung im Grundschulbereich finden sich jedoch auch hier einige Begriffe, die wir in unserem Förderschwerpunkt außen vor lassen möchten wie z.B.: /t/ wie Tor, /n/ wie Nest, /f/ wie Fisch, /d/ wie Domino, /H/ wie Hut, /k/ wie Korb oder /eu/ wie Euter u.a. (*vgl. hier zu die Aspekte der inhaltlichen und sprachlichen Prägnanz*).

BUCHSTABENBURG als Ergänzung

Passung für den Förderschwerpunkt ganzheitliche Entwicklung?	Im Hinblick auf die Verwendbarkeit der beiden Angebote (Ankerbilder und Anlauttabelle) gehen wir auf der Grundlage unserer *Prinzipien zur Auswahl von Anlautbegriffen* von einer unzureichenden Passung bezogen auf den FSP ganzheitliche Entwicklung (und Lernen) aus. Der Leselehrgang ist unseres Erachtens als sinnvolle Ergänzung zu einem offenen Anfangsunterricht im Schriftspracherwerb zu verwenden. Das Gesamtsystem im Anlautbereich möchten wir dagegen außen vor lassen.

3.3.3.2 Lesen mit Lo

Der Leselehrgang LESEN MIT LO verfügt im eigentlichen Sinne über kein Anlautsystem. Die Wörter, die in Verbindung zu neuen Buchstaben angeboten werden dienen dem Wiedererkennen des Schlüsselwortes (Schlüsselwort ☞ vgl. 3.3.1.2).

Wenngleich dieses Vorgehen (Bild – Wort) dem Prinzip der Anlautanalyse zunächst entspricht, bleibt der nun analysierte Anlaut nicht isoliert abgebildet sondern nur in Verbindung mit dem ganzen Wort erfassbar. Das von uns intendierte Konzept von Ankerbildern (vgl. 4.2) ist in der Form nicht in diesem Leselehrgang integriert, die Schüler arbeiten hier mit Arbeits- und Schlüsselwörtern.

3.3.3.3 Lesen in Silben

Anlautscheibe und Ankerbilder	Der Fibel LESEN IN SILBEN sind zwei Bausteine eines Anlautsystems integriert:

Dies ist zum einen die Anlautscheibe, die in einer alphabetischen Orientierung im Uhrzeigersinn das gesamte Alphabet wiedergibt. Hierbei sind die Buchstaben entsprechend der Schreibweise des Lehrgangs (Druckschrift [Nord], Lateinische Ausgangsschrift, Vereinfachte Ausgangsschrift und Schulausgangsschrift) in Gemischt-Antiqua. Die Vokale sind rot hervorgehoben.

Chamäleon, Orang-Utan, Tiger, Nashorn, Seepferdchen oder Gans	Im Hinblick auf die Passung dieses Anlautsystems zu unseren oben angeführten Kriterien zur Auswahl von Anlautbegriffen lässt sich ein nur geringes Maß an Deckung ausmachen. Wenn man auf der einen Seite noch von einer grafischen Prägnanz und illustrativen Kontinuität ausgehen kann, erscheint uns für unseren Adressatenkreis die Auswahl unangemessen. Alleine das Prinzip der inhaltlichen Prägnanz (vgl. 3.3.2.2) kann von nicht vielen Bildern erfüllt werden. Begrifflichkeiten wie Chamäleon, Orang-Utan, Tiger, Nashorn, Seepferdchen oder Gans entsprechen nicht der Lebenswirklichkeit unserer Schüler.

Von einem mehrdimensionalen Ansatz lässt sich durch die einseitige Auswahl aus dem Bereich Tierwelt ebenfalls nicht ausgehen. Weitere Informationen zum Einsatz dieser Anlautscheibe finden sich unter http://www.abc-der-tiere.de/schreiblehrgang_03.html.

3.3 Leselehrgänge und Anlauttabellen – Überblick und theoretische Grundlegung

Die Anlautscheibe in vereinfachter Ausgangsschrift

Abbildung 46: *Die Anlautscheibe aus LESEN IN SILBEN in vereinfachter Ausgangsschrift (☞ vgl. hierzu auch die Anlautscheibe in Druckschrift Nord Abb. 39)*

Zum andern stehen dem Anlautkonzept von LESEN IN SILBEN Ankerbilder zur Verfügung. Vorgegeben sind hier jeweils der große und der kleine Buchstabe in Druckschrift auf der linken Seite sowie die Tierdarstellung zum Anlautbegriff. Die weiterführenden Schreibschriften können auf der rechten Seite ergänzend aufgeklebt werden. Alle drei oben genannten Schreibschrifttypen liegen den Ankerbildern bei.

Hinsichtlich der Prinzipien zur Auswahl der Anlautbegriffe verweisen wir hier auf die Anführungen zur Anlautscheibe. Die Begrifflichkeiten entsprechen sich. Unseres Erachtens scheint das Anlautsystem dieser Fibel ungeeignet für unsere Schüler, zu viele unserer o.g. Prinzipien werden in keinster Weise berücksichtigt und führen so zu Missverständnissen im Leselernprozess.

Ankerbilder zur Fibel LESEN IN SILBEN

Abbildung 47: *Die Ankerbilder zu LESEN IN SILBEN aus http://www.abc-der-tiere.de/ankerbilder*

3.4 Der Anlautbaum – Konzept einer lehrgangunabhängigen Anlauttabelle

Spezifische Bedeutung eines förderschwerpunktbezogenen Anlautsystems

In 3.2 sind wir auf die spezifischen Problemfelder im Leselernprozess innerhalb des Förderschwerpunktes ganzheitliche Entwicklung eingegangen. Wir haben diesbezügliche Teilleistungen und Kompetenzbereiche auf den Gebieten der Sprache, der Kognition, der auditiven, visuellen, graphomotorischen und sozial-kommunikativen Fähigkeiten aufgezeigt und ihre Bedeutung im gesetzten Aufgabenfeld herausgestellt. Auf dieser Grundlage entwickelt sich nun die Frage nach der spezifischen Bedeutung eines Anlautsystems im Leselernprozess für unsere Schüler. Wo steht das Konzept des ANLAUTBAUMS zwischen Anbahnung, Festigen und Arbeiten mit Schriftsprache (*vgl. weiter Abb. 1 und Abb. 14*)?

- An welchen entwicklungsdynamischen Eckpunkten setzt die Einflussnahme an,
- welche Prozesse initiiert sie und
- was lässt sich allgemeingültiges über die Einflussnahme auf den Leselernprozess durch den Lehrer anführen?

3.4.1 Der Ansatz einer schüler- und entwicklungsorientierten Didaktik

Schwierigkeiten und Entwicklungsstufen

KURT MEIERS (S. 242) formuliert die kausalen Schwierigkeiten im Prozess der *„Lautverschmelzung"* auf der *„kognitiven, psycholinguistischen und didaktischen"* (EBD.) Ebene. Vor diesem Hintergrund stellt er fest, dass selbst Schüler aus dem Regelschulbereich, die ohne Probleme die Graphem-Phonem-Korrespondenz-Regeln beherrschen, die Synthese im Sinne eines inhaltlich-korrekten Erlesens nicht schaffen. Er deutet ein solches *„vermeintliches Versagen (...) bei der Lautverschmelzung (...) als Hinweis auf eine Entwicklungsstufe, auf der das Kind noch nicht die für diese Leselern-Aufgabe erforderlichen kognitiven Fähigkeiten entwickelt hat"* (EBD. S. 242).

Eigendynamik des Leselernprozesses ...

Beziehen sich diese Ansätze primär auf den grundschulpädagogischen Regelbereich, dürfen wir von einem solchen entwicklungsdynamischen Modell auch innerhalb der Förderschulpädagogik (namentlich im FSP ganzheitliche Entwicklung) ausgehen. Im Hinblick auf die Möglichkeiten instruktiver Hilfen, lässt sich feststellen, *„dass der Leselernprozess nicht wesentlich beschleunigt werden kann, wenn eine Retardierung in der geistigen Entwicklung vorliegt"* (EBD. S. 242).

... und die kindlichen Zugriffsweisen

In einem inhaltlich direkten Bezug dazu stellt MECHTHILD DEHN zu den Möglichkeiten der *„Lehrerhilfen bei Leseschwierigkeiten"* (DEHN S. 47) fest, dass *„Schwierigkeiten und Fehler (...) mit direkten Lehrerhilfen nur schwer zu beheben* (sind)" (EBD. S. 47). In Anlehnung an KURT MEIERS (vgl. S. 242 f.) *„bestätigt sich die Eigendynamik der kindlichen Zugriffsweisen"* (DEHN S. 47).

3.4 Der Anlautbaum – Konzept einer lehrgangunabhängigen Anlauttabelle

Positiv zu beeinflussen sind diese Zugriffsweisen (Zugänge und Methoden) zum einen durch eine starke Einbettung in den didaktisch-sozialen Kontext zum anderen durch die Absicht, *„die heuristische Kompetenz (die Fähigkeit zum selbständigen Lösen von Problemen) des Kindes zu stärken"* (MEIERS S. 243).

Diese Aussagen und methodischen Ansätze beziehen sich in direkter Weise auf den Prozess der Synthese und gehen davon aus, dass die Anbahnung und Setzung von Grundlagen, die für diesen Prozess von Bedeutung sind weitestgehend abgeschlossen sind. *„Relativ unabhängig vom Ausmaß (...) (der) Bemühungen (des Lehrers)"* (MEIERS S. 240) geht der Schüler den Schritt und verschleift sinnentnehmend, er liest und *„der Groschen ist gefallen! – wie der Volksmund es präzisiert"* (EBD. S. 240).

... der Groschen ist gefallen ...

Unser Konzept eines lehrgangunabhängigen Anlautsystems möchte die Schüler in zweierlei Hinsicht begleiten (makro- und mikrosystemische Perspektive). Zum einen in der Bildung der Grundlagen, im Besonderen in der Herstellung und Sicherung der Graphem-Phonem-Korrespondenzen unter Berücksichtigung der innerhalb der Förderbedürfnisse spezifischen Schwierigkeiten (vgl. 3.2.1 bis 3.2.6). Durch das Beachten der in 3.3.2 aufgezeigten Kriterien zur Auswahl und Umsetzung von Ankerbildern und Anlautsystemen möchten wir ein hohes Maß an Problemsituationen ausschließen.

Schülerorientierte Begleitung

Stufe	Alter
Präliteral-Symbolisch (vorkommunikativ)	Ab 2 Jahren
Logographemisch (vorphonetisch)	3 bis 5 Jahren
Halbphonetisch	4 bis 6 Jahren
Alphabetisch (phonetisch)	5 bis 7 Jahren
Orthografisch	6 bis 8 Jahren
Integrativ-automatisiert	

Stufenmodell des Schriftspracherwerbs

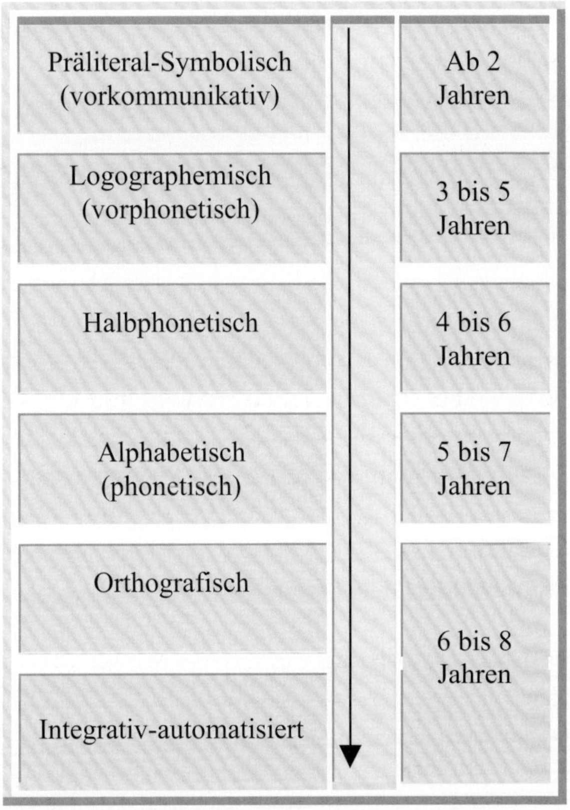

Abbildung 48: *Stufenmodell des Schriftspracherwerbs (eigene Grafik in Anlehnung an SCHENK S. 123 f.).*

Insbesondere unser Prinzip der Lehrgangunabhängigkeit berücksichtigt hier den entwicklungsorientierten Ansatz: Ohne starr in eine Konzeption eingefügt zu werden, können die Schüler mit dem ANLAUTBAUM kontinuierlich arbeiten.

Durchlässigkeit des Konzeptes	Wir verstehen dieses Konzept als Möglichkeit der Ergänzung zu bestehenden Lehrgängen, das sich durch seine Durchlässigkeit auszeichnet. Insbesondere in unserer Abbildung 1 (Entwicklung des Schriftspracherwerbs in unserem FSP) wird deutlich, wie individuell die in Abb. 14 gezeigten Entwicklungsstufen innerhalb der Stufen in der Schule mit dem FSP ganzheitliche Entwicklung zu verstehen und entsprechend didaktisch-methodisch aufzubereiten sind.
	In einer exkursiven Anlehnung an CHRISTA SCHENK (S. 125) sehen wir folgende Konsequenzen in der Umsetzung einer solchen Schüler- und Entwicklungsorientierten Didaktik:
Zulassen von Pausen und Übungsphasen	1) Studien und Forschungsergebnisse (EBD. S. 122) zeigen das Auftreten gewisser Stufenabfolgen im grundlegenden Schriftspracherwerb (vgl. Abb. 48). Die hier nur schematisch angerissenen Entwicklungsstufen werden von Kindern „ungleichmäßig schnell durchlaufen" (EBD. S. 123). Gerade Schülern mit einem ganzheitlichen Förderbedarf müssen wir adäquate Pausen- und Verweilzeiten in diesen Phasen ermöglichen, die durch angemessene Übungsphasen aufbereitet werden.
Spiralcurriculares Verständnis im Schriftspracherwerb	Unseres Erachtens müssen auch die weiterführenden Mittel-/Oberstufen im Sinne unserer Abb. 1 als Entwicklungsstadien gesehen werden, in denen die Schüler ihr individuelles Vorankommen fortsetzen. Dieser Ansatz impliziert zugleich ein spiralcurriculares Verständnis des Schriftspracherwerbs im Bedingungsfeld zwischen Erwerb und Festigung.
Differenzierung auf der präliteralsymbolischen Stufe	Dieses Stufenmodell des Schriftspracherwerbs (vgl. Abb. 48) findet sich auch in den Darstellungen anderer Autoren mit mehr oder weniger analogen Zwischenschritten wieder (vgl. FIBEL STARTFREI LEHRERMATERIALIEN S. 19 oder MARSCHIK/KLICPERA S. 52 ff.). Orientieren wir uns darüber hinaus im Sinne eines erweiterten Lesebegriffs am Stufenmodell von GÜNTHNER (vgl. S. 16), stellt sich die präliteralsymbolische Stufe in einer weitaus differenzierteren Form dar. Während sich diese vorkommunikative Stufe in den Darstellungen der o.g. Autoren schon auf das Lesen im engeren Sinn bezieht (Nachahmung des Lesens Erwachsener, „Lesen spielen"), möchten wir hier die präliteralen Teilstufen ergänzen: Situationen lesen, Bilder lesen, Piktogramme lesen, Signalwörter lesen, Ganzwörter lesen, „Schrift" lesen in Form der Analyse, Synthese und Sinnentnahme (vgl. GÜNTHNER S. 16).
	Die beiden letzten Stufen („Ganzwörter" lesen und „Schrift" lesen) beziehen sich in einem offenen Übergang schon auf die logographemische Stufe, also einem Stadium, in dem es um Lesen im engeren Sinne geht.
	Die oben genannten Prinzipien eines weichen Übergangs zwischen den Stufen, der nicht punktuell verstanden werden sollte (vgl. MARSCHIK/KLICPERA S. 53), sind auf alle Teilstufen (z.B. Situationen lesen ☛ Bilder lesen) der präliteralsymbolischen Stufe zu übertragen.

3.4 Der Anlautbaum – Konzept einer lehrgangunabhängigen Anlauttabelle

2) Zugleich zeigt dieses Verständnis von Durchlässigkeit auch den Grundsatz, *„dass elementarisierte Lehrgangsschritte nicht vorgegeben werden können"* (EBD. S. 125). Eine konsequent differenzielle Arbeit wäre dadurch sowohl mit den leistungsstärkeren Schülern, als auch mit den Schülern, die sich innerhalb der Stufen langsamer bewegen in weiten Teilen ausgeschlossen. Auf diese Konsequenz zielt auch unser Ansatz des lehrgangunabhängigen Anlautsystems ab (s.o.).

Ausschließen elementarisierter Lehrgangsschritte ...

Darüber hinaus sind den Schülern *„vielfältige Lernanregungen"* (EBD.) anzubieten, wie dies z.B. WERNER GÜNTHNER (vgl. S. 51), BARBARA SCHWÄRZEL (vgl. S. 26 ff.) oder KARL-HEINZ KLEINBACH (vgl. S. 2 ff.) im Hinblick auf den FSP ganzheitliche Entwicklung vorschlagen.

... und Anbieten vielfältiger Lernanregungen.

Wir sehen diese erste Darstellung in der Nutzung des ANLAUTBAUMS in einem zeitlich makrosystemischen Kontext, über mehrere Jahre finden die Schüler eine angemessene, verlässliche Orientierung, die sich unabhängig der Schul- und/oder Leselernstufen in ihrem offenen, dynamischen Wesen als Handwerkszeug im Leselernprozess anbietet. Manche Schüler innerhalb unseres Förderumfeldes werden diese Möglichkeit in den Anfängen nutzen und dann zunehmend ausblenden können, andere werden sehr lange damit arbeiten, und sich so ihre Zugänge zur Schriftsprache erschließen.

Makrosystemischer Kontext

Zum anderen soll der ANLAUTBAUM den Schülern im Synthese-/Analyseprozess – in diesem Zusammenhang also innerhalb eines mikrosystemischen Kontextes – selber als Stütze und Orientierungshilfe dienen. Innerhalb bekannter Strukturen und Ordnungsprinzipien finden sie die Anlautbilder zu den Buchstaben und die passenden Grapheme zu den entsprechenden Lauten.

Mikrosystemischer Kontext

Hinsichtlich unseres Ansatzes einer schüler- und entwicklungsorientierten Didaktik sehen wir also den ANLAUTBAUM im Dienste der Schüler, ohne die Notwendigkeit einer Passung zu jeweiligen Lehrgängen oder Fibelwerken. Gerade vor dem Hintergrund einer makro- <u>und</u> mikrosystemischen Vorgehensweise liegen die Vorteile der Lehrgangunabhängigkeit.

3.4.2 Konzeptionelle Grundlegung

Emotionale und fachliche Zugänge

In unserem Konzept einer lehrgangunabhängigen Anlauttabelle haben wir uns hinsichtlich der Darstellung für die Form eines Baumes entschlossen. Wir haben festgestellt, dass unsere Schüler – sowie Kinder im Allgemeinen – zu dieser Darstellungsform einen großen emotionalen und fachlichen Zugang hinsichtlich der Gliederung (Krone – Stamm – Wurzeln) haben. Darüber hinaus sehen wir vor dem Hintergrund einer handlungsorientierten und ganzheitlichen (vgl. 3.4.1) Annäherung vielfältige Möglichkeiten, den Baum als natürlichen und organischen Unterrichtsgegenstand in den Mittelpunkt zu stellen.

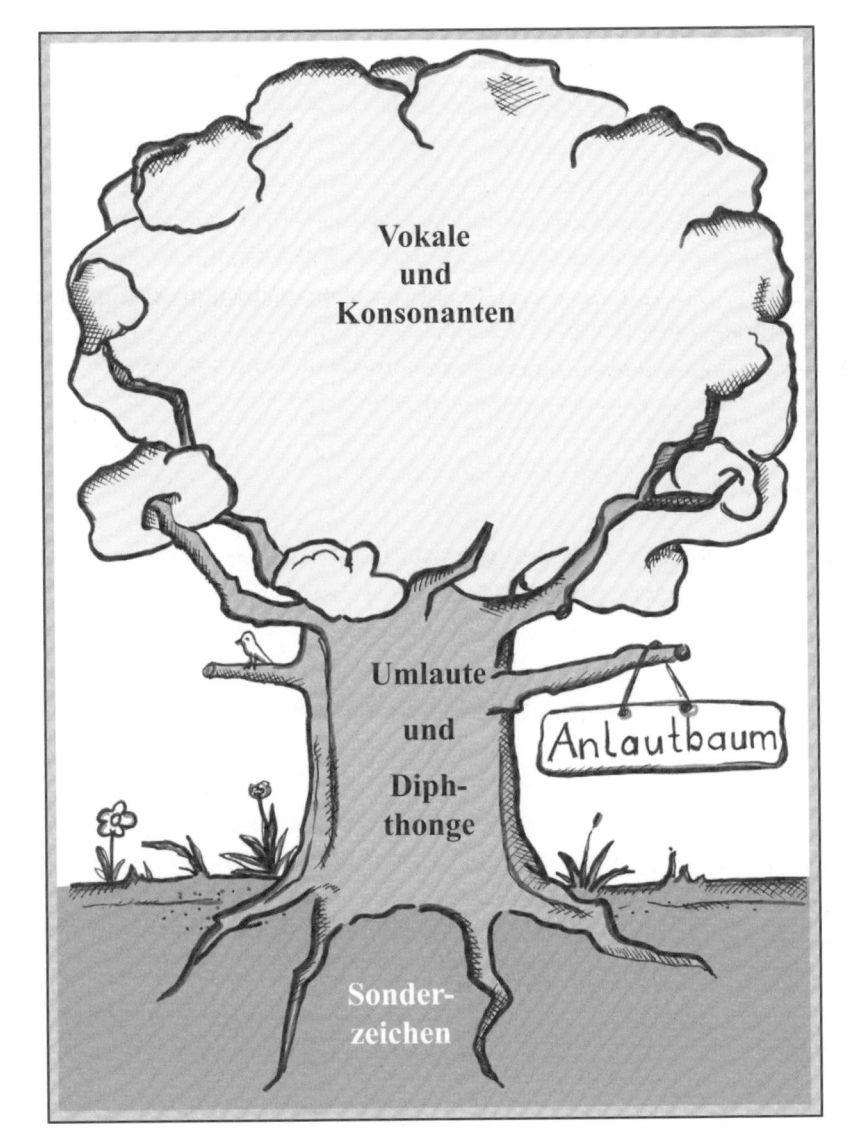

Der ANLAUT-BAUM in seiner Gliederung

Abbildung 49: *Der ANLAUTBAUM und seine Gliederung in Vokale/Konsonante, Umlaute/Diphthonge und Sonderzeichen.*

Hinsichtlich der Gliederung (vgl. auch 4.1) verfolgten wir einen klar strukturierten Aufbau, in den sich die drei Teilbereiche

Handlungsorientierung für unsere Schüler

- *Vokale/Konsonanten,*
- *Umlaute/Diphthonge* und
- *Sonderzeichen*

einbetten lassen (vgl. Abb. 49).

3.4 Der Anlautbaum – Konzept einer lehrgangunabhängigen Anlauttabelle

Wir stellen im Bezug zur unterrichtlichen Praxis fest, dass sich die Schüler schon nach kurzer Zeit innerhalb dieser Aufteilung orientieren, darüber hinaus wirkt der künstlerisch-ästhetische Zugang durch die Gestaltung des Baumes motivierend.

In einer Abgrenzung zu Anlauttabellen in kleinen und kleinsten Formaten haben wir uns zu einem Layout im Format DIN A4 entschieden. Unter Berücksichtigung der allgemeinen Prinzipien (vgl. 3.3.2) zeigt sich ein komfortables Arbeiten in dieser Seitengröße. Darüber hinaus genügt in der Partnerarbeit (und meist auch in der Gruppenarbeit) ein ANLAUTBAUM. Der grundlegende Gedanke in den Arbeiten unseres schulischen Qualitätsprogramms war die Entwicklung einer sowohl schüler- und entwicklungsorientierten, als auch praxistauglichen Anlauttabelle. Diese sollte im Sinne eines kontinuierlichen Konzeptes angemessene Anlautbilder für den Klassenraum und Übungsmöglichkeiten zur Verbesserung der Graphem-Phonem-Korrespondenzen liefern, darüber hinaus als Anlauttabelle in der methodischen Orientierung „Lesen durch Schreiben" nutzbar sein.

Das Layout

Die Praxistauglichkeit des ANLAUTBAUMS möchten wir gewährleisten durch die illustrativ bewusste Gestaltung in verschiedenen Graustufen, wodurch das Kopieren der Originalvorlage für den täglichen Unterricht möglich wird. Bewusst sind wir uns der Reize farbig vorliegender Medien, doch zeigt der Unterrichtsalltag diesbezügliche Grenzen, meist sind diese durch den Kostenfaktor mitbestimmt.

Die Möglichkeiten von Kopiervorlagen

Ein weiterer Grund zur Wahl einer kopierbaren Vorlage (Graustufen) ist im Prinzip des Übens und Wiederholens innerhalb des Förderschwerpunktes ganzheitliche Entwicklung zu sehen. Gerade in der Funktion von Ankerbildern arbeiten die Schüler in offenen Unterrichtssituationen sehr gern mit den Arbeitsblättern zur graphomotorischen Übung (vgl. 4.2 und 4.3). Nach den Übungen zum Buchstabenaufbau und dessen Gliederung innerhalb eines Liniensystems widmen sie sich bewusst dem Ausmalen des Anlautbildes (vgl. weiter 3.4.3.2). Der hier entstehende emotionale Bezug ist nicht zu unterschätzen und wird von uns als methodischer Ansatz beibehalten.

Das Prinzip des Übens und Wiederholens

Analog dazu vollzieht sich auch die farbige Gestaltung des ANLAUTBAUMS in der spezifischen Funktion einer Anlauttabelle. Die Schüler gestalten alle Bilder des ANLAUTBAUMS nach ihren Vorstellungen, meist geben wir die Seite erst in einer DIN A3 Kopie zur Bearbeitung, die Schüler können sich einen detaillierten Überblick verschaffen. Unseres Erachtens spielt es zunächst eine untergeordnete Rolle, wie sauber und naturgetreu manche Anlautbilder ausgemalt werden.

Je mehr die individuelle Vorstellung des Kindes von einem Gegenstand oder einer Sache aufgegriffen werden kann (/e/ wie Esel ☛ *„ich möchte einen braunen Esel haben"*/ /o/ wie Opa ☛ *„mein Opa hat aber noch Haare"*), desto höher ist der emotionale Bezug, den es hierzu herstellen kann. Den diesbezüglichen Vorteil in der Festigung der Graphem-Phonem-Korrespondenzen haben wir oben herausgestellt (vgl. 3.4.1).

Individuelle Zugänge erhöhen die emotionalen Bezüge

Das Laminieren der Kopiervorlagen

Unkompliziert zeigt sich auch das Laminieren des ANLAUTBAUMS als DIN A4 Seite, wodurch er bei vielen Schülern als Arbeitsmaterial einen noch höheren Stellenwert bekommt („*wichtige Sachen werden einlaminiert*"). Unter Berücksichtigung eines schülerorientierten Vorgehens (vgl. 3.4.1) nutzen wir auch hier die Möglichkeiten der Aktualisierung: In diesem Fall werden zunächst die eingeführten und gefestigten Buchstaben und ihre Anlautbilder im ANLAUTBAUM farbig gestaltet und das Ergebnis laminiert. Dieser Stand wird in regelmäßigen Abständen – etwa alle sechs Monate – aktualisiert. Den alten, überarbeiteten ANLAUTBAUM nehmen die Schüler mit nach Hause oder bewahren ihn in ihrem Fach auf, selten finden diese Materialien den Weg in den Papierkorb.

Nutzen wir einerseits innerhalb des klassenbezogenen Gesamtunterrichts die Anlautbilder zum Aufbau der Buchstabenkette an der Klassenwand (vgl. Abb. 11), setzen wir den ANLAUTBAUM als eigentliche Anlauttabelle schon in den grundlegenden Übungen in der Unterstufe ein. Diesbezügliche Bedenken gehen einher mit Begriffen wie Überforderung oder fehlender Orientierung. Im Sinne der notwendigen didaktischen Reduktion innerhalb unseres Förderschwerpunktes ganzheitliche Entwicklung verstehen wir das Einsetzen des ANLAUTBAUMS als Anbieten.

Zum Einsatz als Anlauttabelle

Unserer Erfahrung nach legen die Schüler, deren Interesse an mehr Buchstaben noch nicht geweckt ist oder die die gesamte Fülle tatsächlich überfordernd finden, den ANLAUTBAUM als Handwerkszeug zur Seite, erkennen aber das Berücksichtigen ihrer Person grundsätzlich an. Unter der Prämisse des Anbietens sehen wir hier keinerlei Gefahr von Überforderung. Im Sinne der Abbildung 1 (☞ spiralcurricularer Aufbau des Leselernprozesses in den Unter-, Mittel- und Oberstufen der Schule mit dem FSP ganzheitliche Entwicklung) sehen wir die tatsächliche Anwendung des ANLAUTBAUMS im Sinne REICHENS auch erst in den Mittel- bzw. Oberstufenklassen.

3.4.3 Der Anlautbaum und seine Passung zum Prinzipienkatalog

3.4.3.1 Die alphabetische Orientierung im Anlautbaum

In einem direkten Bezug zu unserem Punkt 3.3.2.1 haben wir uns in der Gestaltung und Gliederung des ANLAUTBAUMS für die alphabetische Orientierung entschieden. Wir haben in unseren Überlegungen die Vor- und Nachteile angeführt, die unter gewissen Gesichtspunkten entweder für die alphabetische Orientierung oder für die Lautorientierung sprechen.

Alphabetische Orientierung

Mit ausschlaggebend für die Orientierung am Alphabet waren für uns zwei Dinge: Zum einen möchten wir unseren Schülern nach einer Eingewöhnungsphase an diese Ordnung nicht einen Wechsel zumuten. Viele unserer Schüler arbeiten lange und ausgiebig an Lernfeldern, bis sie sicher und automatisiert abrufbar sind (vgl. hierzu auch Abb. 1). Da die Orientierung am Alphabet dem Arbeiten und der Methodik in Beruf, Freizeit und Wohnbereichen der heutigen Zeit entspricht, möchten wir dies den Schülern von Beginn an näher bringen.

Spiegelung der Lebenswirklichkeit

Zum anderen sehen wir in der Gliederung des Alphabets in der Baumkrone einen wesentlichen Aspekt, der die Orientierung auch für unsere Schüler erheblich zu erleichtern scheint. Trotz der Anführung aller 26 Buchstaben ist durch die Aufgliederung in fünf horizontale Buchstabenreihen eine Übersichtlichkeit hergestellt, darüber hinaus sind diese Reihen durch unterschiedliche Längen (vier von fünf Reihen) in der Suche nach Details auseinander zu halten. Innerhalb dieser Gliederung beobachten wir, wie die meisten unserer Schüler bewusst Buchstaben im ANLAUTBAUM suchen. Weiterhin sachdienlich zeigt sich auch die Ordnung der Buchstaben nach dem Grundsatz der Leserichtung (von links nach rechts und von oben nach unten ☛ vgl. zur Handlungsorientierung auch SCHULTE-PESCHEL/TÖDTER und PITSCH/THÜMMEL S. 70 ff.).

Orientierung innerhalb der Baumkrone

3.4.3.2 Das Prinzip der grafischen und inhaltlichen Prägnanz

Wir haben in Abbildung 13 die Gütekriterien von Anlautbildern in ihren Bedingungszusammenhängen vor dem Hintergrund einer kontinuierlichen Schüler- und Situationsorientierung aufgezeigt (vgl. 3.3.2.2 und Abb. 13). Im Sinne einer Passung für den FSP ganzheitliche Entwicklung möchten wir stichpunktartig die diesbezüglichen Eigenschaften des ANLAUTBAUMS den Gütekriterien gegenüberstellen:

- Die Erprobung des ANLAUTBAUMS in Unter- und Mittelstufenklassen zeigt, dass beide Ebenen des Kriteriums „Prägnanz" Berücksichtigung finden. Zunächst sind den Schülern die gewählten Begrifflichkeiten in sehr weiten Teilen bekannt, Ausnahmen (insbesondere Schüler aus einem sprachlich anregungsarmen Umfeld) finden sich immer, auf Problemkonstellation gehen wir in 3.4.3.4 näher ein.

Prägnanz

Doch gerade das gemeinsame Lernen und Arbeiten mit dem ANLAUT-BAUM zeigt den Schülern vielfältige Lernanlässe und Kommunikationsmöglichkeiten auf.

Auch die Bilder der Grafikerin ANDREA BÖLINGER bieten durch ein hohes Maß an Eindeutigkeit und Prägnanz für die Schüler Sicherheiten, wodurch sie sich intensiver, wenn auch unbewusst auf den eigentlichen Lerngegenstand – *die Festigung der Graphem-Phonem-Korrespondenzen* – einlassen können.

Illustrative Kontinuität
- Für die Erarbeitung einer lehrgangunabhängigen Anlauttabelle ist es mitunter ein Ausgangspunkt gewesen, dass im Rahmen einer Zusammenstellung von Anlautbildern – *zur Wahrung eines schlüssigen Anlautkonzeptes* – ein diffuses Bild entstanden ist: Unterschiedliche Zeichen-und Malstile gingen einher mit unterschiedlichen inhaltlichen und konzeptionellen Aspekten. Insgesamt wirkte ein solches Sammelwerk auf uns unbefriedigend und für die Schüler unattraktiv und meist wenig hilfreich (vgl. hierzu Abb. 40 und 3.3.2.2).

Demgegenüber wirkt der ANLAUTBAUM hinsichtlich der illustrativen Kontinuität in sich geschlossen, abgerundet und in seinem Gesamtbild übersichtlich. Dies lässt sich sowohl im Bezug zu den Einzeldarstellungen (Ameise, Baum, Computer, ...) feststellen, als auch in der Betrachtung des ANLAUTBAUMS als Ganzes (vgl. hierzu 3.3.2.2 sowie 3.4.1 und 3.4.2). Diese konzeptionelle Geschlossenheit sehen wir auch mitunter als Grund für die intensive Beschäftigung unserer Schüler mit der Anlauttabelle an.

Lehrgangunabhängigkeit
- Konnten wir in der Analyse bisheriger Anlauttabellen grundsätzlich feststellen, dass verschiedene Anlautbegriffe oder -bilder entweder ungeeignet waren oder in direkter Verbindung zu einem Leselehrgang standen (/u/ wie Umi ☞ „wer ist denn Umi?"), zeigte der ANLAUTBAUM keine diesbezüglichen Schwachstellen. Völlig losgelöst von bestehenden Konzeptionen kann dieses System den Schülern an die Hand gegeben werden, ohne unbekannte Faktoren einzubringen. Entsprechend der Orientierung an den Prinzipien zur Findung von Anlautbegriffen (vgl. 3.3.2) unterliegen die Begrifflichkeiten des ANLAUTBAUMS den Prinzipien der Prägnanz, der Lehrgangunabhängigkeit, der Mehrdimensionalität sowie einer kindgemäßen Ausrichtung.

Mehrdimensionalität
- Dieser Unterpunkt im Prinzip der grafischen und inhaltlichen Prägnanz korrespondiert in einem hohen Maße mit dem der Kindgemäßheit/Schülerorientierung. Die Schwerpunkte in der Begriffsauswahl lagen in den Bereichen Natur (Baum, Igel, Maus)/Alltagsgegenstände (Uhr, Tisch, Computer) und Lebenspraxis (Gabel, Milch, Euro). Wir gehen davon aus eine gesunde Mischung anzubieten, die das Begriffsfeld öffnet, zugleich aber nicht unübersichtlich wirkt.

3.4.3.3 Der Anlautbaum in seinen Begrifflichkeiten und Lauten

In den bisherigen Ausführungen zu den Prinzipien eines Anlautsystems haben wir den Grundsatz einer weitestgehenden Lauttreue angeführt (vgl. 3.3.2). Der Begriff „weitestgehend" bedeutet für uns, eine Relation herzustellen zwischen dem was der eigentlichen Lauttreue (s.u.) dient und dem, was letztendlich in der Praxis Sinn macht (ebd.). Eine Graphem-Phonem-Verbindung, die dieses Problemfeld exemplarisch wiedergeben kann lässt sich im Umfeld des /u/ ausmachen. Lange waren wir hier auf der Suche nach einem passenden Begriff, der zum einen unabhängig von bestehenden Lehrgängen Verwendung finden kann, zum anderen unseren Schülern als Begriff sofort präsent ist. Nach der Lektüre und Durchsicht bestehender Systeme ist uns aufgefallen, dass dieser Buchstabe in jedem System individuell – und jeweils speziell auf den Leselehrgang zugeschnitten – umgangen wird:

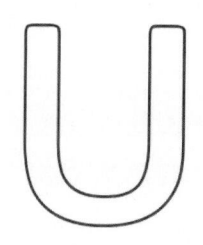

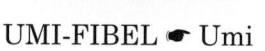

UMI-FIBEL ☞ Umi   LESEN MIT LO ☞ Uli   LESEN HUF ☞ Uhu

Individuelle Lösungen aus den Leselehrgängen

Abbildung 50: *Begriffswahl zum /u/ aus der UMI-FIBEL, aus LESEN MIT LO und aus LESENLERNEN MIT HAND UND FUß (HUF).*

Während wir uns zunächst für die beiden Begriffe UHU und UFO entschieden haben, stellten wir sehr schnell fest, dass die Schüler mit diesen – zwar lautgetreuen, jedoch für Kinder heute oftmals bedeutungslosen – Begriffen nicht angemessen und sinnhaft arbeiten konnten. War der Begriff UFO zu weit von der „*Lebensunmittelbarkeit*" (DITTMANN S. 209) unserer Schüler entfernt und in der Einführung zu abstrakt, sorgte der Begriff UHU für Verwirrungen (vgl. DITTMANN S. 209 ff., GÜNTHNER S. 109 ff., GÜNTHNER/ LANZINGER S. 233 ff. sowie SCHURAD S. 13 ff.). Oftmals wurde aus dem Uhu eine Eule, ein Vogel, ein Adler oder ein Tier, sodass wir beide Begriffe nach einer sechsmonatigen Probephase als ungeeignet empfanden.

Mittelbare und unmittelbare Zugänge

Im Sinne eines kollegialen und sehr konstruktiven Austauschs konnten wir uns auf den lebensnahen und unmittelbar fassbaren Begriff der UHR verständigen. Wir setzten an dieser Stelle den Aspekt der Schüler- und Situationsorientierung in den Mittelpunkt, sind uns zugleich eines nicht lauttreuen Kompromisses bewusst. Im Sinne eines Ankersystems unseres ANLAUTBAUMS stellen wir jedoch fest, dass in diesem Zusammenhang der Begriff UHR ein Optimum an Zugangsweisen (Vorhaben Thema Zeit, Uhr in der Klasse, zu Hause, am Arm, Darstellungen im Stundenplan, Schulgebäude, u.ä.) für unsere Schüler darstellt.

Ein weiterer Buchstabe, den wir unter ähnlichen Bedingungen im Entstehungsprozess des ANLAUTBAUMS erörtern mussten war das /t/. Unter dem Gesichtspunkt eines praxistauglichen Materials (Kopiervorlagen in Graustufen) konnte die TOMATE nicht bestehen. Zu oft wurde sie unseres Erachtens von den Schülern mit Apfel, Apfelsine und ähnlichem verwechselt. Ebenso nahmen wir nach einer kurzen Erprobungszeit den Begriff TAFEL aus dem Anlautsystem heraus, *„Bild"*, *„Wand"*, *„Brett"* oder *„Fenster"* waren hier oftmals auszumachende Begriffe.

Auch hier konnte wieder durch den kollegialen Austausch eine Lösung gefunden werden. Der TISCH als typisches Möbelstück unserer Klassen stellt einen so unmittelbaren Lebensweltbezug dar, dass wir ihn als Repräsentanten für den Laut /t/ auf Probe in das Anlautsystem einbezogen haben. Eine kurze Probezeit genügte, um uns über die phonetischen Unzulänglichkeiten des kurzen /i/ und des /sch/ hinwegzusetzen.

3.4.4 Zur Bedeutung und Auswahl der Schrift

Schrifttyp als methodische Baustelle

Die Auswahl und konzeptionelle Vorgabe eines Schrifttyps zeichnet sich noch in vielen Förderschulen – und insbesondere innerhalb des Förderschwerpunktes ganzheitliche Entwicklung – als methodische Baustelle ab. Oft wird im Schriftsprachgebrauch innerhalb einer Klasse und auf Arbeitsblättern gerade die Schrift genommen, die auf dem PC als erste angeboten wird oder die man als Lehrer persönlich interessant findet. Wie es zu dieser Auswahl gekommen ist und warum genau dieser Schrifttyp ausgewählt wurde wird selten methodisch hinterfragt.

Auswahl der Schrift als gesamtschulische Herausforderung

Wir haben im Abschnitt zur visuellen Wahrnehmung diesbezügliche Problemsituationen aufgezeigt (vgl. hierzu 3.3.1 sowie Abb. 1), die mitunter durch den Gebrauch bestimmter Schrifttypen entstehen können. Unseres Erachtens ist die Auswahl des Schrifttypus im gesamtschulischen Kontext einer Förderschule mit dem Förderschwerpunkt ganzheitliche Entwicklung von ganz entscheidender Bedeutung. Wir möchten an dieser Stelle auf weiterführende Gedanken aus aktuellen Stellungnahmen und Ansätzen verweisen und zur Lektüre anregen (vgl. TOPSCH S. 113 ff., SCHENK S. 139 ff., GÜNTHNER S. 54, MEIERS S. 17 ff. sowie zur Arbeit in der Rosenberg-Schule den Artikel SCHÄFER/LEIS 2006a).

Druckschrift Nord als Ergebnis der Qualitätsprogrammarbeit

Im Rahmen der Qualitätsprogrammarbeit haben wir uns in der Rosenberg-Schule recht früh auf den Schrift-Typ der *Druckschrift Nord* einigen können (vgl. http://www.rosenberg-schule.de/konzepte/schulprogramm.php). Dies bedeutet, dass überall dort, wo in unserer Schule Schrift verwendet wird, der Schrift-Typ *Druckschrift Nord* benutzt wird. Dies gilt sowohl für das Arbeiten in der Klasse als auch für Aushänge, Arbeiten und Mitteilungen auf den Fluren, im Eingangsbereich oder an Mehrzweckräumen (*Schwimmbad, Entspannungsraum, Aktivitätsraum, Werkraum, Verwaltung*).

3.4 Der Anlautbaum – Konzept einer lehrgangunabhängigen Anlauttabelle

Methodische Belange, die bei vielen Kollegen zu einer Änderung der Sichtweise führten waren einzelne markante Buchstaben *("das ist ja das kleine „a" unserer Druckschrift")*, sowie die Wahrnehmung, dass dieser Schrifttyp aus sachlogischen Erwägungen in nahezu allen Standardwerken zum Schriftspracherwerb benutzt wird. Darüber hinaus haben wir die Verwendung der Druckschrift in der Form der *Gemischt Antiqua* vereinbart, diesbezügliche methodische Überlegungen finden sich ebenfalls in Auszügen in den o.a. Verweisen aus der Literatur sowie im Besonderen unter http://www.rosenberg-schule.de/konzepte/schulprogramm.php.

Druckschrift Nord

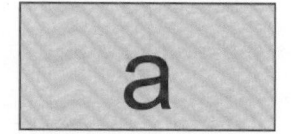

Times New Roman

In diesem Zusammenhang haben wir die schrifttypische Gestaltung des ANLAUTBAUMS in allen Kopiervorlagen (vgl. 4.1 bis 4.9) selbstverständlich in Druckschrift Nord Gemischt Antiqua entwickelt (vgl. weiter SCHÄFER 2006a und SCHÄFER/LEIS). Hierbei haben wir vier verschiedene Ebenen der Schriftdarstellung unterschieden:

- **Druckschrift Nord im geschlossen Darstellungssystem**
  Diese Darstellungsform findet sich direkt in unserer Anlauttabelle (vgl. 4.1) wieder und führt die Schüler kontinuierlich in einem gleich bleibenden Graphemaufbau durch das Alphabet. Im Sinne eines handlungsorientierten Unterrichts stellt dies die Handlungsorientierung dar, um den Schülern in der späteren Planung und Ausführung helfen zu können.

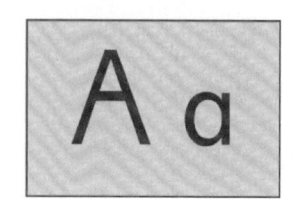

- **Druckschrift Nord als Outline-Darstellung**
  Die Vorlagenbilder für das Klassenzimmer (vgl. 4.2) sind in Druckschrift Nord Outline entworfen. Auf dieser Darstellungsebene der Schrift sollen die Schüler die Möglichkeit bekommen, sowohl in einem noch spielerischen Umgang den Buchstaben erfahren als auch nachspurend erste Einsichten in den Graphemaufbau machen zu können.

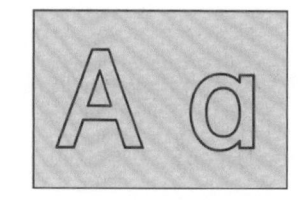

- **Druckschrift Nord als Outline-Darstellung mit Spurhilfen**
  Diese Form findet sich insbesondere in den graphomotorischen Übungen wieder (vgl. 4.3). Wir möchten die Schüler zu einem eigenständigen Graphemaufbau anregen, die Pfeile und Nummerierungen geben ihnen hier eine angemessene Hilfestellung, die natürlich sukzessive reduziert werden kann (etwa nur noch in der Outline Schreibweise den Anfangspunkt angeben).

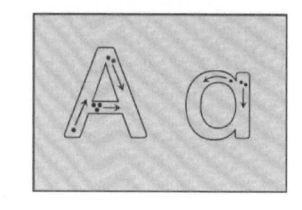

- **Druckschrift Nord im Dreier-Liniensystem (als geschlossene Darstellungsform/als Outline-Darstellung)**
  Als Feinziel innerhalb des Schreibenlernens sehen wir die differenzierte Darstellung der großen und kleinen Grapheme unter besonderer Berücksichtigung der entsprechenden Größendarstellungen. Hier soll das Dreier-Liniensystem den Schülern auf der Grundlinie Orientierung geben, die obere Linie dient oft den Anfängen und in der mittleren Linie kann man die kleinen Grapheme sehr gut einordnen.

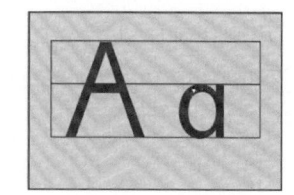

Die Berücksichtigung der Schreibschriften haben wir im ersten Teil des ANLAUTBAUMS zunächst außen vor gelassen (vgl. SCHÄFER/LEIS):

Lateinische Ausgangsschrift (LA)

Vereinfachte Ausgangsschrift (VA)

Schulausgangsschrift (SAS)

Graphomotorische Schwierigkeiten

Bundesweit fehlende methodische Vereinbarungen

Individuelles Vorgehen bei Wechseln zwischen den FSP

- In Anlehnung an TOPSCH (S. 93 ff.) formulieren wir für unsere Schüler die Gesichtspunkte „*Lesbarkeit / Kommunikation (...), Geläufigkeit / Schreibökonomie (...) (und) Genauigkeit / Orthographie*" (EBD S. 94 f.) als die formalen Ziele des Erstschreibunterrichts (vgl. auch MENZEL S. 57 ff. und SCHENK S 150 ff.). Dies sehen wir durch die Nutzung der Druckschrift in vielen Fällen erreichbar. Im Sinne der Abgrenzung von Druckschrift und Schreibschrift als Anfangsschrift führt CHRISTA SCHENK (vgl. S. 147 ff.) folgende Vorteile der Druckschrift an:

  - „*Frühe Vermittlung der Funktion des Schreibens,*
  - *leichte Erlernbarkeit durch leichte Schreibtechnik,*
  - *gleiches Schriftalphabet für Lesen und Schreiben,*
  - *Vorbereitung des verbundenen Schreibens,*
  - *lebenspraktische Bedeutung des Druckschriftschreibens*" (SCHENK S. 147 f.).

- Neben diesen unmittelbaren Vorteilen der Druckschrift müssen wir die Schwierigkeiten sehen, mit denen unsere Schüler schon alleine im Erlernen der „Druckschrift" zu kämpfen haben (vgl. hierzu 3.2.5 und 4.3). Ungleich schwerer wäre hier noch die Anbahnung von Schreibschrift (vgl. GÜNTHNER S. 101) insbesondere wenn wir zwar „*das Lesen-und Schreibenlernen im Schriftspracherwerb verbinden*" (TOPSCH S. 75), das Hauptaugenmerk im Sinne einer eigenen zentralen Zielstellung für die Gesamtheit unserer Schüler jedoch auf dem Lesen liegen lassen möchten.

- Bundesweit gibt es keine verbindlichen Übereinkünfte zur Verwendung einer spezifischen Form der o.a. Schreibschriften (vgl. MENZEL S. 57 ff., MEIERS S. 169 ff. und GÜNTHNER S. 100 ff.). Lediglich Vor- und Nachteile werden gegenüber gestellt, oft nimmt man den Schrifttyp, mit dem man auch als Kind selber das verbundene Schreiben begonnen hat. Dementsprechend würde eine Berücksichtigung der Schreibschrift in unserem Anlautkonzept in nur einer Form (z.B. in VA) wieder nur einen Teil der Schüler ansprechen können.

- Ein Gesichtspunkt, der als Folgeerscheinung dieser bundesweiten Unkultur zu verstehen ist und der uns im Rahmen dieses Grundlagenbandes des ANLAUTBAUMS von der Festlegung eines Typus der Schreibschriften abgehalten hat, waren die divergierenden Voraussetzungen, mit denen Schüler aus anderen Förderschwerpunkten – in der Regel FSP Lernen – zu uns kommen. Die individuellen Vorkenntnisse greifen wir auf und bauen den gelernten/benutzten Schrifttyp im Rahmen unserer Schriftsprachangebote aus.

Im Sinne einer Weiterentwicklung ist eine Materialerweiterung in einer Schreibschriftform unter dem Gesichtspunkt der schülerbezogenen Kompetenzerweiterung in Planung (vgl. SCHÄFER/LEIS).

3.5 Zur Integration in den Schriftspracherwerb

In den Darstellungen zum Schriftspracherwerb innerhalb des Förderschwerpunktes ganzheitliche Entwicklung haben wir bisher herausgestellt, eine Kombination aus verschiedenen Leselehrgängen und Materialien in Anlehnung an den Spracherfahrungsansatz nach BRÜGELMANN (1983 S. 158 ff.) einsetzen zu können. Nur so sind die individuellen Lernausgangslagen unserer Schüler adäquat zu berücksichtigen (vgl. hierzu auch GÜNTHNER S. 9 ff. und S. 109 ff., GÜNTHNER/LANZINGER S. 232 ff. und SCHURAD). In der Regel arbeitet also kein Schüler in nur einem Konzept, vielmehr werden die positiven Ansätze verschiedener Systeme genutzt (vgl. SCHÄFER/LEIS 2006).

Kombination verschiedener Leselehrgänge

In diesem Verständnis sieht sich der ANLAUTBAUM als ein didaktisches (*Anlautbegriffe*) und methodisches (*Anlautbilder, Materialien*) Kontinuum innerhalb des Prozesses des Schriftspracherwerbs (*vgl. hierzu auch Abb. 26 und Abb. 1*). Unabhängig der verwendeten Leselehrgänge, Fibeln und Computer-Programme können die Anlautbegriffe und Anlautbilder als Basismaterial dienen, auf das die Übungen der einzelnen Lehrgänge aufbauen können (vgl. SCHÄFER/LEIS 2006). Die Schüler lernen so in der Einführung eines Buchstabens das Anlautbild /l/ wie Laterne kennen und arbeiten anschließend mit den Übungen aus den unterschiedlichen Leselehrgängen weiter.

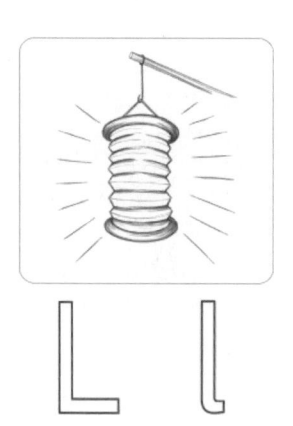

Nach der Erarbeitung des Ankerbegriffs „*Laterne*" arbeiten sie an den unterschiedlichen Stationen aus LESEN LERNEN MIT HAND UND FUSS oder beschäftigen sich mit der Synthese und Analyse der ersten Übungen aus LESEN MIT LO. Ebenso sind die Materialien parallel zum herkömmlichen Unterrichtsgeschehen zu verwenden. Daraus ergeben sich drei Möglichkeiten zum Einsatz des ANLAUTBAUMS im Hinblick auf die Integration in den Leselernprozess unter Berücksichtigung der eigenen didaktisch-methodischen Kompetenzen:

Einsatzmöglichkeiten

1. Innerhalb eines Leselehrgangs:

Im Förderschwerpunkt ganzheitliche Entwicklung – *jedoch nicht ausschließlich hier* – sind innerhalb des Schriftspracherwerbs *sowohl im Anfangsunterricht als auch in den fortgeschrittenen Klassen* – mitunter folgende Äußerungen von Lehrern – *und dies zu recht* – wahrnehmbar:

- „*Wie gehe ich denn nun vor?*",
- „*Meine neue Klasse ist aber wirklich heterogen!*"
- „*Wie soll ich denn da allen gerecht werden können?*".

Mögliche Ausgangssituationen

Als Reaktion auf dieses scheinbar unüberschaubare Bedingungsfeld bedienen sich – *insbesondere Berufsanfänger* – der gängigen Leselehrgänge an ihrer Einsatzschule (vgl. hierzu die möglichen Anwendungen in den Punkten 3.3.1.1 bis 3.3.1.3).

Leselehrgänge – Sicherheit und Konfusion zugleich

Dieser durchaus legitime Weg bietet im Rahmen der Unterrichtsplanung zunächst Sicherheit für die eigene Person. Erst im weiteren Verlauf stellt man fest, dass es in jedem Leselehrgang methodische und didaktische Unzulänglichkeiten gibt und dass sich aus den unterschiedlichen Lehrgängen in den Klassen/Stufen einer Schule diesbezügliche didaktisch-methodische Brüche ausmachen lassen (vgl. hierzu 3.1 und 3.2 sowie Abb. 1 und 2).

Erste Einsatzmöglichkeiten der Kopiervorlagen

Der Einsatz des ANLAUTBAUMS stellt in einer solchen Situation schon alleine in den Kopiervorlagen für das Klassenzimmer (vgl. 4.2) ein praktikables Konzept dar. Je nach Loslösung vom verwendeten Lehrgang zeigen sich weitere Möglichkeiten der Vertiefung. Insbesondere die Übungen zur Graphomotorik bieten sich als Ergänzung an, da diese – *wie etwa die Übungen und Materialien für die Freiarbeit* – keine methodischen Kompetenzen der Schüler (Regeln und Arbeitsverhalten in offenen Unterrichtssituation vgl. hierzu RAEGGEL S. 11 ff. oder WALRABENSTEIN) einfordern, sondern losgelöst von Unterrichtskonzepten als didaktische Ergänzung eingebaut werden können.

2. In Ergänzung unterschiedlicher Leselehrgänge:

Erste Schritte der Lösung

Wer sich nun etwas von Leselehrgängen gelöst haben mag, findet in unserem Materialangebot weitere Möglichkeiten, die sich in Kombination zu verwendeten Konzepten sehr gut einsetzen lassen. So ist etwa das Buchstaben-Puzzle (vgl. 4.8) als Erweiterung der graphomotorischen Übungen (vgl. 4.3) genauso denkbar wie die verschiedenen Spiele (vgl. 4.4 und 4.5) zu den Ankerbildern für den Klassenraum (vgl. 4.2).

Weitere Vorgaben – *welche Übungen zu welchem Leselehrgang besonders gut passen und von den Schülern unheimlich gerne gemacht werden* – möchten wir an dieser Stelle nicht anführen. Diesbezüglich haben wir in der Erprobungsphase unseres Anlautkonzepts die Erfahrung machen können, dass durch die individuellen Gestaltungsmerkmale unterschiedlicher Lehrerpersönlichkeiten ebenso unterschiedliche Wirkungsgrade in den Unterricht implementiert werden konnten.

3. Im Spracherfahrungsansatz/im Offenen Unterricht:

Offenheit des didaktischen Rahmens ...

und

... Wahrung methodischer Kontinuität

Weitere Möglichkeiten bieten sich in solchen Organisationsformen kulturtechnischen Unterrichts, die ein hohes Maß an Schülerorientierung und Elementen eines handlungsorientierten Unterrichts aufweisen. Wir haben oben auf die Unschärfe des Spracherfahrungsansatzes (vgl. BRÜGELMANN 1983 S. 158 ff. sowie TOPSCH oder SPITTA) und die Relativität Offenen Unterrichts hingewiesen. Allen methodischen Vorgehensweisen ist jedoch gemein, dass der Schüler im Mittelpunkt der didaktisch-methodischen Überlegungen steht und die Unterrichtsinhalte unmittelbar aus seiner Lebenswirklichkeit abzuleiten sind. Entsprechend ist auch die Zugänglichkeit in dieser elementaren Ebene (der einzelne Buchstabe) zu berücksichtigen.

3.5 Zur Integration in den Schriftspracherwerb

Die Darstellung dieser drei Einsatzmöglichkeiten orientiert sich natürlich an einer gewissen theoretischen Einteilung in Gruppen von Lehrerpersönlichkeiten,

- *die sich entweder konsequent an den Aufbau eines Leselehrgangs halten,*
- *oder sich im Allgemeinen an den Aufbau eines Leselehrgangs halten und schließlich*
- *die, die sich von Leselehrgängen gelöst haben.*

Ungefähre Einteilungen von Lehrerpersönlichkeiten

Wahrscheinlich werden sich noch Beispiele finden lassen, die sich zwischen diesen 3 Gruppen bewegen, jedoch berücksichtigen die o.g. Tendenzen den Großteil der Praxis innerhalb unseres Förderschwerpunktes und wir gehen davon aus, dass sich die meisten Leser in einer Gruppierung wieder finden können. Wir möchten an dieser Stelle weder die eine noch die andere Vorgehensweise in den Hintergrund rücken oder als methodisch-unterrichtliche Unzulänglichkeit herausstellen. Vielmehr möchten wir die Möglichkeiten aufzeigen, die sich durch solche methodenübergreifenden Konzepte – wie etwa dem ANLAUTBAUM – für den Schriftspracherwerb innerhalb unseres Förderschwerpunktes ergeben.

Diese Betrachtung in der Nutzung von Leselehrgängen bezieht sich innerhalb eines gesamtschulischen Kontextes primär auf eine mikrosystemische Ebene. Innerhalb einer Klasse oder einer Stufe werden einheitliche und systematisierte Anlautbegriffe und Anlautbilder benutzt.

Mikro- und makrosystemische Zugänge durch den Anlautbaum

Interessant wird die makrosystemische Betrachtung gesamtschulischer Möglichkeiten hinsichtlich einer Integration in den Leselehrgang. Wir haben in Abb. 1 den langen Weg – *der nicht immer mit dem erwarteten Erfolg gekrönt ist* – aufgezeigt, den die Schüler in unserem Förderschwerpunkt im Schriftspracherwerb gehen müssen. Auf diesem Weg sehen wir den ANLAUTBAUM als methodisches Kontinuum, das den Schülern – *analog zur gesamtschulischen Vereinbarung der Schrift, der Liniennutzung* (vgl. SCHÄFER 2006a, SCHÄFER/LEIS 2006) *und der Lautgebärden* (vgl. SCHÄFER/LEIS) – im Rahmen ihrer Handlungsplanungen und Handlungsausführungen adäquate grundständige und weiterführende Orientierungen und Handlungskontrollmöglichkeiten zu geben vermag.

4. Arbeitsmaterialien und Kopiervorlagen

In diesem Punkt haben wir die Materialien und Kopiervorlagen aufgeführt, die wir – *bis zum Sommer 2006 (*vgl. SCHÄFER/LEIS*)* – zu diesem Anlautsystem entwickelt haben. Hierzu einige Punkte vorweg:

Praxisbezug

- Wir haben zu jedem Unterpunkt (vgl. 4.1 bis 4.9) eine kurze Einführung hinzugefügt, um so unsere Erfahrungen mit den Materialien weiterzugeben. Diese Darstellungen haben wir im Hinblick auf einen höheren Praxisbezug mit weiteren Grafiken und Bildern versehen.

Eigenanteil

- Viele Materialien eignen sich insbesondere zur Gestaltung und Bereicherung eines offeneren Unterrichts. Hier sind die Vorlagen jedoch nicht unmittelbar einsetzbar, sondern sollten – bedingt durch den Charakter der Kopiervorlage – im Hinblick auf die mediale Ästhetik zunächst ausgemalt und anschließend laminiert werden. Weitere Details finden sich in den jeweiligen Unterpunkten.

Methodische Umsetzung

- Wie alle Materialien und Kopiervorlagen lebt deren Wirkung neben der eigentlichen äußeren Aufmachung und kindgemäßen Optik von der Präsentation und Vermittlung durch den Lehrer. Uns ist nicht daran gelegen, die Schüler mit einem Berg von Kopien zu überschütten, vielmehr sollen die vielfältigen Angebote die individuellen Lernausgangsbedingungen unserer Schüler berücksichtigen.

4.1 Der Anlautbaum

Konzeptionelle Grundlegung aus 3.4.2

Im Punkt 3.4.2 sind wir bereits auf die konzeptionelle Grundlegung eingegangen. Hierbei waren uns insbesondere die Aspekte der Praxistauglichkeit, der individuellen-schülerbezogenen Zugangswege, des Übens und Wiederholens sowie der Grundsatz eines parallelen Gebrauchs sowohl als Anlauttabelle als auch als Ankersystem wichtig.

Verlaufsdiagnostik

Ein weiterer Ansatz ist vor dem Hintergrund einer förderdiagnostischen Zugangsweise zu verstehen. Wechseln Schüler in eine andere Stufe (Unterstufe ☛ Mittelstufe) bietet sich durch die u.a. Kopievorlage ein diagnostisches Inventar derart, dass die Schüler ihre individuellen Lernausgangslagen darlegen können.

Die Buchstaben, deren Graphem-Phonem-Korrespondenzen sicher beherrscht werden, können von den Schülern (unter Beobachtung des Lehrers ☛ *„bist du sicher?"*) bunt gestaltet werden. Diese selber ausgestaltete Anlauttabelle bietet somit für das neue Klassenteam eine grundlegende Orientierung und dient als aussagekräftige, praxisbezogene und verlaufsdiagnostische Ergänzung im Rahmen der sinnvollen Arbeit innerhalb der Förderpläne.

4.1 Kopiervorlagen – DER ANLAUTBAUM

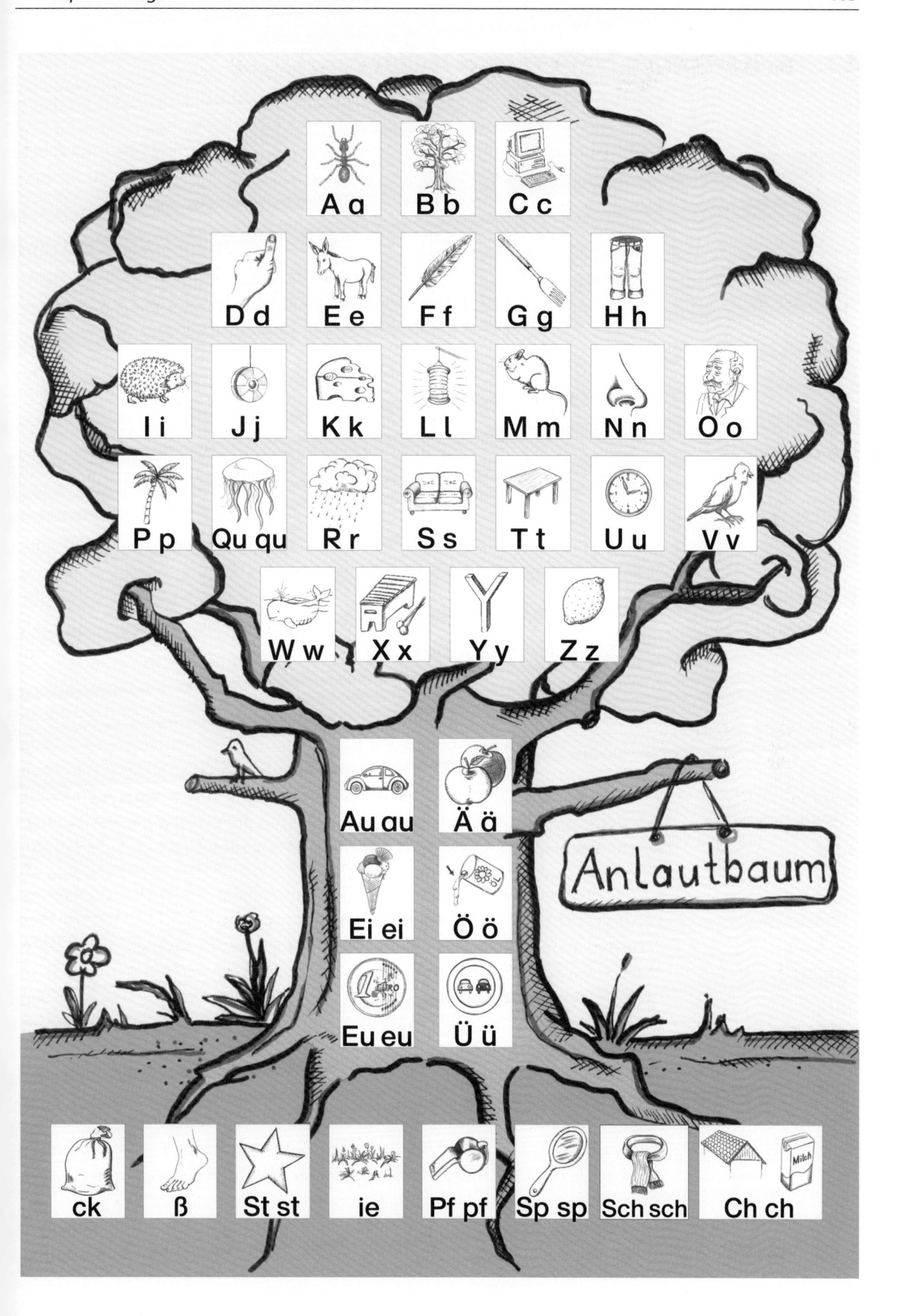

A a	B b	C c
D d	E e	F f	G g	H h
I i	J j	K k	L l	M m	N n	O o
P p	Qu qu	R r	S s	T t	U u	V v
W w	X x	Y y	Z z

Au au | Ä ä
Ei ei | Ö ö
Eu eu | Ü ü

Anlautbaum

| ck | ß | St st | ie | Pf pf | Sp sp | Sch sch | Ch ch |

© 2007 verlag modernes lernen • Dortmund • B 1931 Schäfer / Leis • Nachdruck verboten!

4.2 Bildervorlagen für das Klassenzimmer

Grundlage des Anlautsystems

Die Bildervorlagen für das Klassenzimmer stellen neben der Anlauttabelle die eigentliche Grundlage unseres Anlautsystems dar. In Ergänzung zu den o.a. Leselehrgängen bieten wir in der Einführung der Buchstaben diese Kopiervorlagen als Arbeitsanreize, die von den Schülern gerne wahrgenommen werden.

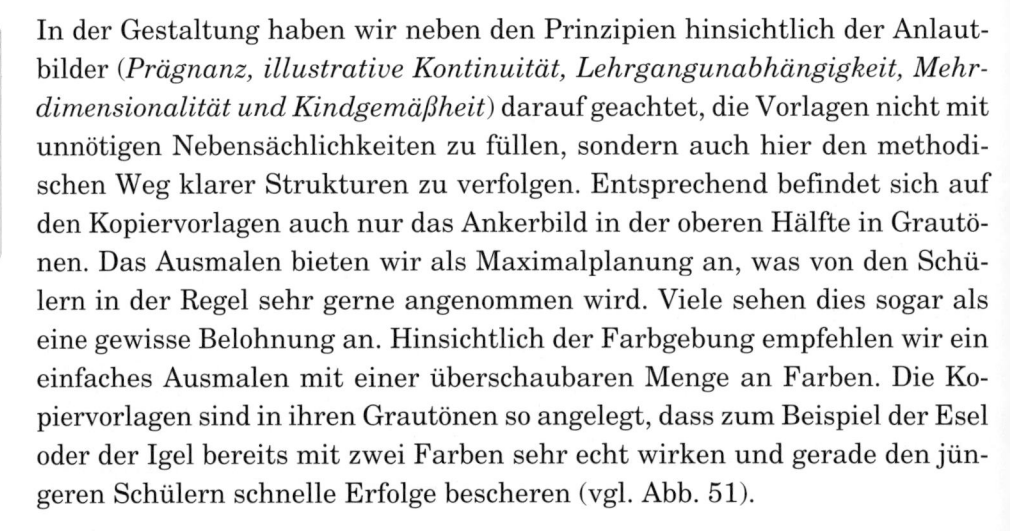

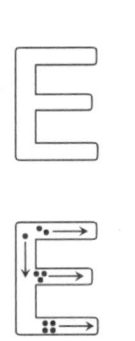

In der Gestaltung haben wir neben den Prinzipien hinsichtlich der Anlautbilder (*Prägnanz, illustrative Kontinuität, Lehrgangunabhängigkeit, Mehrdimensionalität und Kindgemäßheit*) darauf geachtet, die Vorlagen nicht mit unnötigen Nebensächlichkeiten zu füllen, sondern auch hier den methodischen Weg klarer Strukturen zu verfolgen. Entsprechend befindet sich auf den Kopiervorlagen auch nur das Ankerbild in der oberen Hälfte in Grautönen. Das Ausmalen bieten wir als Maximalplanung an, was von den Schülern in der Regel sehr gerne angenommen wird. Viele sehen dies sogar als eine gewisse Belohnung an. Hinsichtlich der Farbgebung empfehlen wir ein einfaches Ausmalen mit einer überschaubaren Menge an Farben. Die Kopiervorlagen sind in ihren Grautönen so angelegt, dass zum Beispiel der Esel oder der Igel bereits mit zwei Farben sehr echt wirken und gerade den jüngeren Schülern schnelle Erfolge bescheren (vgl. Abb. 51).

Die Buchstaben haben wir in gemischter Schreibweise als Hohlschriften (Outline-Schriften) im unteren Bereich der Kopiervorlagen angeordnet. Wir haben hier bewusst auf Spurhilfen verzichtet, die Schüler können zunächst die Innenräume malend oder z.T. noch kritzelnd ausfüllen. Wir empfehlen auch hier im Sinne eines förderdiagnostischen Vorgehens zu beobachten, in welchem Umfang sich die Schüler auf graphomotorische Feinheiten einlassen. Ist zu erkennen, dass in der Erarbeitung des „E" das *Spuren „von oben nach unten und rüber – rüber – rüber"* nachvollzogen werden kann, sollten die Schüler auf diese Schreibformen auch schon in diesen Ankerbildern hingewiesen werden (vgl. hierzu SCHUMACHER S. 119 ff.).

Ist dagegen zu erkennen, dass im fein-/graphomotorischen Bereich weitere Förderbedürfnisse liegen, sollte der malende/spielerische Umgang im Vordergrund stehen. Hier stehen dann die unter 4.3 angeführten graphomotorischen Übungen zur Verfügung.

Methodische Variationen

Im Sinne eines Übens und Wiederholens besteht darüber hinaus die Möglichkeit, den Schülern im Anfangsunterricht zunächst die Kopiervorlagen auf DIN A3 zu vergrößern (141%). Hier können dann zwei oder drei Schüler – in einer gemeinsamen Gruppenarbeit mit dem Lehrer – den Buchstaben kennen lernen, mit Papierschnipsel bekleben, mit Wolle auslegen oder wie oben einfach mit Buntstiften ausmalen. Vertiefend würde dieses Arbeiten dann auf einer DIN A4 Ebene ablaufen, die Hinführung zur graphomotorischen Fertigkeit wäre dann das Ziel.

4.2 Bildervorlagen für das Klassenzimmer

Wenn wir diese Anlautbilder als Ankerbilder verwenden und in der Klasse aufhängen, legen wir natürlich einen gewissen Wert auf die Sauberkeit der Ausführung.

Dies heißt jedoch auch abzuwägen, in der Auswahl der fertigen Ergebnisse nach Möglichkeit alle Schüler berücksichtigen zu können. Die Aussicht eine eigene Arbeit dazuzusteuern motiviert die Schüler, stolz wissen meist alle, wer welches Bilder zu welchen Buchstaben gemalt hat.

Motivation

Abbildung 51: *Fertiges Bild für die Anlautkette.*

Die fertigen Bilder hängen wir an einer dünnen Leine mit kleinen Wäscheklammern auf. Durch das farbige Hintergrundpapier wirken die Bilder an sich wie eingerahmt und zeichnen einen gut wahrnehmbaren Kontrast *(Ausschneiden mit der Zick-Zack-Schere).*

Zur Anordnung im Klassenzimmer

Ein wesentlicher Aspekt ist auch der Ort und die Art wie die Leine in der Klasse gespannt ist. Wir haben die Erfahrungen machen können, dass es zum einen von großem Vorteil ist, aus möglichst allen Ecken der Klasse möglichst viele Buchstaben – *im Idealfall alle Buchstaben* – sehen zu können. Die Schüler nehmen *ihre* Buchstabenbilder als zentralen Teil der Klasse war und werfen mal einen Blick nach oben, auch wenn gerade nicht *„Lesen und Schreiben"* im Stundenplan steht.

Im Sinne einer alphabetischen Orientierung werden die Buchstaben mit „A" beginnend aufgehängt, noch fehlende, nicht eingeführte Buchstaben werden durch eine Lücke abgebildet. Als vorteilhaft hat sich auch die Anordnung über eine Ecke des Klassenzimmers gezeigt, wodurch eine gewisse Untergliederung der Buchstabenreihe gewährleistet ist. Im Sinne der Vollständigkeit haben wir in diesem Punkt 4.2 alle im ANLAUTBAUM angeordneten Graphem-Phonem-Korrespondenzen berücksichtigt. In der Darstellung in der Klasse lassen wir im Hinblick auf Reduktion die Sonderzeichen außen vor und ordnen lediglich die Diphthonge und Umlaute den Stammlauten zu (☞ /a/ wie Ameise ☞ darunter /au/ wie Auto). Wir gehen davon aus, dass die Schüler, die in ihrer Schriftspracharbeit zur Umsetzung der Sonderlaute /st/ wie Stern in der Lage sind, in der Regel ohne Ankerbilder, dafür aber mit ihrer Anlauttabelle arbeiten können.

Alphabetische Anordnung

Holger Schäfer / Nicole Leis: Der Anlautbaum

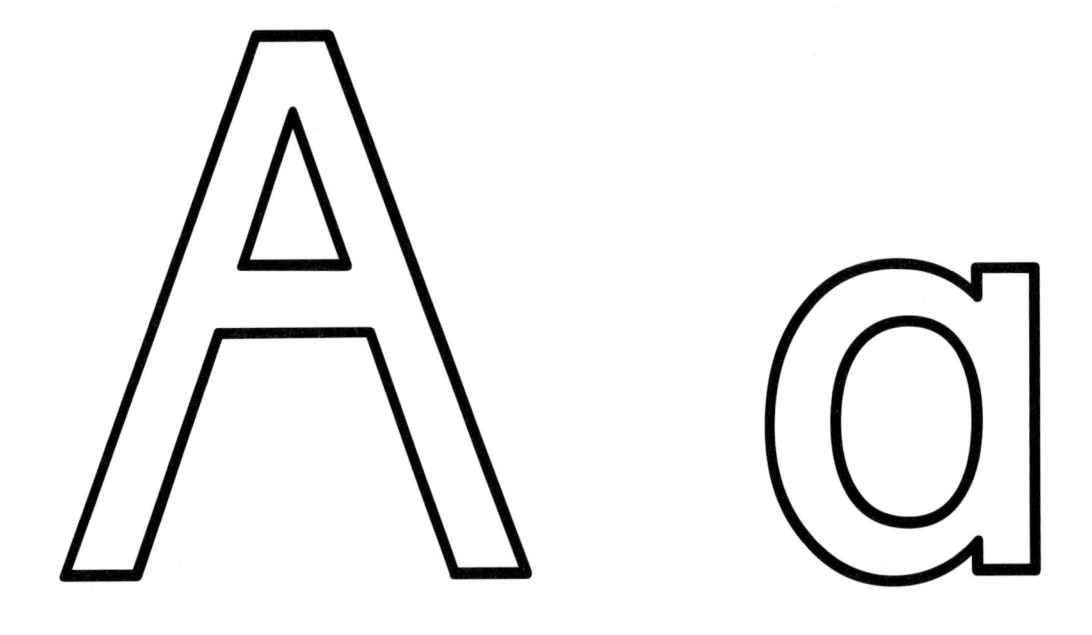

A a

4.2 Bildervorlagen für das Klassenzimmer

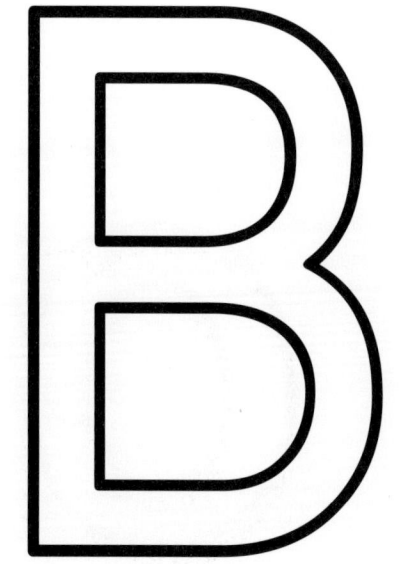

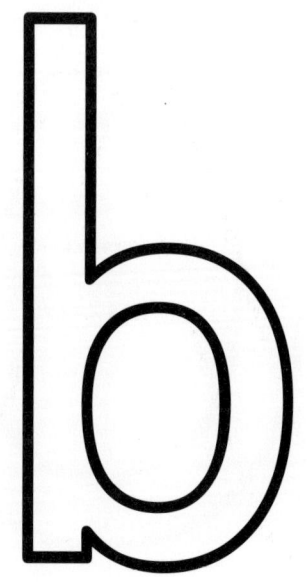

B b

C c

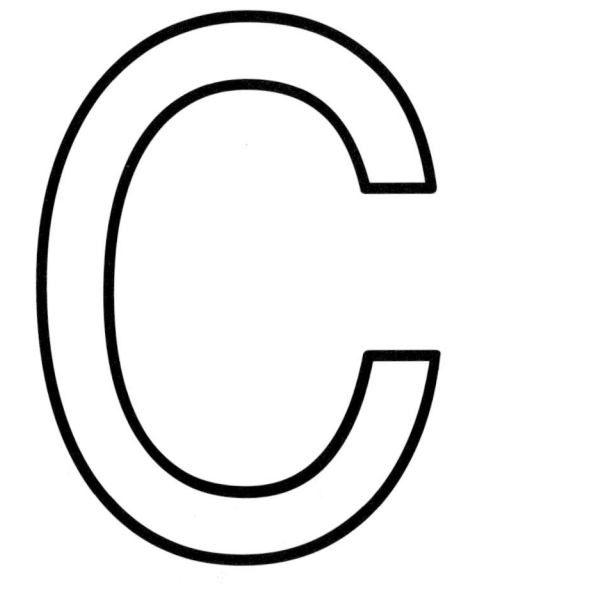

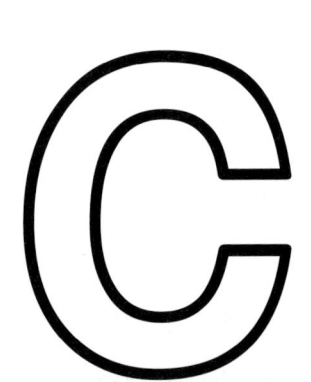

4.2 Bildervorlagen für das Klassenzimmer

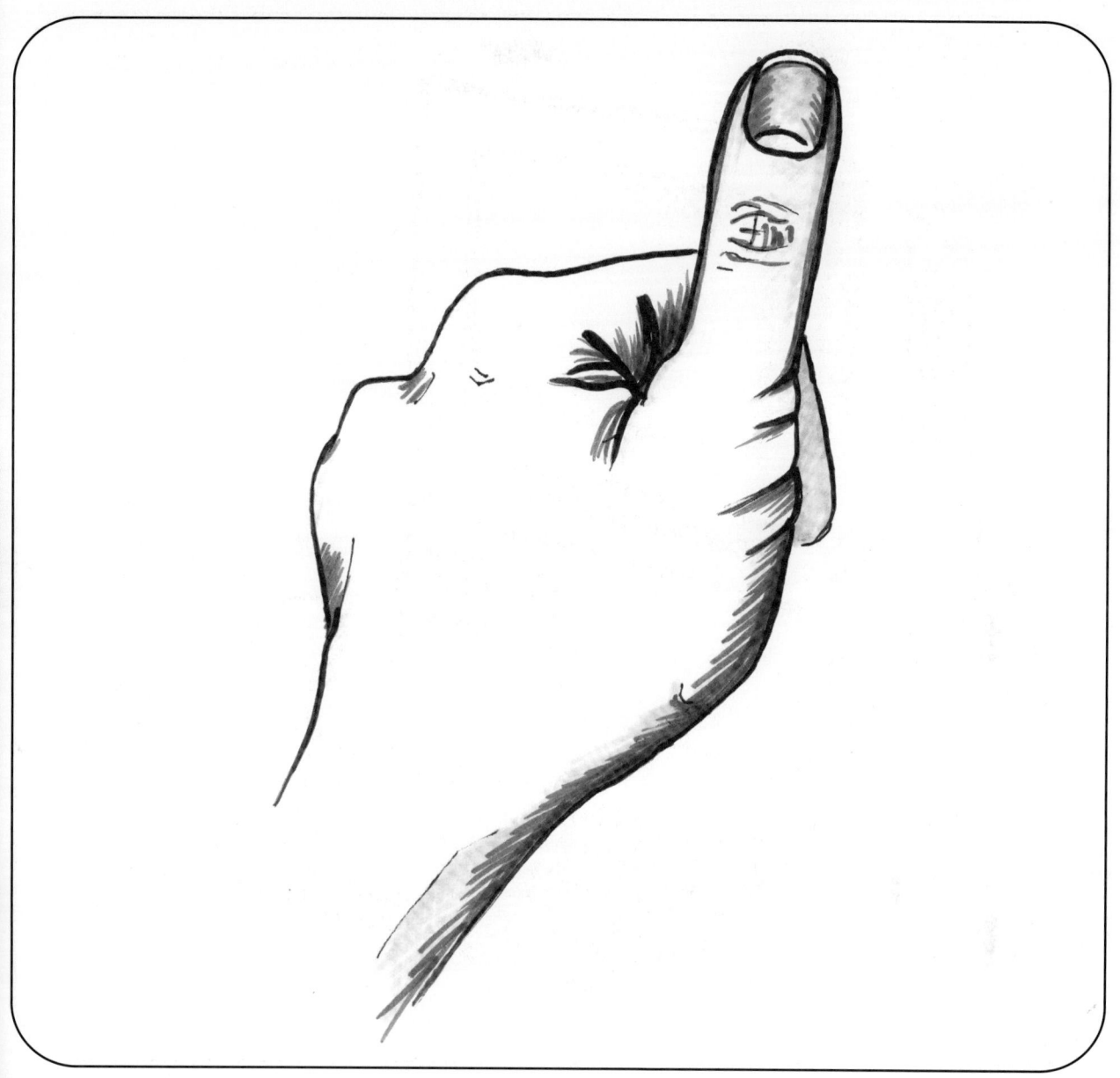

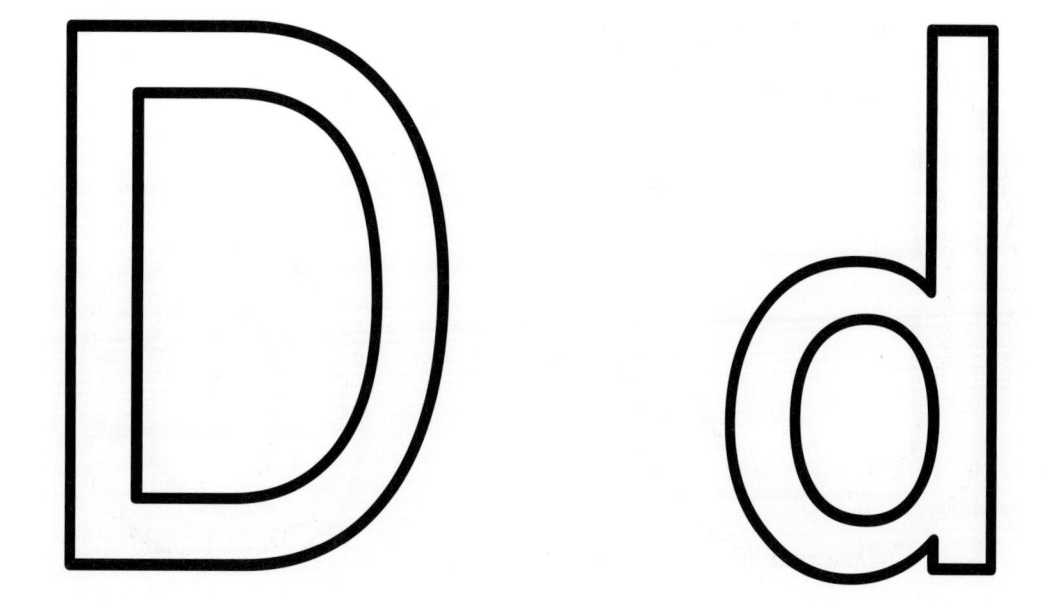

D d

E e

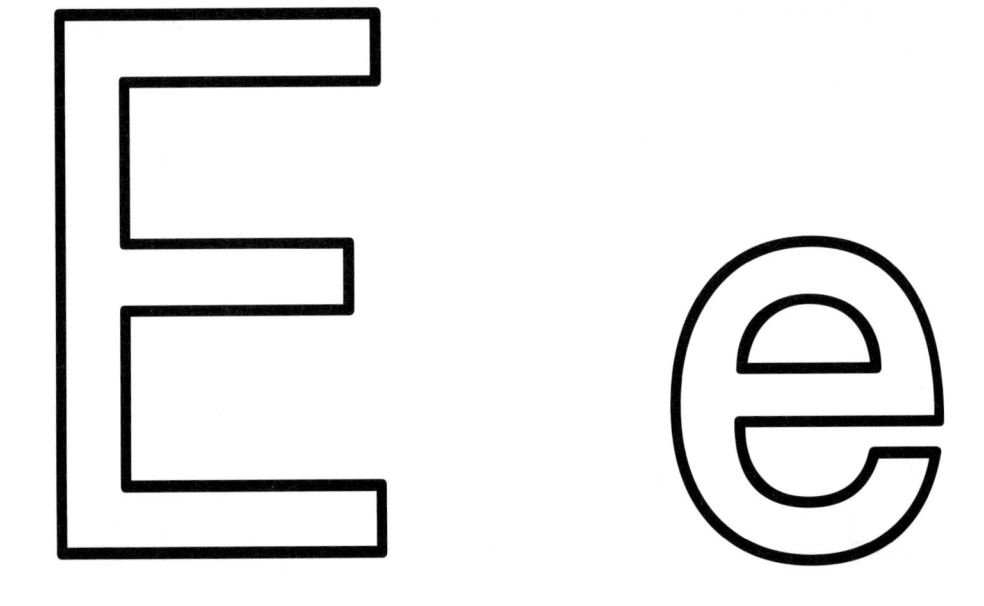

4.2 Bildervorlagen für das Klassenzimmer

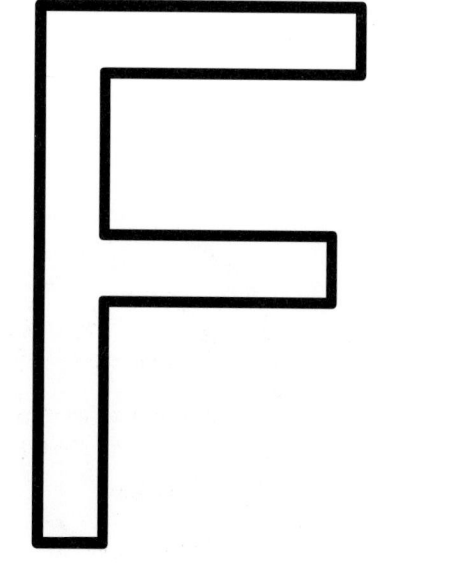

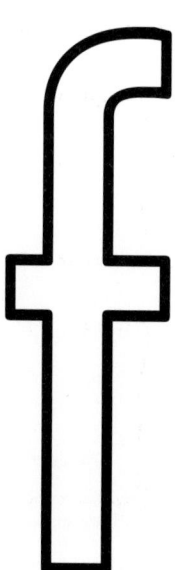

111

F f

G g

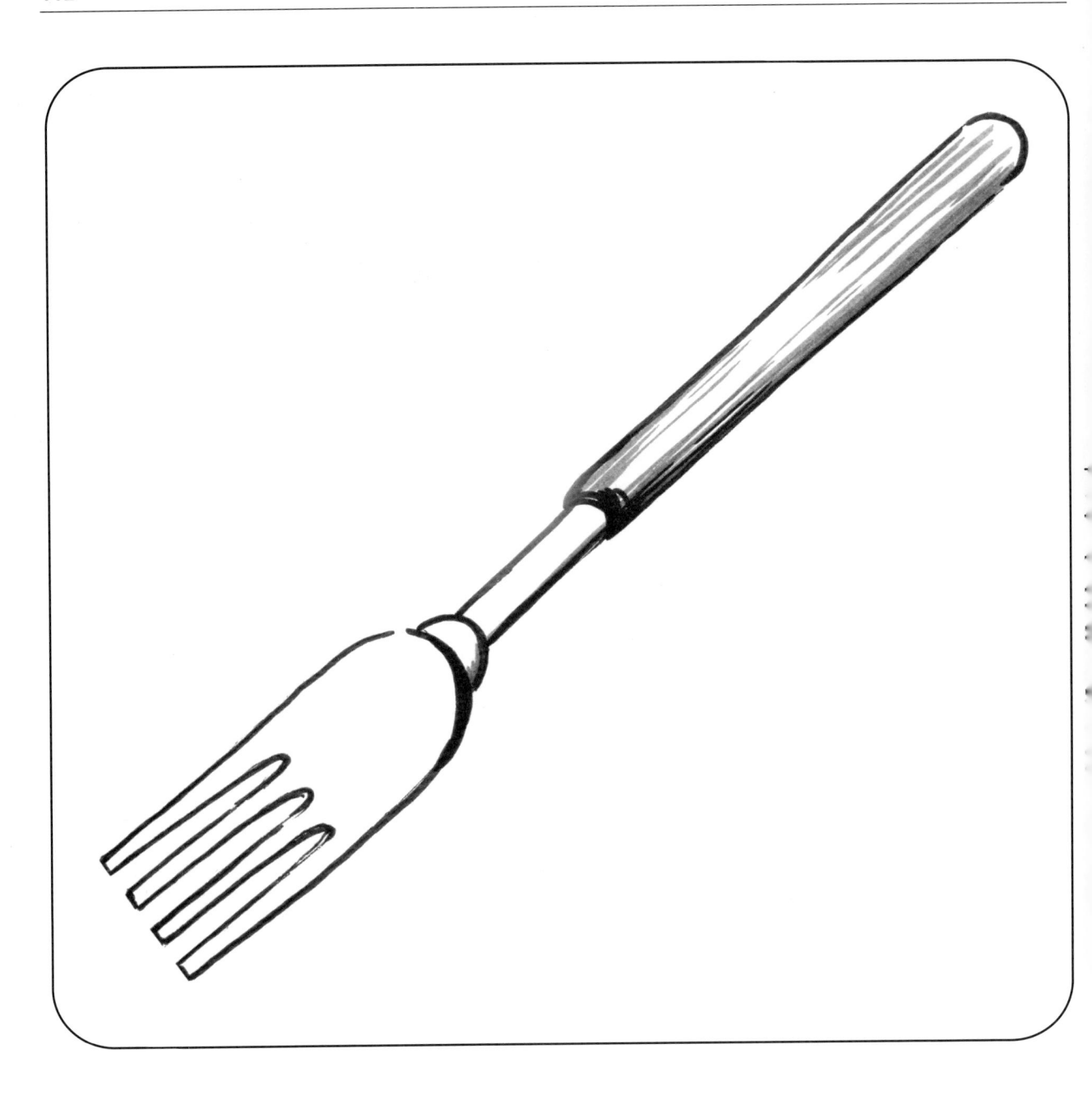

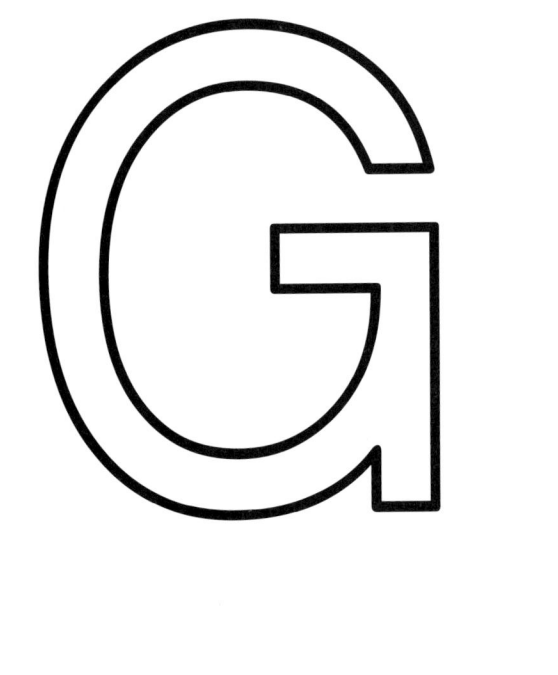

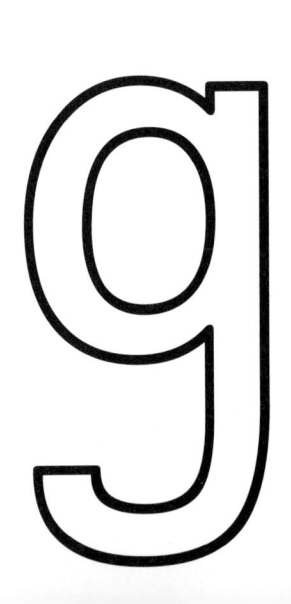

4.2 Bildervorlagen für das Klassenzimmer

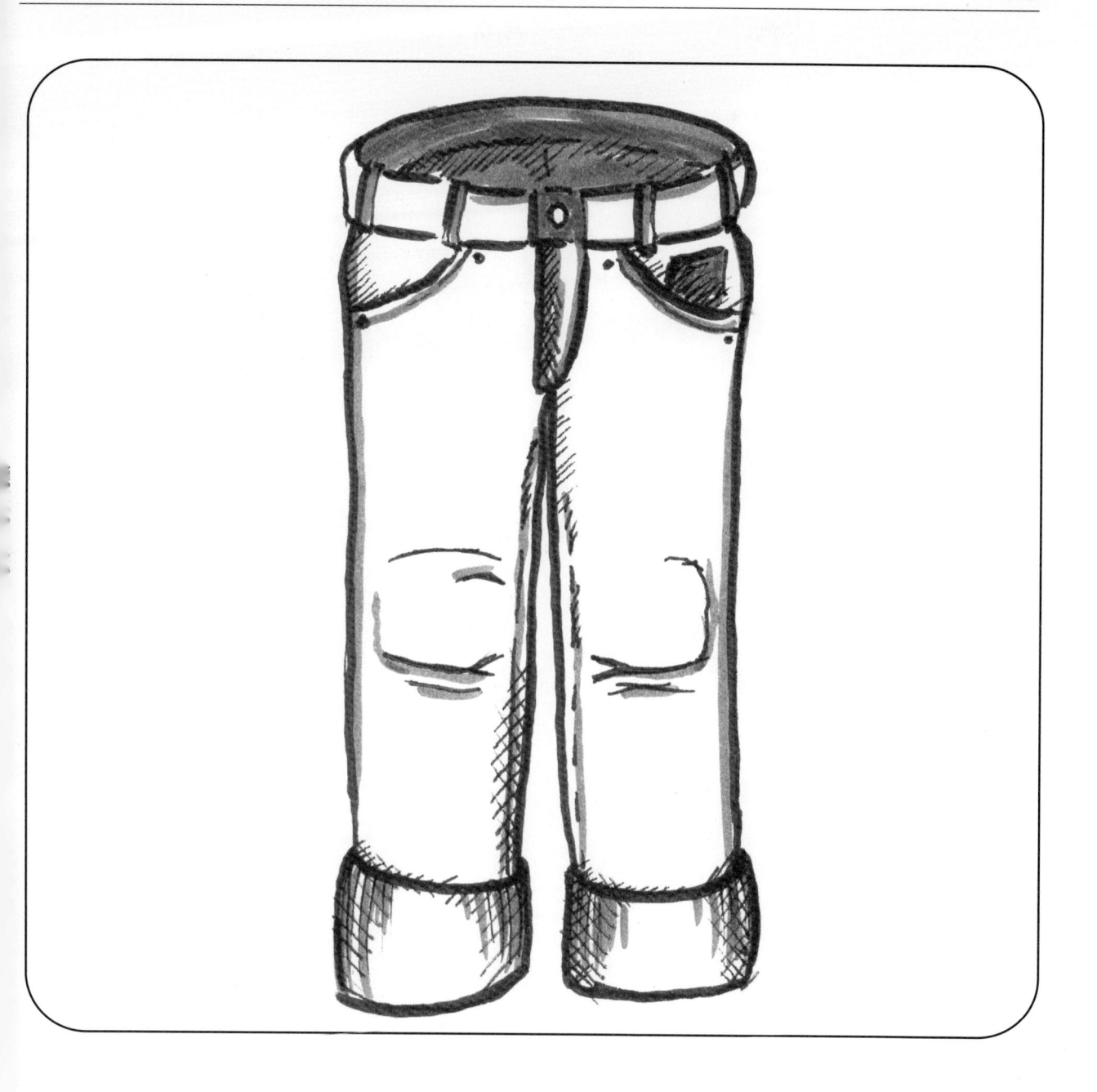

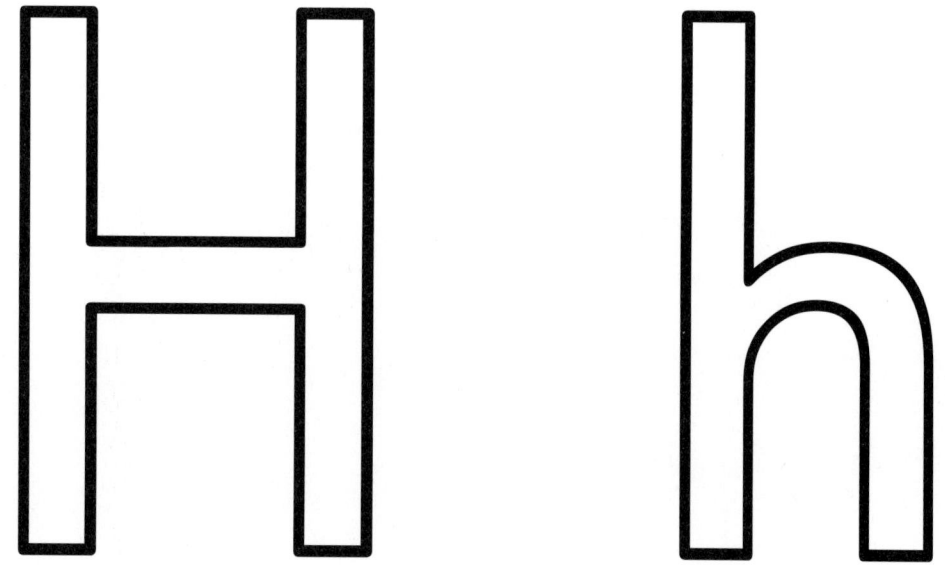

H h

Holger Schäfer / Nicole Leis: Der Anlautbaum

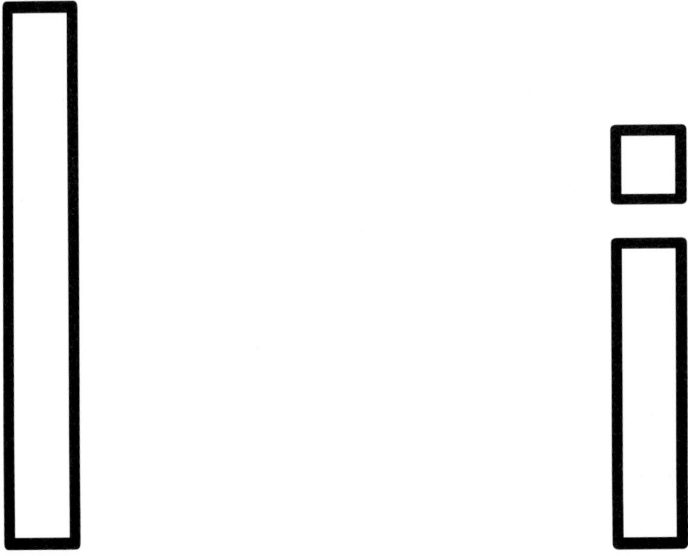

I i

4.2 Bildervorlagen für das Klassenzimmer

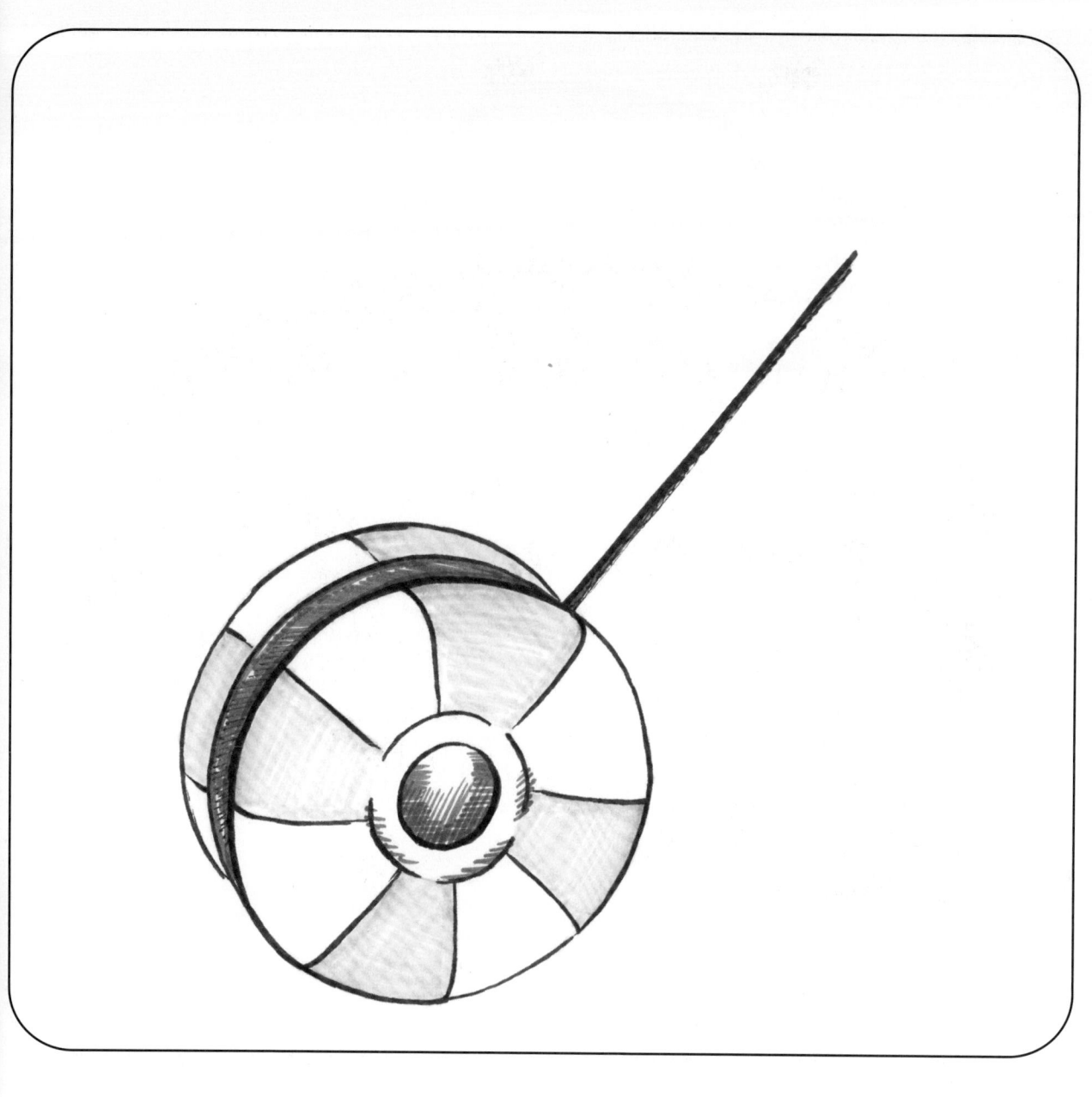

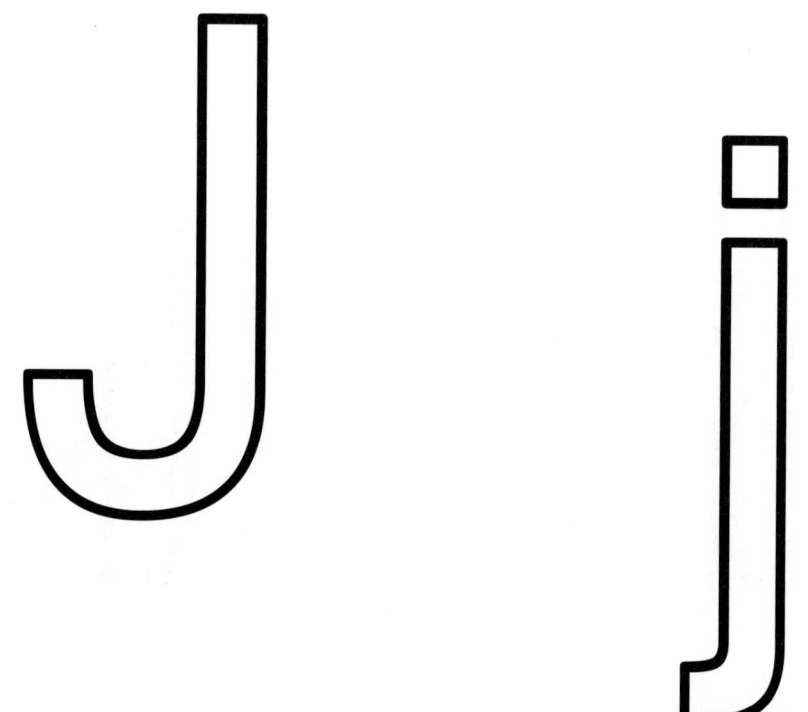

J j

K k

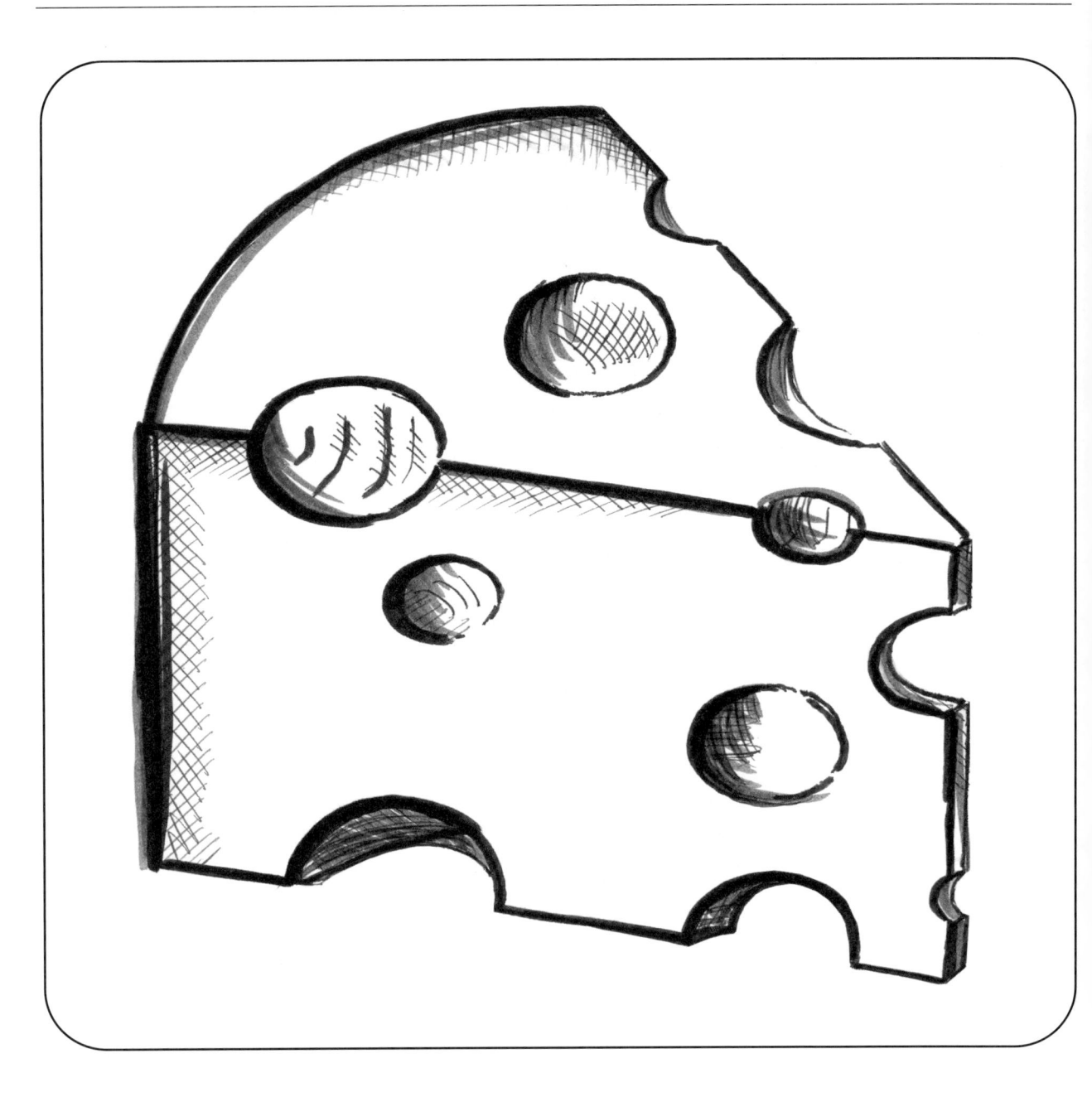

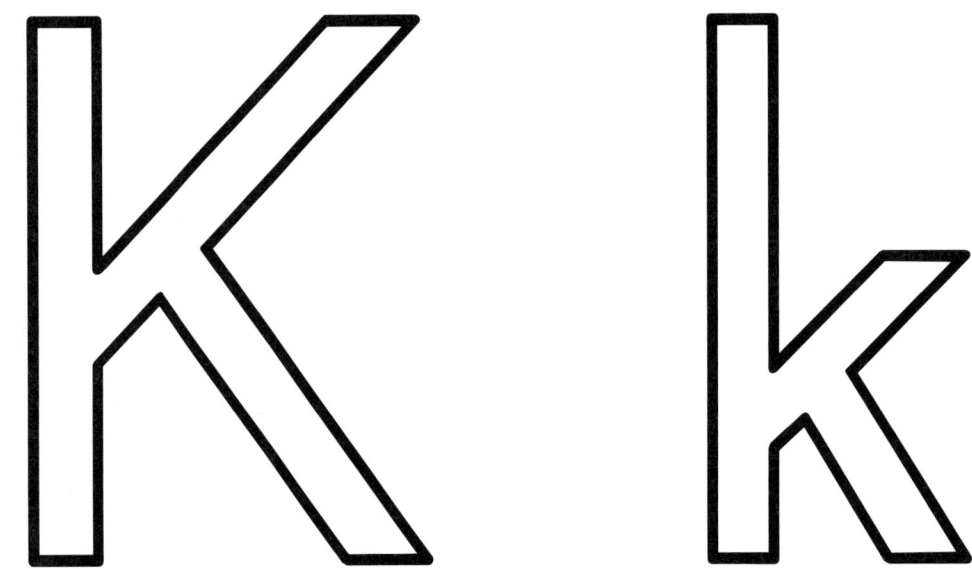

4.2 Bildervorlagen für das Klassenzimmer

M m

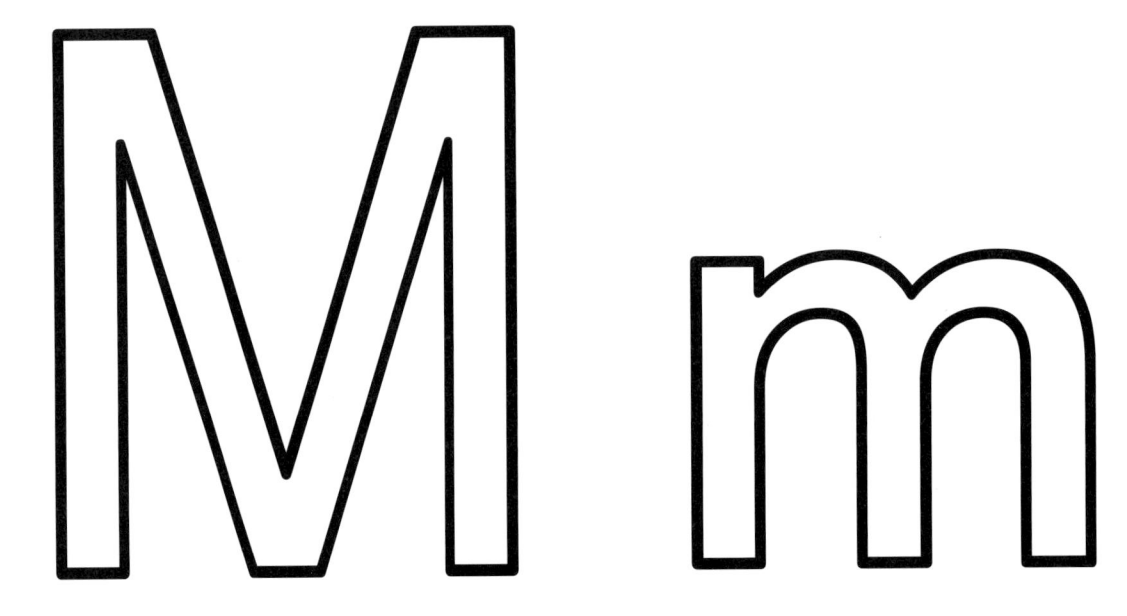

4.2 Bildervorlagen für das Klassenzimmer

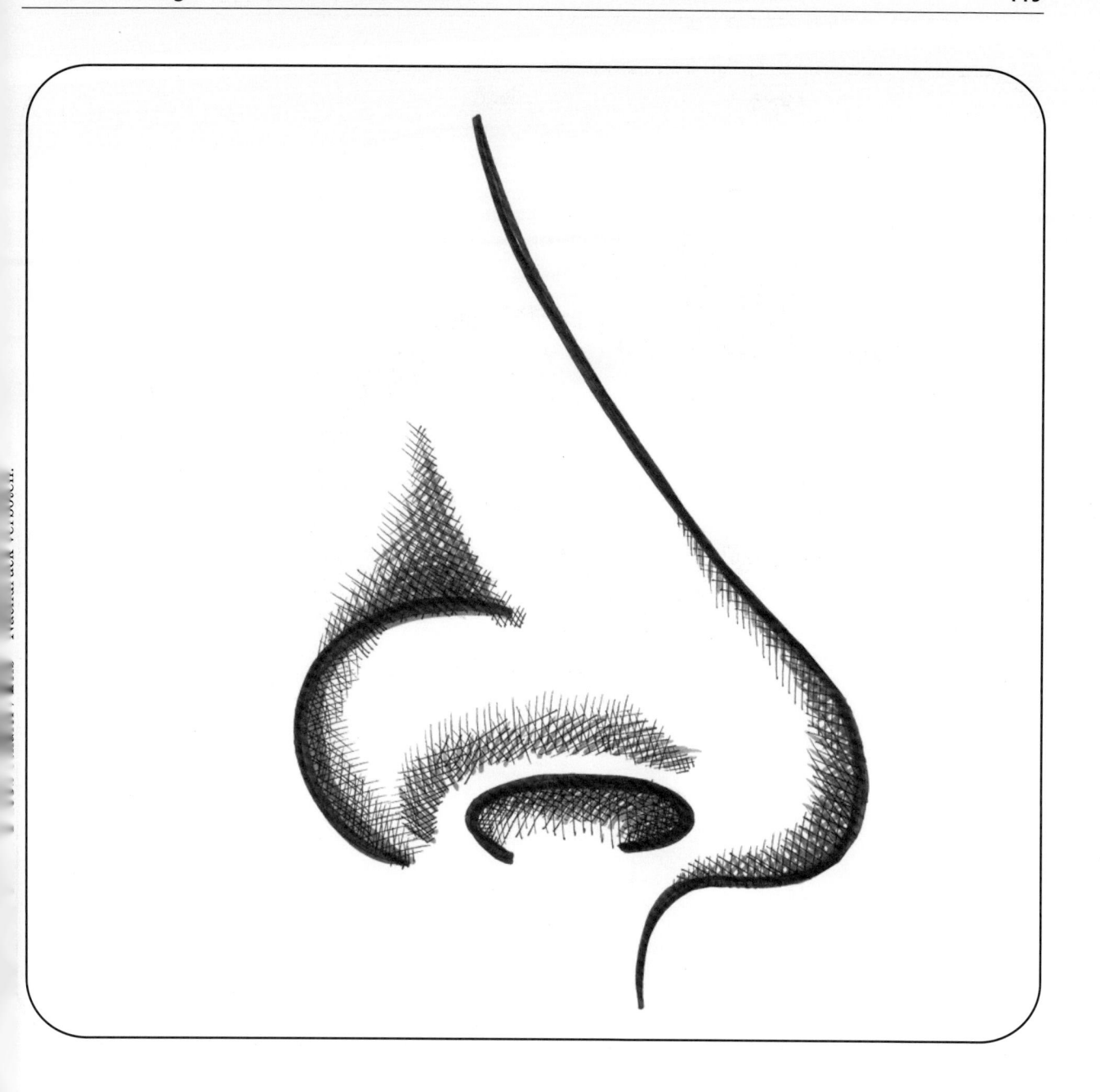

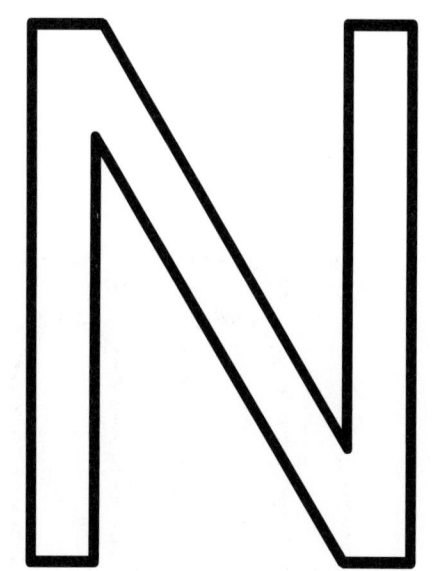

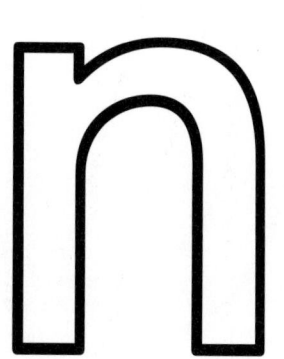

119

N n

Holger Schäfer / Nicole Leis: Der Anlautbaum

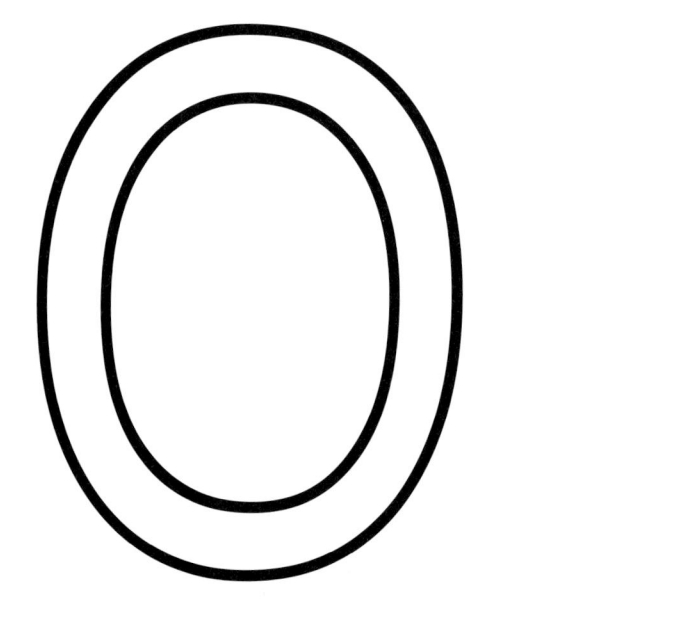

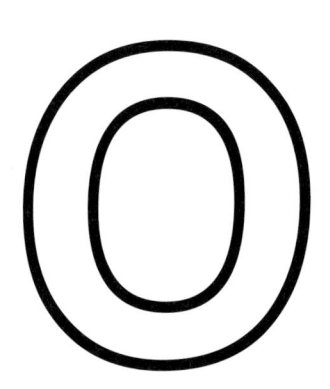

O o

4.2 Bildervorlagen für das Klassenzimmer

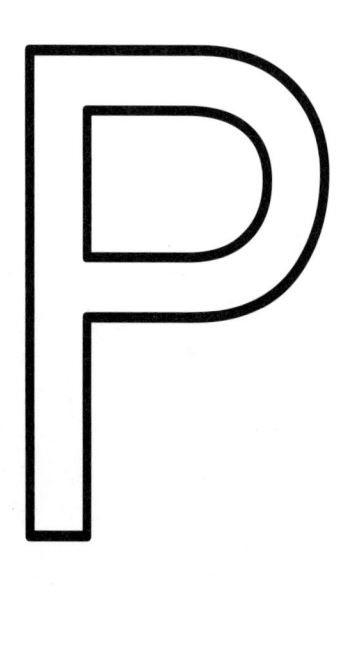

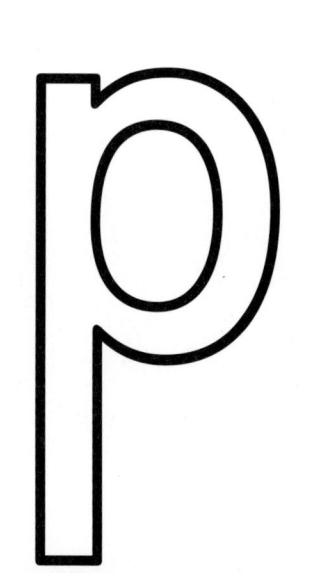

P p

Ququ

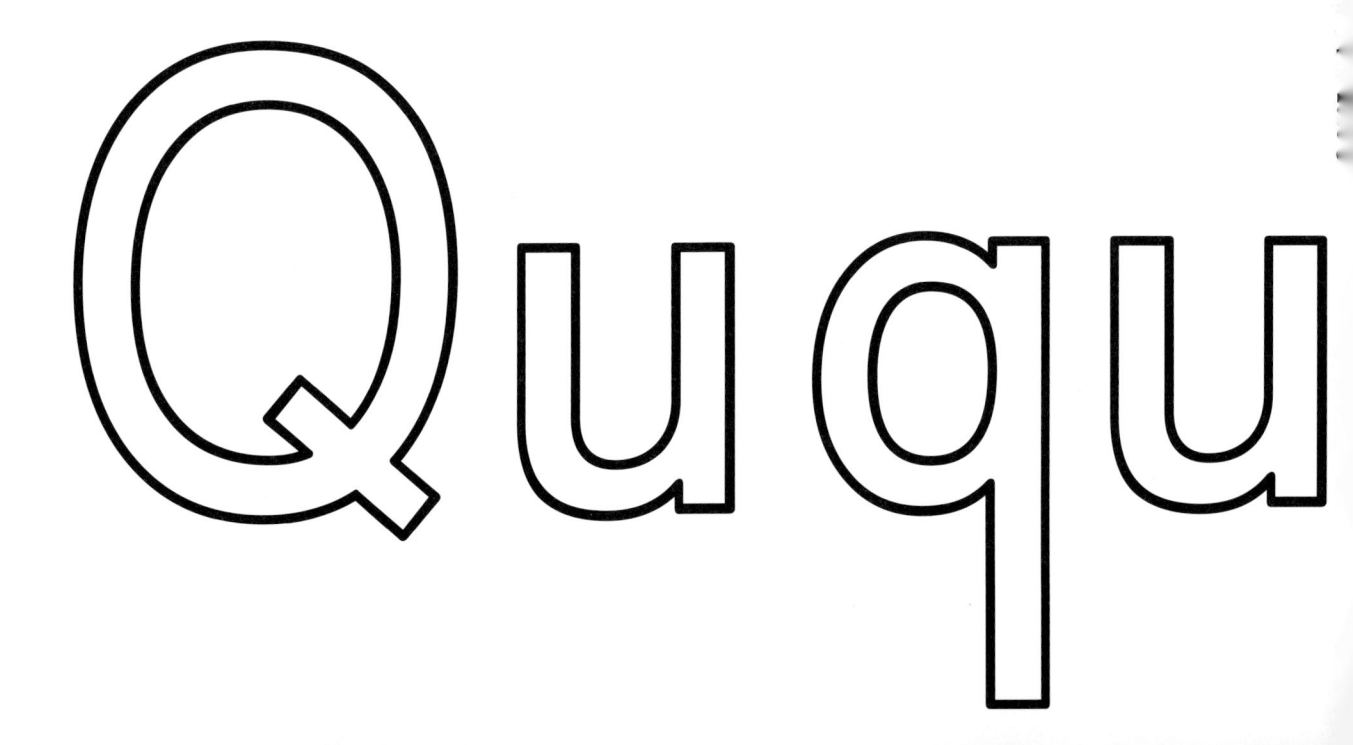

4.2 Bildervorlagen für das Klassenzimmer

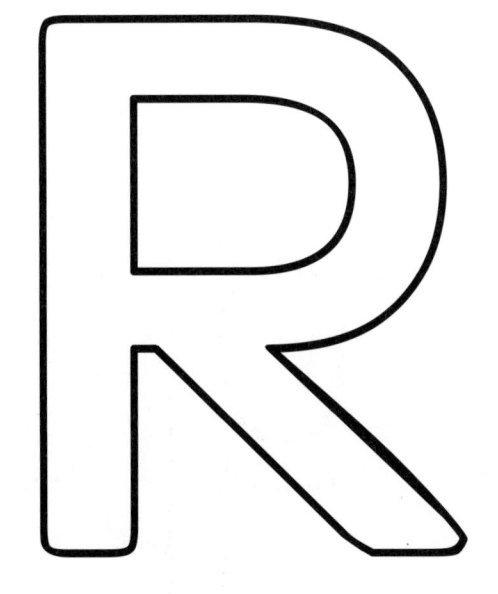

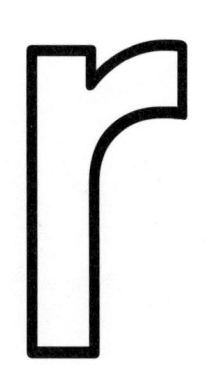

R r

Holger Schäfer / Nicole Leis: Der Anlautbaum

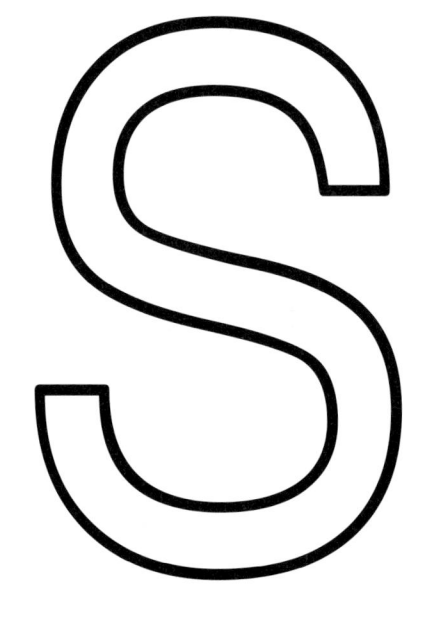

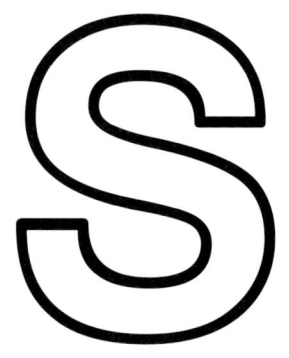

S s

4.2 Bildervorlagen für das Klassenzimmer

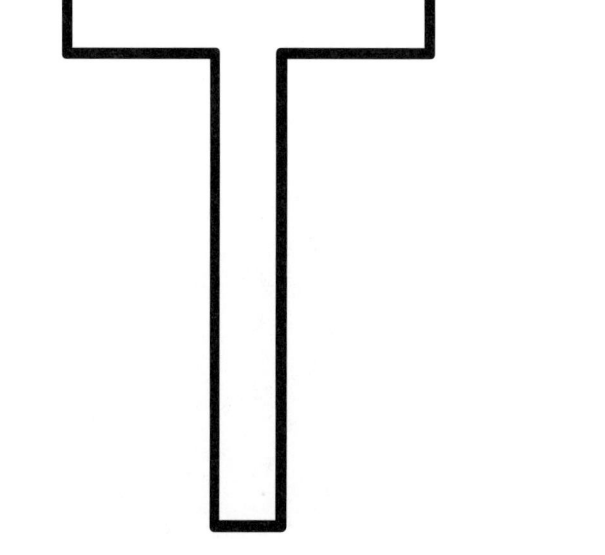

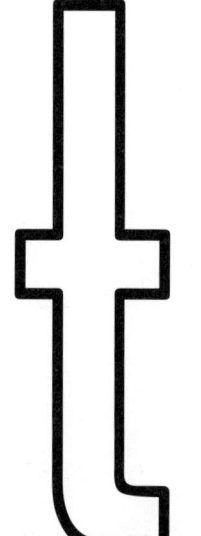

T t

U u

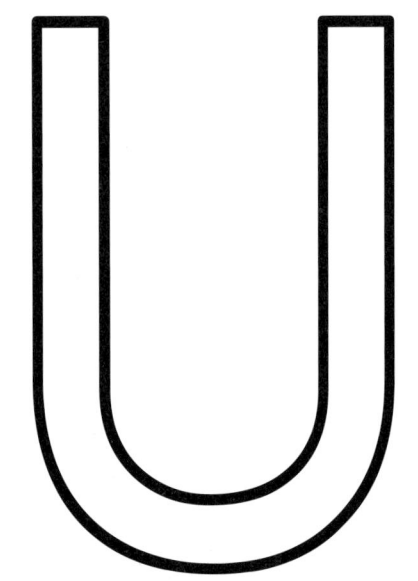

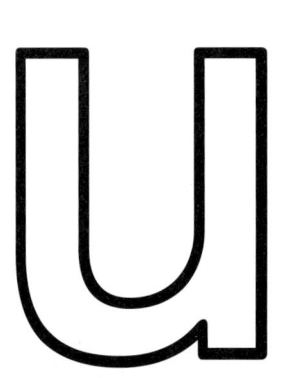

4.2 Bildervorlagen für das Klassenzimmer   127

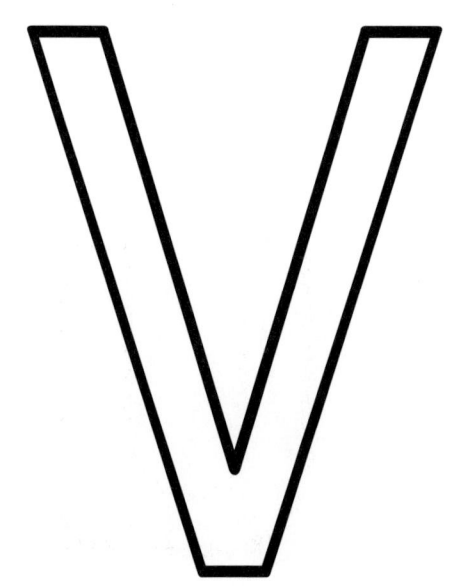

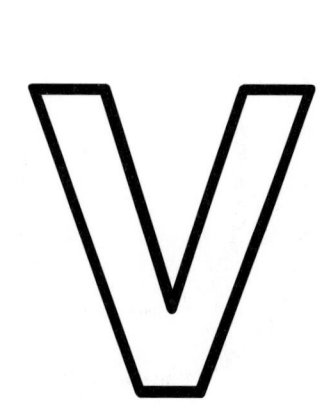

V v

Holger Schäfer / Nicole Leis: Der Anlautbaum

W w

4.2 Bildervorlagen für das Klassenzimmer129

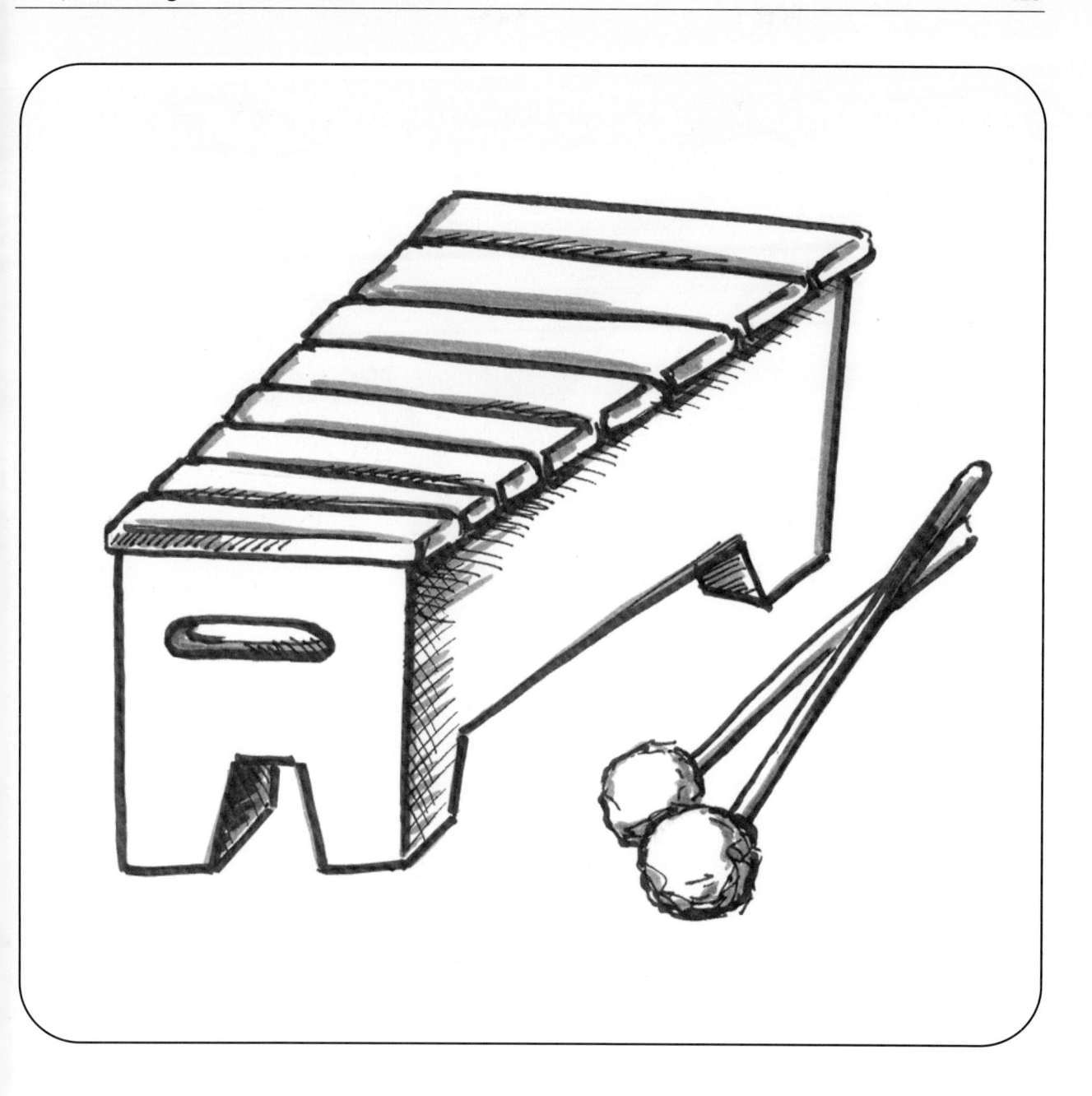

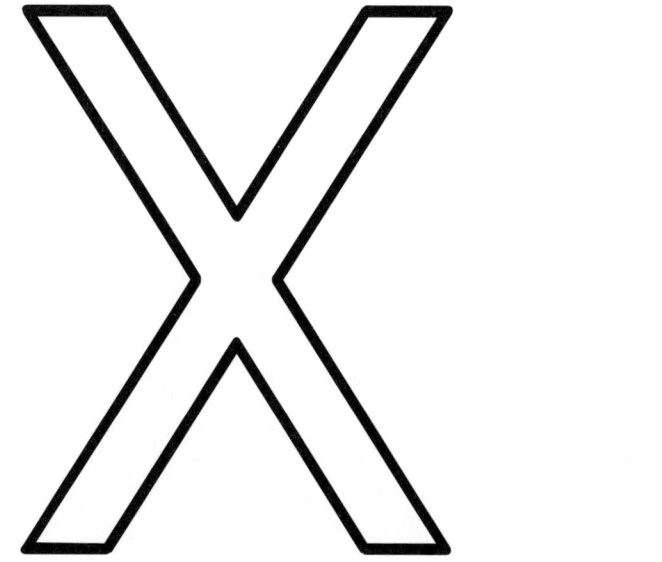

X x

Y y

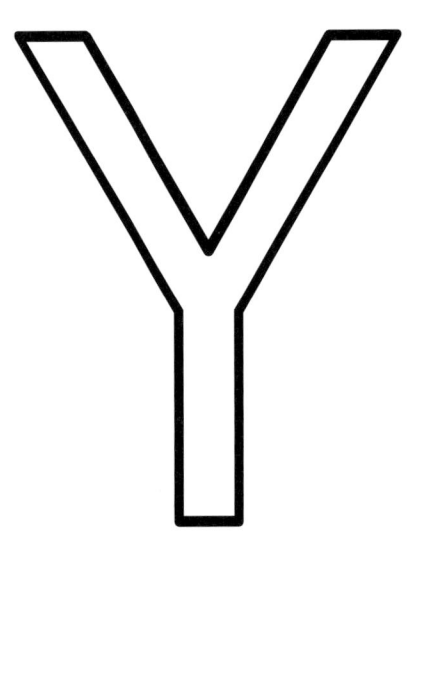

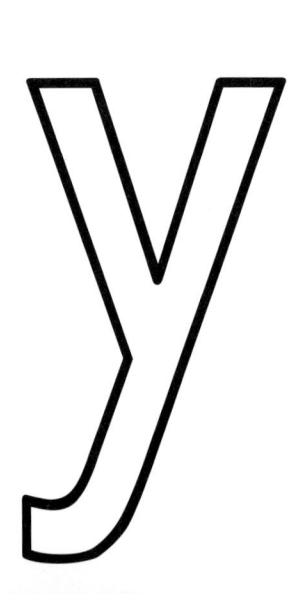

4.2 Bildervorlagen für das Klassenzimmer

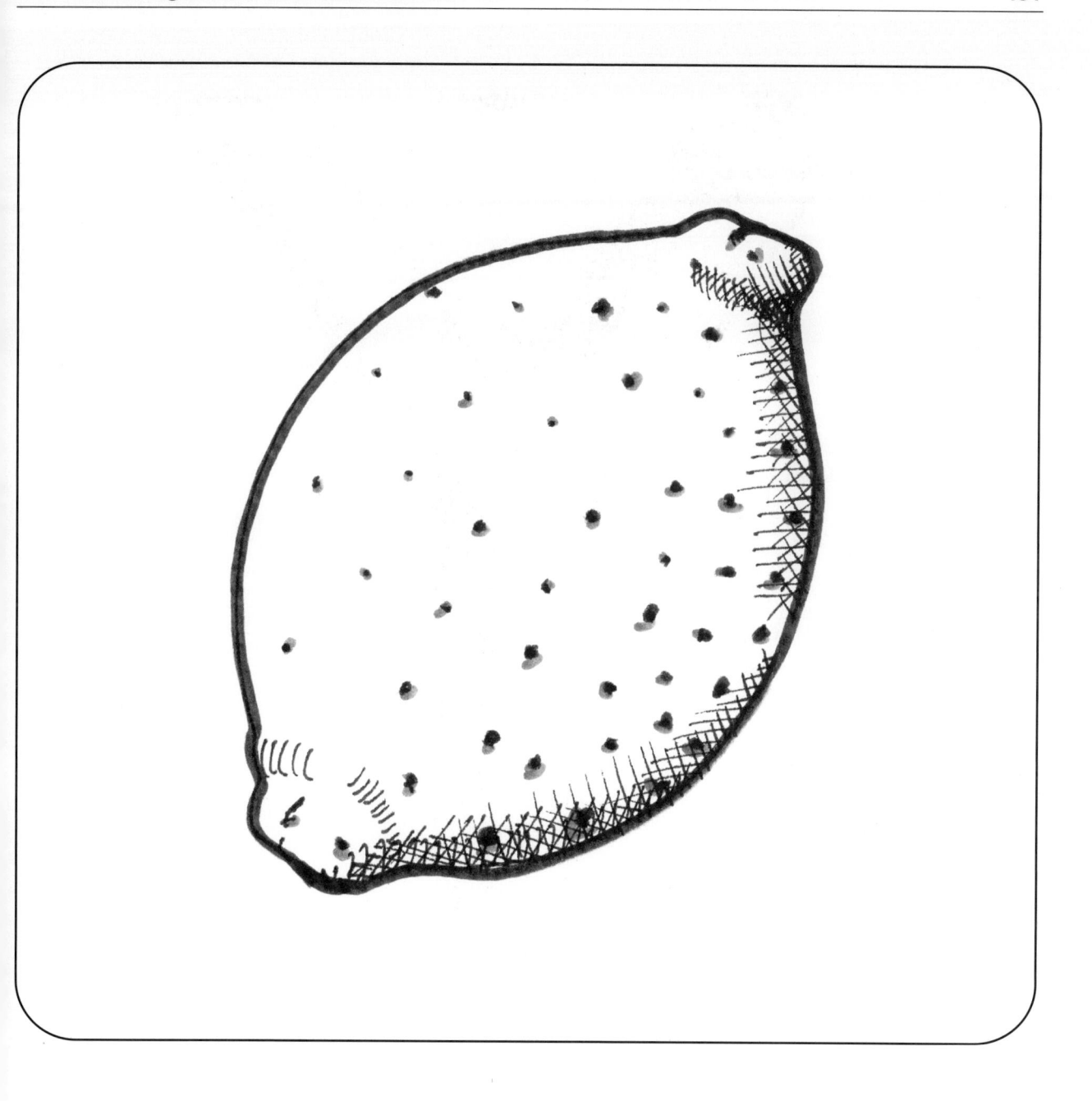

131

Z z

Auau

4.2 Bildervorlagen für das Klassenzimmer 133

Ei ei

Eu eu

4.2 Bildervorlagen für das Klassenzimmer

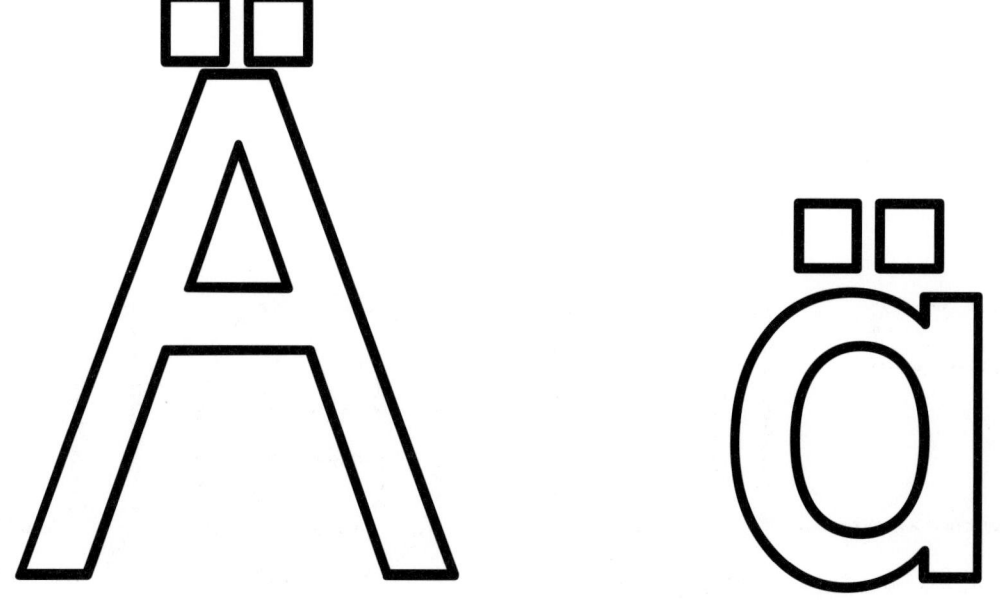

Ä ä

Ö ö

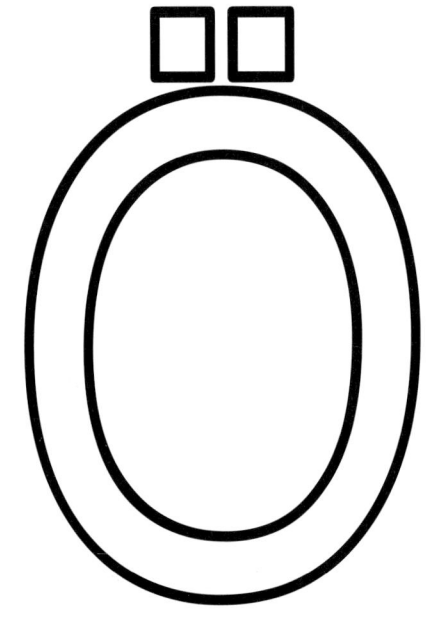

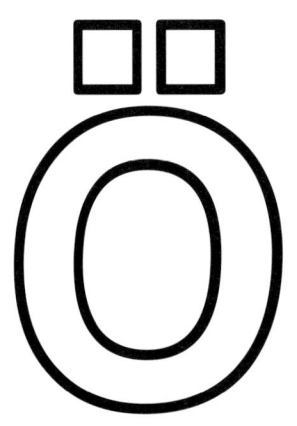

4.2 Bildervorlagen für das Klassenzimmer

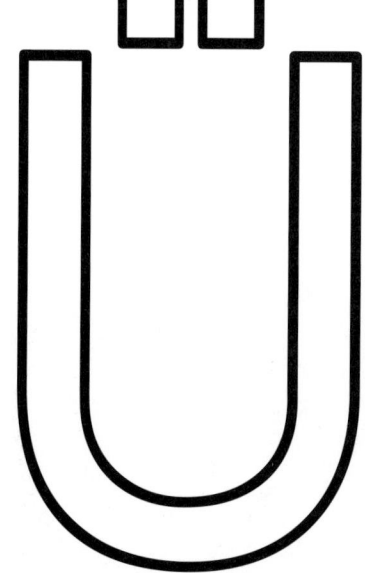

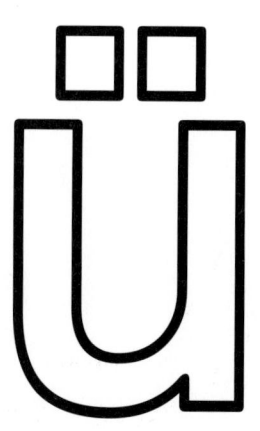

Ü ü

ck

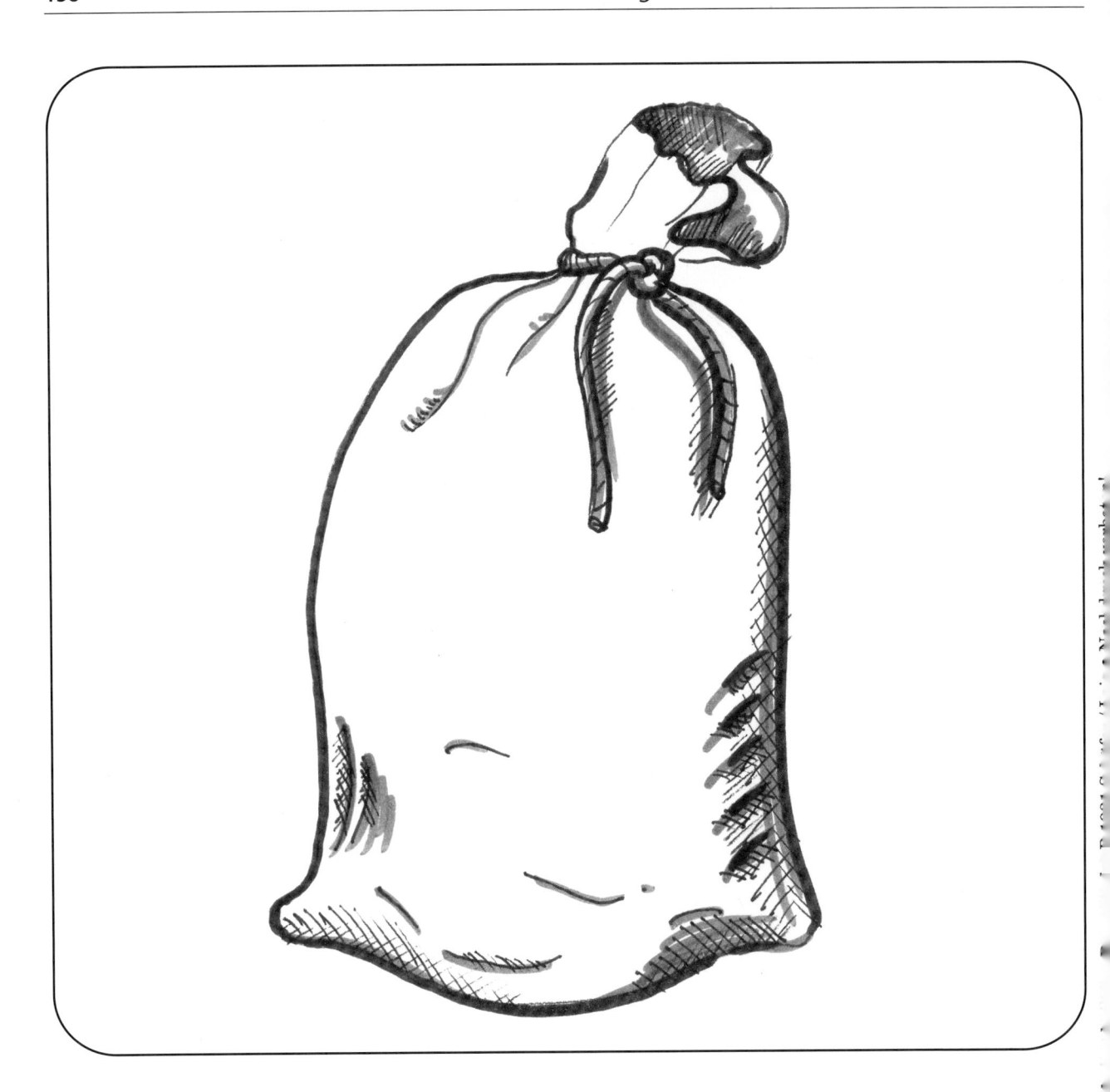

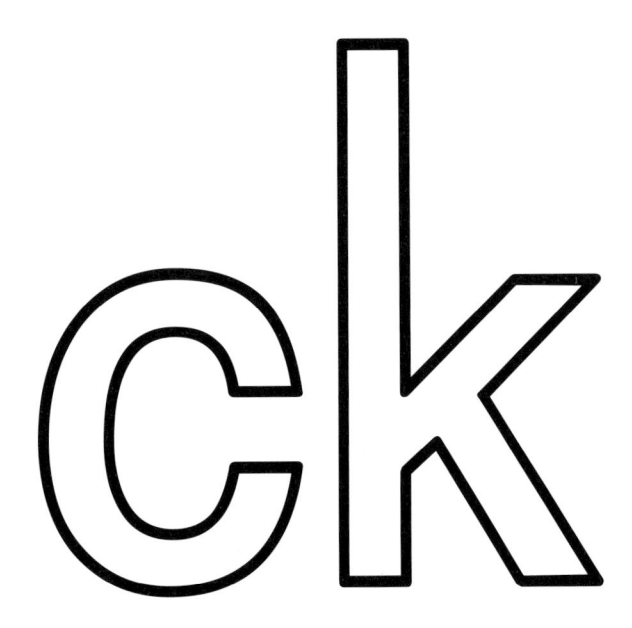

4.2 Bildervorlagen für das Klassenzimmer

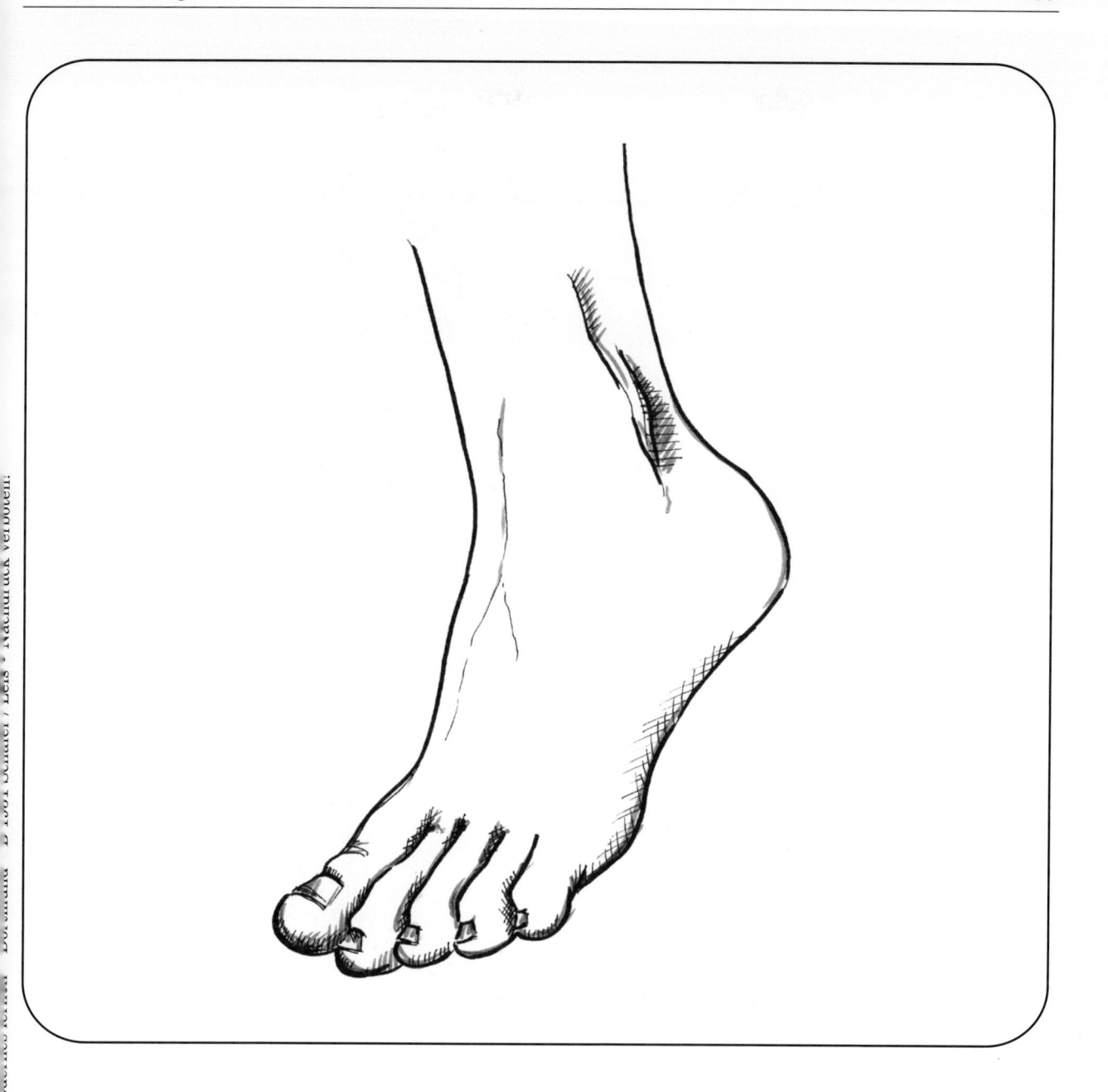

St st

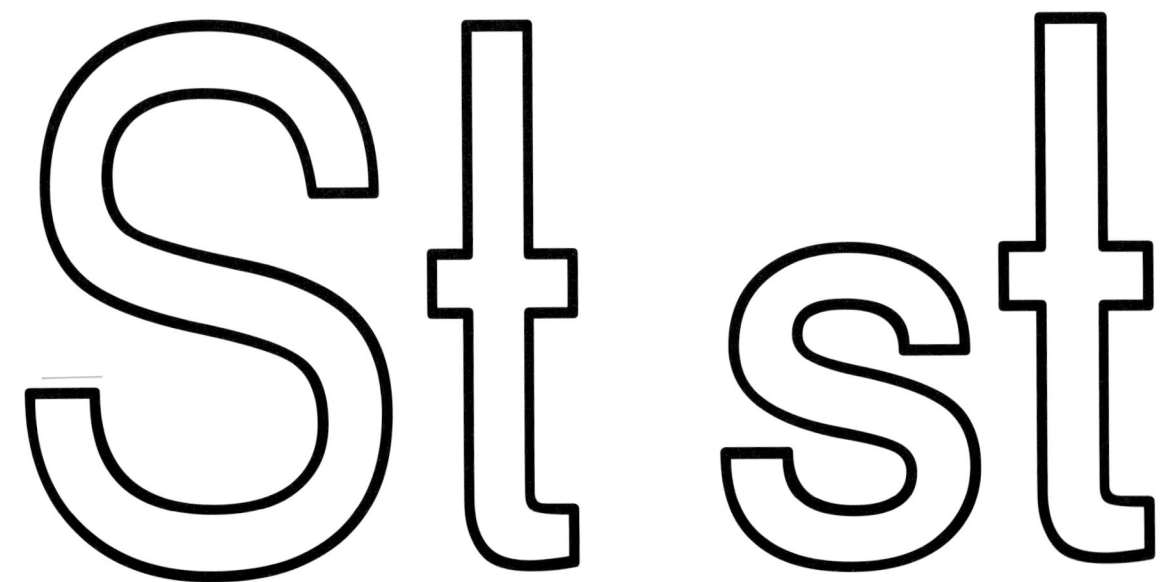

4.2 Bildervorlagen für das Klassenzimmer

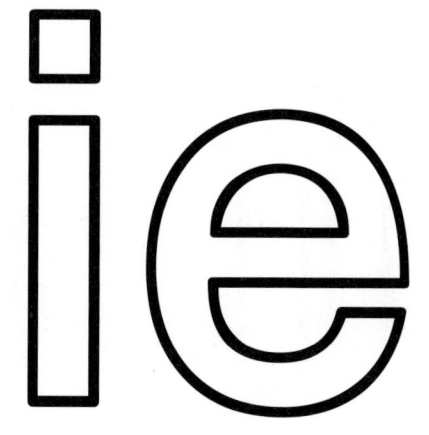

ie

Pf pf

4.2 Bildervorlagen für das Klassenzimmer 143

Sp sp

Holger Schäfer / Nicole Leis: Der Anlautbaum

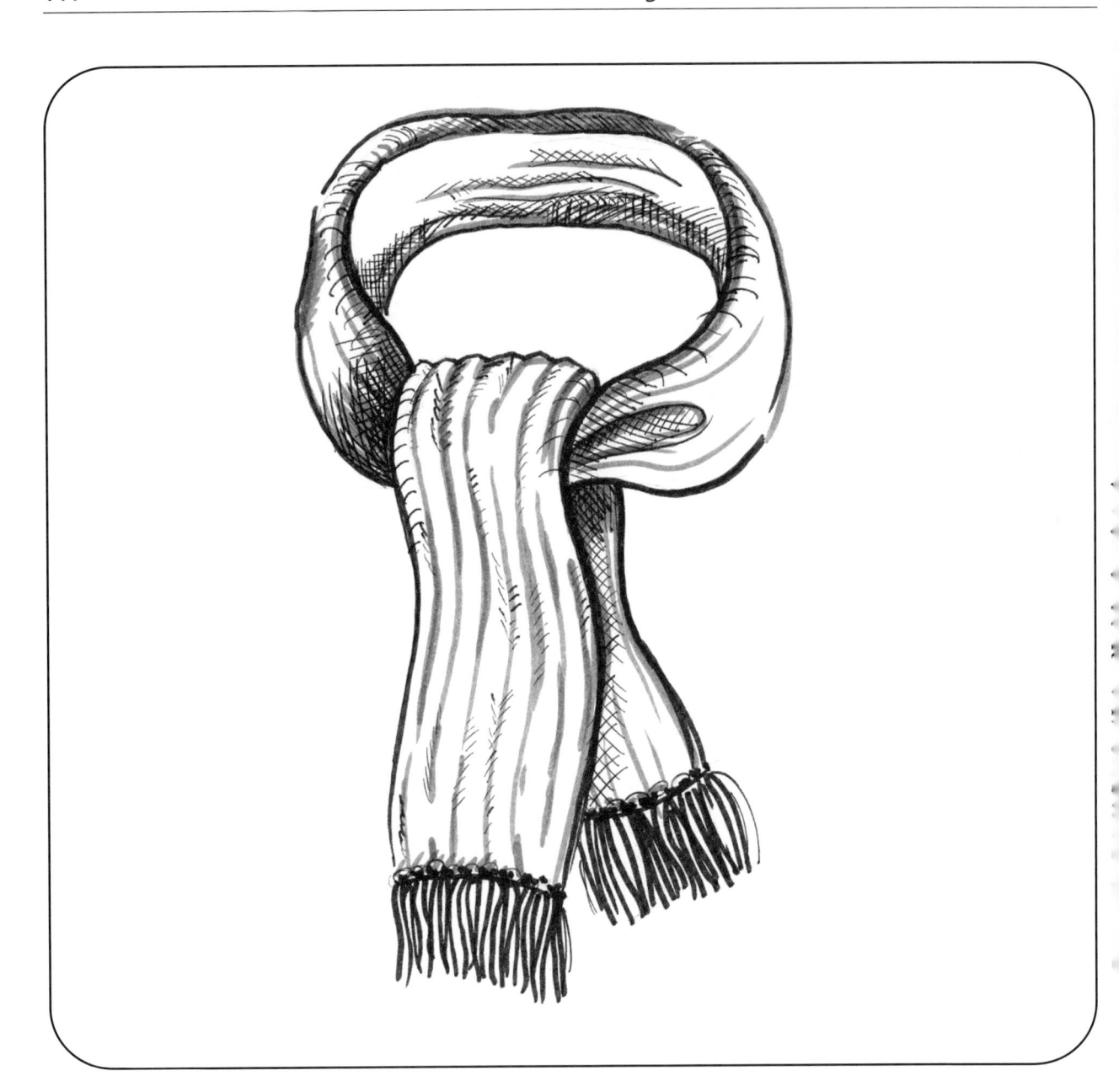

Sch sch

4.2 Bildervorlagen für das Klassenzimmer

Ch ch

4.3 Graphomotorische Übungen

Wenn wir in 4.2 noch von einer Anbahnung graphomotorischer Fertigkeiten gesprochen haben verstehen wir die in diesem Punkt angebotenen Übungen als ein Schreiben im engeren Sinne. Wir verweisen hinsichtlich der Voraussetzungen innerhalb dieses Lern-und Entwicklungsfeldes und den grundsätzlich möglichen Schwierigkeiten auf den Punkt 3.2.5 (Graphomotorik). Im Rahmen der nachstehend gezeigten Übungen (*"es lohnt sich von Anfang an auf eine exakte Wiedergabe der Buchstaben zu achten"* MAHLSTEDT S. 21) legen wir Wert auf

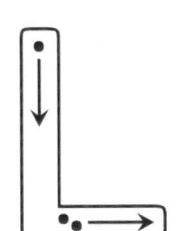

- das saubere Schreiben innerhalb der Buchstabengrenzen,
- den richtigen Aufbau des Buchstabens entsprechend der Spurvorlagen,
- das Beachten der unteren, dicken Linie als Grundlinie,
- das Nutzen des gesamten Zwischenraums innerhalb des Drei-Liniensystems und
- die Wahrung der Größenverhältnisse zwischen großen und kleinen Buchstaben.

In einem Zwischenschritt von 4.2 nach 4.3 kopieren wir auch die graphomotorischen Übungen auf DIN A3 und teilen nur die obere Hälfte aus. Hier können sich die Schüler an den Spurübungen versuchen, ohne noch die Linien berücksichtigen zu müssen. Ist ein sicheres Nachspuren auszumachen, bekommen die Schüler die gesamte Kopiervorlage zur Verfügung gestellt.

Wir schlagen folgendes Vorgehen vor:

1. Nachspuren des großen/kleinen Buchstabens
2. Eigenes Spuren des großen Buchstabens (1. Reihe)
3. Eigenes Spuren des kleinen Buchstabens (2. Reihe)
4. Freies Schreiben in der 3. Reihe
5. Nachschreiben des Anlautbegriffes
6. Ausmalen des Ankerbildes

Wir haben uns hinsichtlich der Linienanzahl für ein Dreier-Linien-System entschlossen, um die Schüler – *insbesondere im Anfangsunterricht* – nicht mit einer vierten, unteren Linie zu überfordern. Werden Buchstaben eingeführt wie das kleine g, p oder j scheint es vielen Schülern leicht zu fallen, unter der dicken Grundlinie einen Strich oder Bogen anzuführen.

Im Rahmen der Freiarbeit bieten wir diese Arbeitsblätter – *auch nach der Einführung des jeweiligen Buchstabens* – weiter an. Die Schüler haben hier die Möglichkeit die Buchstaben, deren graphomotorischer Aufbau ihnen noch schwer fällt zu wiederholen und zu festigen. Analog dazu bieten wir Buchstabenmandalas zu großen und kleinen Buchstaben an (SCHÄFER/LEIS) und stellen fest, dass diese graphomotorischen Übungen eine mitunter beruhigende Wirkung haben und von den Schülern – *in einem vertretbaren Zeitfenster* – oft genossen werden.

Vgl. hierzu auch 3.2.5 Graphomotorik

4.3 Graphomotorische Übungen

Name:

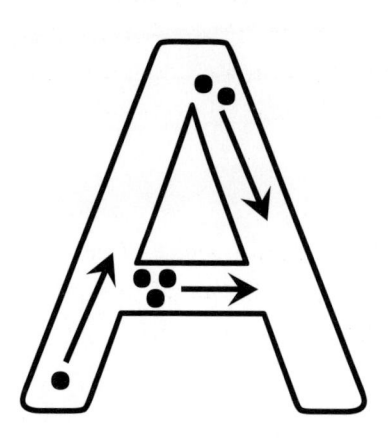

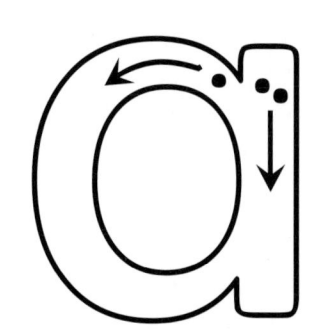

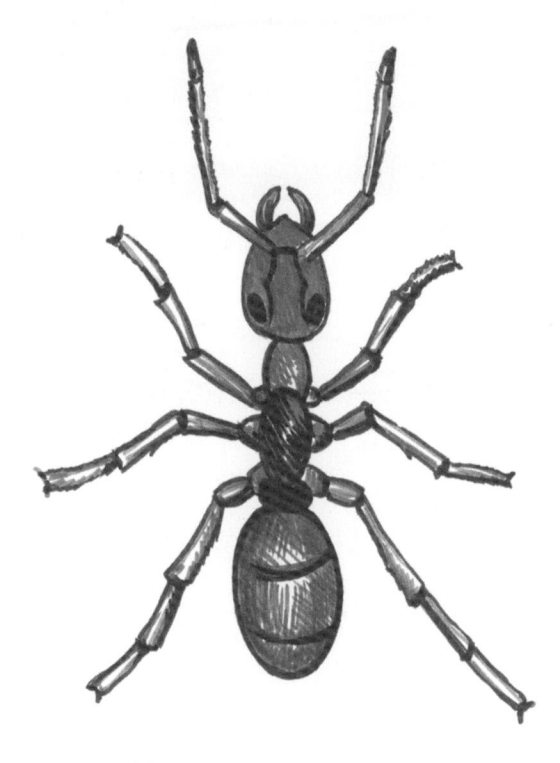

A
a

Ameise

A A A A

a a a a

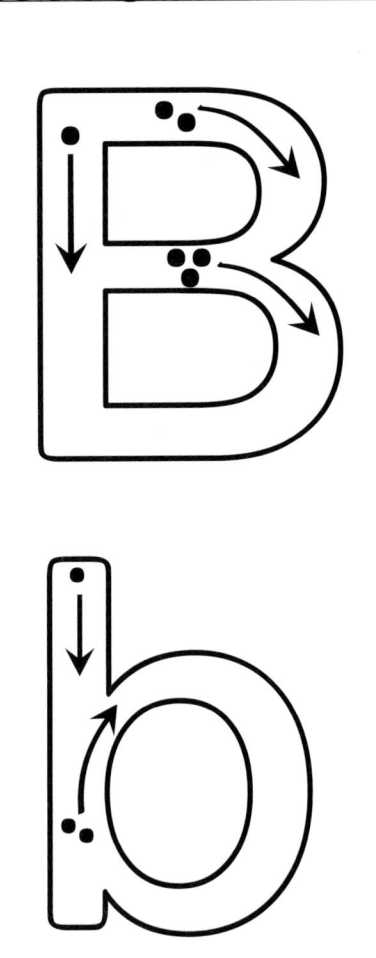

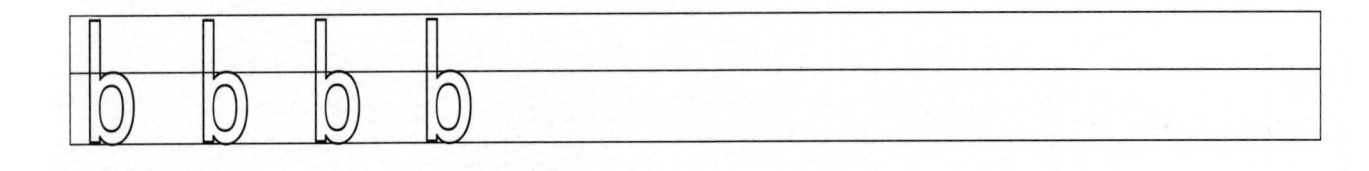

Name:

B
b

Baum

B B B B

b b b b

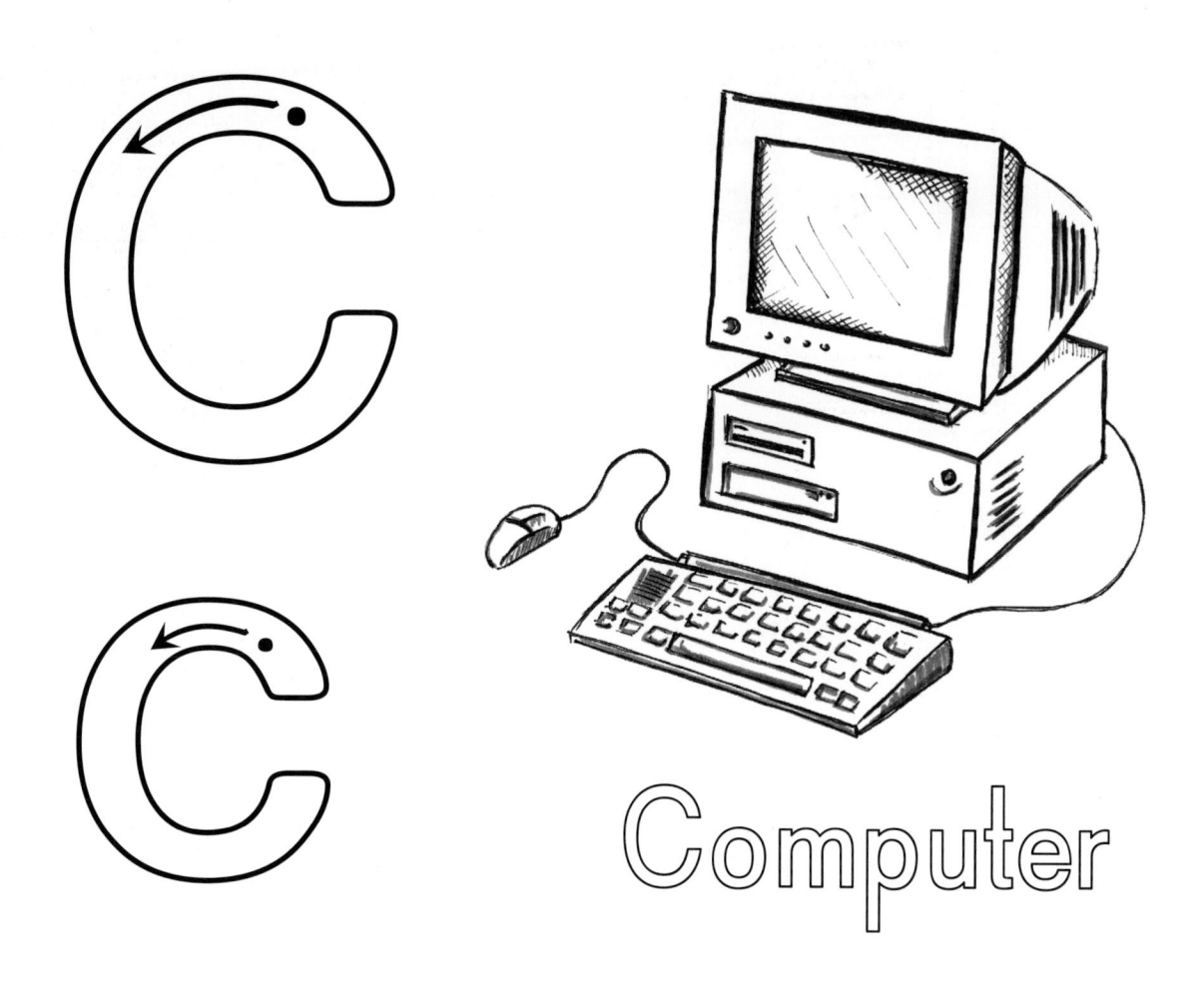

4.3 Graphomotorische Übungen

Name:

Computer

C C C C

c c c c

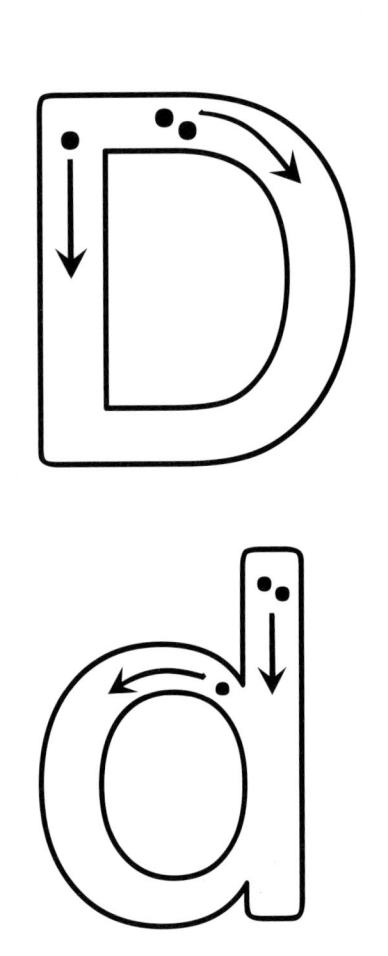

Name:

D d

Daumen

4.3 Graphomotorische Übungen

Name:

E

e

Esel

E E E E

e e e e

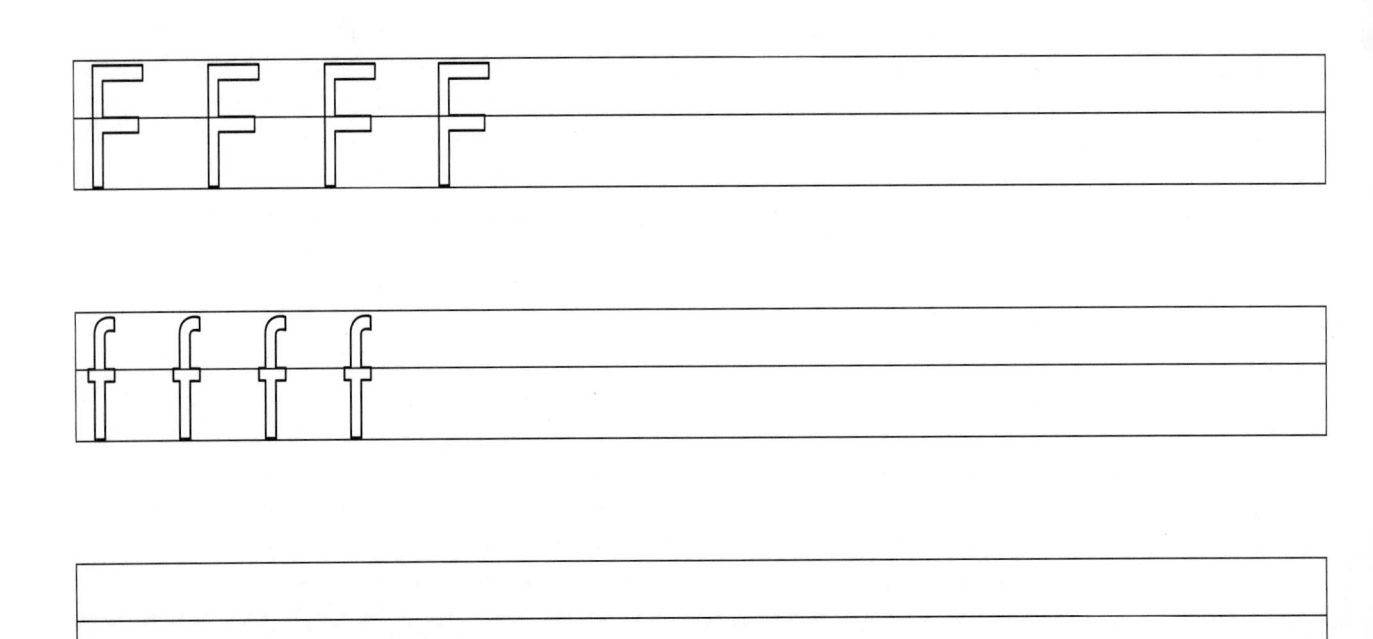

Name:

Feder

F F F F

f f f f

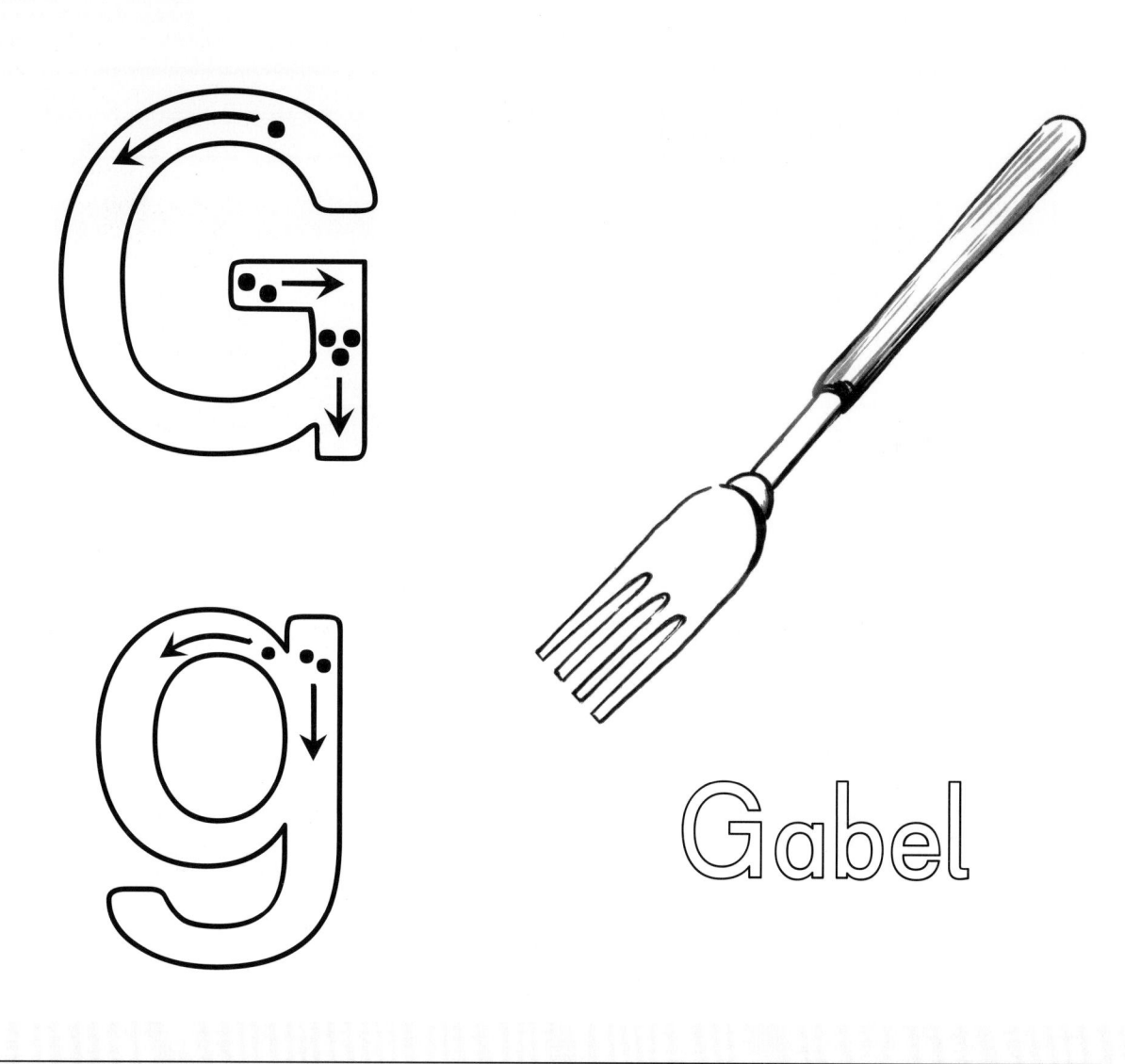

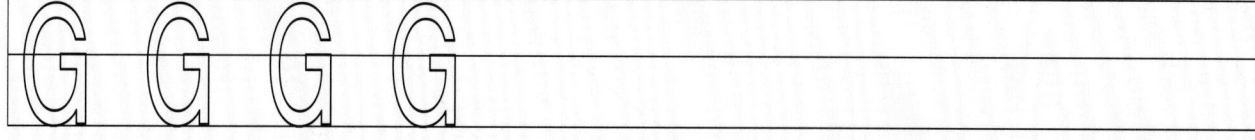

4.3 Graphomotorische Übungen 153

Name:

G g

Gabel

G G G G

g g g g

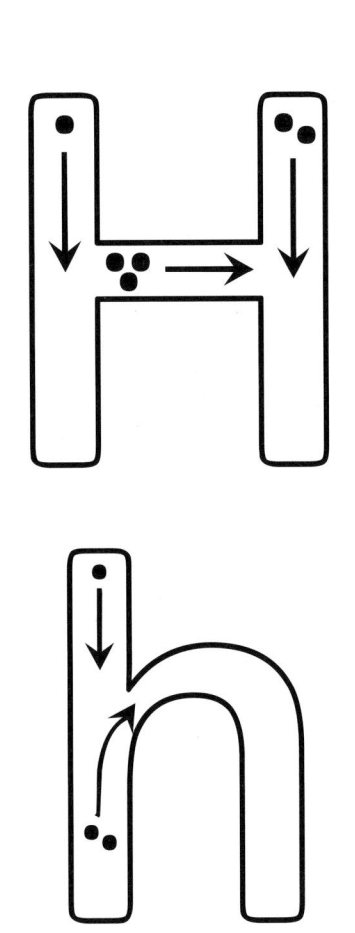

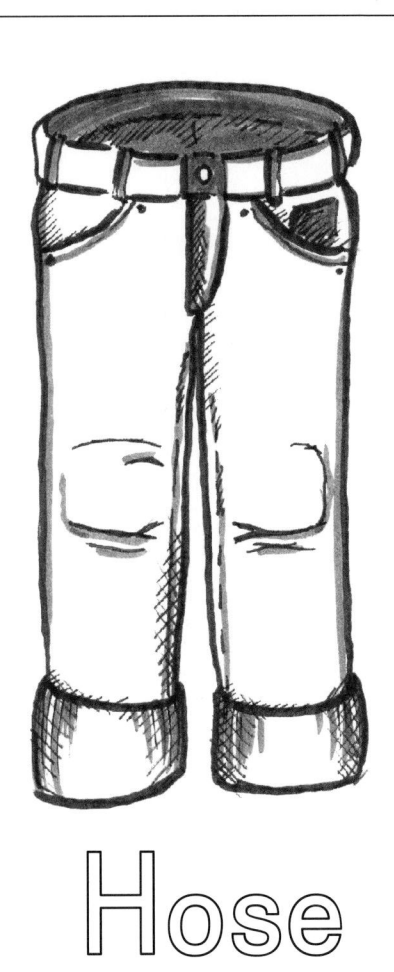

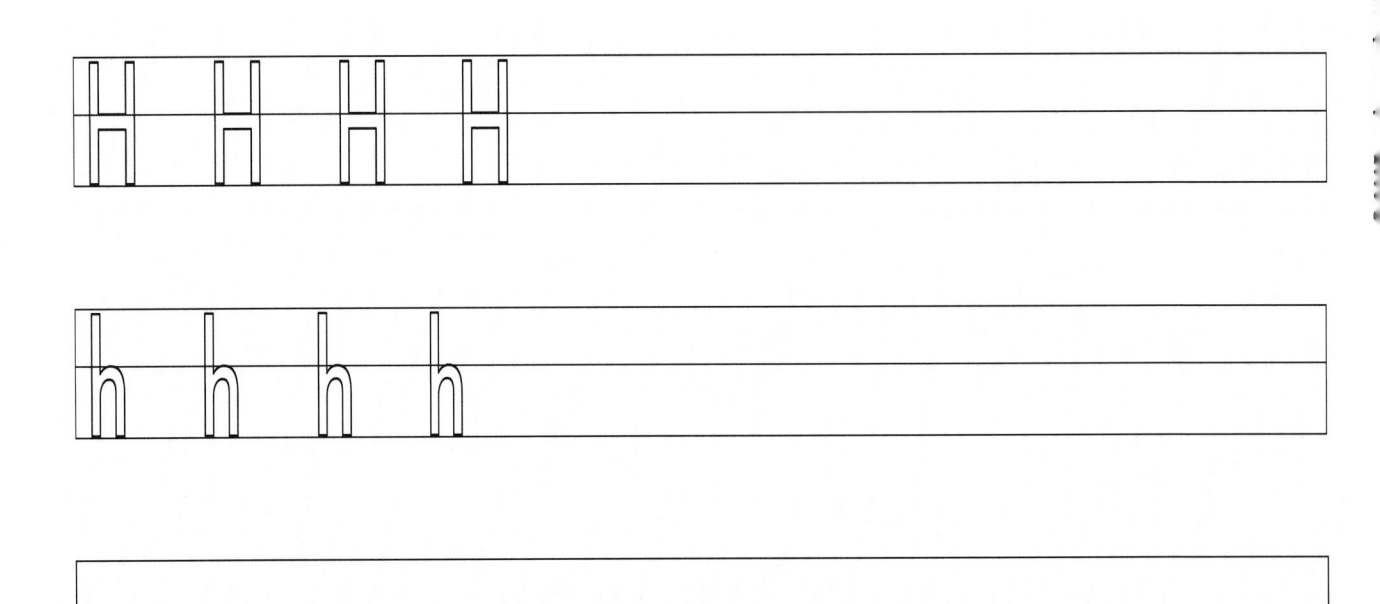

Name:

Hose

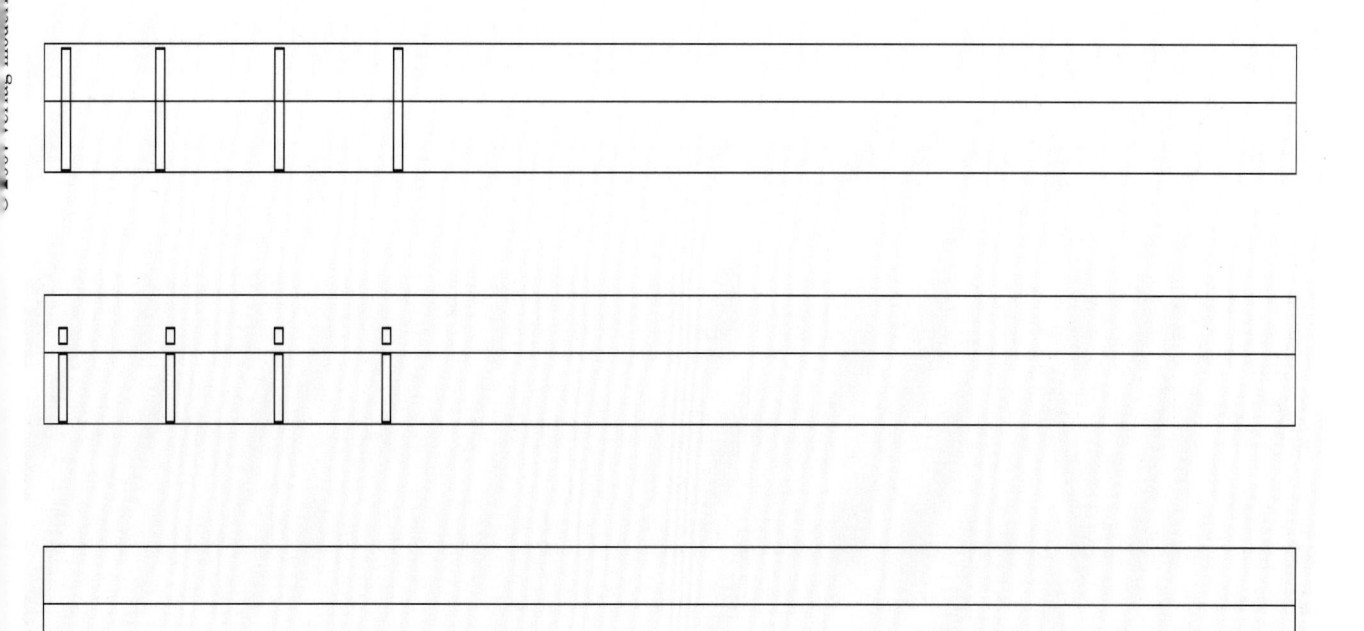

4.3 Graphomotorische Übungen   155

Name:

Igel

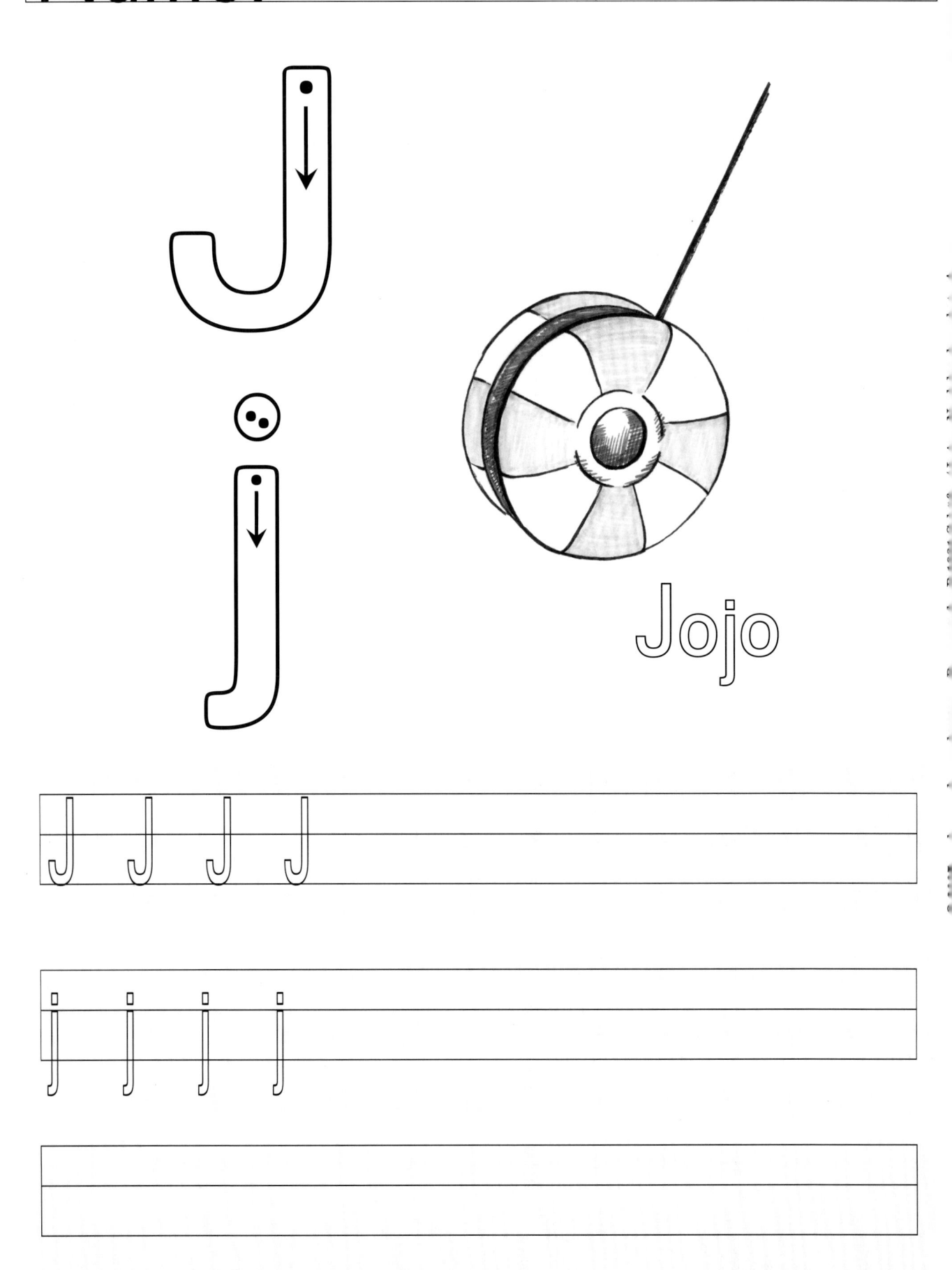

Name:

Jojo

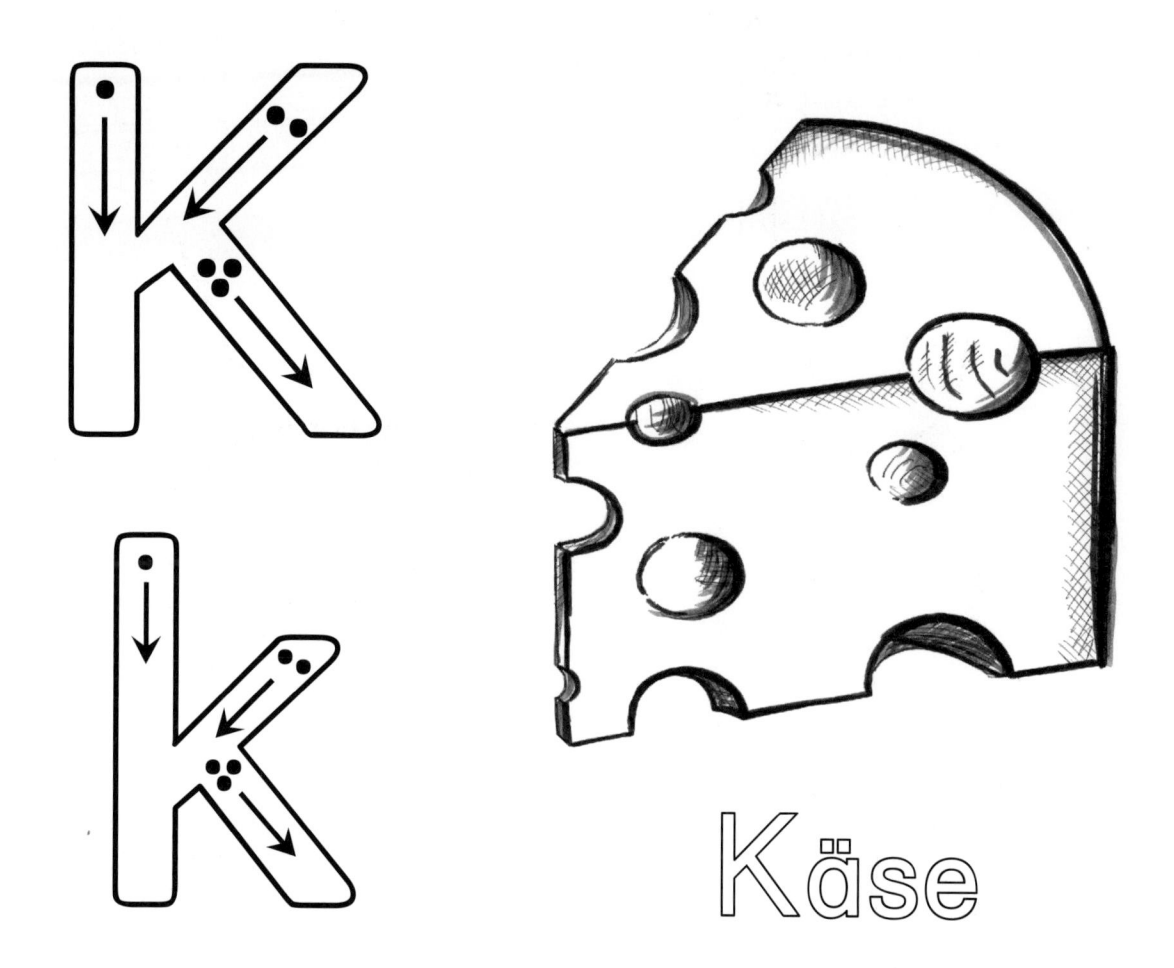

4.3 Graphomotorische Übungen

Name:

K k

Käse

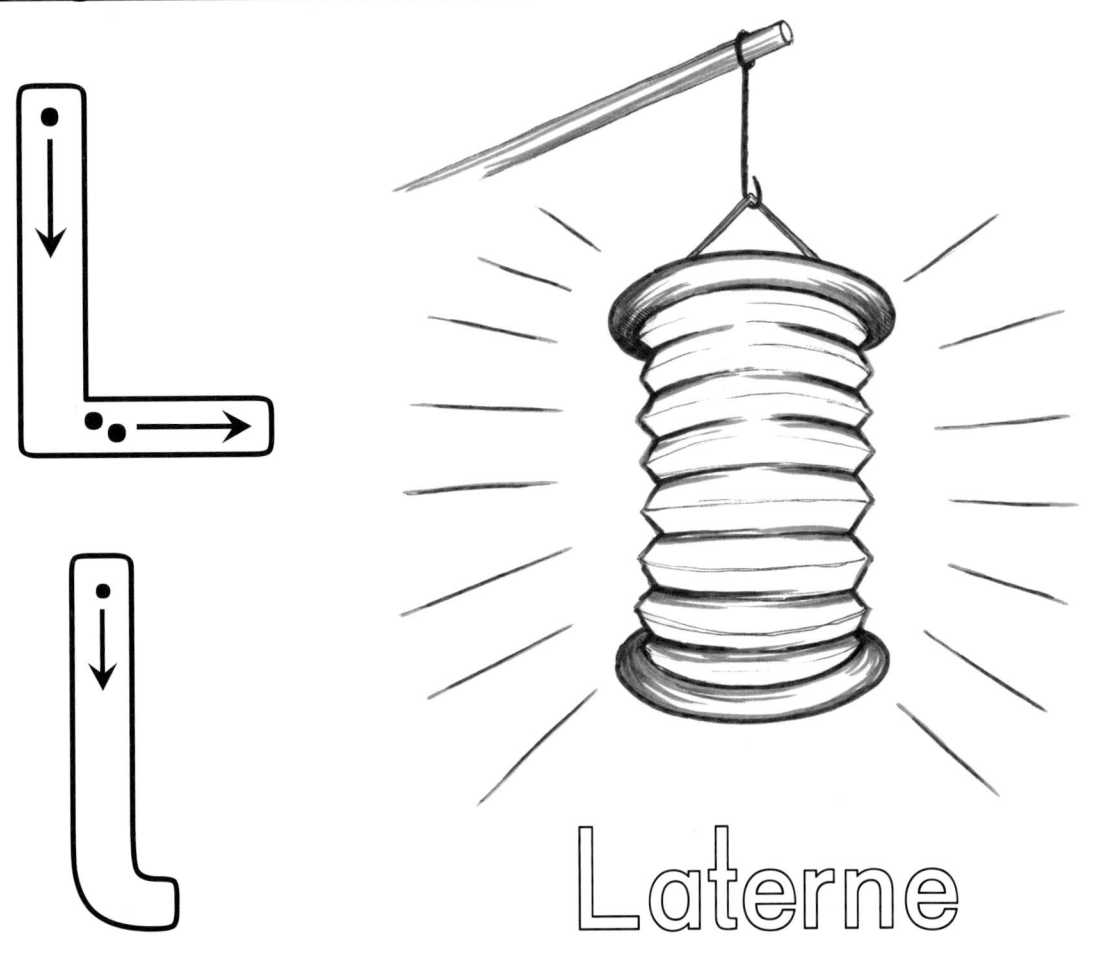

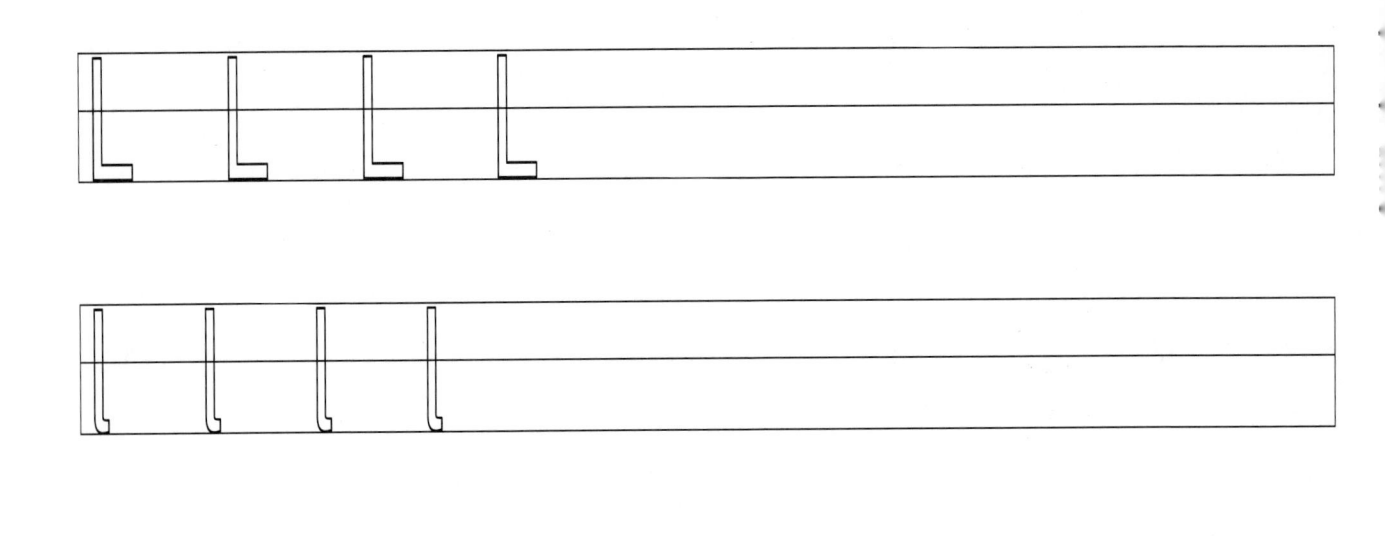

Name:

Laterne

4.3 Graphomotorische Übungen 159

Name:

Maus

M M M M

m m m m

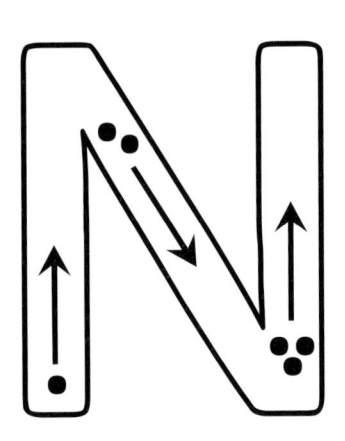

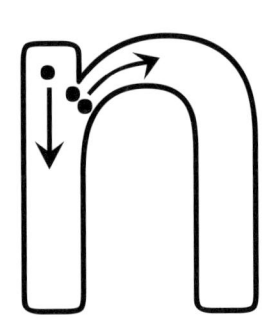

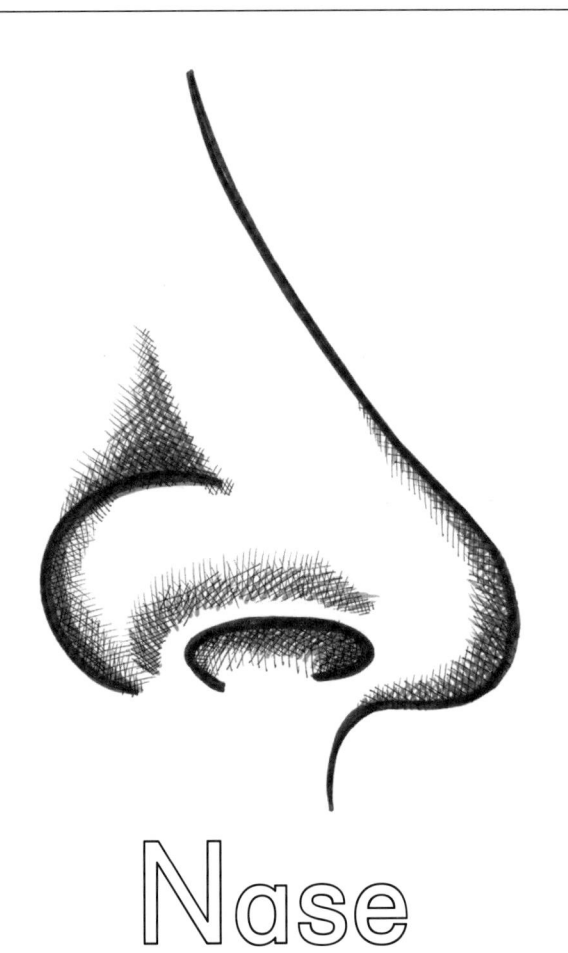

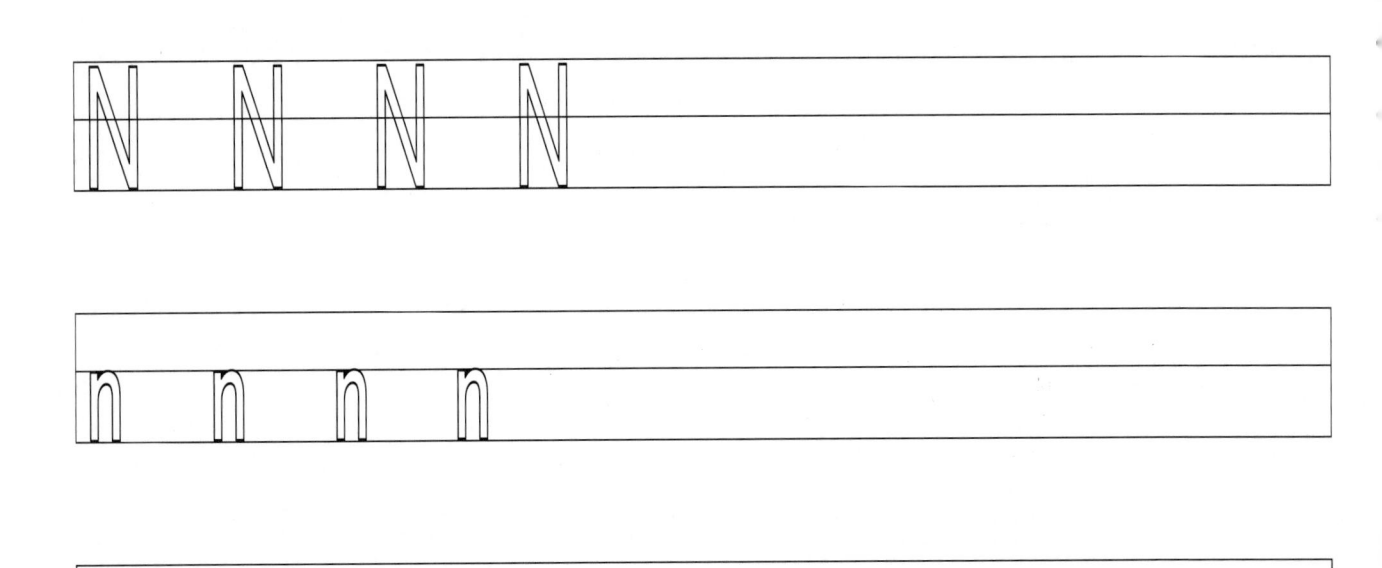

Name:

Nase

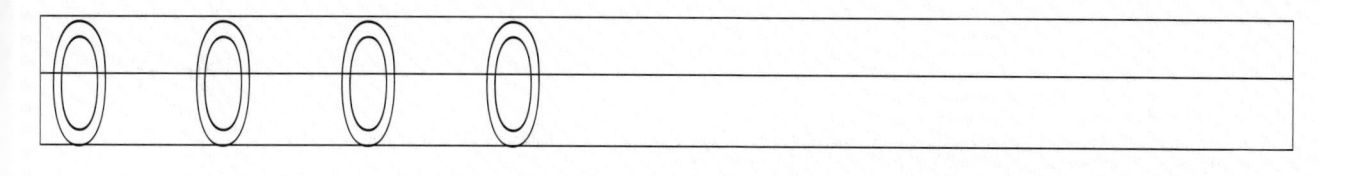

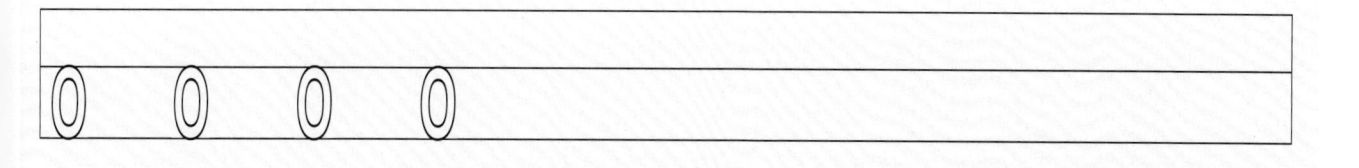

4.3 Graphomotorische Übungen

Name:

Opa

Name:

P

p

Palme

4.3 Graphomotorische Übungen

Name:

Qu qu

Qualle

Qu Qu Qu Qu

qu qu qu qu

Name:

R
r

Regen

R R R R

r r r r

4.3 Graphomotorische Übungen

Name:

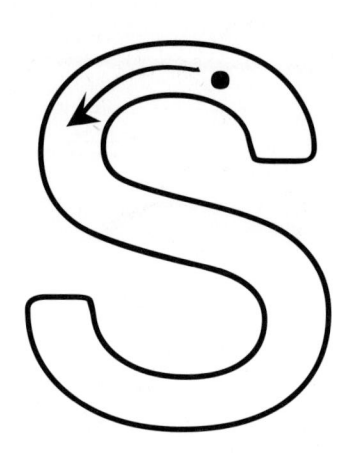

S

s

Sofa

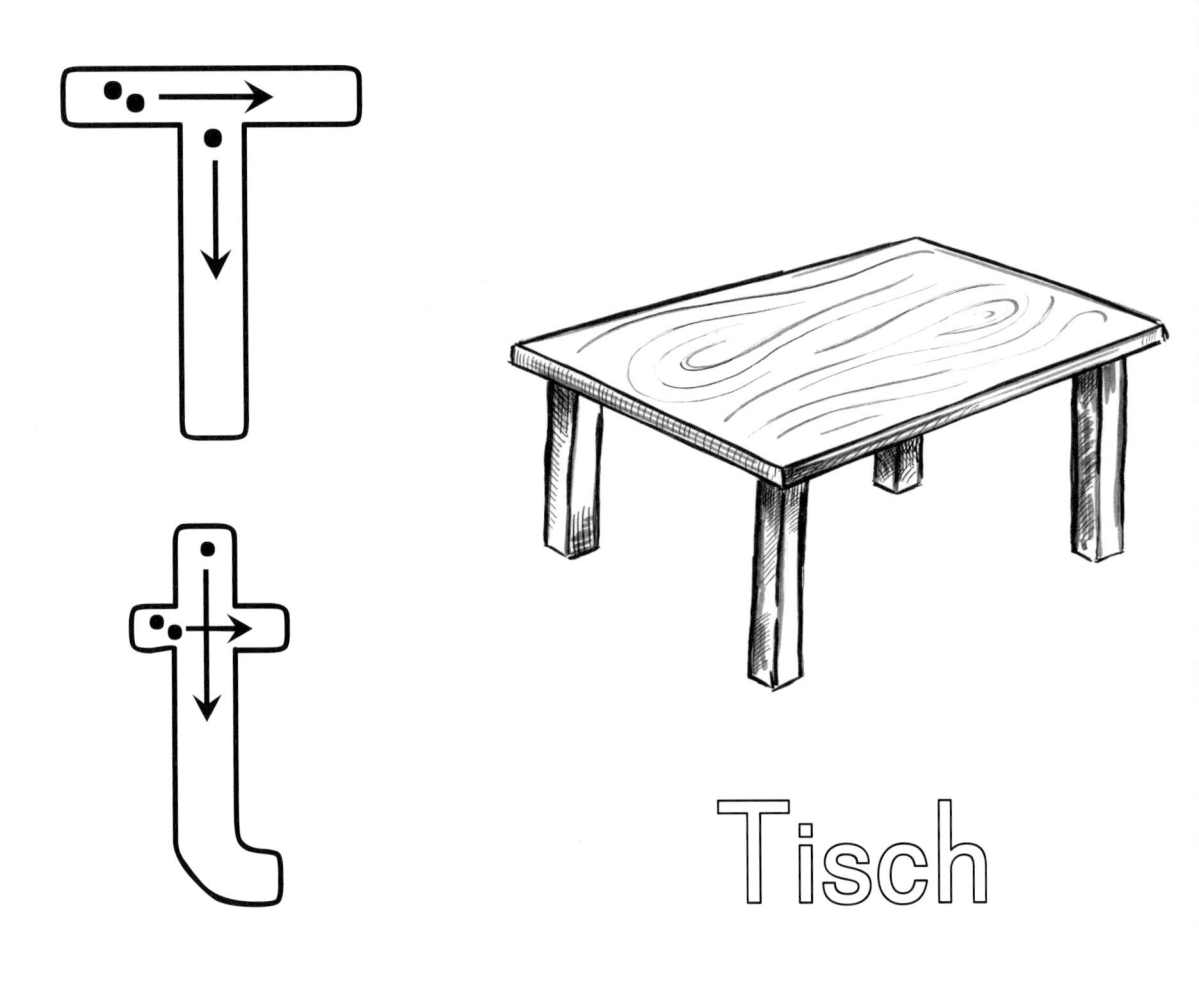

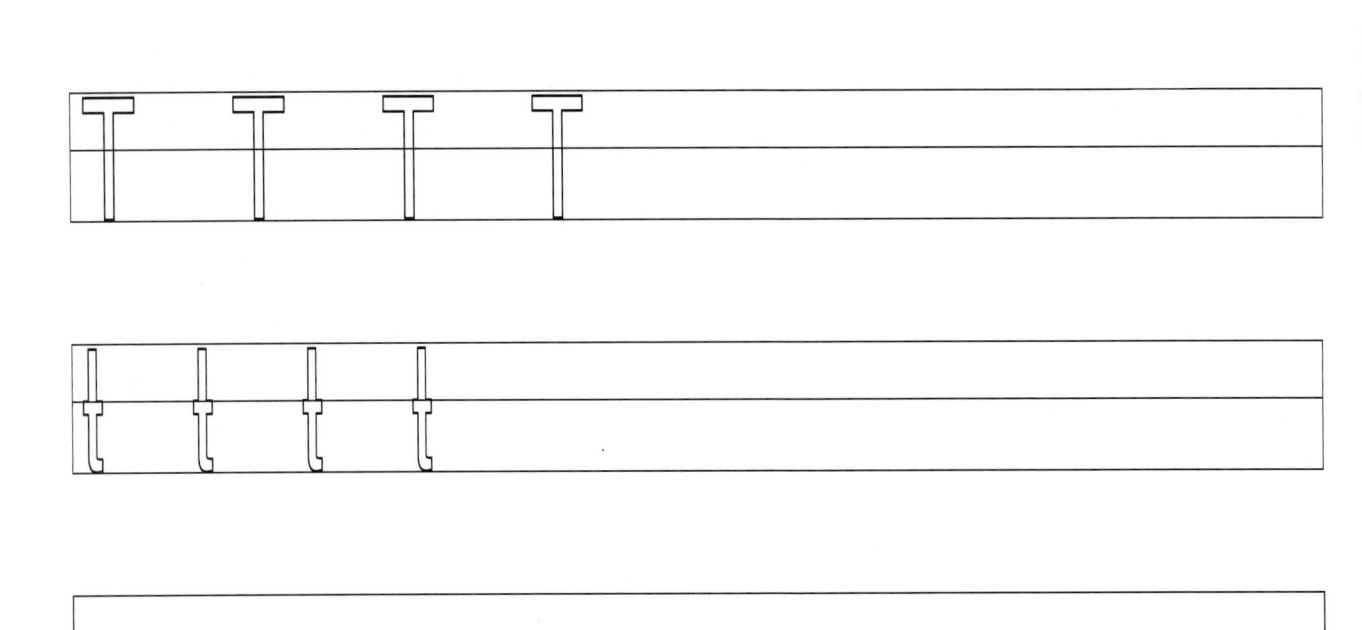

Name:

Tisch

4.3 Graphomotorische Übungen

Name:

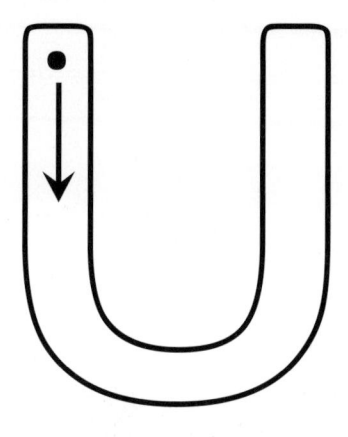

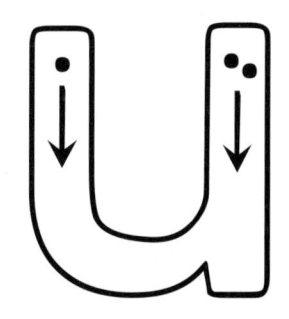

Uhr

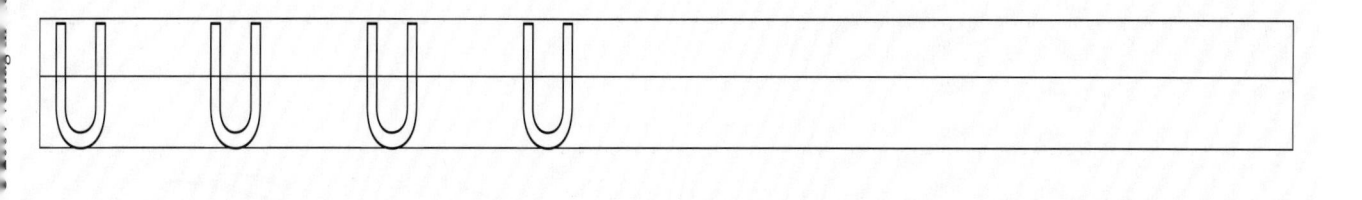

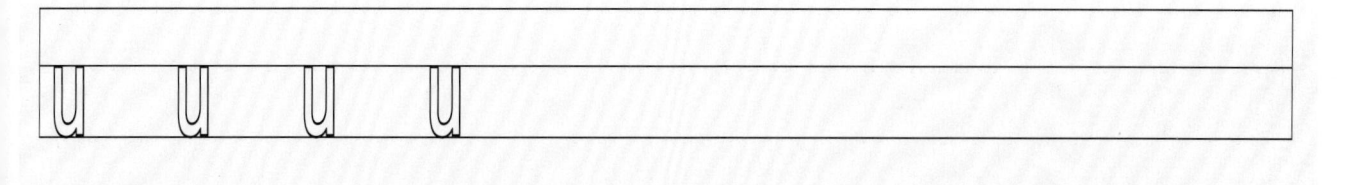

Name:

Vogel

4.3 Graphomotorische Übungen 169

Name:

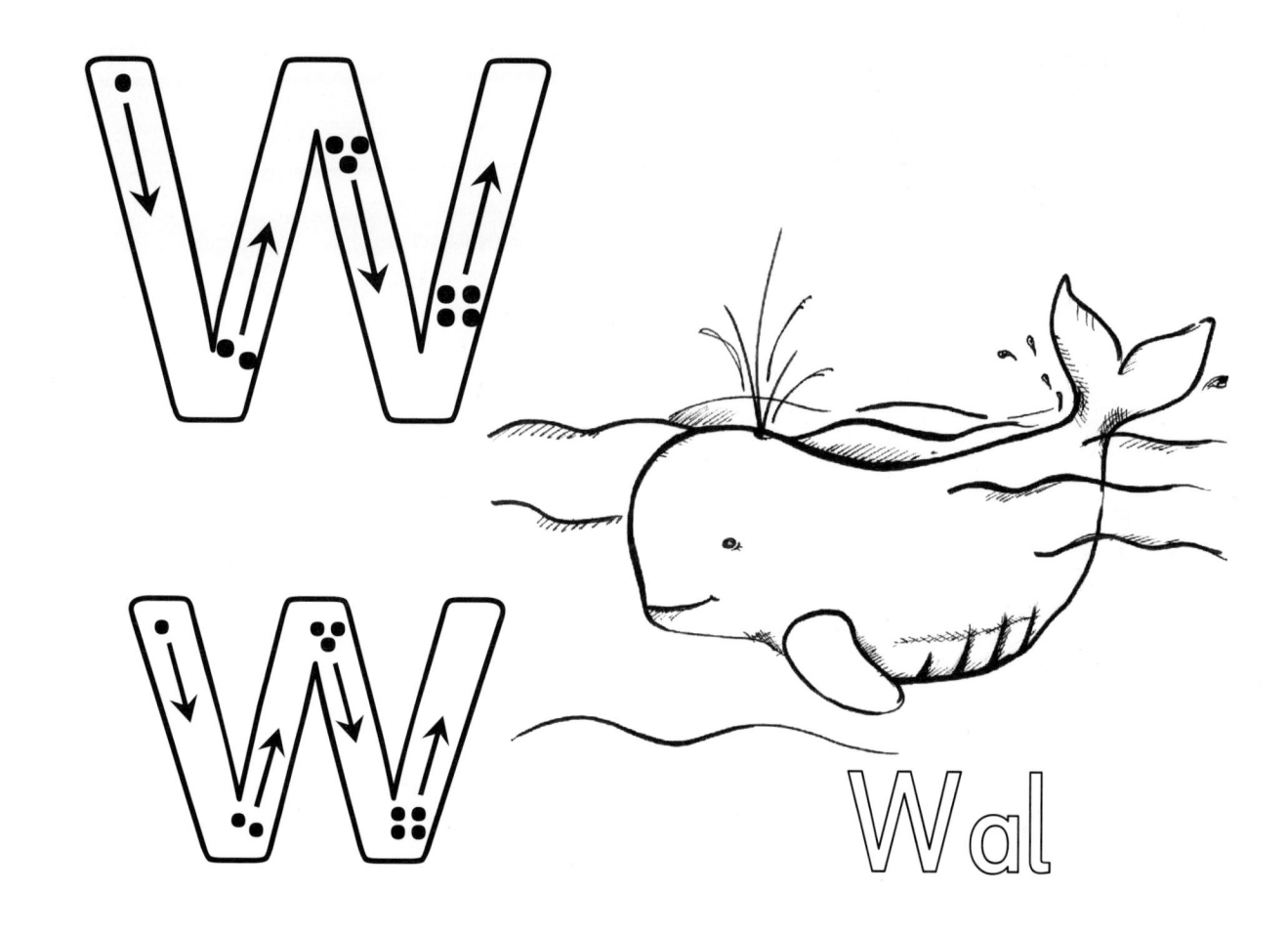

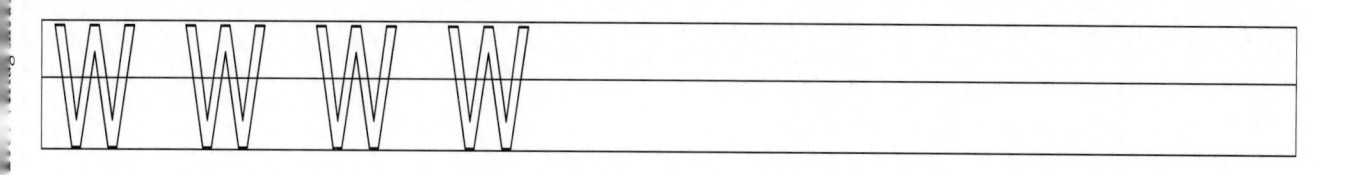

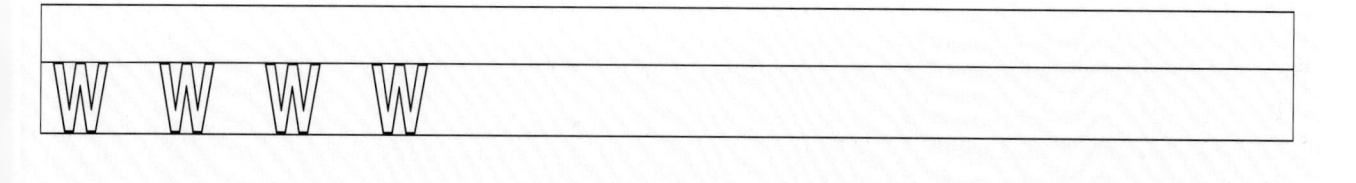

Wal

Name:

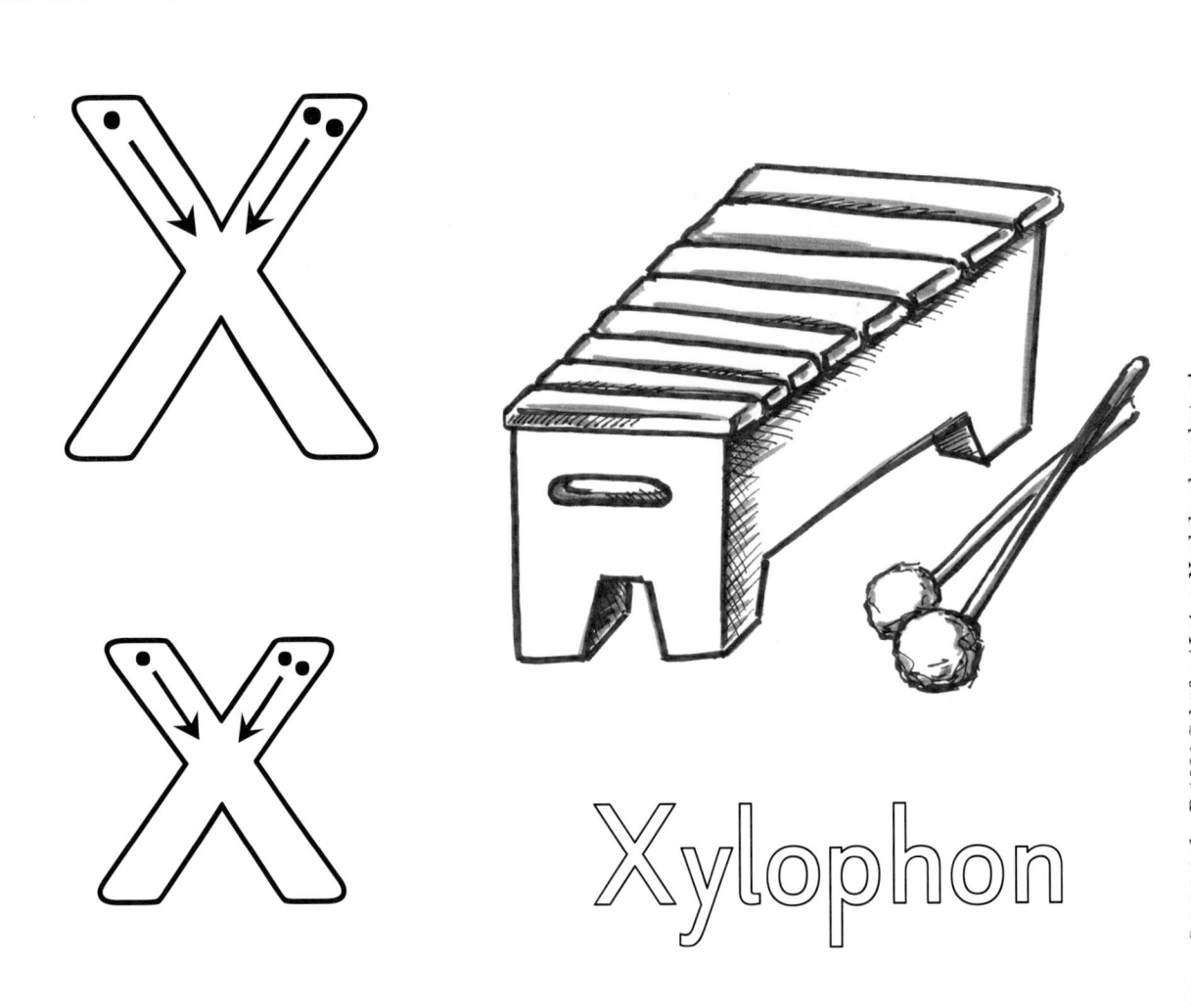

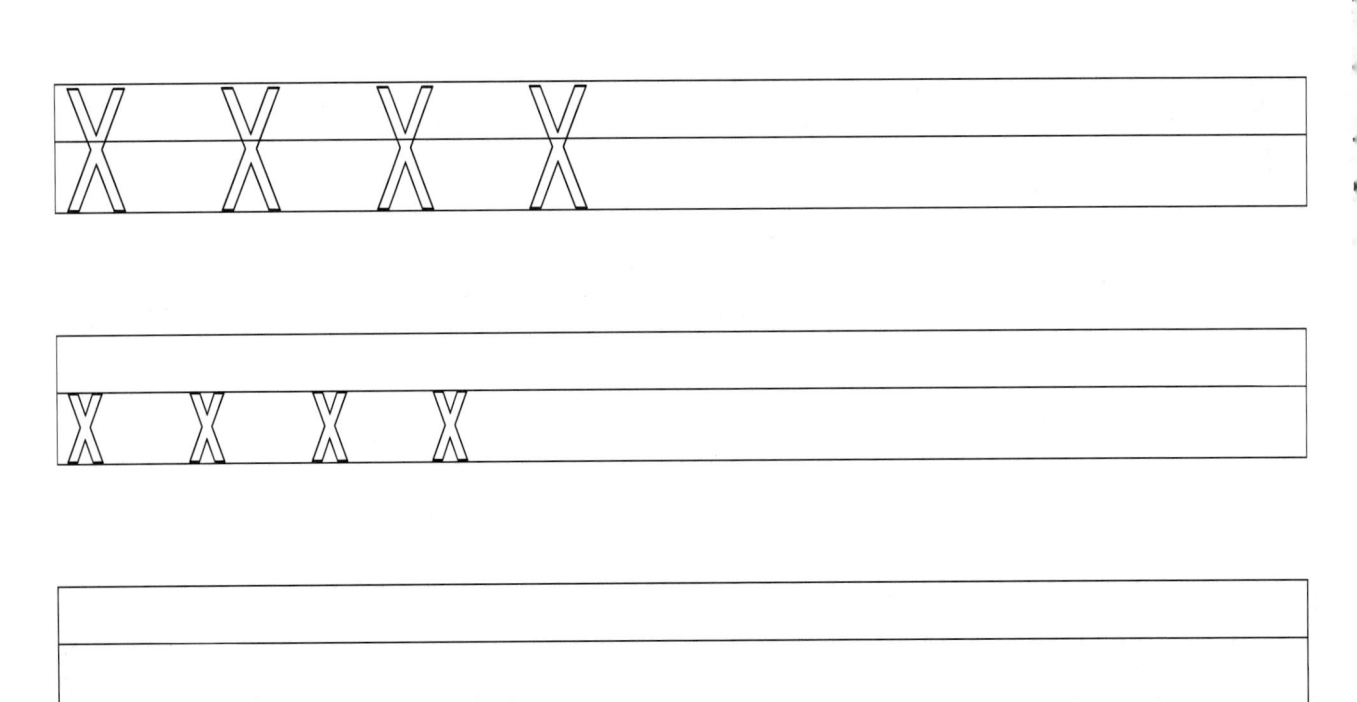

Xylophon

4.3 Graphomotorische Übungen 171

Name:

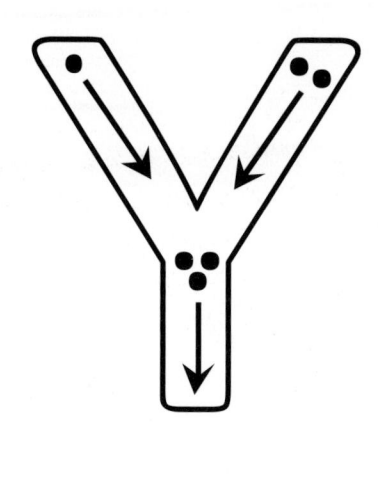

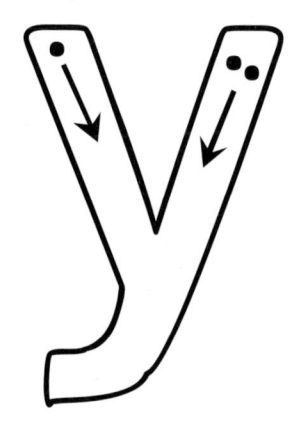

Ypsilon

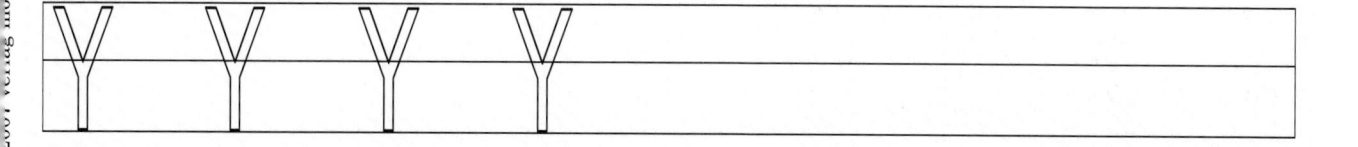

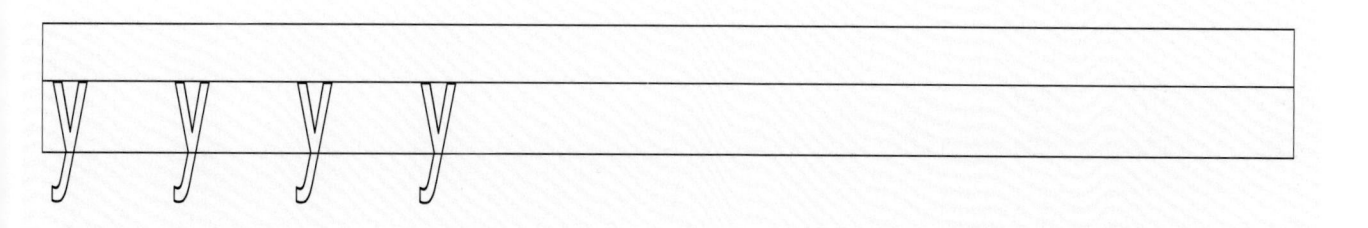

Name:

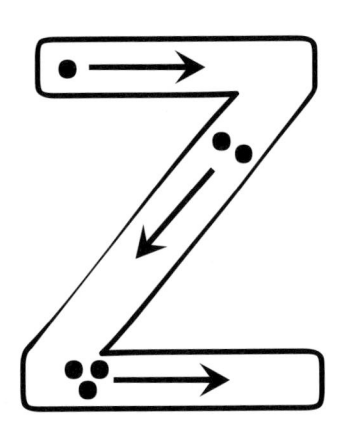

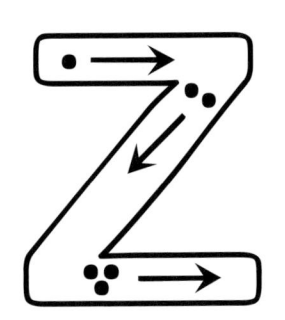

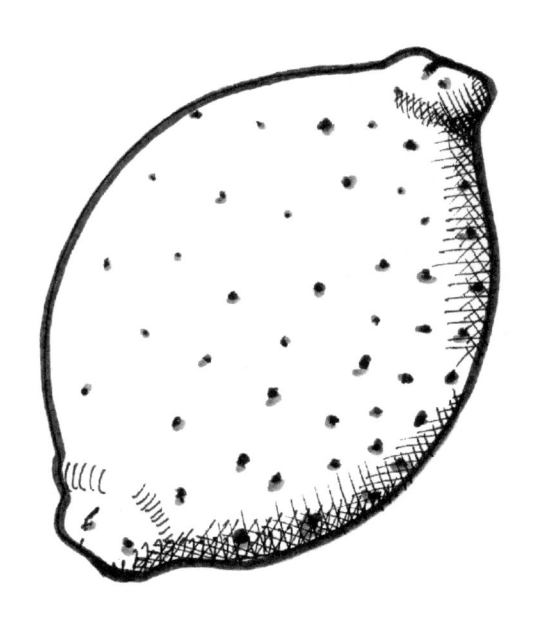

Zitrone

Z Z Z Z

z z z z

4.3 Graphomotorische Übungen

Name:

Au au

Auto

Au Au Au Au

au au au au

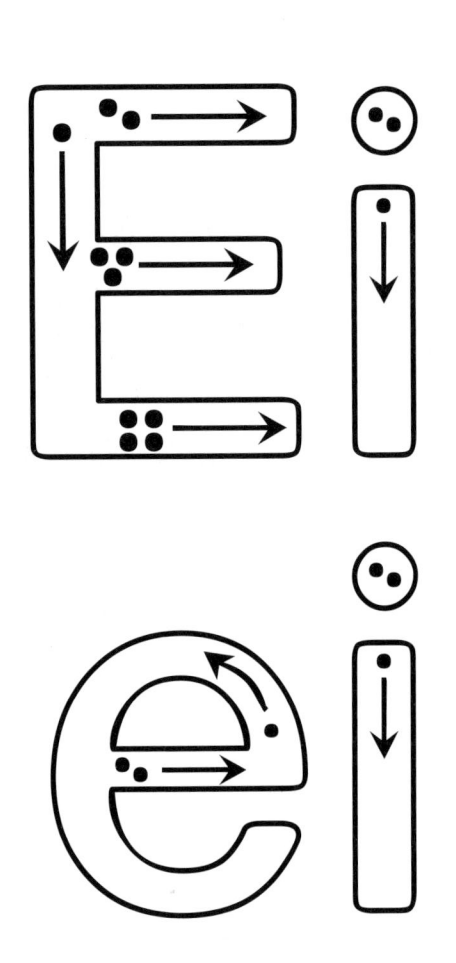

Name:

Ei

ei

Eis

Ei Ei Ei Ei

ei ei ei ei

4.3 Graphomotorische Übungen

Name:

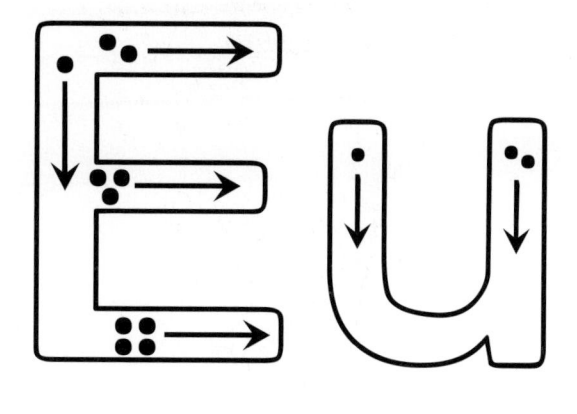

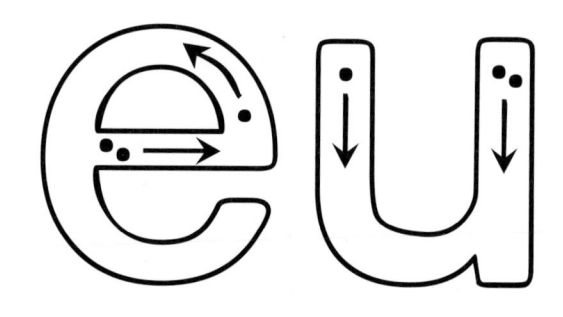

Eu

eu

Euro

Eu Eu Eu Eu

eu eu eu eu

Name:

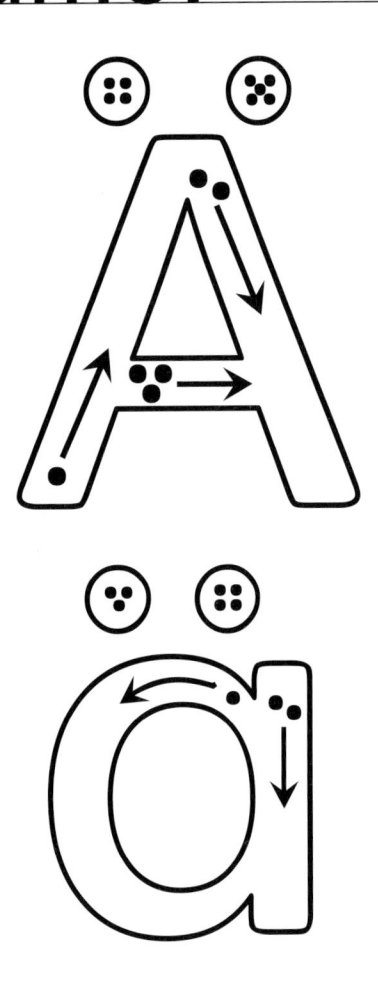

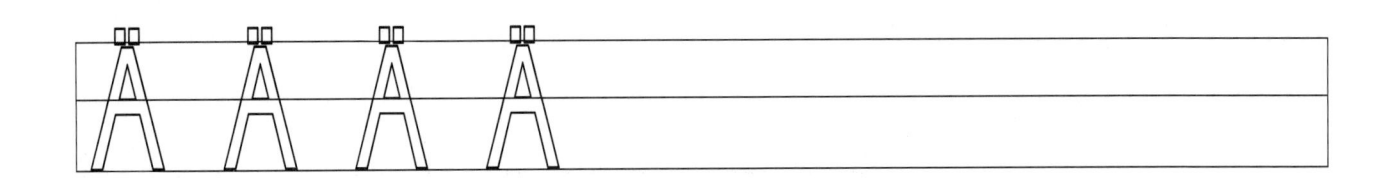

Ä

ä

Äpfel

4.3 Graphomotorische Übungen 177

Name:

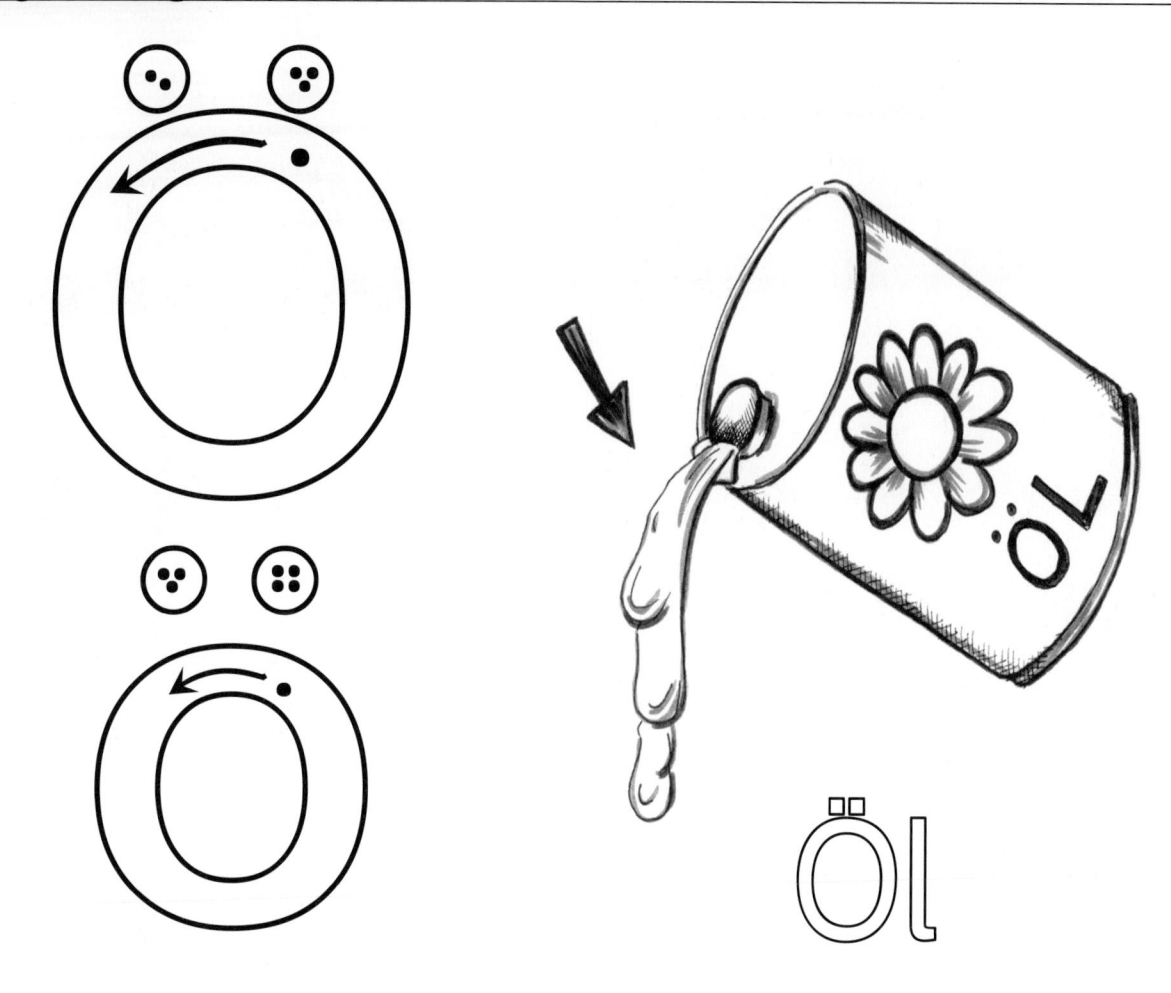

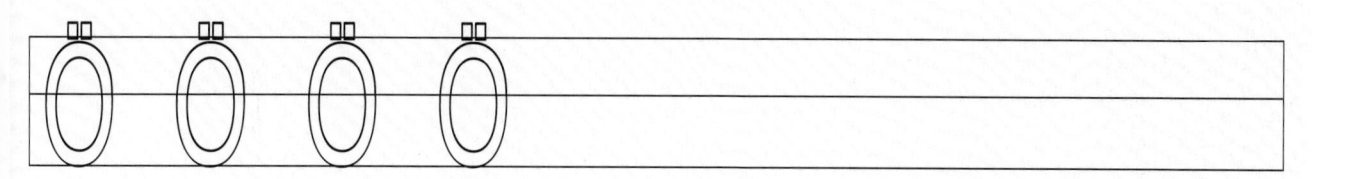

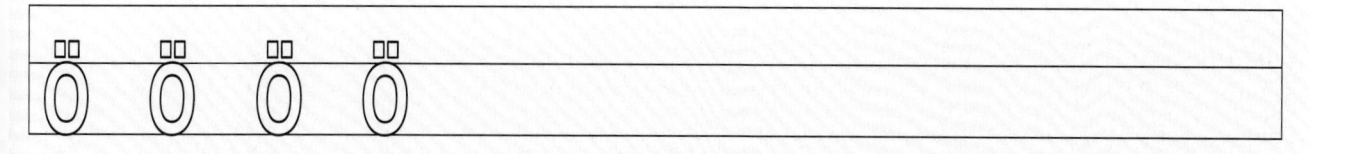

Öl

Name:

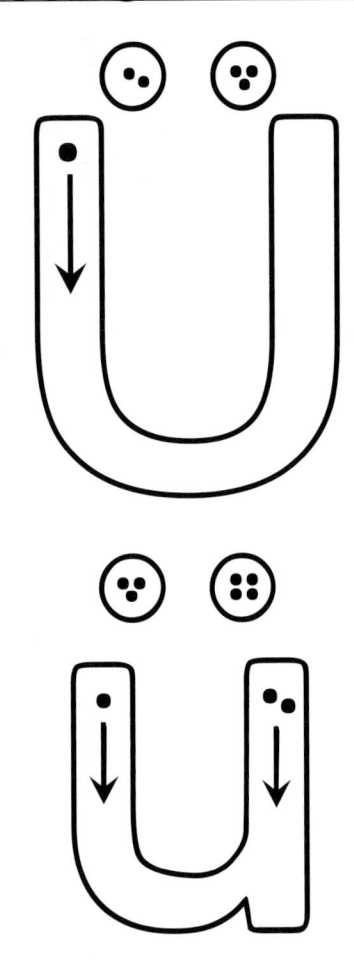

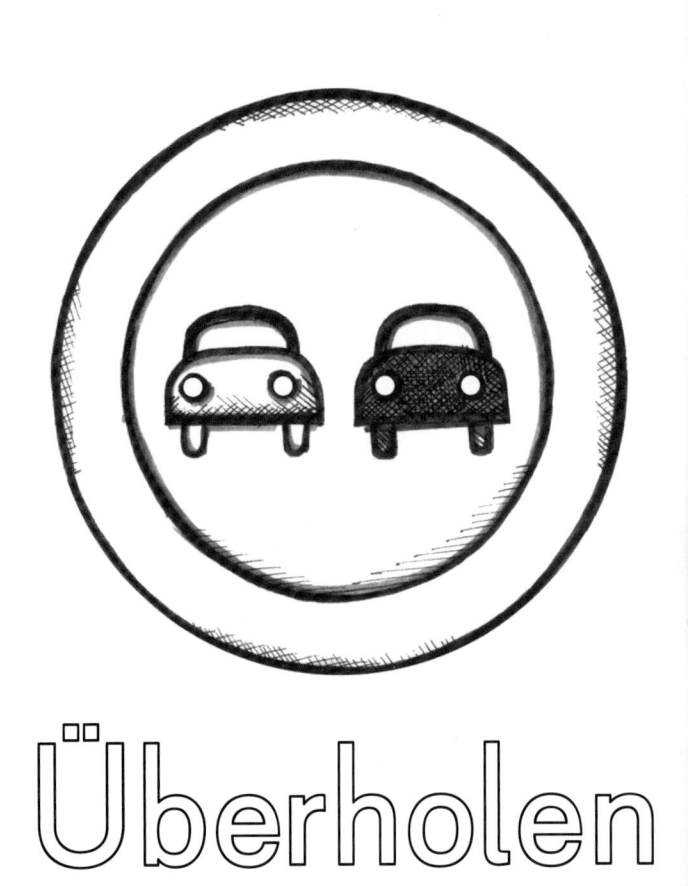

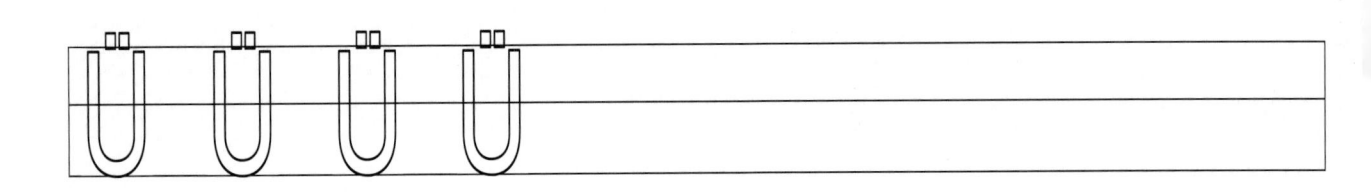

Ü ü

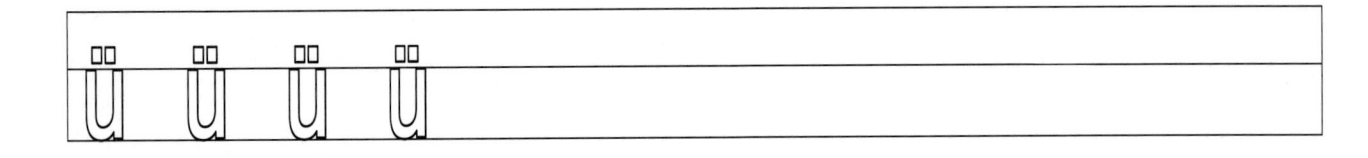

Überholen

4.3 Graphomotorische Übungen

Name:

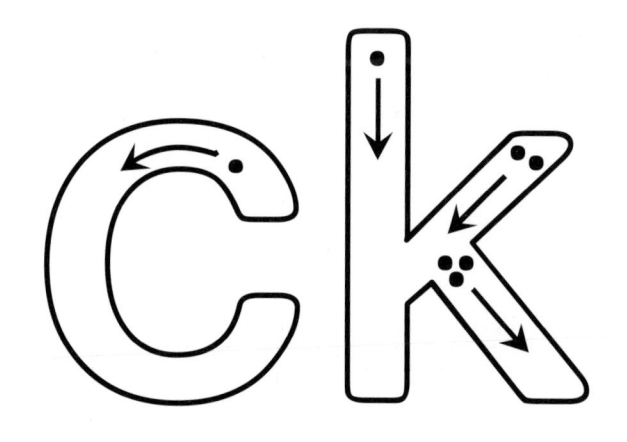

ck   Sack

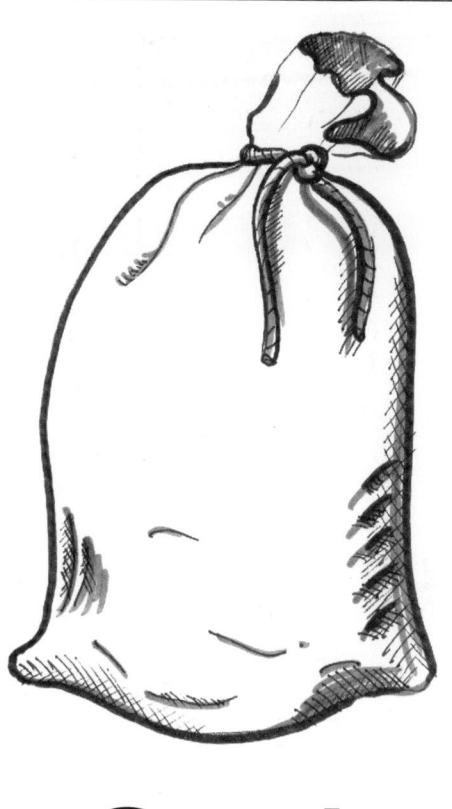

ck ck ck ck

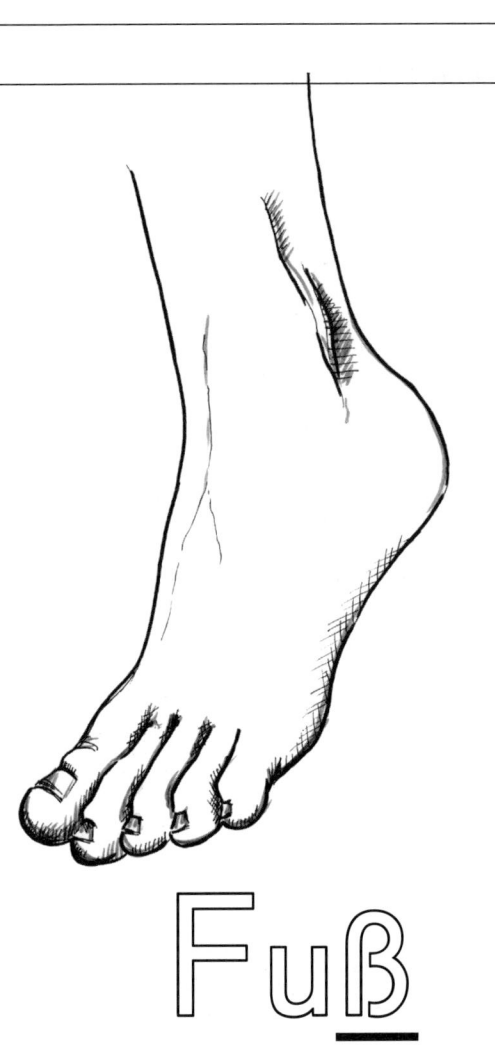

Name:

Fuß

ß ß ß ß

4.3 Graphomotorische Übungen

Name:

St
st

Stern

Name:

ie Wiese

ie ie ie ie

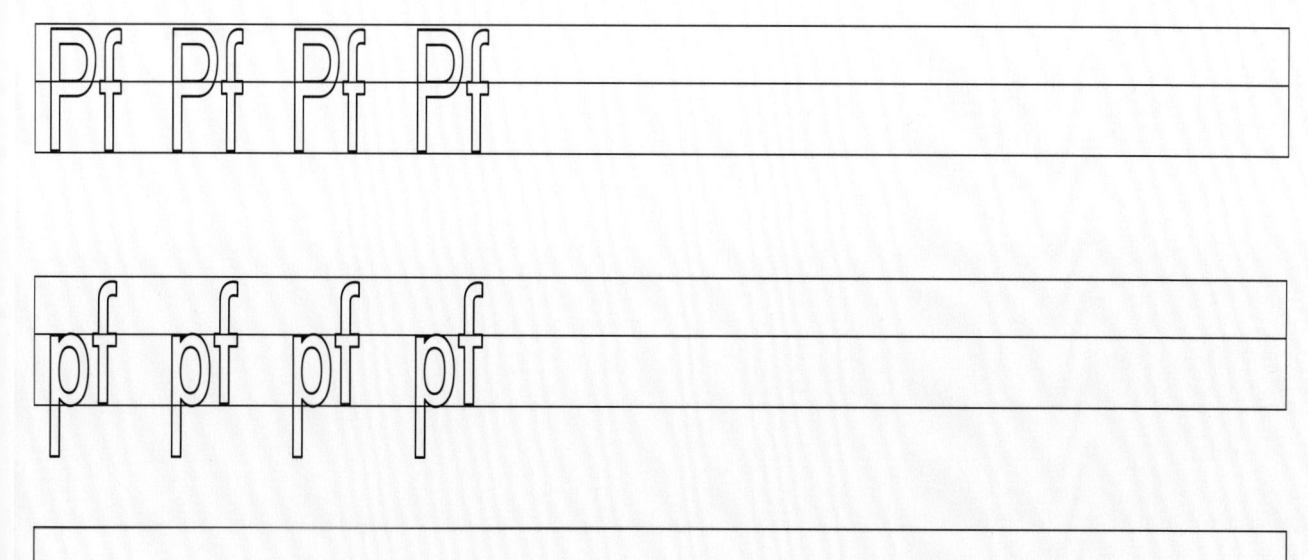

Name:

Pf
pf

Pfeife

Pf Pf Pf Pf

pf pf pf pf

Name:

Sp
sp

Spiegel

Sp Sp Sp Sp

sp sp sp sp

4.3 Graphomotorische Übungen

Name:

Sch

Sch

Schal

Sch Sch Sch Sch

sch sch sch sch

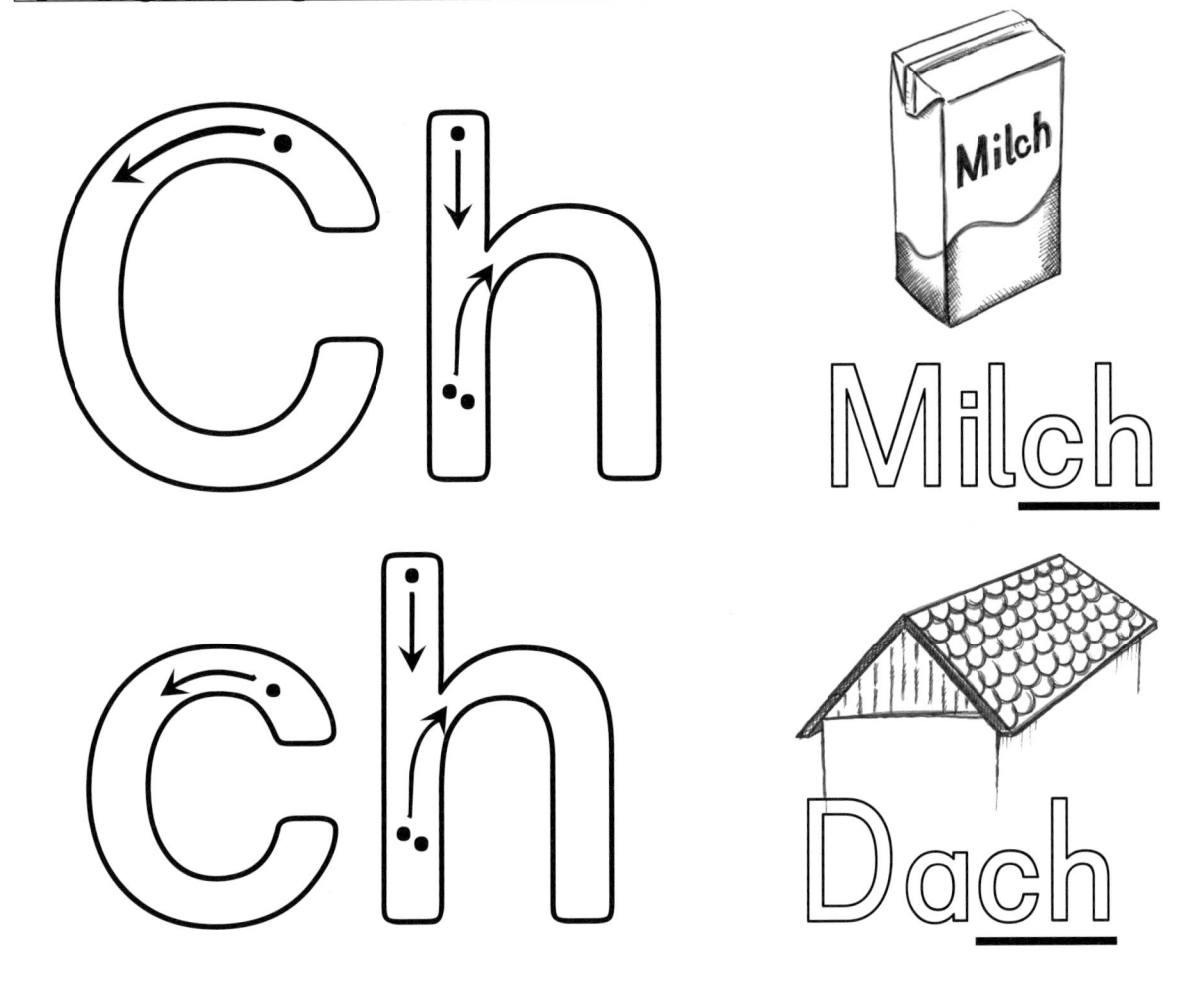

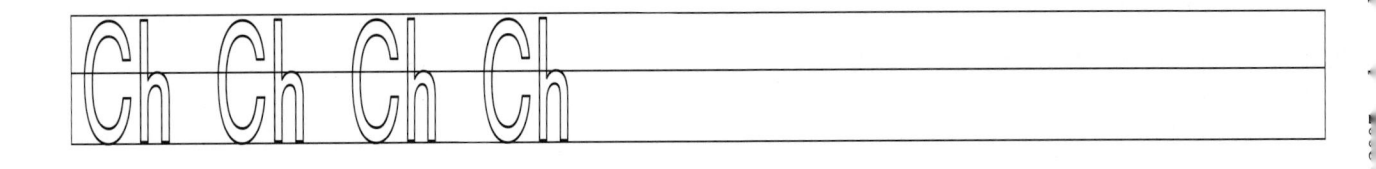

Name:

Ch ch

Milch

Dach

Ch Ch Ch Ch

ch ch ch ch

4.4 Kopiervorlagen Anlautdomino

Die Idee des Dominos ist im Allgemeinen bekannt, diesbezügliche Einsatzmöglichkeiten – insbesondere in den Bereichen der Freiarbeit – zeigen sich gerade in solchen Unterrichtssituationen, in denen ein angemessener Wechsel zwischen konzentriertem Lernen und Arbeiten einerseits und spielerischen Elementen andererseits zu berücksichtigen ist.

Domino als Alternativangebot

In der Herstellung der Dominokarten empfehlen wir folgende Vorgehensweise:

1. Im Kopieren ein Format wählen, das den Bedürfnissen der Schüler entspricht:
   - Für jüngere Schüler nehmen wir weniger Karten und kopieren diese auf DIN A3.
   - Für ältere Schüler benutzen wir mehrere Karten und kopieren auf DIN A4 damit wir nicht so viel Platz im Spiel brauchen.

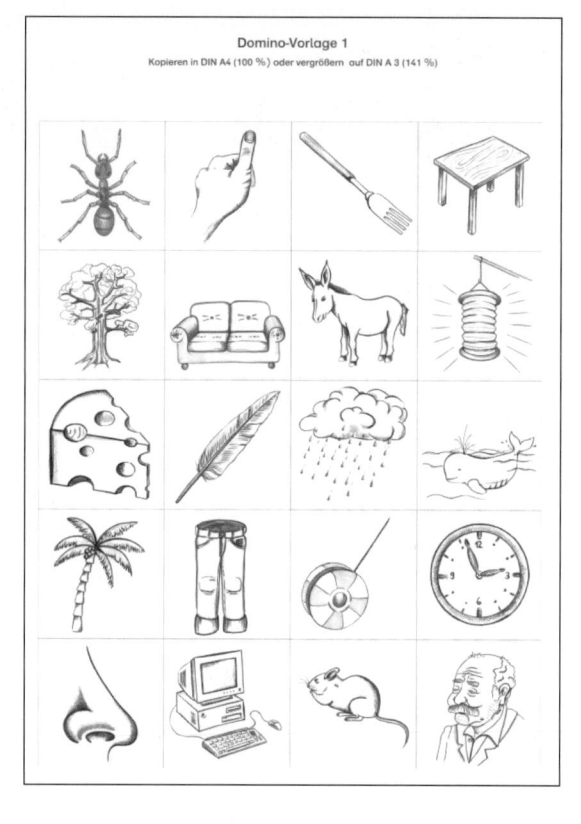

Analoger Aufbau innerhalb der Kopiervorlagen

Abbildung 52: *Kopiervorlagen der Dominokarten aus 4.4.*

2. Nach dem Kopieren kleben wir das gesamte Blatt auf ein leeres, dickeres Blatt Papier mit einer Stärke von etwa 120 g/m². Dadurch bekommen die entstehenden Dominokarten eine gewisse Stabilität und biegen sich im späteren Spiel nicht so schnell durch.

Verstärkung durch dickeres Papier

3. Im nächsten Schritt schneiden wir die Karten schon in die entsprechende Form, und zwar vertikal von oben nach unten genau zwischen dem 2. und 3. Bild der Reihe. Das Auseinanderschneiden vor dem Laminieren hat den Vorteil, dass später die einzelnen Dominokarten abgeschlossen in einer Laminierhülle geschützt sind.

Laminieren als letzter Schritt

4. Nun besteht die Möglichkeit die einzelnen Anlautbilder – analog zu den Ankerbildern der Anlautkette – farbig zu gestalten. Wir haben uns jedoch dazu entschlossen die Bilder in den Graustufen zu belassen um hinsichtlich der Vielfalt an den angebotenen Arbeitsmaterialien kleine äußere Unterschiede als Orientierung geben zu können (in unserer Klasse bedeutet dies ☞ Domino in Graustufen und Memory in farbigen Bildern). Durch die Kopiervorlagen sind diese Möglichkeiten jedoch jedem frei gestellt und sollten auch auf das individuelle Materialangebot der einzelnen Klassen abgestimmt werden.

Strukturgebung innerhalb der Freiarbeitsmaterialien

Moosgummi
☞ als Möglichkeit der weiteren Stabilisierung auf der Rückseite und
☞ als Möglichkeit, durch farbige Momente Ordnungshilfen zu geben.

5. Schließlich können die Dominokarten einlaminiert werden. Auch hier sollte eine dickere Laminier-Folie genommen werden, die den Karten eine weitere Stabilisierung zu geben vermag. Dies erleichtert die Handhabung im Spiel und schließt Komplikationen im Rahmen der Feinmotorik in weiten Teilen aus.

Dominokarten im Einsatz

Abbildung 53: *Lukas und Anika suchen in ihren Domino-Karten passende Legemöglichkeiten (hier zu sehen ist eine Spielversion in DIN A4 Kopien).*

In unserer ursprünglichen Fassung bauten wir analog zum Memory auch Buchstabenkarten mit ein. Aufgabe der Schüler war es dann sowohl Bild-Bild-Zuordnungen als auch Bild-Graphem-Zuordnungen anzulegen. Obwohl wir die Buchstabenkarten im Bezug auf oben und unten grafisch aufbereitet hatten (vgl. 4.5), stellten wir doch fest, das im Domino-Spiel das Unterscheiden zu nicht sinnvollen Komplikationen führte (z.B. m und n gegenüber w und u). Infolgedessen haben wir uns entschlossen, den Graphemaspekt außen vor zu lassen (Berücksichtigung findet er im Memory-Spiel).

Nur Bild-Bild-Zuordnungen

Spielregeln

Abschließend möchten wir noch kurz auf die Legemöglichkeiten eingehen. Wie das in Abbildung 54 zu erkennen ist, können die Bilder sowohl neben – als auch über oder untereinander gelegt werden. Wichtig ist nur die Bildübereinstimmung. Wir haben gute Erfahrungen damit gemacht, zunächst einige Runden mit zu spielen und den Schülen Handlungsalternativen aufzuzeigen.

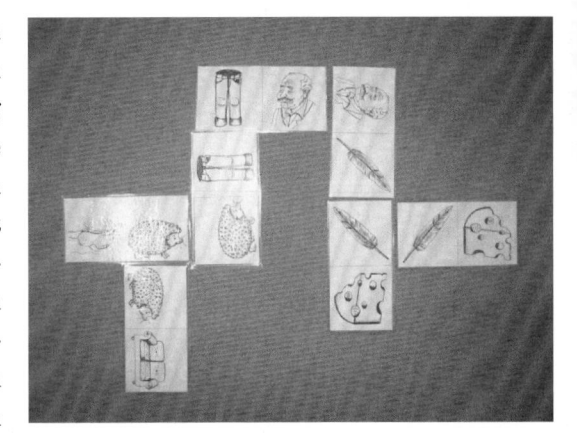

Abbildung 54: *Mögliche Kombinationen beim Domino-Spiel*

In Verbindung mit diesen Anregungen entwickelten einige Schüler auch eigene Wege, Karten anzulegen. Wer dann im Spiel zuerst alle Karten anlegen kann, hat gewonnen.

Domino-Vorlage 1

Kopieren in DIN A4 (100 %) oder vergrößern auf DIN A3 (141 %)

Domino-Vorlage 2

Kopieren in DIN A4 (100 %) oder vergrößern auf DIN A3 (141 %)

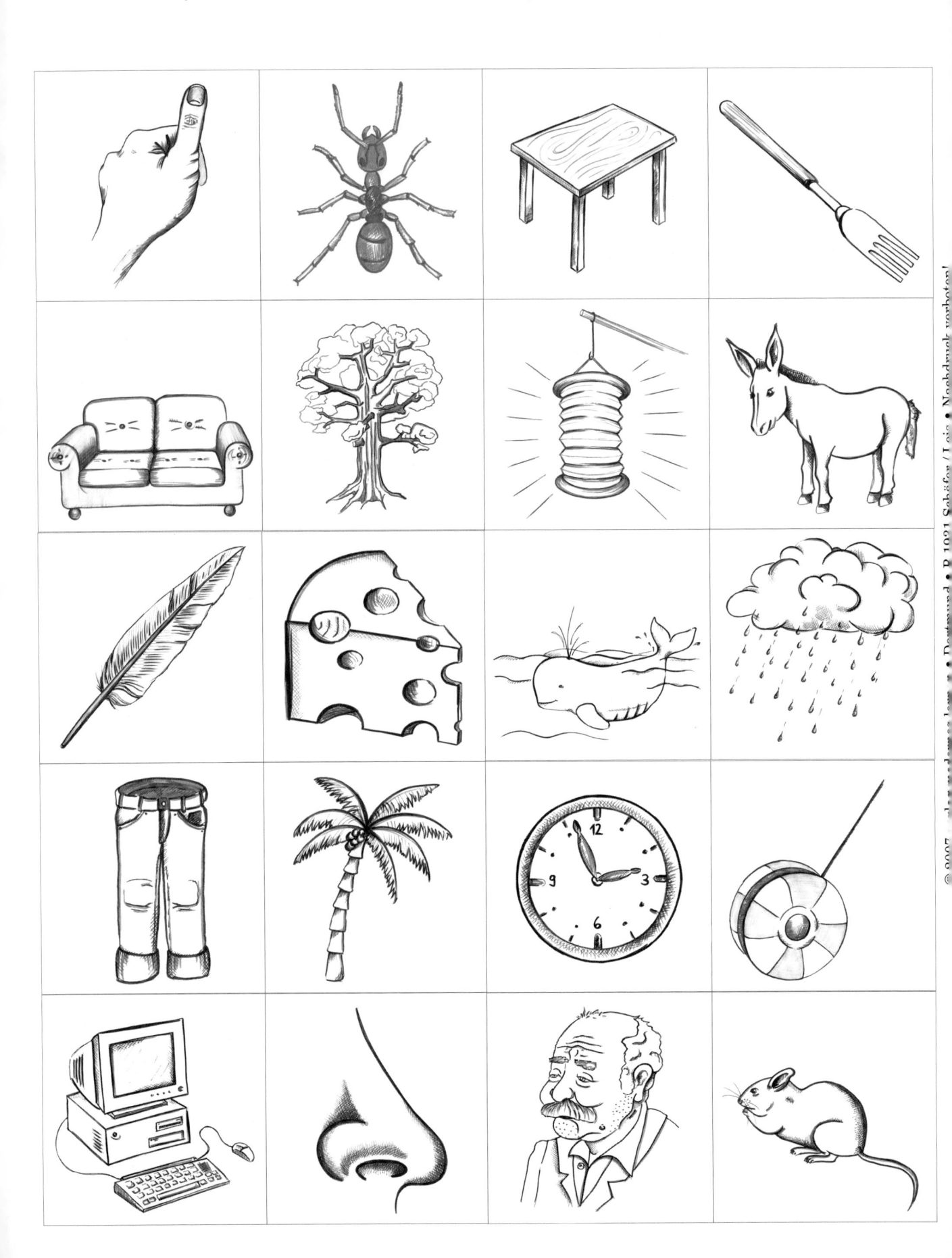

Domino-Vorlage 3

Kopieren in DIN A4 (100 %) oder vergrößern auf DIN A3 (141 %)

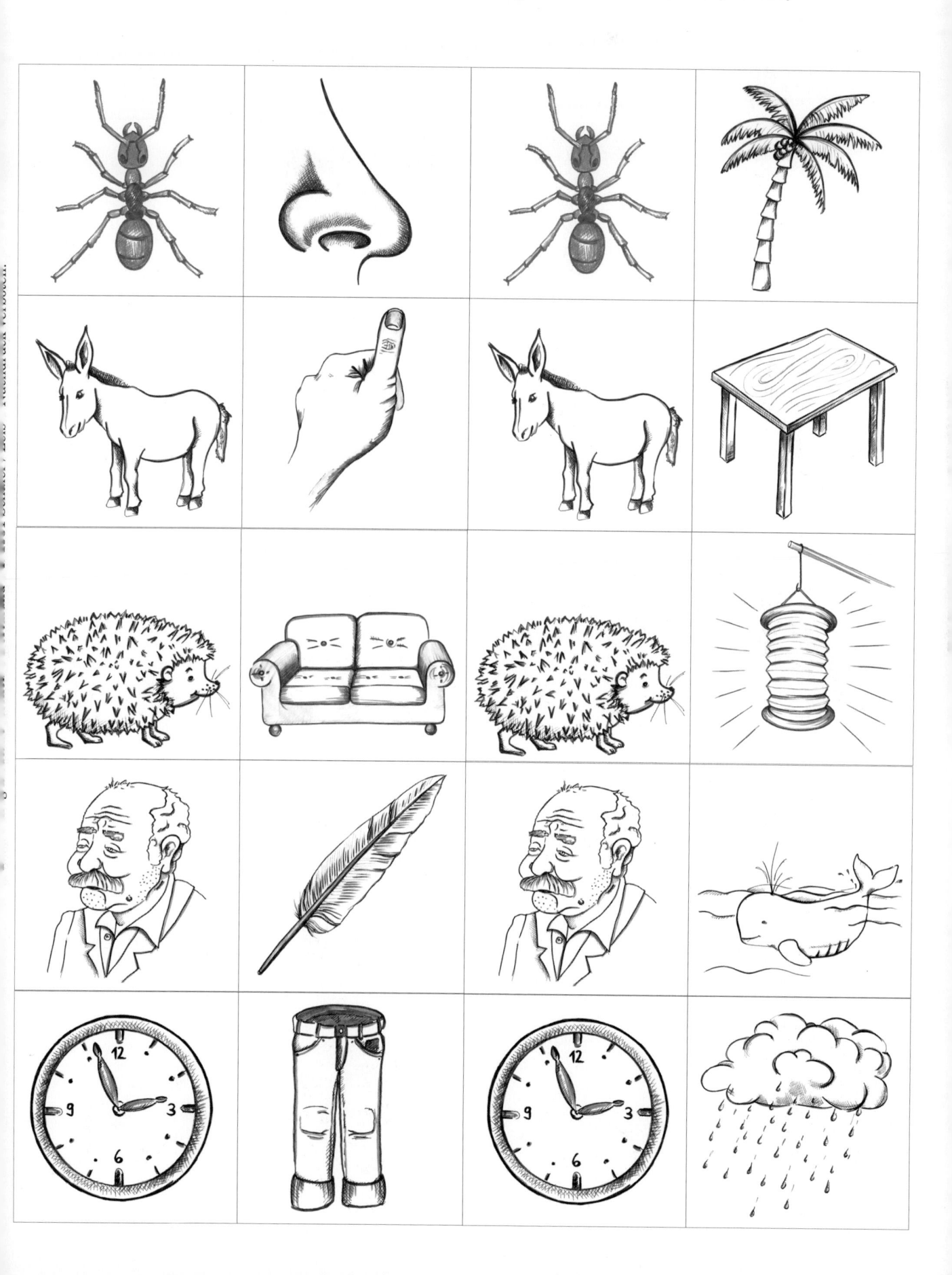

Domino-Vorlage 4

Kopieren in DIN A4 (100 %) oder vergrößern auf DIN A3 (141 %)

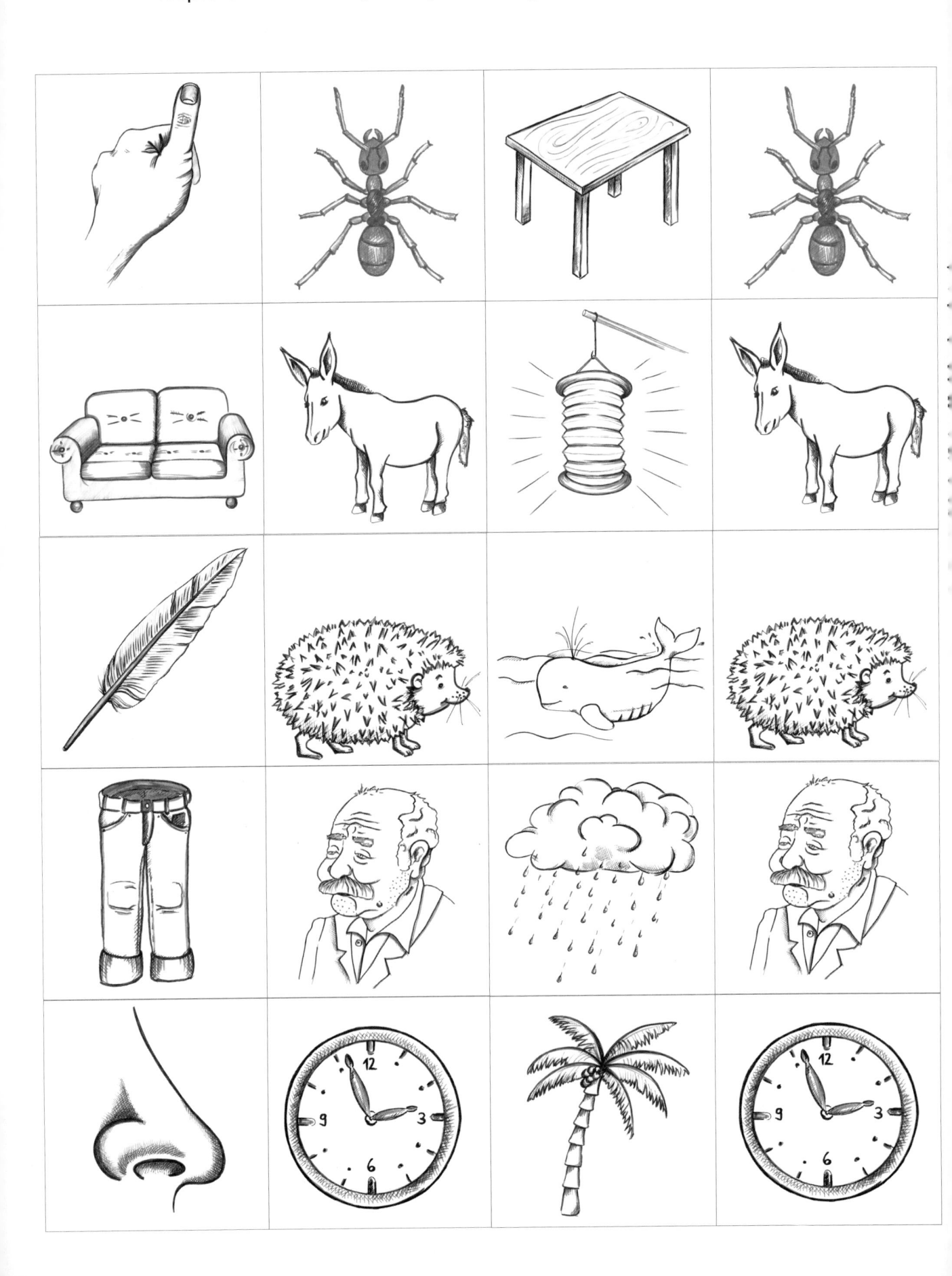

4.4 Kopiervorlagen Anlautdomino

Domino-Vorlage 5

Kopieren in DIN A4 (100 %) oder vergrößern auf DIN A3 (141 %)

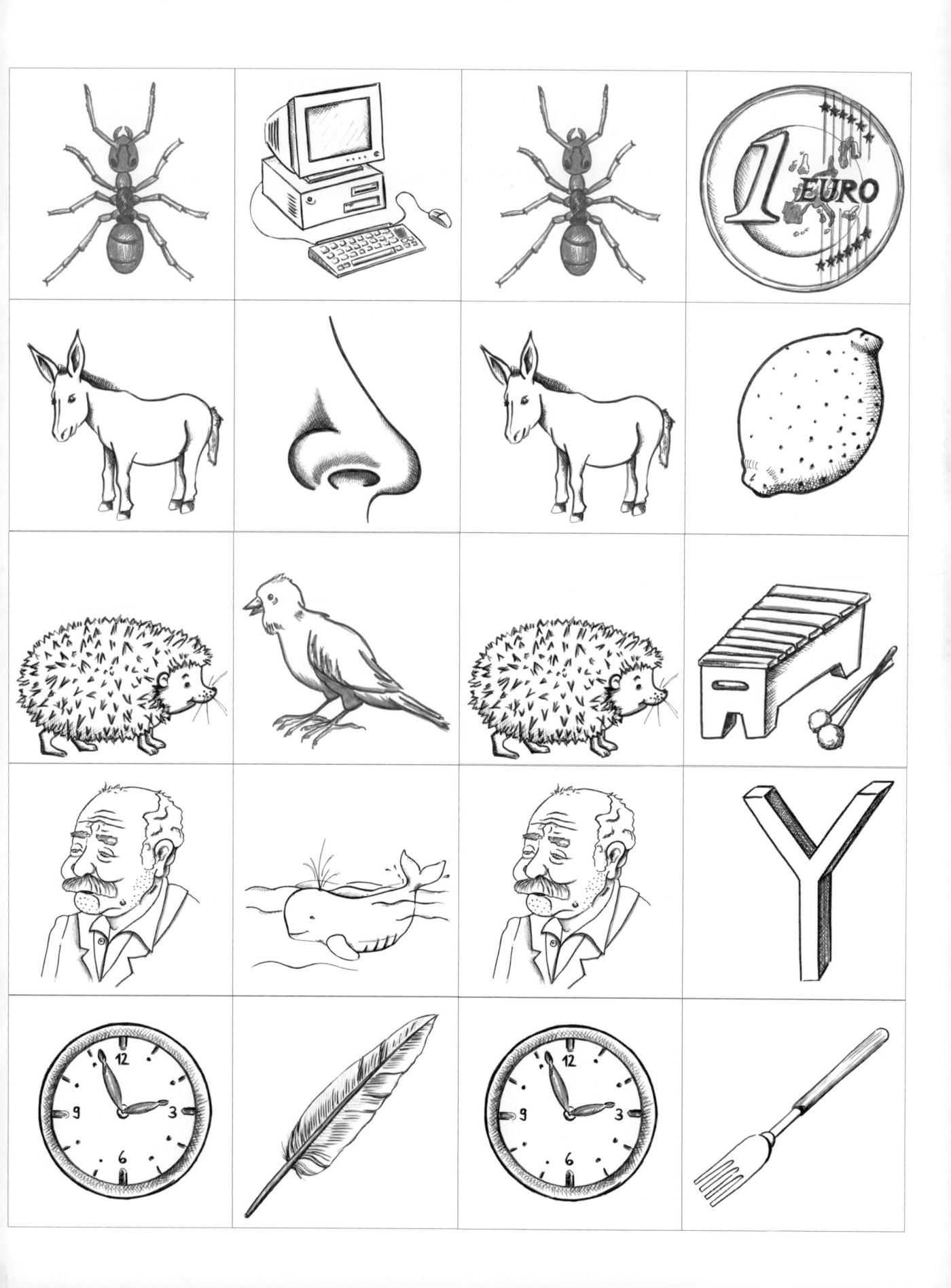

Domino-Vorlage 6

Kopieren in DIN A4 (100 %) oder vergrößern auf DIN A3 (141 %)

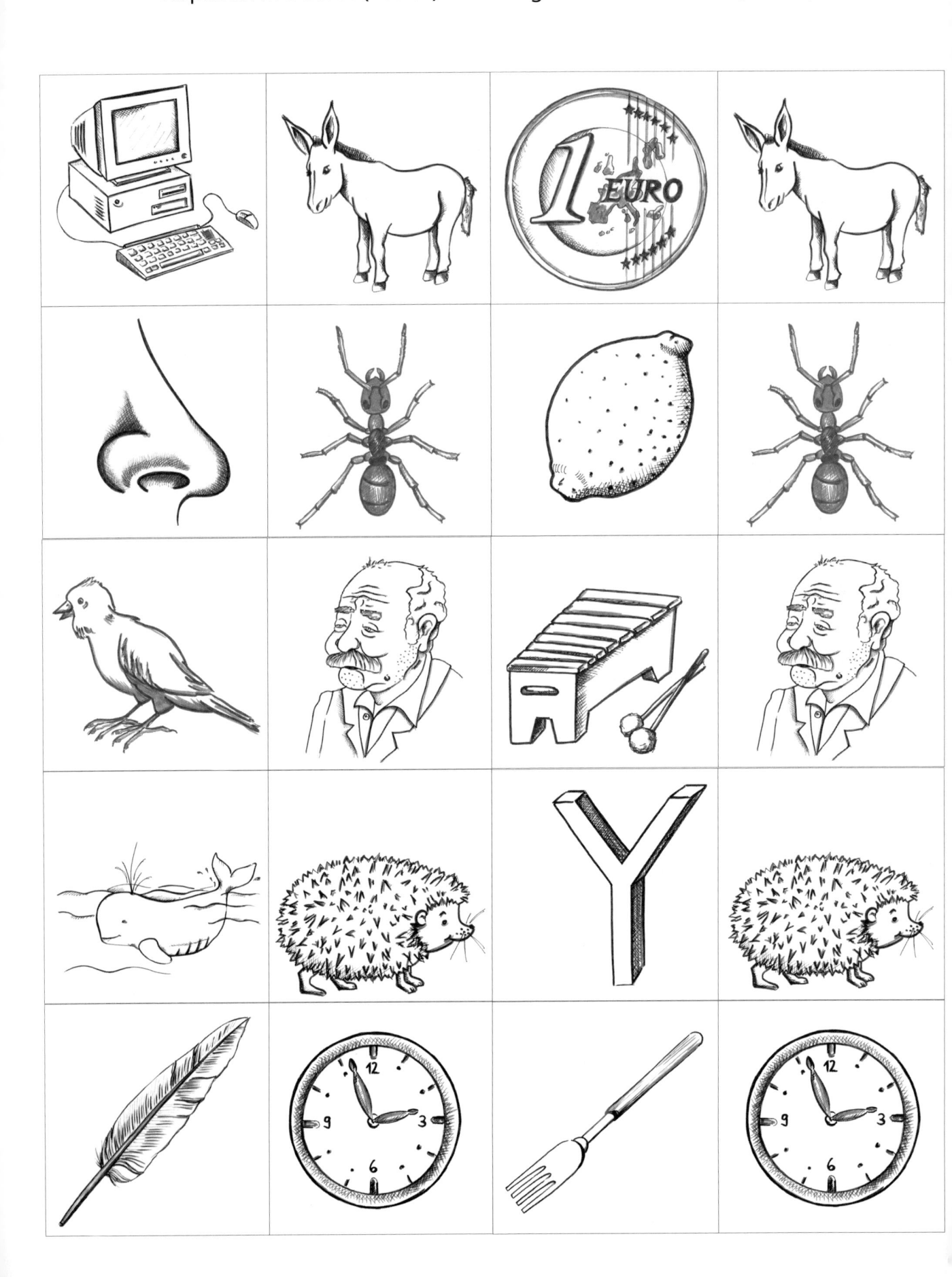

4.4 Kopiervorlagen Anlautdomino

Domino-Vorlage 7

Kopieren in DIN A4 (100 %) oder vergrößern auf DIN A3 (141 %)

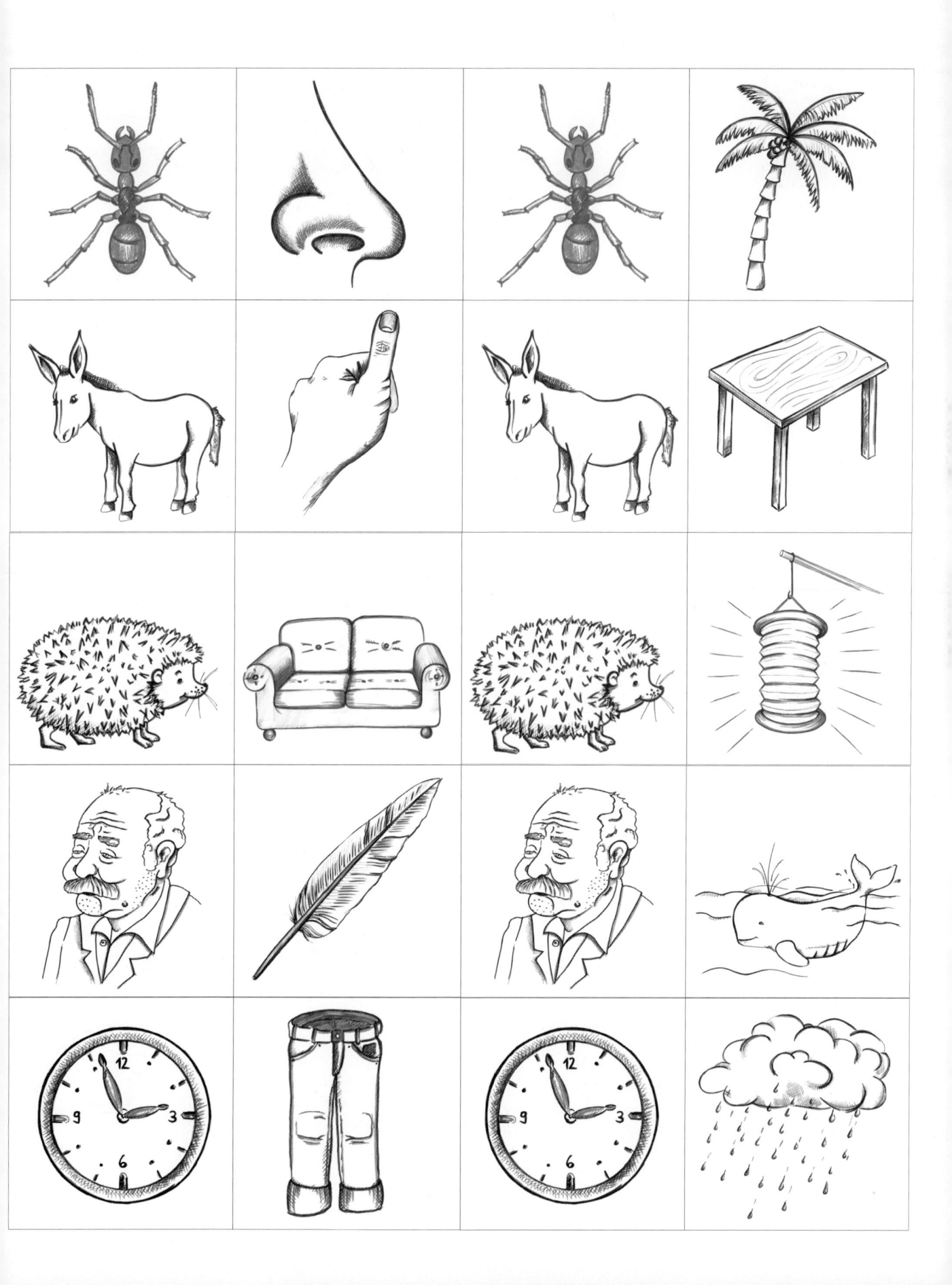

Domino-Vorlage 8

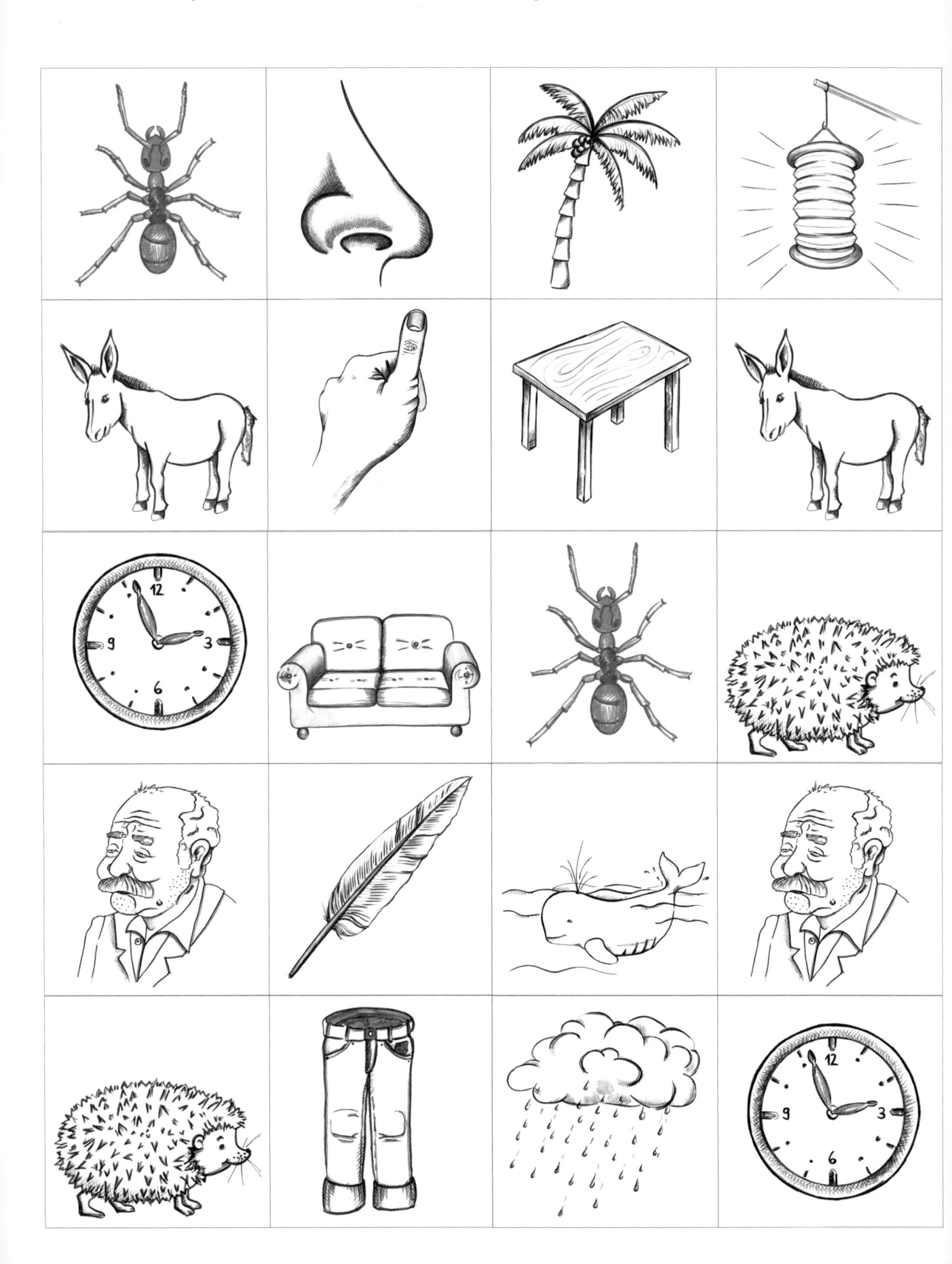

Kopieren in DIN A4 (100 %) oder vergrößern auf DIN A3 (141 %)

4.5 Kopiervorlagen Anlaut Memory

Memory gehört zu einem der beliebtesten Kinderspiele. Was liegt also näher, als die methodischen Gesichtspunkte aufzugreifen und sie in das Materialangebot des ANLAUTBAUMS zu integrieren? Im Hinblick auf die Einsatzmöglichkeiten haben wir das gesamte Memory-Material in drei Systeme unterteilt.

Aufgreifen bekannter Spiele

1. Da gibt es zum einen das Bild-Bild-Material, das den Geflogenheiten des herkömmlichen Memory entspricht. Aufgabe ist es je zwei gleiche Bilder (1 Paar) zu finden.

Abbildung 55: *Memory-Paar zum /i/.*

Memory Bild-Bild Material

Diese konventionelle Fassung spielen wir insbesondere mit unseren jüngeren Schülern, die diese spielerische Form nach einer intensiveren Übungsphase gerne annehmen. Zur weiteren Reduktion der Schwierigkeiten spielen wir mitunter mit offenen Karten: Das bedeutet, dass die Karten offen auf dem Tisch oder auf dem Boden liegen. Die Aufgabe besteht nun im Finden von zwei gleichen Bildern. Weitere Aufgabe ist es dann, den Begriff zum Bild zu nennen (hier ☞ Igel) und das entsprechende Phonem anzugeben – gegebenenfalls mit Lautgebärde als didaktische Erweiterung (hier ☞ /i/ ☞ vgl. SCHÄFER/LEIS).

Spielmöglichkeiten

Anlaut-Memory und das Arbeiten mit den Fühlbuchstaben

Abbildung 56: *Lukas sucht in der Bild-Bild-Fassung die entsprechenden Fühlbuchstaben und vergleicht gerade das kleine „p" und das kleine „q" am Anlautbaum.*

Angemessene Reduktion der Spielkarten

In welchem Umfang die Memorykarten zum Einsatz kommen sollte am individuellen Leistungsstand der Schüler abgewogen werden. Im Rahmen der Freiarbeit finden sich auch Gruppen zusammen, deren Arbeitscharakter auf einem Helfen beruht (vgl. Abb. 57) oder die sich neue Aufgaben suchen (vgl. Abb. 56). In jedem Falle sollte die Menge der Karten im Sinne einer didaktischen Reduktion Berücksichtigung finden.

Abbildung 57: *Michelle und Marie spielen mit wenigen Karten das Anlaut-Memory. Michelle nennt Marie dabei die Begriffe zu den Bildern.*

2. Im Sinne unserer Zielstellung binden wir natürlich auch die Buchstaben in das Spiel mit ein. Abbildung 58 zeigt hier das zu findende Memory-Paar (/g/ wie Gabel).

Memory Bild-Buchstabe Material

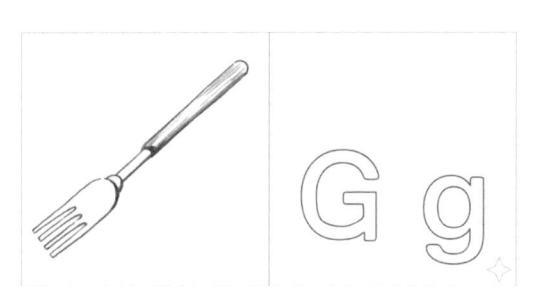

Abbildung 58: *Memory-Paar ☞ das /g/ wie Gabel*

Zeigten sich im Anlaut-Domino Schwierigkeiten hinsichtlich der Seitenumkehrung (Buchstaben stehen für den anderen Spieler auf dem Kopf), fällt dieses Problem hier nicht so stark ins Gewicht, wenn man die Schüler die Karten auch auf der Stelle drehen lässt. Hinzu kommt die Handlungskontrolle der Buchstabenmarkierung am rechten unteren Rand. Diese Platzierung wählten wir analog zu unseren konventionellen Fühlbuchstaben, die am rechten unteren Rand eine kleine Mulde als Orientierung haben (http://www.betzold.de ☞ Deutsch).

Homogene Gruppen

Das Spielen gestalten wir auf zweierlei Arten. Spielen homogene Gruppen, die die Buchstabenbilder an sich schon kennen, bzw. diese mit den Bildern der Anlautkette im Klassenzimmer vergleichen können, geben wir je eine Bild-Karte und je eine Buchstabenkarte in das Spiel.

Heterogene Gruppen

Ist von einer mehr heterogenen Gruppe auszugehen, in der etwa noch Schüler im ersten Schulbesuchsjahr mit Schülern aus dem 3 Schulbesuchsjahr miteinander spielen, geben wir ein Bild-Bild-Paar und eine Bild-Buchstaben-Kombination in das Spiel.

4.5 Kopiervorlagen Anlaut Memory

3. Schließlich greift die dritte Möglichkeit die Wortbilder der Anlautbegriffe auf, die wir auch in 4.6 (Boxenschreiben) berücksichtigen. Entsprechend den oberen Darstellungen bezüglich einer angemessenen didaktischen Reduktion kann diese Spielform insbesondere bei den älteren Schülern – *im Schwerpunkt Mittelstufe bis Oberstufe* – zum Einsatz kommen. Meist findet eine primäre Orientierung am Anlaut statt, wodurch das Wort als solches „erlesen" werden kann. Die Vermutung wird dann durch die Analyse der folgenden Laute bestätigt.

Spielvariation für die älteren Schüler

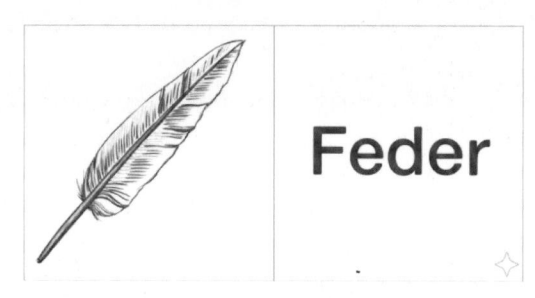

Abbildung 59: *Memory-Paar zum Anlautbild und dem Wortbild /f/ wie Feder.*

Durch diese drei Spielvariationen entsteht natürlich eine Menge an Materialien, die im Sinne einer kontinuierlichen klassenbezogenen Handlungsorientierung in eine gewisse Ordnung gebracht werden wollen. Wir empfehlen jedes System in einer eigenen Aufbewahrungsbox/Schachtel unterzubringen, um diese nach dem Spielen auch wieder dorthin zurücklegen zu können. So verbleiben in der Spielvariante 1 alle Bild-Paare in der Schachtel und müssen nicht in anderen Kisten gesucht werden.

Aufbewahrung

Das Herstellen des Materials schlagen wir – auf der Grundlage der folgenden Kopiervorlagen – analog zur Herstellung des Anlautdominos in 4.4 vor. Durch das Aufkleben auf dickeres Papier und das anschließende Einlaminieren wird das Spielmaterial robust und sollte dem alltäglichen Unterrichtseinsatz standhalten *(Gegebenenfalls auch hier die Rückseite mit Moosgummi verstärken, um Schwierigkeiten in der Feinmotorik ausschließen zu können)*. Auch wenn das Herstellen als eine zeitaufwändige Unterrichtsvorbereitung verstanden werden kann, zahlen sich die Mühen durch die Wertschätzung der Schüler wieder aus. Klassen, die noch am Anfang ihrer Materialherstellung zur Freiarbeit stehen, können auch durchaus an die Mithilfe der Eltern appellieren und zu einem gemütlichen Bastel- und Laminierabend einladen.

Herstellung und die Ästhetik des Materials

Entsprechend Punkt 4 in 4.4 gestalten wir das Anlaut-Memory in unserer Klasse farbig, in der eigenen Nutzung (sowohl was die farbigen Gestaltungsvorstellungen als auch die Spielvariationen betrifft) sind natürlich individuelle Veränderungen und Modifikationen möglich.

Memory-Vorlage 1 (Bild – Bild)

Bildkarten von A wie Ameise bis J wie Jojo
Kopieren in DIN A4 (100 %) oder vergrößern auf DIN A3 (141 %)

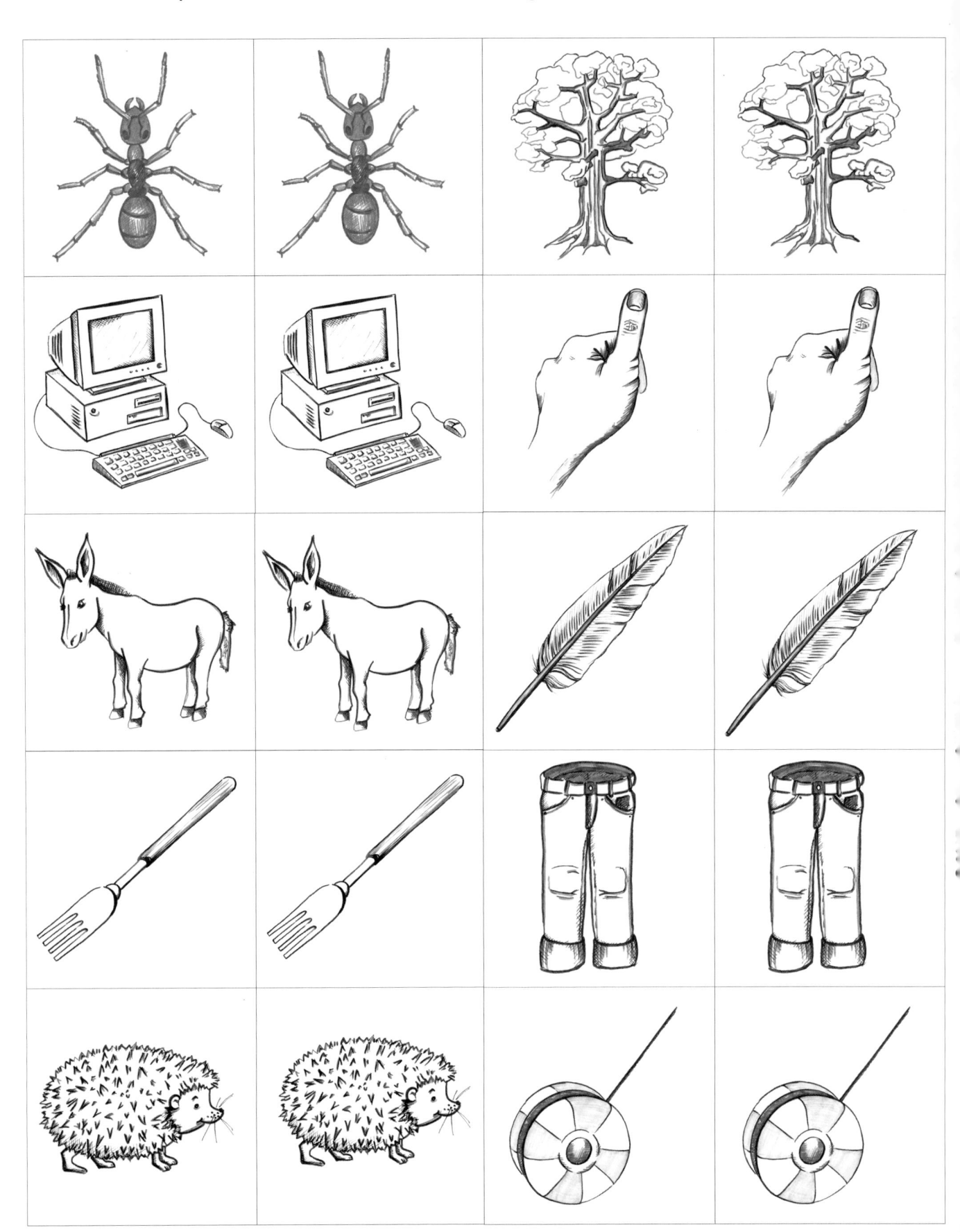

4.5 Kopiervorlagen Anlaut Memory

Memory-Vorlage 2 (Bild – Bild)

Bildkarten von K wie Käse bis T wie Tisch
Kopieren in DIN A4 (100 %) oder vergrößern auf DIN A3 (141 %)

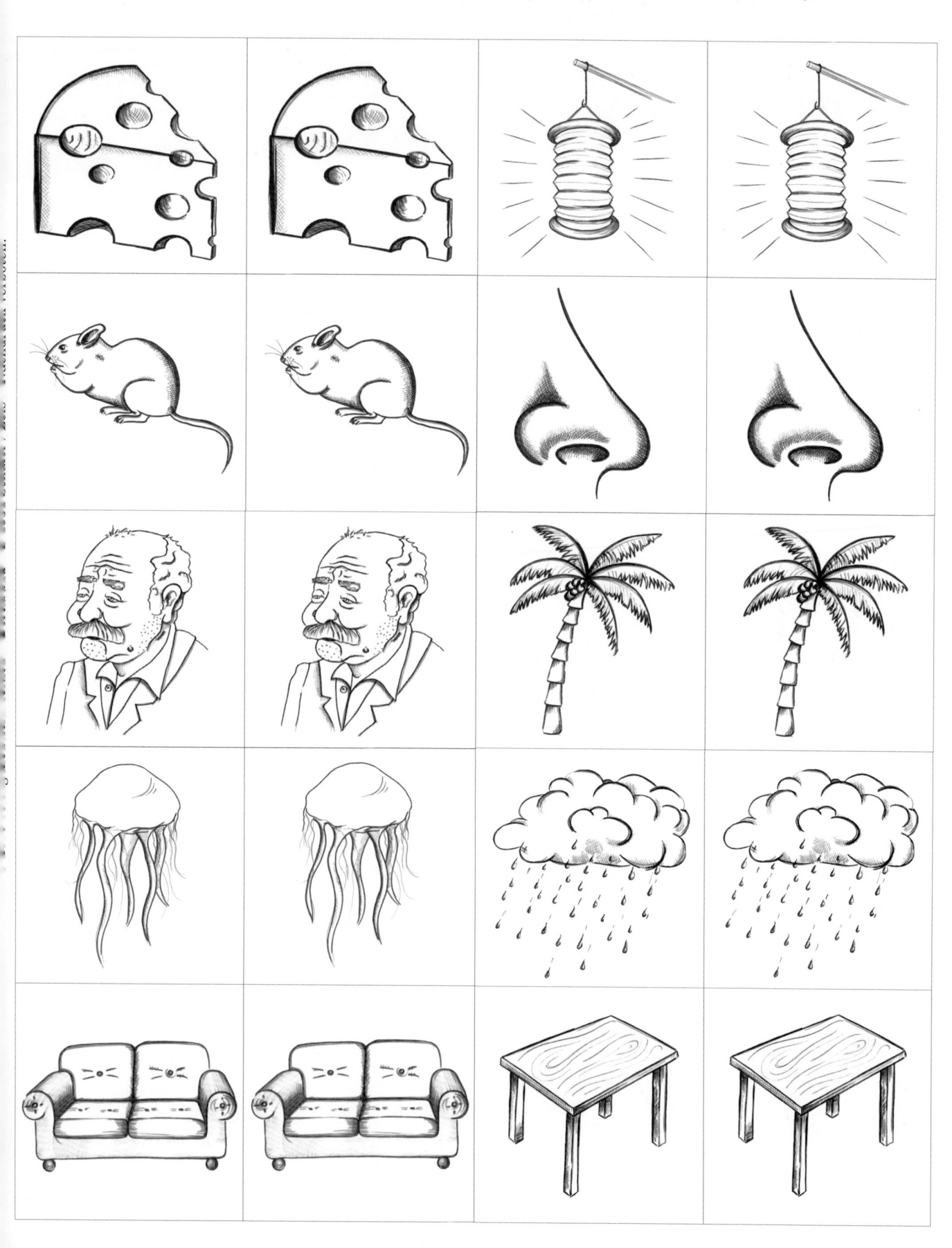

Memory-Vorlage 3 (Bild – Bild)

Bildkarten von U wie Uhr bis Z wie Zitrone + au, ei, eu und sch
Kopieren in DIN A4 (100 %) oder vergrößern auf DIN A3 (141 %)

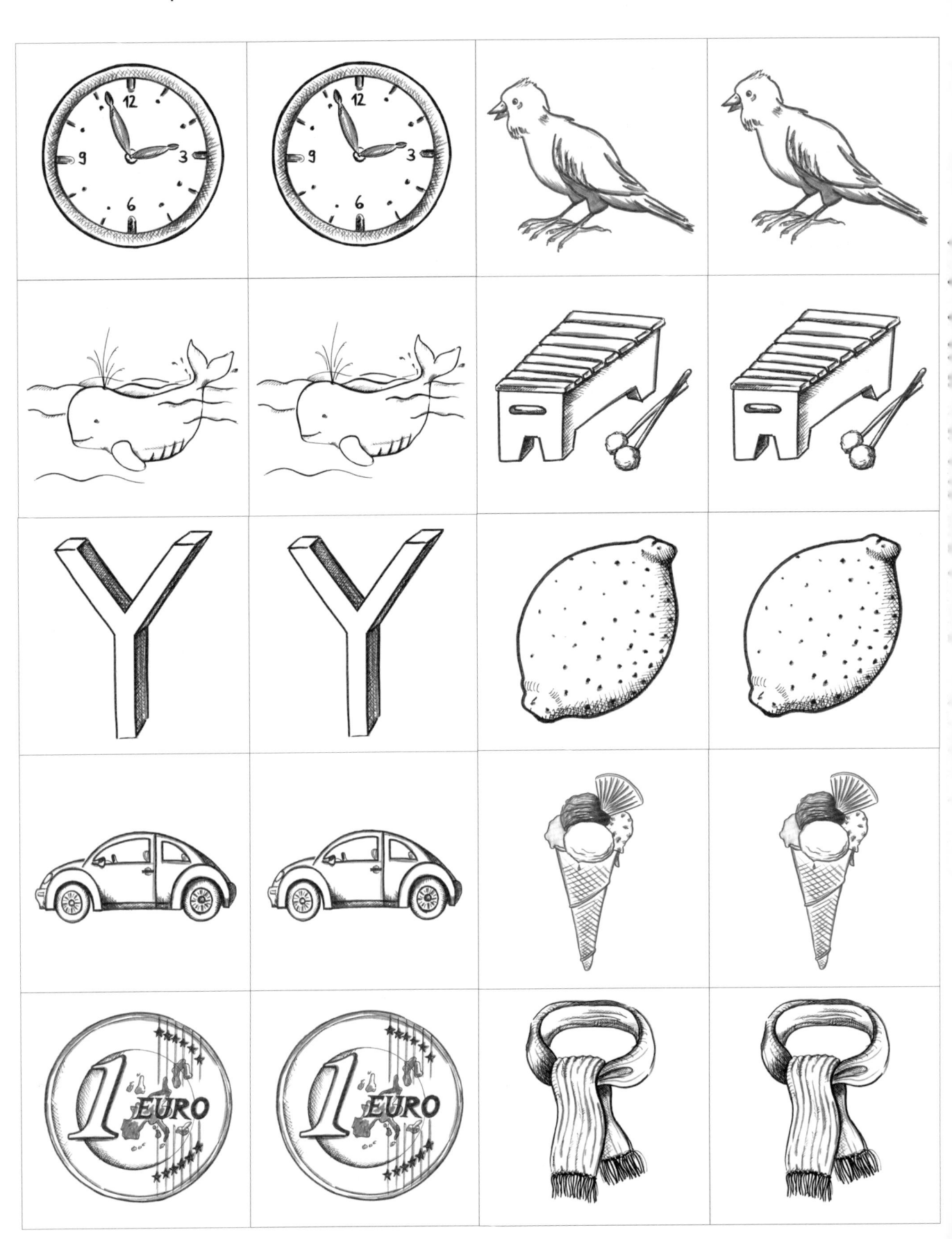

Memory-Vorlage 4 (Bild – Bild)

Bildkarten zu den Lauten ä, ö, ü, ck, ß, st, ie, pf, sp und ch
Kopieren in DIN A4 (100 %) oder vergrößern auf DIN A3 (141 %)

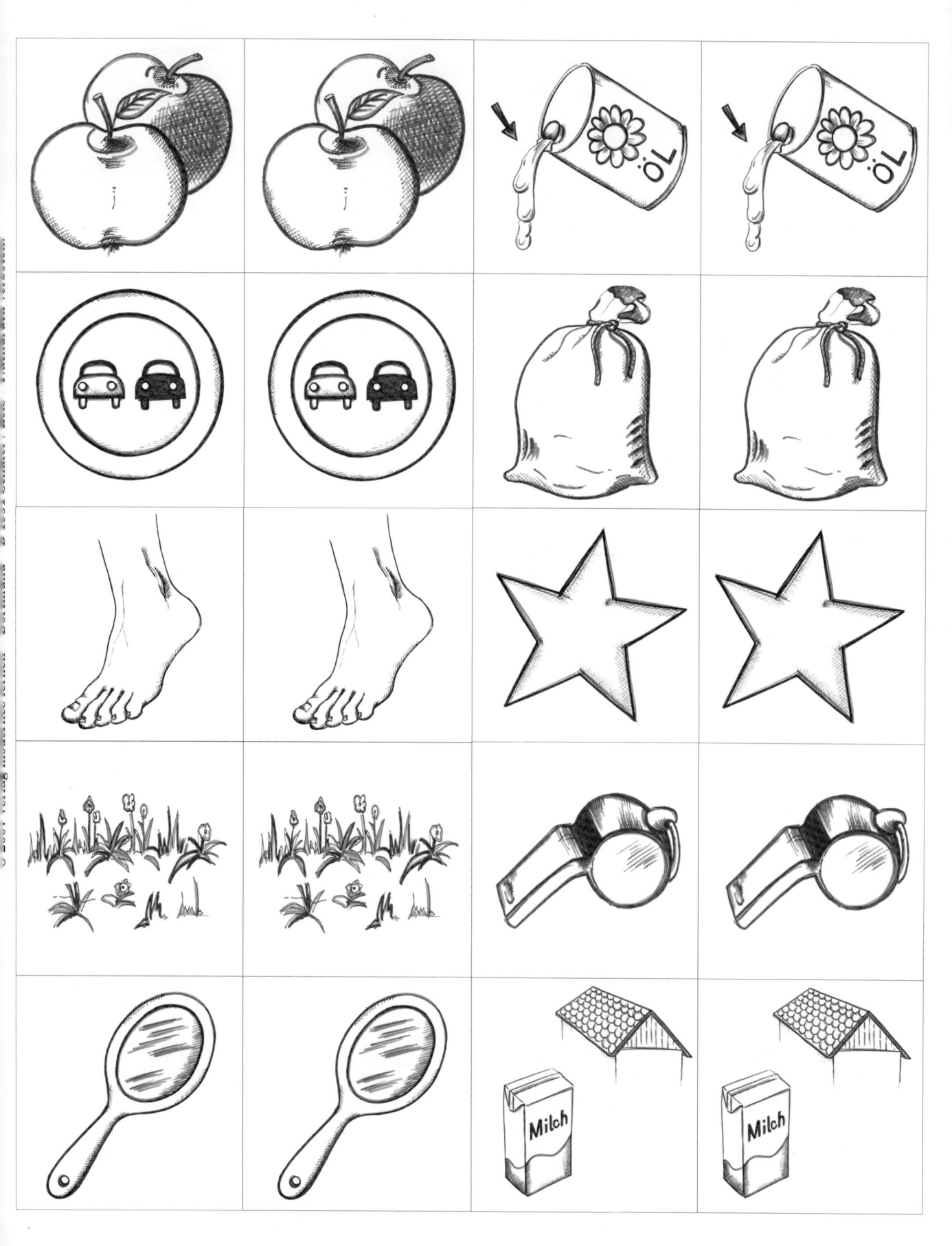

Memory-Vorlage 1 (Bild – Buchstabe)

Bild- und Buchstabenkarten von A wie Ameise bis J wie Jojo
Kopieren in DIN A4 (100 %) oder vergrößern auf DIN A3 (141 %)

4.5 Kopiervorlagen Anlaut Memory

205

Memory-Vorlage 2 (Bild – Buchstabe)

Bild- und Buchstabenkarten von K wie Käse bis T wie Tisch
Kopieren in DIN A4 (100 %) oder vergrößern auf DIN A3 (141 %)

Käse	K k	Lampion	L l
Maus	M m	Nase	N n
Opa	O o	Palme	P p
Qualle	Qu qu	Regen	R r
Sofa	S s	Tisch	T t

Memory-Vorlage 3 (Bild – Buchstabe)

Bild- und Buchstabenkarten von U wie Uhr bis Z wie Zitrone + au, ei, eu und sch
Kopieren in DIN A4 (100 %) oder vergrößern auf DIN A3 (141 %)

(Uhr)	U u	(Vogel)	V v
(Wal)	W w	(Xylophon)	X x
Y	Y y	(Zitrone)	Z z
(Auto)	Au au	(Eis)	Ei ei
(Euro)	Eu eu	(Schal)	Sch sch

Memory-Vorlage 4 (Bild – Buchstabe)

Bild- und Buchstabenkarten zu den Lauten ä, ö, ü, ck, ß, st, ie, pf, sp und ch
Kopieren in DIN A4 (100 %) oder vergrößern auf DIN A3 (141 %)

Memory-Vorlage 1 (Bild – Wort)

Bild- und Wortkarten von A wie Ameise bis J wie Jojo
Kopieren in DIN A4 (100 %) oder vergrößern auf DIN A3 (141 %)

	Ameise		**Baum**
	Computer		**Daumen**
	Esel		**Feder**
	Gabel		**Hose**
	Igel		**Jojo**

4.5 Kopiervorlagen Anlaut Memory

Memory-Vorlage 2 (Bild – Wort)

Bild- und Wortkarten von K wie Käse bis T wie Tisch
Kopieren in DIN A4 (100 %) oder vergrößern auf DIN A3 (141 %)

🧀	**Käse**	🏮	**Laterne**
🐭	**Maus**	👃	**Nase**
👴	**Opa**	🌴	**Palme**
🪼	**Qualle**	🌧️	**Regen**
🛋️	**Sofa**	🪑	**Tisch**

Memory-Vorlage 3 (Bild – Wort)

Bild- und Wortkarten von U wie Uhr bis Z wie Zitrone + au, ei, eu und sch
Kopieren in DIN A4 (100 %) oder vergrößern auf DIN A3 (141 %)

	Uhr		Vogel
	Wal		Xylophon
	Ypsilon		Zitrone
	Auto		Eis
	Euro		Schal

Memory-Vorlage 4 (Bild – Wort)

Bild- und Wortkarten zu den Lauten ä, ö, ü, ck, ß, st, ie, pf, sp und ch
Kopieren in DIN A4 (100 %) oder vergrößern auf DIN A3 (141 %)

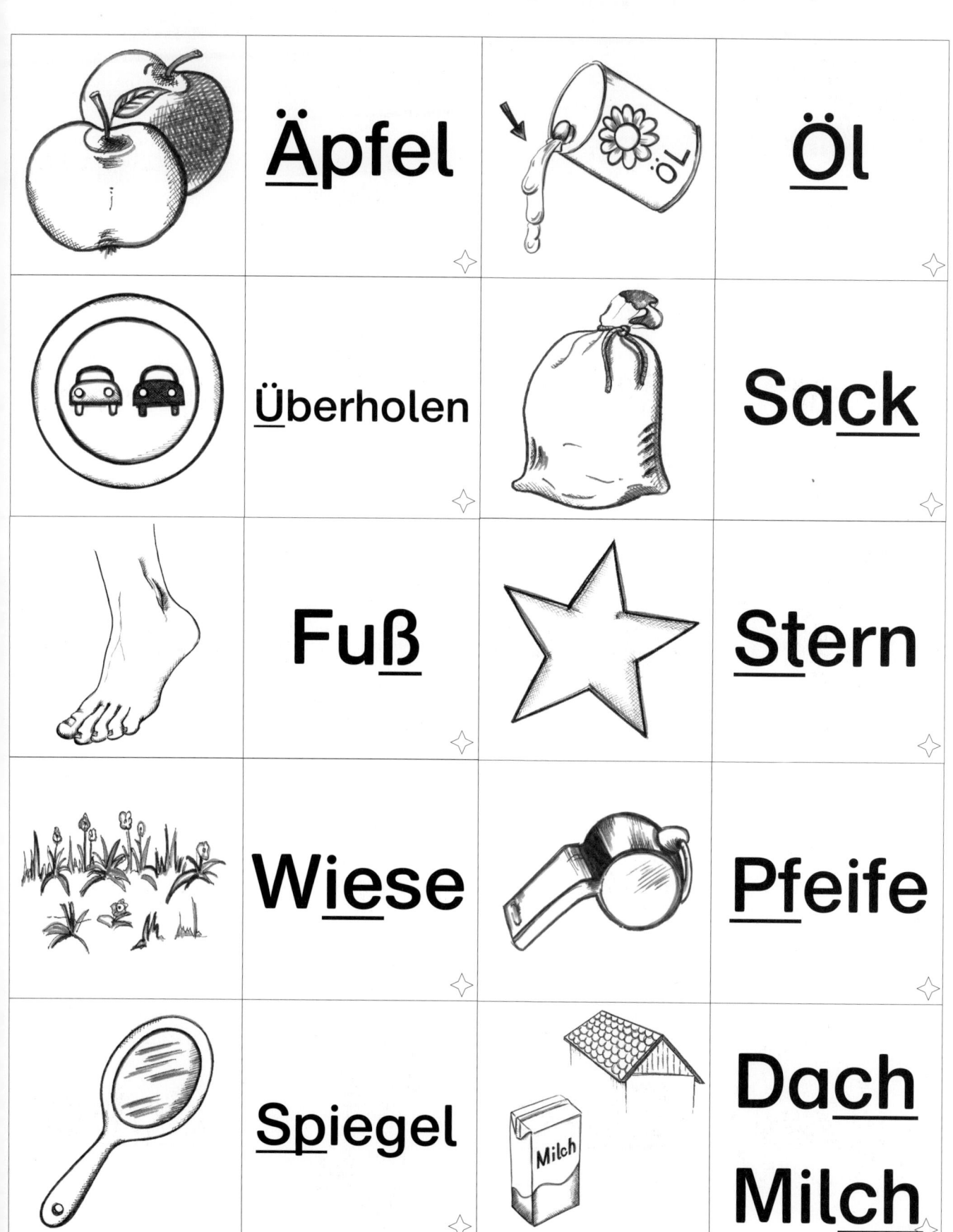

	Äpfel		**Öl**
	Überholen		**Sack**
	Fuß		**Stern**
	Wiese		**Pfeife**
	Spiegel		**Dach** / **Milch**

4.6 Kopiervorlagen Boxen-Schreiben

Umgang mit Buchstaben

Das Schreiben in den Leer-Boxen ist besonders bei unseren größeren Schülern beliebt. Hier können sie – *wenn sie den ANLAUTBAUM benutzen* – alle Buchstaben eintragen und bekommen fertige Wörter heraus. Sie zeigen so, mit wie vielen Buchstaben sie arbeiten können. Die diagnostische Kunst besteht unseres Erachtens darin, zu hinterfragen und zu beobachten ob die Graphem-Phonem-Verbindungen so gefestigt sind, dass ein Wort auch ohne Anlauttabelle – *nur durch das Hören* – erschrieben werden kann.

Ausgefülltes Arbeitsblatt

Diagnostische Möglichkeiten (Seitigkeit beim E und Groß-/Kleinbuchstaben)

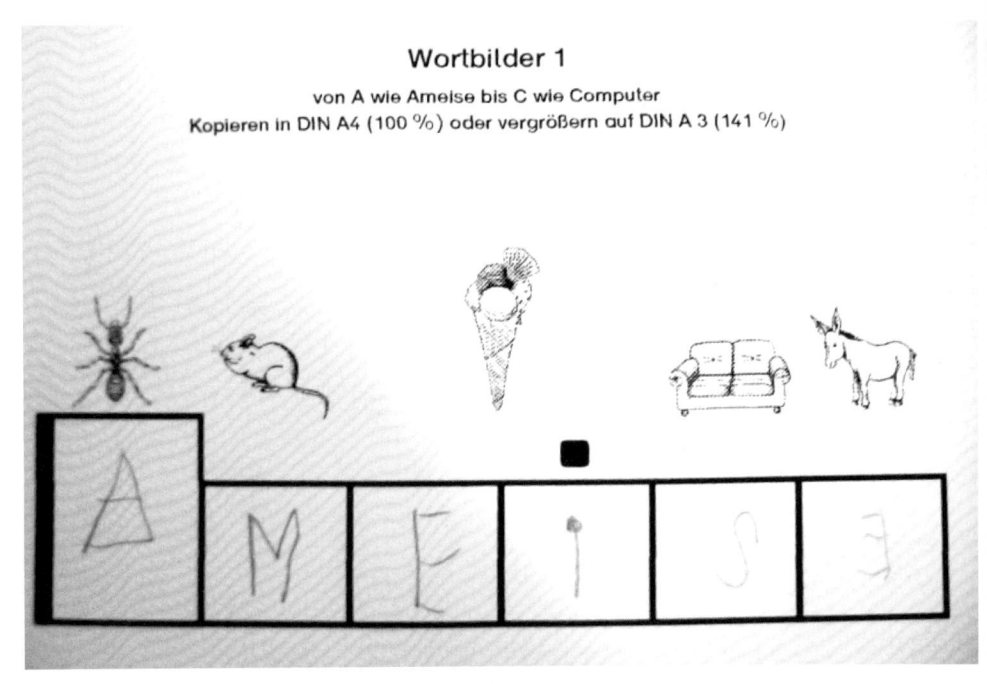

Abbildung 60: *Bearbeitete Aufgabe zum Boxen-Schreiben im Rahmen der Freiarbeit mit Hilfe des ANLAUTBAUMS (das /a/ wie Ameise).*

Wir sehen in dieser Übung einen didaktischen Ansatz, der sich auf drei – *miteinander in Beziehung stehenden* – Ebenen bewegt:

Orientierung

1. Im Sinne eines Arbeitens mit dem ANLAUTBAUM als Lauttabelle eignet sich diese Übung sehr gut zur Schaffung eines Überblicks über die Buchstabenfolgen und zur **Orientierung im Alphabet.** Meist zielsicher suchen die Schüler die abgebildeten Anlautbilder und übertragen die entsprechenden Grapheme in die Lücken.

Visuelle Wahrnehmung

2. Durch die Abbildung in gemischt Antiqua (vgl. hierzu 3.4.4 sowie 3.2.4) nehmen die Schüler die Hoch-und Tiefpunkte der Graphemdarstellung wahr und erkennen mitunter schon Wörter auf Grund ihrer grafischen Figuren. Im Hinblick auf ein Gliedern von Schrift in Texten und Buchstaben in Wörtern dient diese Übung somit auch der **visuellen Wahrnehmungsförderung.**

3. In einem differentiellen Vorgehen üben die Schüler auch, die Boxen ohne ANLAUTBAUM zu füllen.

4.6 Kopiervorlagen Boxen-Schreiben

Oft in Gruppenarbeiten lösen sie Aufgaben durch Hören des Anlautes und tragen die entsprechenden Phoneme in die leeren Boxen ein. Vor diesem Hintergrund bezieht sich diese Übung auf die Fähigkeiten im Bereich der **auditiven Wahrnehmungsförderung** und diesbezüglichen Analysefähigkeiten.

Auditive Wahrnehmungsförderung

Wenn auf unseren Kopiervorlagen in der Regel 3 Begriffe abgebildet sind, gehen wir zum Teil dazu über, die größer kopierten Arbeitsblätter (von DIN A4 auf DIN A3) in die drei Wortfelder zu zerschneiden. Die Schüler bekommen dann nur je ein Wort und verlieren so nicht die Orientierung (vgl. hierzu Abb. 60). Nach einer solchen Einarbeitungsphase bekommen sie – *je nach Fortschritt* – ein ganzes Blatt zu den Übungen.

DIN A3-Formate

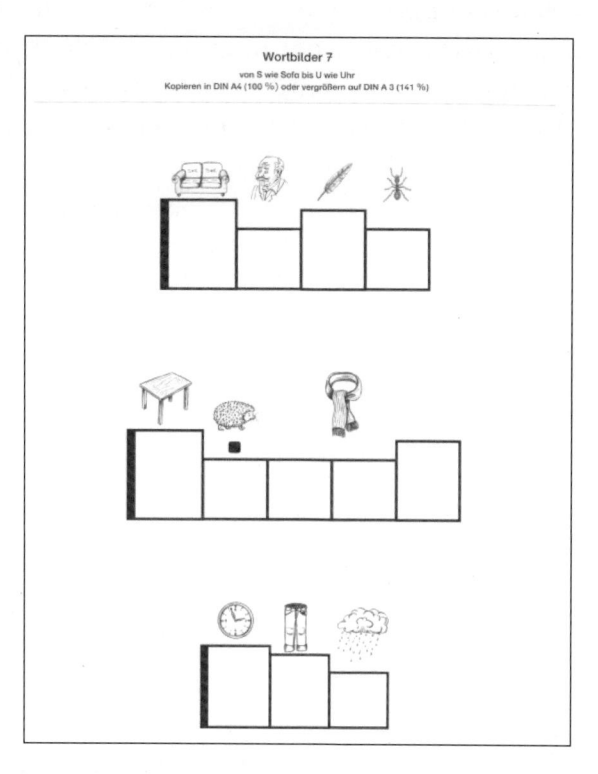

Abbildung 61: *Kopiervorlagen zum Boxenschreiben.*

In diesem Punkt 4.6 finden sich als Kopiervorlagen dreierlei Begriffsfelder, die in folgende Gruppen unterteilt sind:

1. Alle Anlautbegriffe sind unter der Rubrik Wortbilder 1 bis 12 in alphabetischer Ordnung zusammengefasst (☞ /a/ wie Ameise).

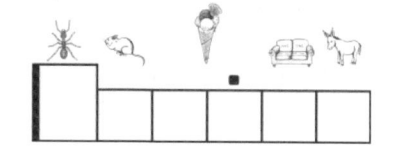

   Wortbilder 1 bis 12

2. Anschließend findet sich ein Angebot zu den sieben Wochentagen (Wortbilder Wochentage 1 bis 3 ☞ Im Beispiel ist der Montag zu sehen).

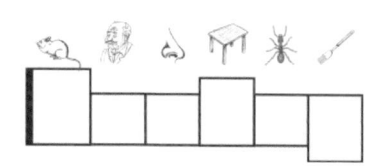

   Wortbilder Wochentage 1 bis 3

3. Schließlich sind die Monatsnamen als fester Bestandteil des Unterrichts in unserem Förderschwerpunkt zu berücksichtigen.

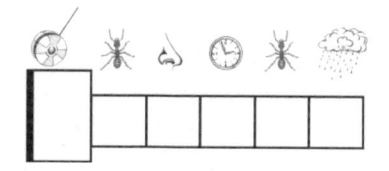

   Wortbilder Monatsnamen 1 bis 4

In unserem Beispiel sieht man den Januar, dessen Beginn möglicherweise für den einen oder anderen Schüler noch unbekannt ist (J wie Jojo). Dennoch finden sie im ANLAUTBAUM den entsprechenden Buchstaben und setzen ihn ein.

Fördern und Fordern	Dieses vorgreifende Üben koppelt zurück auf den motivationalen Aspekt, den Buchstaben zu üben und es ist nicht selten fest zu stellen, dass sich Schüler über diesen Weg Buchstaben im Sinne eines handlungsbezogenen und -orientierten Unterrichts (vgl. PITSCH/THÜMMEL S. 8 ff.) erschließen.
Reflexives Üben	Nach dem Eintragen in die leeren Boxen schreiben die Schüler das gefundene Wort in unser Dreier-Linien-System um das – *hier bereits angebahnte Vertiefen der Graphemrelationen* – weiter festigen zu können. Diese wiederum graphomotorischen Übungen legen die Schüler zunächst in ihren Fächern ab. Im Sinne einer weiteren reflexiven Festigung sehen wir es als eine Aufgabe an, die in das Liniensystem geschriebenen Wörter in Anlautbilder zurück zu übersetzen.
	Dieses reflexive Übersetzen kann einerseits in der Form ablaufen, dass die Anlautbilder selber gemalt werden können. Hier kommt für manche Schüler der Anreiz des Malens und Gestaltens – im Sinne einer Belohung/Entspannung *(„Ich mach das jetzt mal für mich alleine")* – hinzu. Andererseits zeigen sich hier bei einigen Schülern Merkmale der Unter- aber auch Überforderung. In beiden Fällen bietet es sich an, die vorhandenen Memory-Vorlagen (vgl. 4.5) als Bildkarten einzusetzen, die die Schüler entsprechend der vorliegenden Grapheme heraussuchen müssen.
Buchstabenkärtchen und Stempel nehmen die graphomotorischen Hürden	Im Sinne einer Differenzierung nach unten ist uns aufgefallen, dass sich manche Schüler für diese Übung des Boxen-Schreibens interessieren, weil sie ihre eigenen visuellen Fähigkeiten entdeckt haben, jedoch in den graphomotorischen Herausforderungen (Schreiben der Grapheme) Hürden finden. Hier bietet es sich an, den Schülern entsprechende Buchstabenkarten an die Hand zu geben, die sie einfach in die leeren Boxen einlegen können, Stempeln wäre eine weitere methodische Alternative. Unseres Erachtens sollte in dieser Übung nicht die graphomotorische Schwerpunktsetzung der Suche nach Graphem-Phonem-Verbindungen im Weg stehen.

4.6 Kopiervorlagen Boxen-Schreiben

Wortbilder 1

von A wie Ameise bis C wie Computer

Kopieren in DIN A4 (100 %) oder vergrößern auf DIN A3 (141 %)

Wortbilder 2

von D wie Daumen bis F wie Feder

Kopieren in DIN A4 (100 %) oder vergrößern auf DIN A3 (141 %)

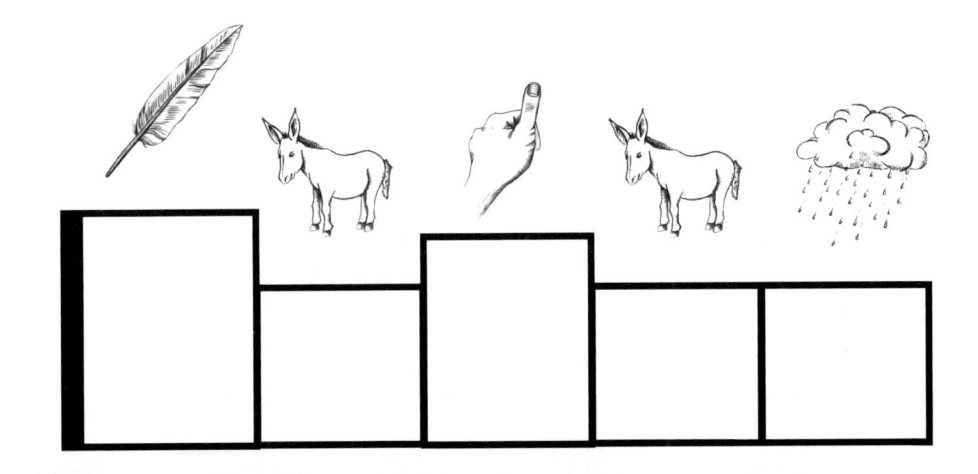

4.6 Kopiervorlagen Boxen-Schreiben

Wortbilder 3

von G wie Gabel bis I wie Igel
Kopieren in DIN A4 (100 %) oder vergrößern auf DIN A3 (141 %)

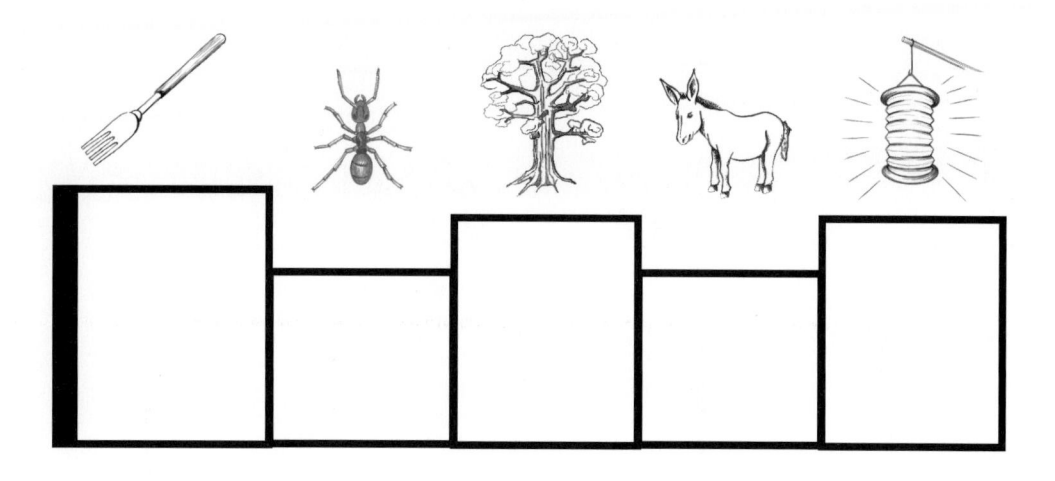

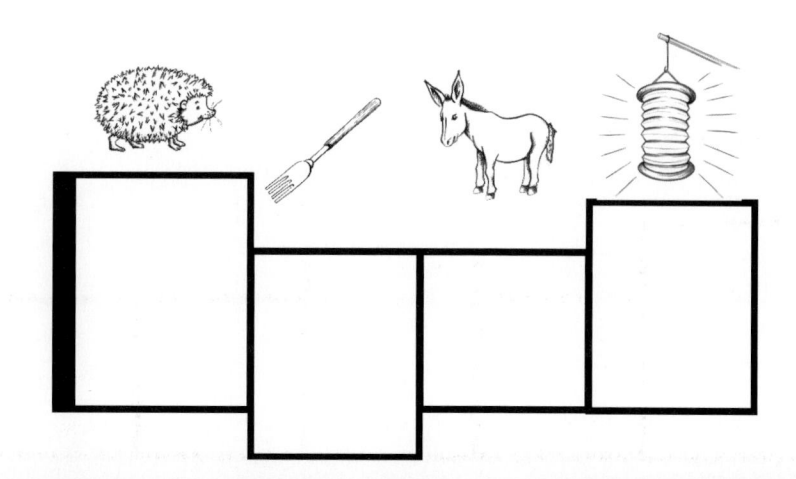

Wortbilder 4

von J wie Jojo bis L wie Laterne
Kopieren in DIN A4 (100 %) oder vergrößern auf DIN A3 (141 %)

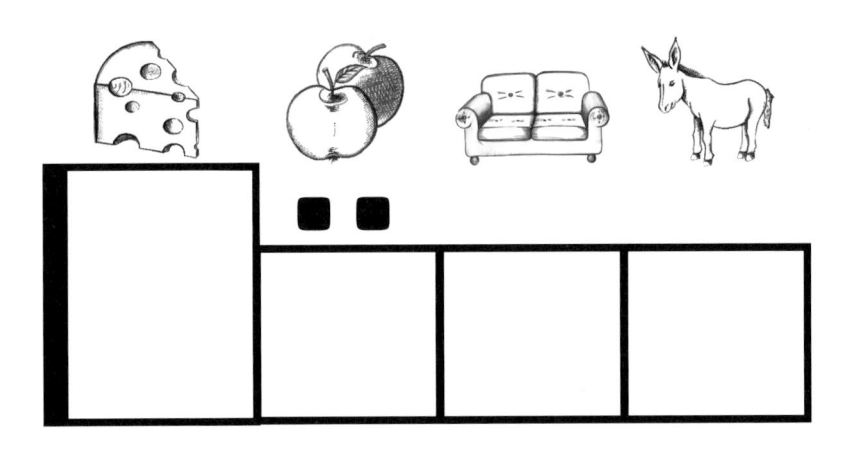

4.6 Kopiervorlagen Boxen-Schreiben

Wortbilder 5

von M wie Maus bis O wie Opa

Kopieren in DIN A4 (100 %) oder vergrößern auf DIN A3 (141 %)

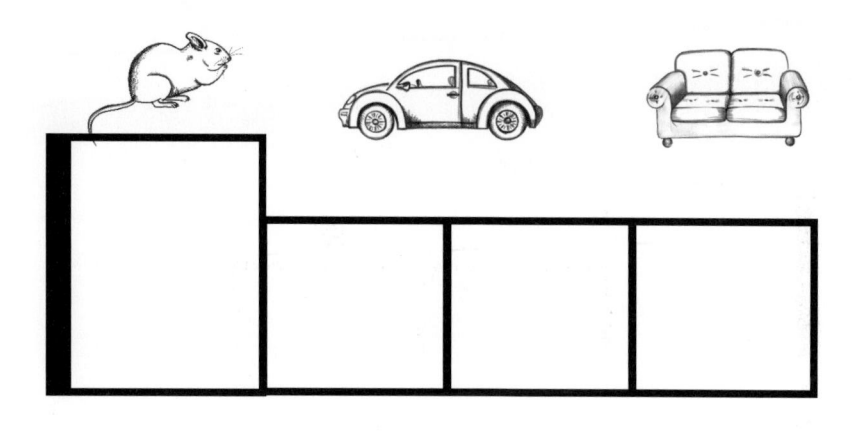

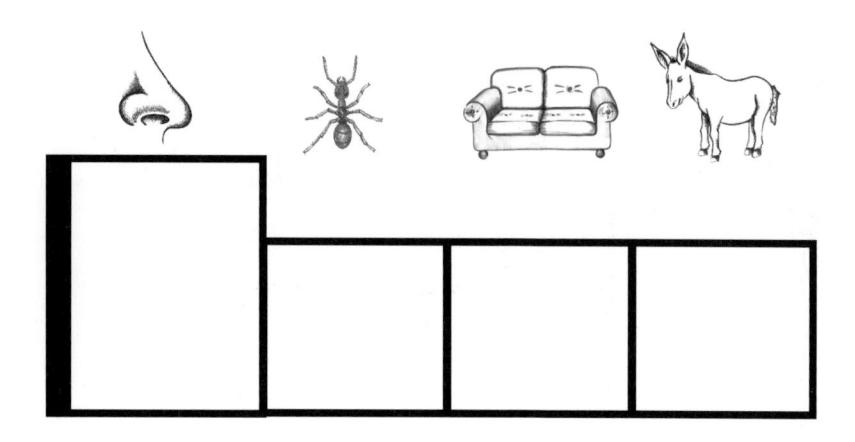

Wortbilder 6

von P wie Palme bis R wie Regen

Kopieren in DIN A4 (100 %) oder vergrößern auf DIN A3 (141 %)

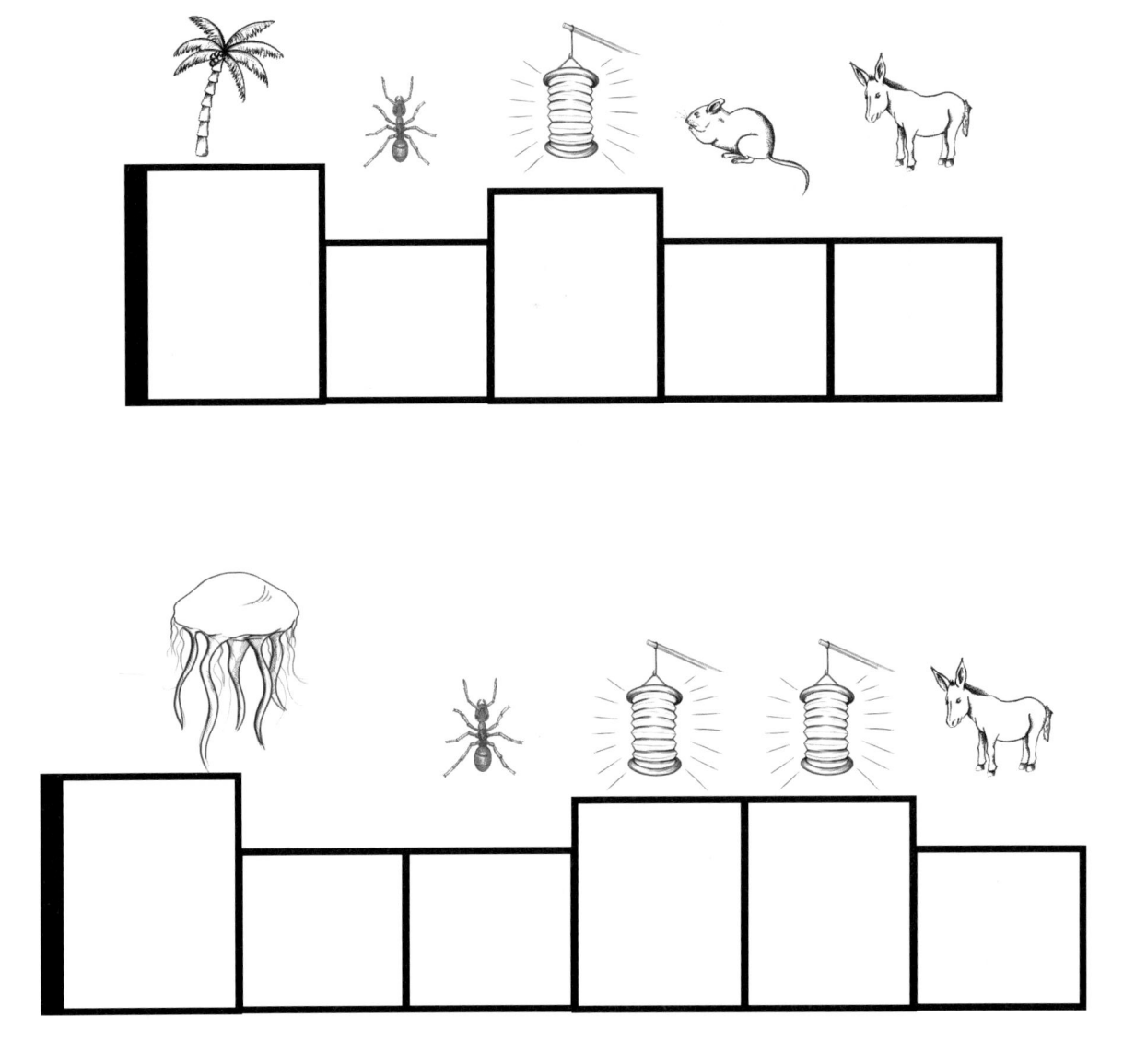

4.6 Kopiervorlagen Boxen-Schreiben

Wortbilder 7

von S wie Sofa bis U wie Uhr

Kopieren in DIN A4 (100 %) oder vergrößern auf DIN A3 (141 %)

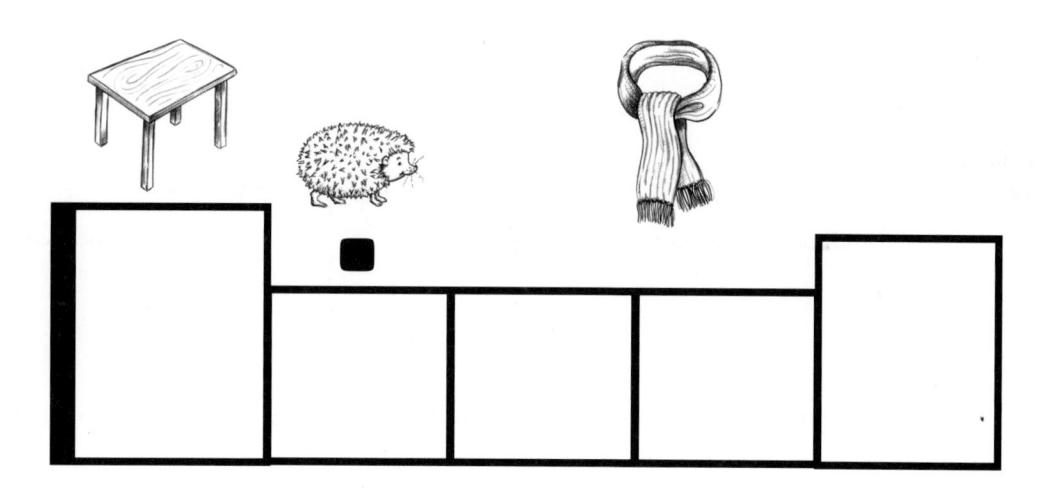

Wortbilder 8

von V wie Vogel bis X wie Xylophon

Kopieren in DIN A4 (100 %) oder vergrößern auf DIN A3 (141 %)

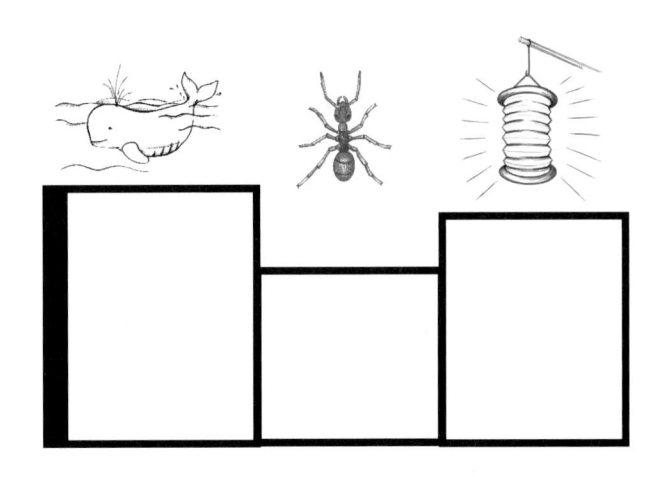

Wortbilder 9

von Y wie Ypsilon bis Z wie Zitrone und St wie Stern
Kopieren in DIN A4 (100 %) oder vergrößern auf DIN A3 (141 %)

Wortbilder 10

Au wie Auto, Ei wie Eis und Eu wie Euro

Kopieren in DIN A4 (100 %) oder vergrößern auf DIN A3 (141 %)

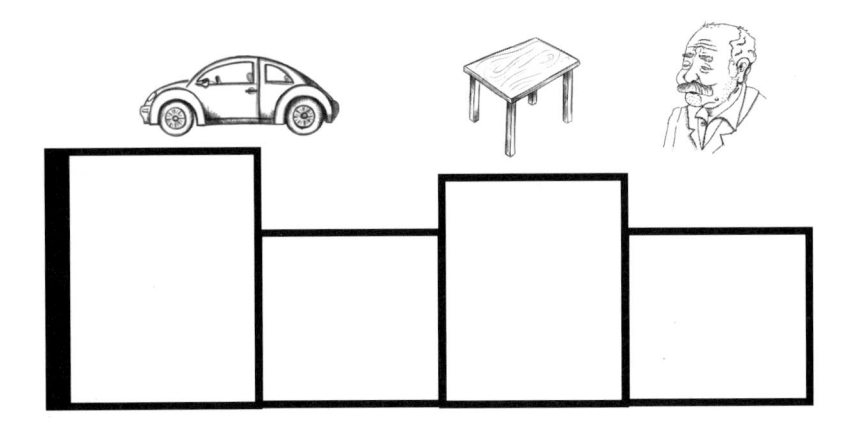

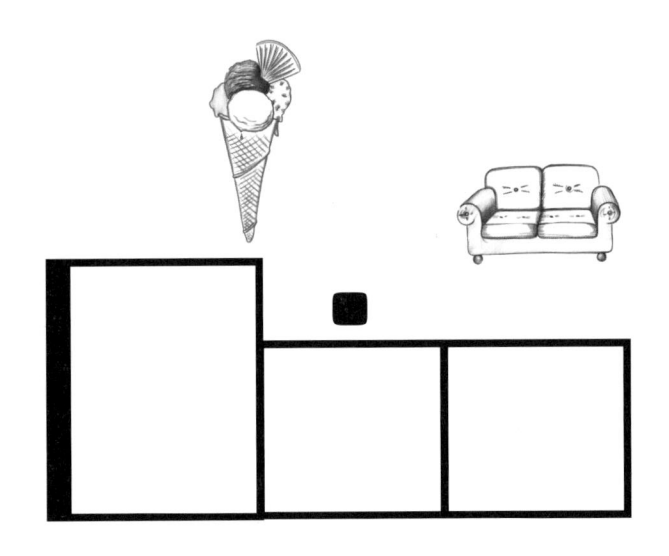

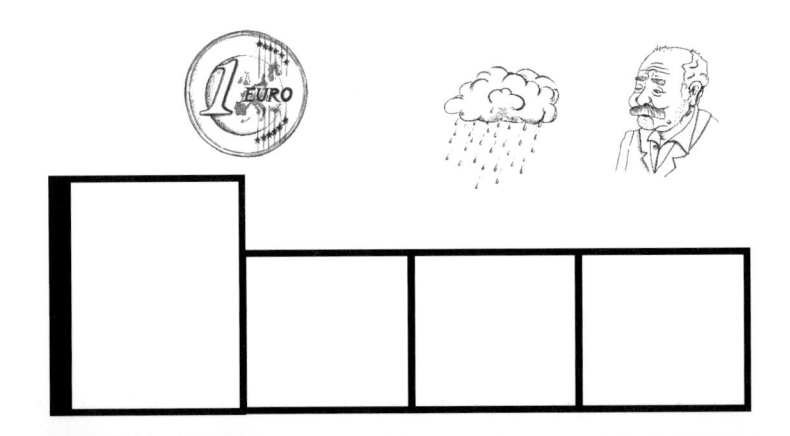

Wortbilder 11

Ä wie Äpfel, Ö wie Öl und Ü wie Überholen
Kopieren in DIN A4 (100 %) oder vergrößern auf DIN A3 (141 %)

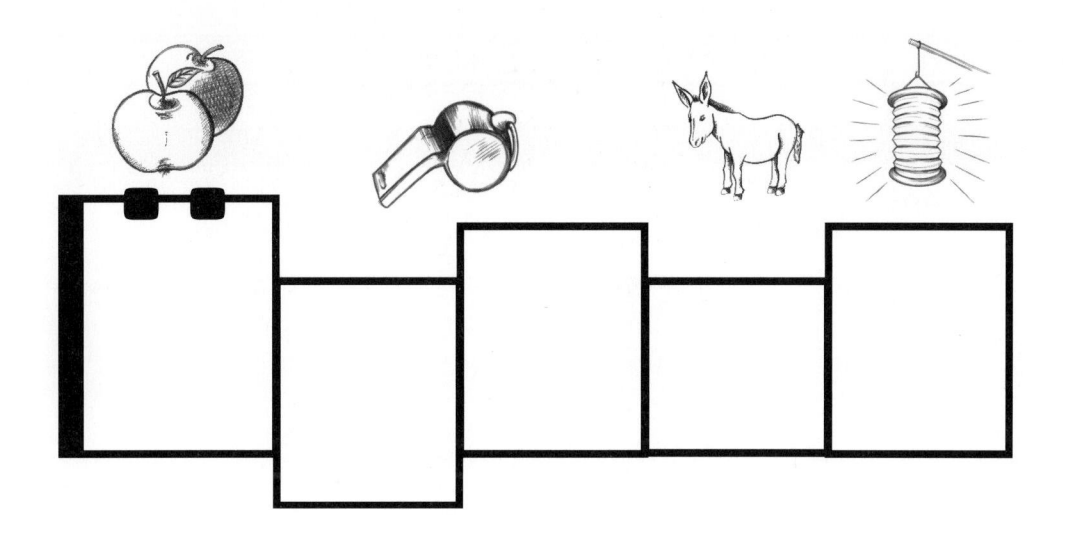

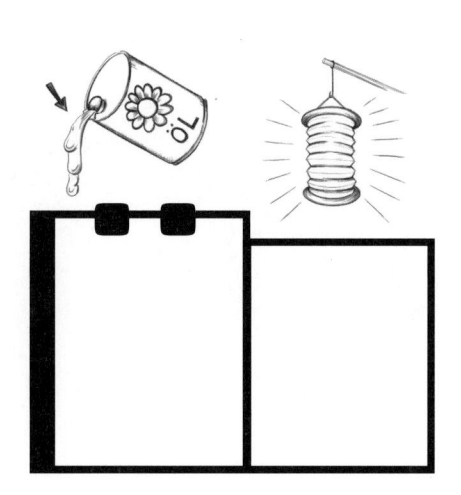

Wortbilder 12

Pf wie Pfeife, Sp wie Spiegel und Sch wie Schal
Kopieren in DIN A4 (100 %) oder vergrößern auf DIN A3 (141 %)

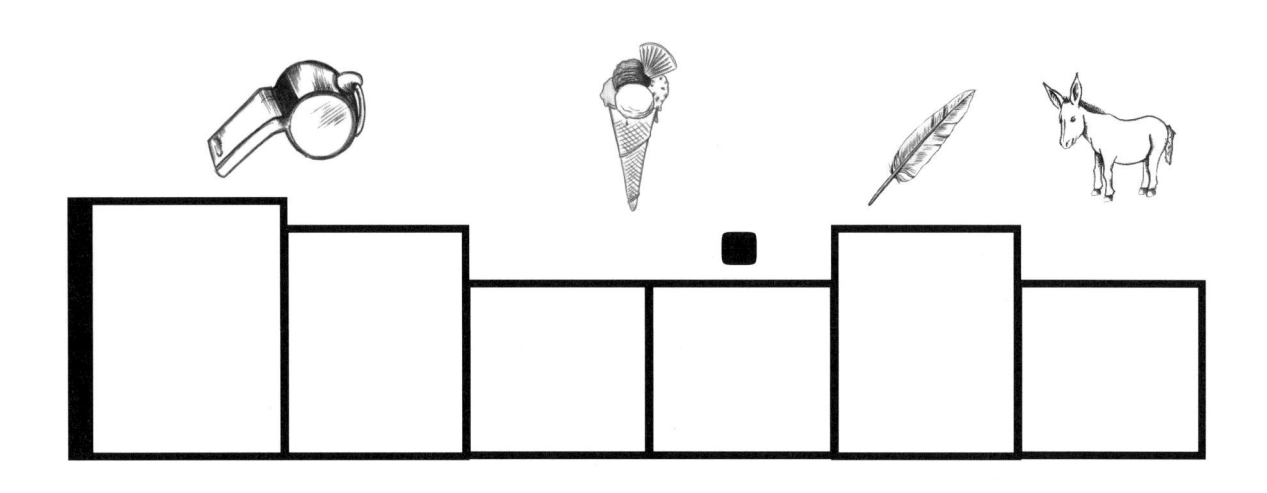

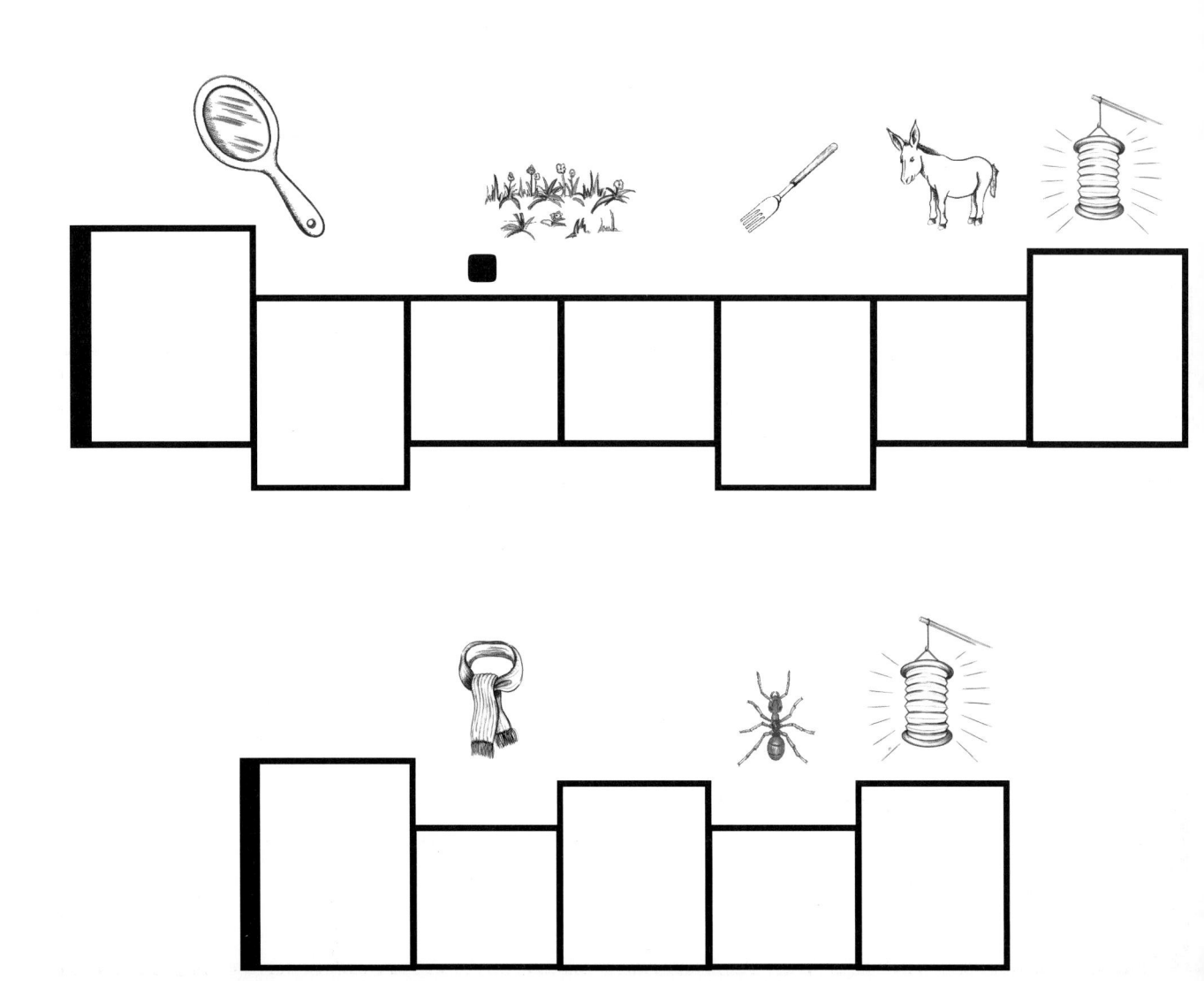

Wortbilder – Wochentage 1

Montag – Dienstag – Mittwoch
Kopieren in DIN A4 (100 %) oder vergrößern auf DIN A3 (141 %)

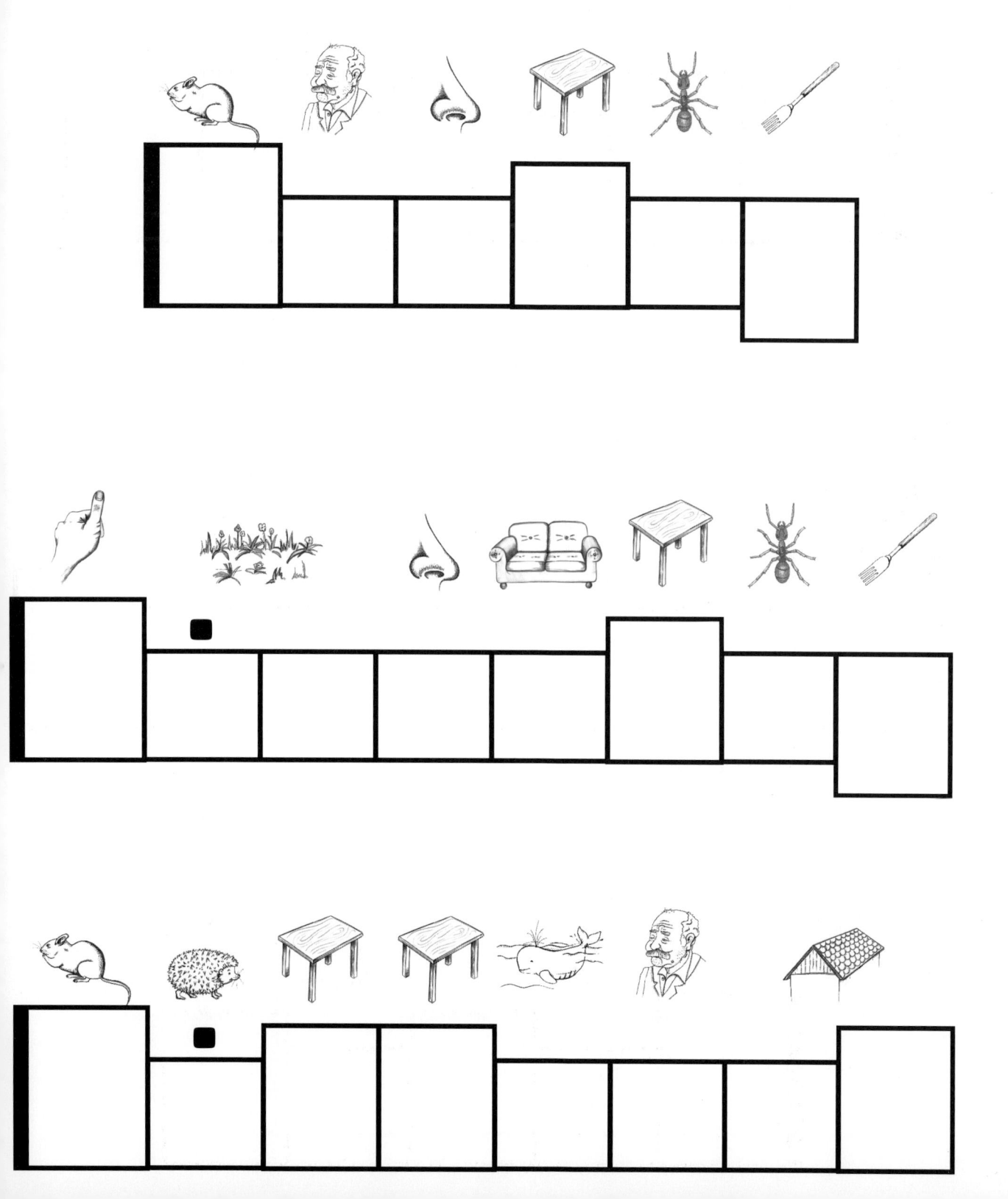

Wortbilder – Wochentage 2

Donnerstag – Freitag – Samstag
Kopieren in DIN A4 (100 %) oder vergrößern auf DIN A3 (141 %)

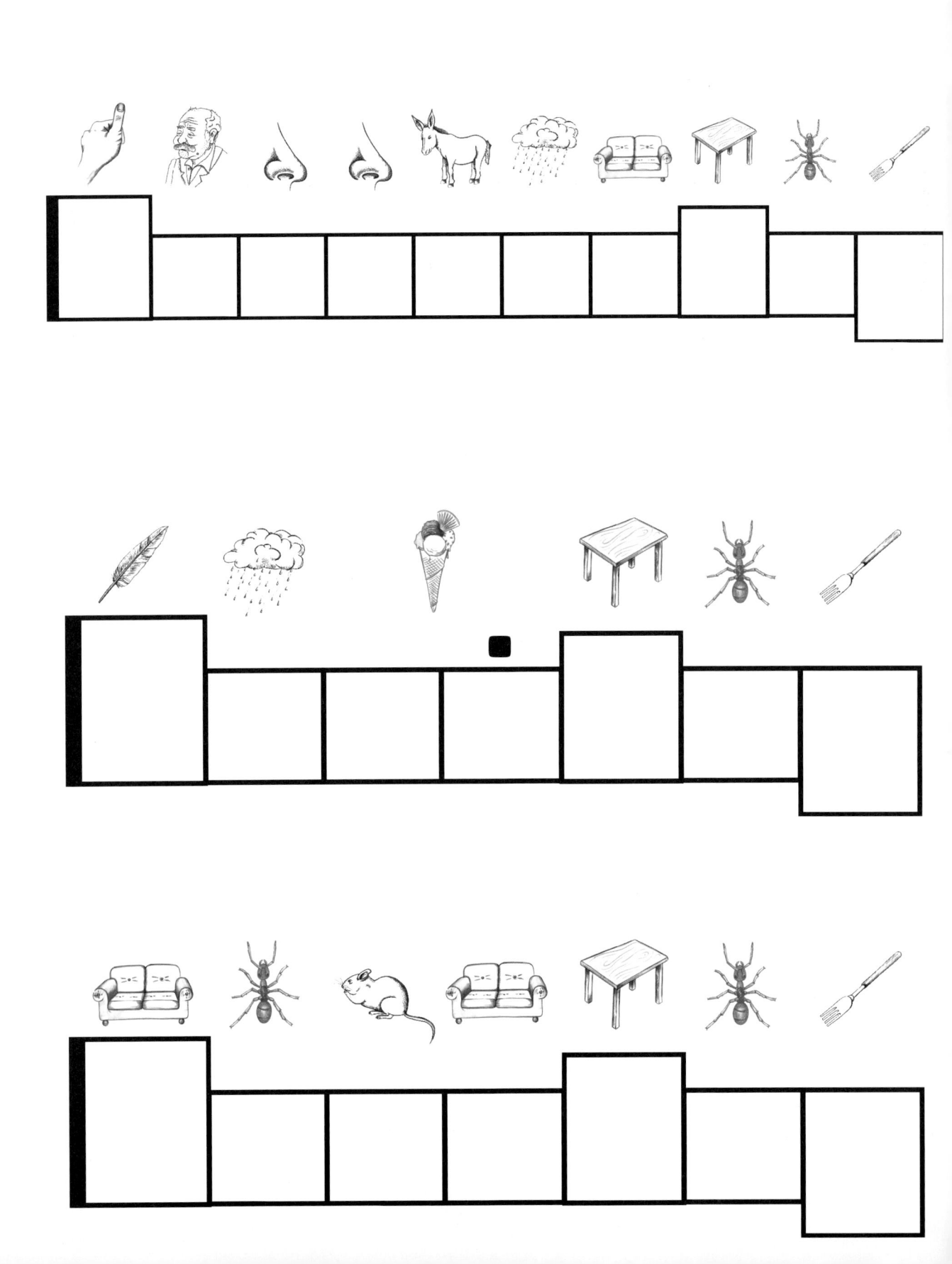

4.6 Kopiervorlagen Boxen-Schreiben

Wortbilder – Wochentage 3

Sonntag und Belohnungsaufgabe
Kopieren in DIN A4 (100 %) oder vergrößern auf DIN A3 (141 %)

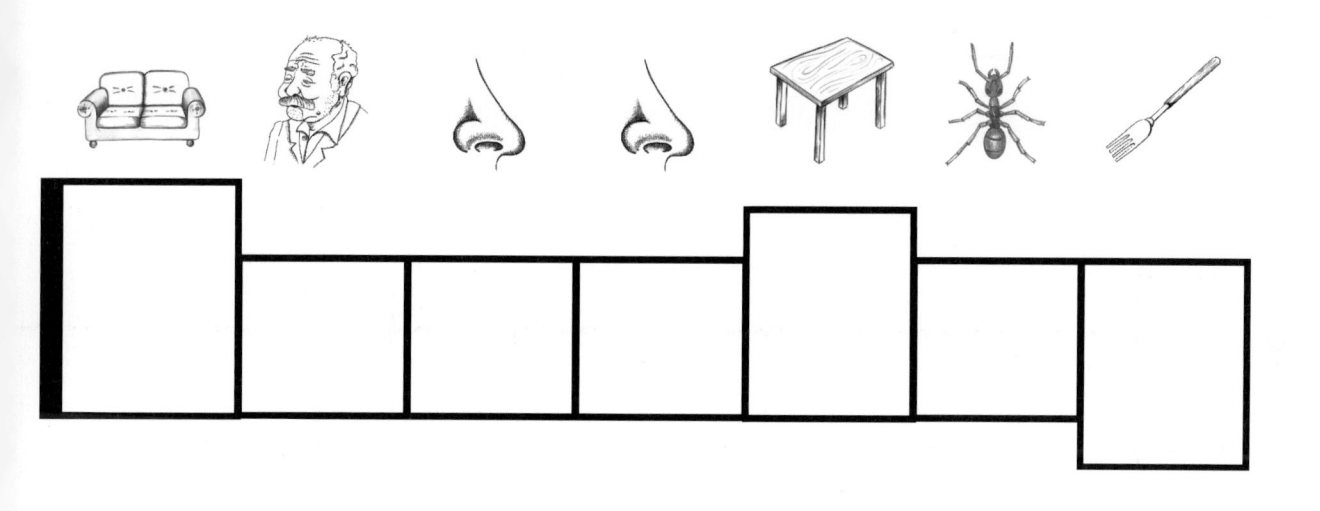

Verbinde in der richtigen Reihenfolge und male aus!

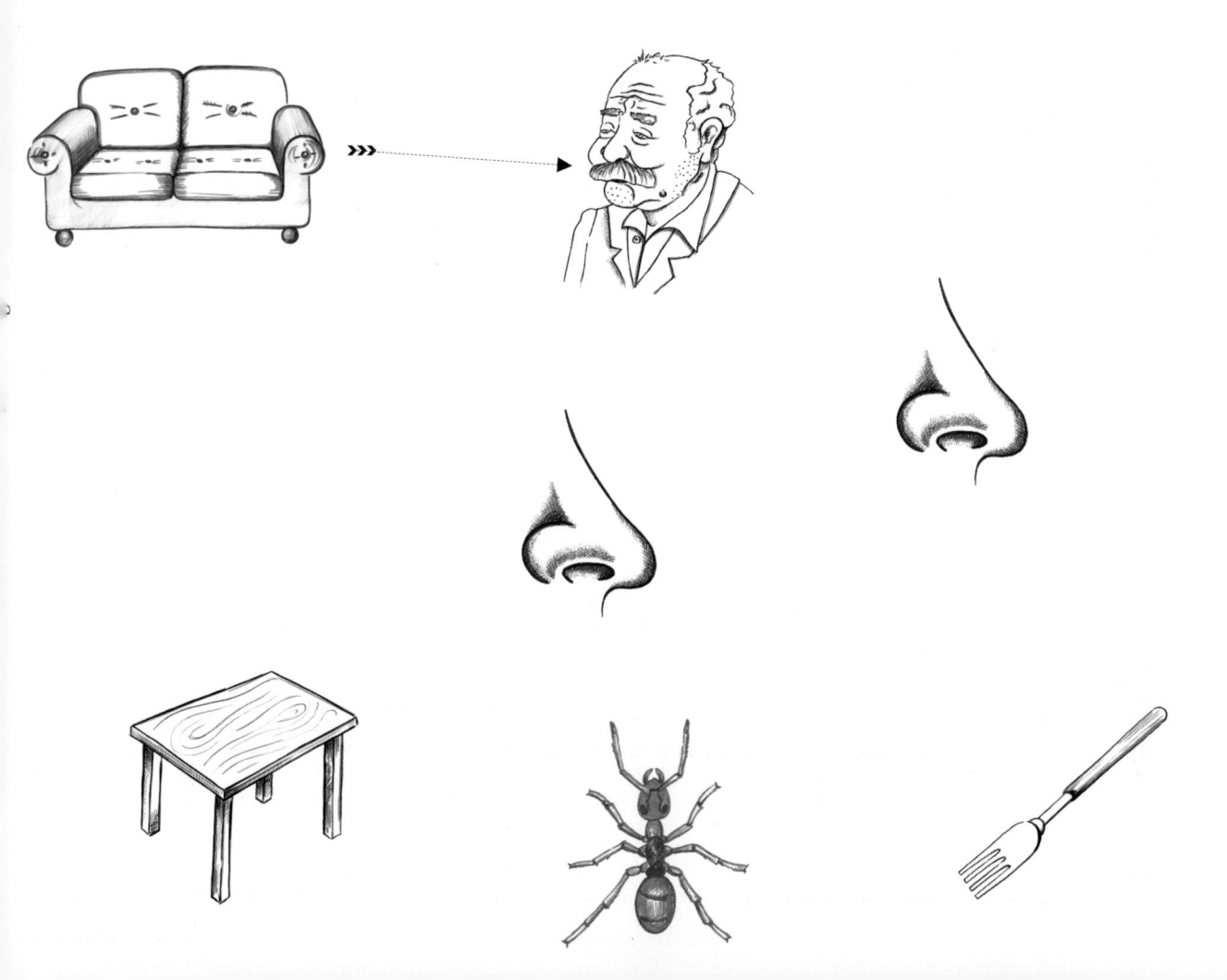

Wortbilder – Monate 1

Januar – Februar – März

Kopieren in DIN A4 (100 %) oder vergrößern auf DIN A3 (141 %)

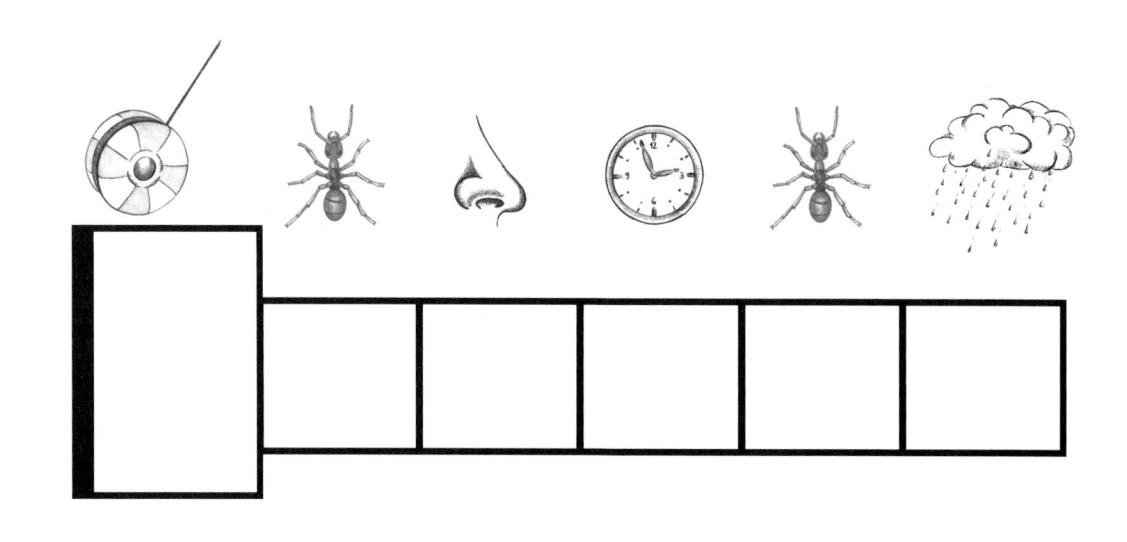

4.6 Kopiervorlagen Boxen-Schreiben

Wortbilder – Monate 2

April – Mai – Juni

Kopieren in DIN A4 (100 %) oder vergrößern auf DIN A3 (141 %)

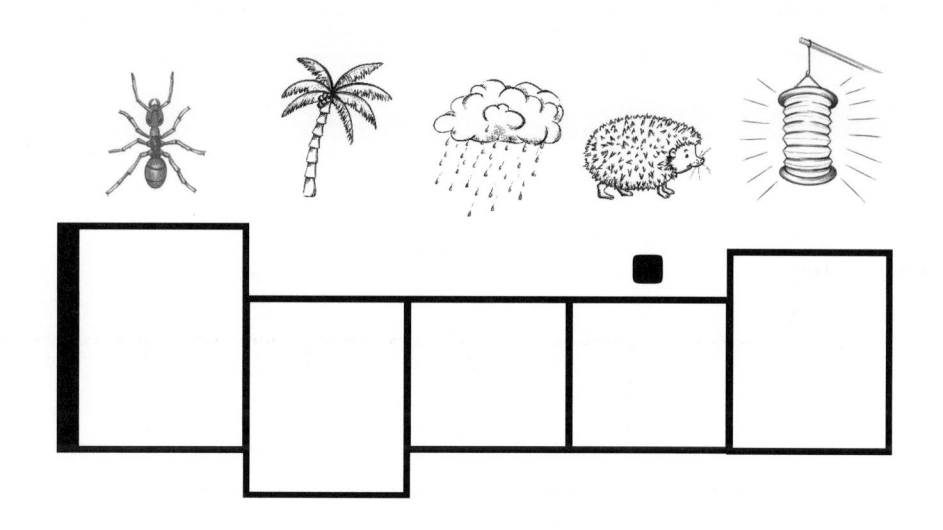

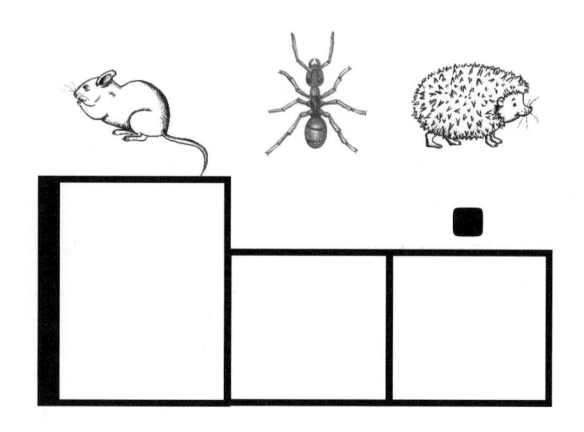

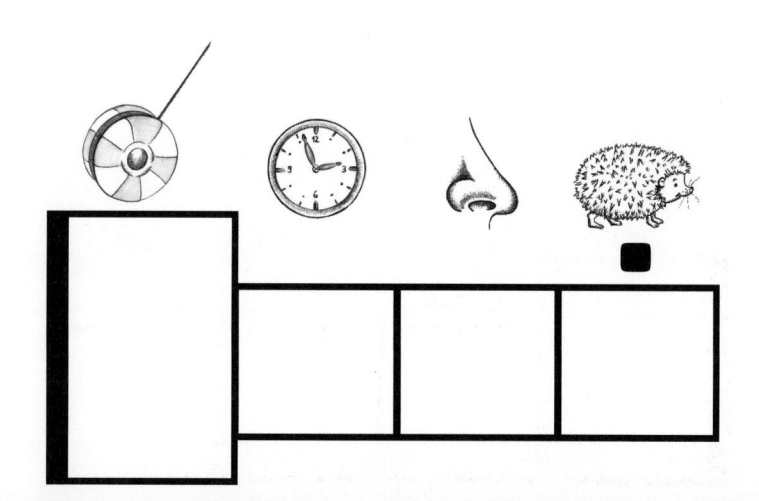

Wortbilder – Monate 3

Juli – August – September
Kopieren in DIN A4 (100 %) oder vergrößern auf DIN A3 (141 %)

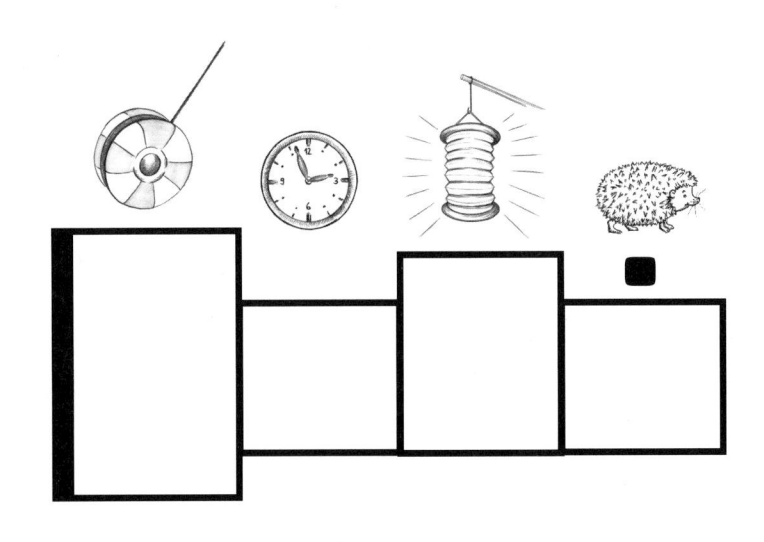

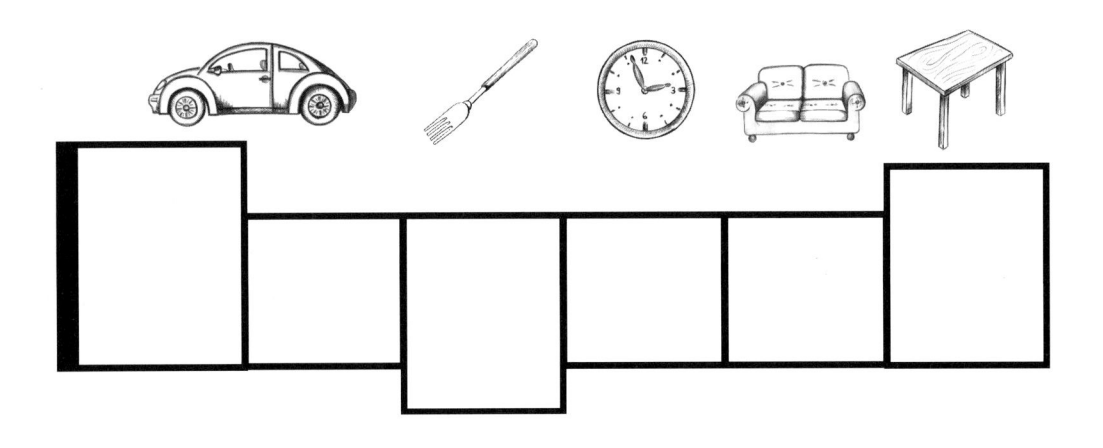

Wortbilder – Monate 4

Oktober – November – Dezember
Kopieren in DIN A4 (100 %) oder vergrößern auf DIN A3 (141 %)

4.7 Kopiervorlagen Wendekarten

Die Wendekarten nutzen wir primär mit den etwas älteren Schülern, ein grundständiger Buchstabenkanon sollte vorhanden sein, um die Synthese- und Silbenübungen umsetzen zu können.

Der Förderansatz beginnt für die Schüler bereits in der Herstellung. Die Wendekarten werden zunächst an ihren horizontalen Rahmenlinien ausgeschnitten (vgl. Abb. 62), so dass auf einem noch zusammenhängenden Blatt auf der linken Seite das Anlautbild und auf der rechten Seite das Wortbild zu sehen sind, getrennt sind die beiden Felder lediglich durch eine vertikale Linie. Sollte das Wort nicht direkt mit Hilfe des Anlautes erkannt werden, dient das Anlautbild als Orientierung. In einer gemeinsamen Erarbeitung analysieren die Schüler nun die Anzahl/Gliederung der Silben und gestalten diese in unterschiedlichen Farben. Im Beispiel des /z/ wie Zitrone sind drei Silben zu hören, denen je eine Farbe zugeordnet wird (vgl. hierzu auch unsere Ausführungen zur phonlogischen Bewusstheit).

Gestaltung der Wortbilder

Abbildung 62: *Michelle gestaltet die Wortbilder der Wendekarten entsprechend der Anzahl der Silben farbig.*

Herstellung der Wendekarten

Nach der Farbgestaltung bieten wir das Ausmalen des Anlautbildes an. Es zeigt sich, dass einige Schüler mittlerweile großen Wert auf eine analoge Farbgestaltung zu den Bildern der Anlautkette im Klassenzimmer legen. Sind sowohl Wort- als auch Anlautbild farbig gestaltet worden, werden die linke und rechte Seite an der vertikalen Linie zusammengeklappt und in dieser Faltung einlaminiert. Zur Unterstützung von Stabilität und einer nicht durchsichtigen Papierstärke empfehlen wir vor dem Laminieren ein weiteres Stück Papier zwischen die beiden Faltteile zu legen. Bei den Partnerübungen (s.u.) schimmert so das Anlautbild nicht durch.

4.7 Kopiervorlagen Wendekarten 235

Zurzeit benutzen wir die Wendekarten in der Hauptsache in zwei unterschiedlichen Formen.

1. Zum einen dienen die Karten als Übungen zum Wortaufbau in Kleingruppenarbeiten mit Lehrer und zwei bis drei Schülern. Hierbei verdecken wir zunächst mit der linken Hand das ganze Wortbild und geben dem Schüler den Blick auf den Wortanfang („F") frei. Mit der rechten Hand (Zeigefinger) können wir die Aufmerksamkeit der Schüler noch gezielter auf diesen Buchstaben lenken. Nach der Analyse des /f/ rutschen wir mit der Hand etwas nach links bis der zweite Buchstabe zu sehen ist. Nach der Analyse (☛ /e/) verschleifen die Schüler die beiden Laute und bekommen die erste Silbe. Mit der Erarbeitung der weiteren Buchstaben gehen wir analog vor. Das Anlautbild auf der Rückseite dient der Handlungskontrolle.

2. Zum anderen lassen wir die Schüler nach dieser o.g. Hinführung alleine oder in Zweiergruppen mit den Wendekarten arbeiten. Hierbei können sich die Schüler entweder gegenseitig die Wortbilder zeigen oder diese selber – *auf dem Tisch liegend* – erarbeiten. Als Ergänzung – *nach dem Erlesen* – bieten wir hierzu das Abschreiben der Wortbilder in unser Dreier-Liniensystem an. So haben die Schüler und wir einen Überblick über die bearbeiteten Wortbilder und Wendekarten.

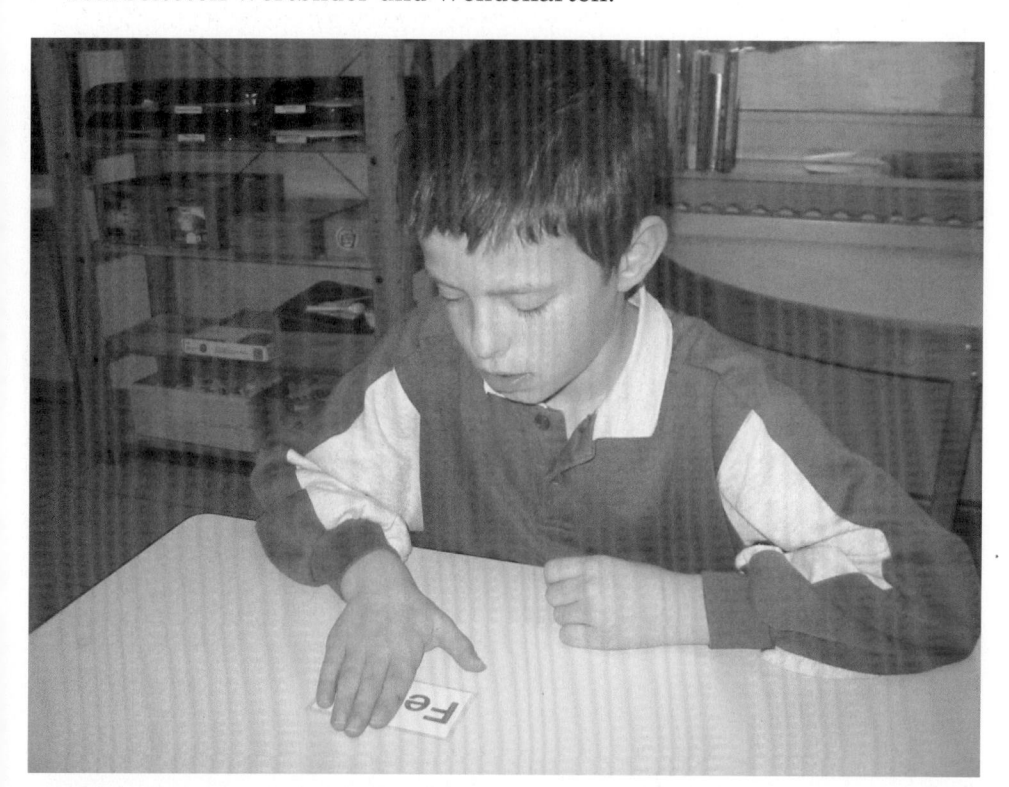

Eigenständiges Arbeiten mit den Wendekarten

Abbildung 63: *Lukas arbeitet alleine mit den Wendekarten. Hier verschleift er gerade das /f/ und das /e/ und bekommt die Silbe /fe/.*

Wir haben die Wendekarten in einer Schachtel im Freiarbeitsregal stehen, wodurch die Schüler sie nicht nur für das eigentliche – oben beschriebene – Arbeiten mit den Karten benutzen, sondern auch als Wortvorlagen innerhalb der Übungen „Boxenschreiben" (vgl. 4.6) und „Silbenkärtchen" (vgl. 4.9). Manchmal werden sie auch „einfach nur" abgestempelt (vgl. 3.2.5).

Einsatzmöglichkeiten

Handlungskontrolle

Abbildung 64: *Lukas überprüft sein Leseergebnis auf der Rückseite der Wendekarte (Anlautbilder als Handlungskontrolle).*

Insgesamt sind den Variationsmöglichkeiten im Einsatz der Wendekarten keine Grenzen gesetzt, einige möchten wir als weitere Impulse kurz anreißen:

Weitere Einsatzmöglichkeiten

- Als Alternative zum Wortaufbau von vorne kann man auch mit der hinteren Silbe beginnen („*welches Wort endet mit der Silbe /der/ ?*").
- Im Sinne der Wortgestalterfassung sind die Wortbilder auch mit einem kleineren Stück Pappe entweder von der oberen Hälfte oder von der unteren Hälfte her abzudecken (vgl. Abb. 65). Die Schüler orientieren sich hier an den Ober- und Unterlängen.

Horizontales Abdecken der Wortbilder

Abbildung 65: *Abdeckungen des Wortbildes Feder auf der unteren Hälfte und auf der oberen Hälfte.*

Suchspiele

- Schließlich legen wir eine überschaubare Anzahl an Wendekarten mit der Wortbildseite nach oben auf den Tisch und lassen Begriffe nach Ansage suchen (☛ „*ich möchte das Wort Feder haben*" oder „*wer findet das Wort Gabel?*").
  Wichtig sind:
  – die Sitzordnung *(☛ alle Schüler müssen von vorne auf die Karten sehen können)*
  – und eine gewisse Reduktion der Karten *(☛ wir arbeiten mit 4 bis 8 Karten je nach Schülergruppe)*

Wendekarten 1

Bildkarten von A wie Ameise bis E wie Esel
Kopieren in DIN A4 (100 %) oder vergrößern auf DIN A3 (141 %)

(Ameise)	Ameise
(Baum)	Baum
(Computer)	Computer
(Daumen)	Daumen
(Esel)	Esel

Wendekarten 2

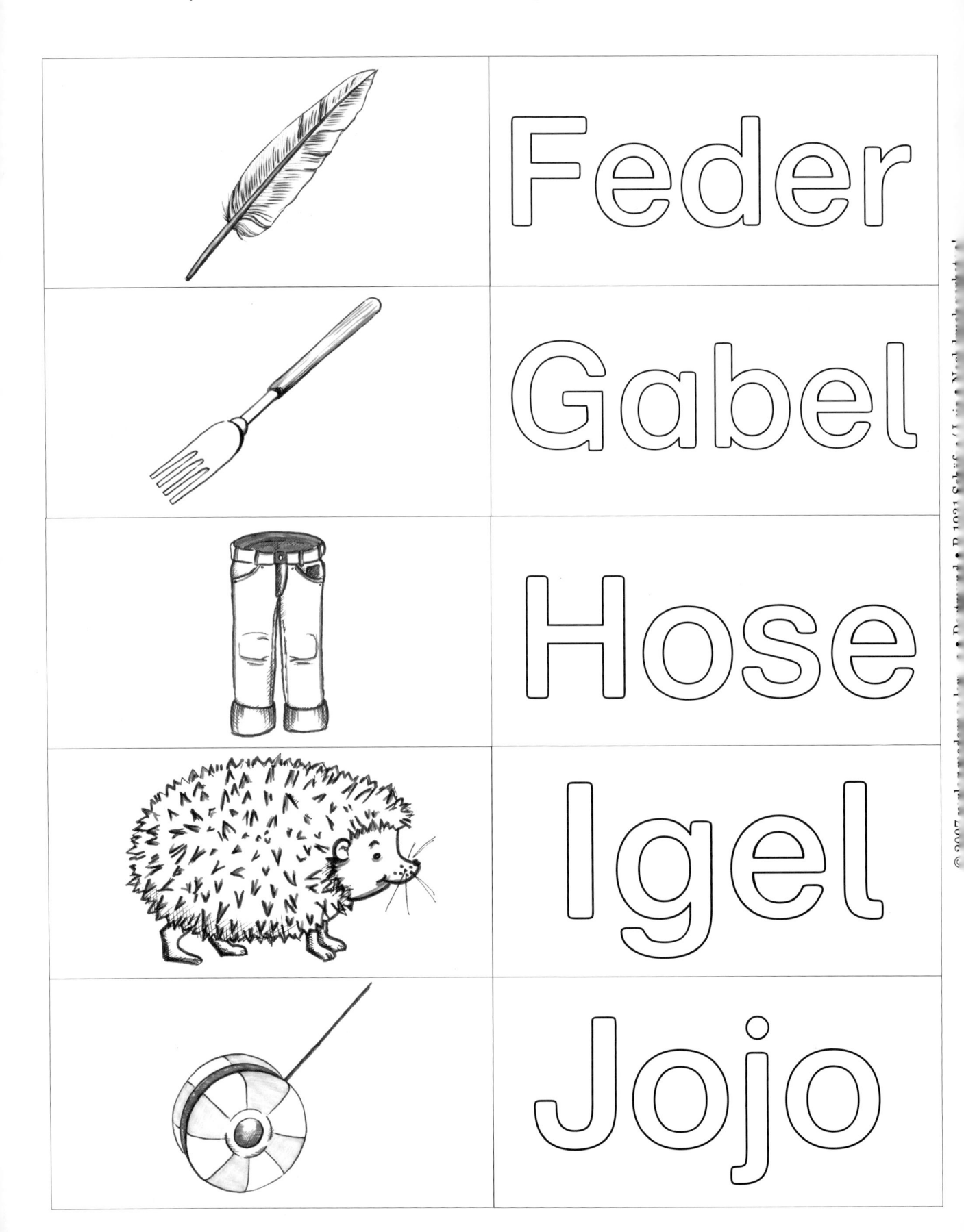

Bildkarten von F wie Feder bis J wie Jojo
Kopieren in DIN A4 (100 %) oder vergrößern auf DIN A3 (141 %)

	Feder
	Gabel
	Hose
	Igel
	Jojo

Wendekarten 3

Bildkarten von K wie Käse bis O wie Opa
Kopieren in DIN A4 (100 %) oder vergrößern auf DIN A3 (141 %)

	Käse
	Laterne
	Maus
	Nase
	Opa

Wendekarten 4

Bildkarten von P wie Palme bis T wie Tisch
Kopieren in DIN A4 (100 %) oder vergrößern auf DIN A3 (141 %)

	Palme
	Qualle
	Regen
	Sofa
	Tisch

Wendekarten 5

Bildkarten von U wie Uhr bis Y wie Ypsilon
Kopieren in DIN A4 (100 %) oder vergrößern auf DIN A3 (141 %)

🕐	Uhr
🐦	Vogel
🐋	Wal
🎶	Xylophon
Y	Ypsilon

Holger Schäfer / Nicole Leis: Der Anlautbaum

Wendekarten 6

Bildkarten Z wie Zitrone + au, ei, eu und sch
Kopieren in DIN A4 (100 %) oder vergrößern auf DIN A3 (141 %)

	Zitrone
	Auto
	Eis
	Euro
	Schal

Wendekarten 7

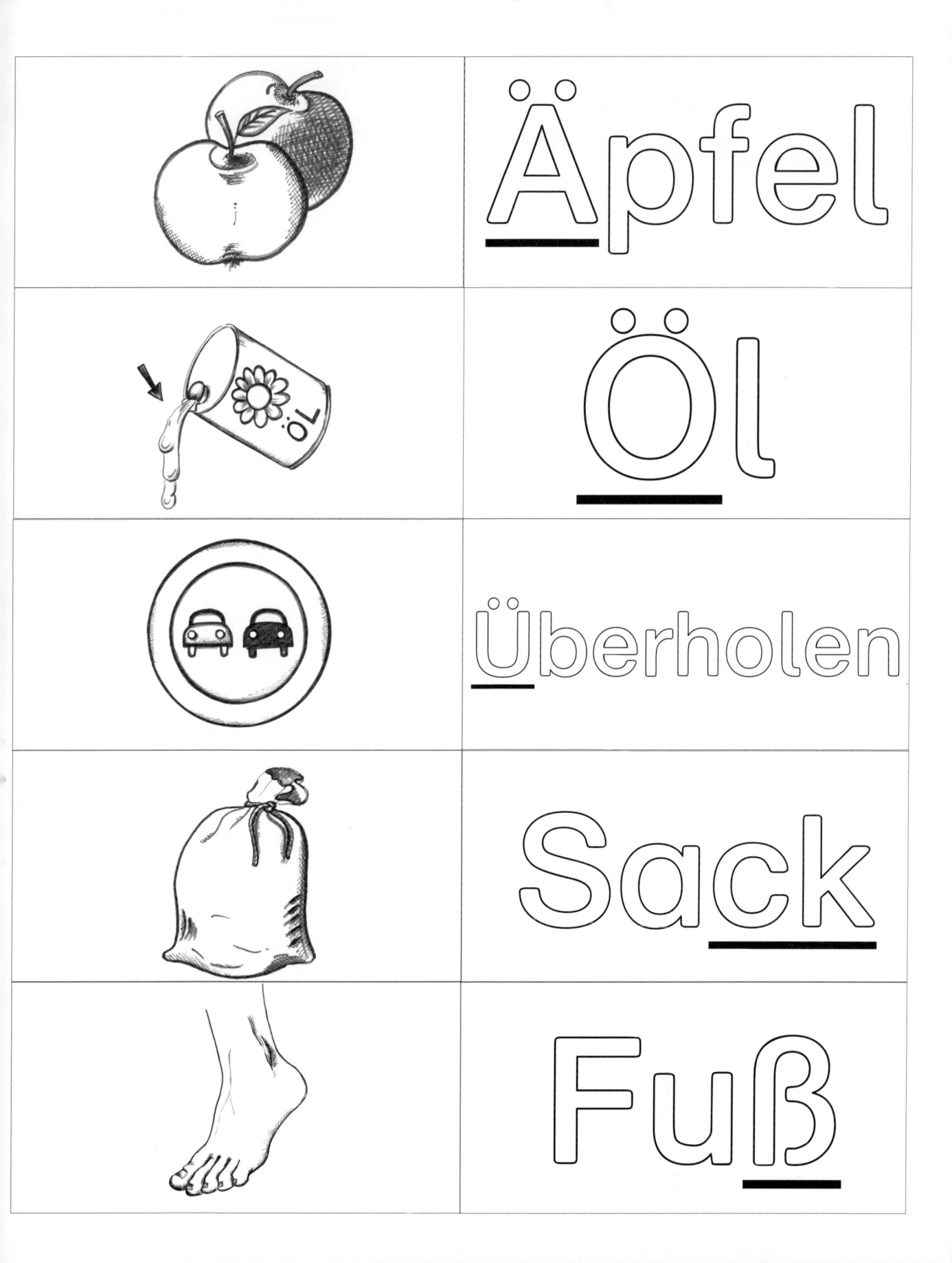

Bildkarten zu den Lauten ä, ö, ü, ck und ß
Kopieren in DIN A4 (100 %) oder vergrößern auf DIN A3 (141 %)

	Äpfel
	Öl
	Überholen
	Sack
	Fuß

Wendekarten 8

Bildkarten zu den Lauten st, ie, pf, sp und ch
Kopieren in DIN A4 (100 %) oder vergrößern auf DIN A3 (141 %)

★	**S**tern
(Wiese)	W**ie**se
(Pfeife)	**P**feife
(Spiegel)	**Sp**iegel
(Milch / Dach)	Mil**ch** / Da**ch**

4.8 Kopiervorlagen Puzzle zu den Anlautbildern

Die folgenden Kopiervorlagen (Anlaut-Puzzle) stehen für alle eigenständigen Grapheme in großen Buchstaben der **Druckschrift Nord** zur Verfügung, also von A bis Z. Ziel ist es, die ausgeschnittenen Puzzleteile in Orientierung an den bisher eingeführten Buchstaben sowie an den enthaltenen Anlautbildern zusammenzufügen. Nach anfänglichen Versuchen mit 8 und mehr Puzzleteilen haben wir uns zu einer Reduktion im Rahmen von 3 bis 5 Puzzleteilen entschlossen. Zu groß ist insbesondere im Anfangsunterricht die Verwirrung im Buchstabenaufbau gewesen.

Von A bis Z in großen Buchstaben

Ebenfalls haben wir die kleinen Buchstaben außen vor gelassen, da wir feststellen konnten, dass die – *hier vermehrt vorkommenden* – Rundungen und Feinheiten den Schwerpunkt zu sehr auf das Schneiden verlagern und das eigentliche Buchstabenpuzzle zu kurz kommt.

Im Unterricht kopieren wir die Vorlagen je nach Fertigkeiten der Schüler ebenfalles in DIN A4 oder auf DIN A3. Der Vorteil in den Vergrößerungen besteht darin, dass der feinmotorische Aspekt des Schneidens keine Hürde darstellt, sondern immer noch das Zusammenpuzzeln der Grapheme im Vordergrund stehen bleibt.

Sauberes Schneiden ist wichtig, aber nicht primäres Arbeitsziel

Abbildung 66: *Moritz und Lukas schneiden zunächst die Puzzle-Teile aus.*

Wenn wir jedoch die Vorlagen größer kopieren, schneiden wir das dann entstehende DIN A3-Blatt in zwei Hälften, um die Schüler nicht mit einem so großen Papierstück anfangen lassen zu müssen. Wenn die einzelnen Puzzle-Teile ausgeschnitten sind, ist es die Aufgabe der Schüler diese – *in Orientierung an den Anlautbildern im Klassenzimmer (Handlungsorientierung)* – zunächst ohne Kleber zusammenzulegen.

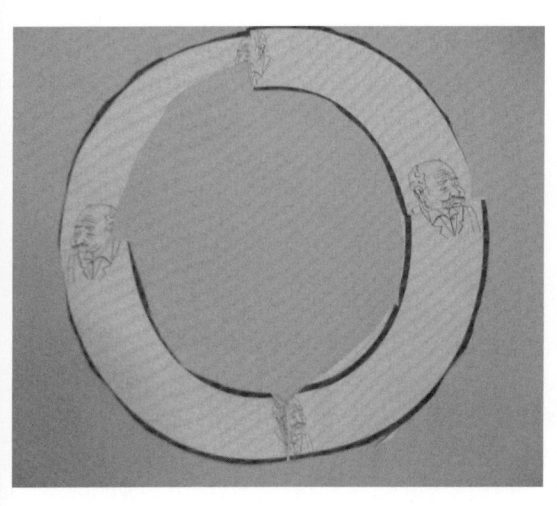

Erst wenn die tatsächliche Form des Buchstabens – *alleine, in Partnerarbeit oder mit Hilfe des Lehrers* – entwickelt worden ist, stehen Kleber und ein weiteres Blatt zum Aufkleben zur Verfügung. Farbige Blätter als Hintergrund bieten sich zur Kontrastbildung an.

Das Kleben kommt zum Schluss

Abbildung 67: *Das Ergebnis der Partnerarbeit – das „O" ist zu erkennen.*

Hierbei ist es uns wichtig,

1. dass die Schüler ihren zusammengestellten Buchstaben zunächst auf das Blatt übertragen,
2. die Zusammenstellung nochmals kontrollieren und gegebenenfalls mit Mitschülern überprüfen
3. und erst dann Teil für Teil auf die Unterlage festkleben.

Einhalten der Arbeitsschritte

Stolze Präsentation der Arbeitsergebnisse

Wir konnten feststellen, dass es möglicherweise zu Platzmangel auf der Klebefläche oder ungewollten Verschiebungen kommt, wenn die o.g. Zwischenschritte unbeachtet bleiben. Darüber hinaus stellt das nochmalige Übertragen auf das Blatt eine Sicherung/Vertiefung der ersten Übung dar und wird von den Schülern bewusster wahrgenommen.

Abbildung 68: *Moritz und Lukas sind stolz auf das Ergebnis der gemeinsamen Arbeit.*

Ist das Puzzlebild fertig, können die Schüler im Sinne einer Maximalplanung die Anlautbilder farbig gestalten und den Buchstaben nachschreiben.

Das Schneiden

Eine große Hürde stellt oft das Ausschneiden dar. Wir haben oben angeführt, dass jedoch nicht das exakte Ausschneiden im Mittelpunkt stehen sollte. Dies kann implizit in der Zielstellung mitverfolgt werden. Sollten sich jedoch einige Schüler allzu schwer tun, lassen wir entweder in Partnerarbeit beide Puzzle von einem älteren Schüler ausschneiden oder geben die selber ausgeschnittenen Puzzleteile vor. In beiden Fällen steht der Graphemaufbau im Vordergrund und potenzielle Misserfolgserlebnisse können so vermieden werden.

Möglicherweise werden sich einige Schüler beim Ausschneiden an der inneren Linie ausrichten. Dies hat zur Folge, dass im späteren Graphemaufbau die schwarze Linie als Orientierung fehlen wird. Unseres Erachtens sind hier zwei Dinge zu beachten: Zum einen dienen die Anlautbilder als Handlungsorientierung und spätere Handlungskontrolle. Dadurch ist man im Zusammenlegen nicht zwangsläufig auf die äußere schwarze Linie angewiesen. Zum anderen werden die Schüler schnell feststellen, dass das Zusammenlegen später leichter fällt, wenn sie außerhalb der schwarzen Umrandung schneiden.

In unseren Beispielen sehen wir dies in den Arbeiten eines Schülers zu den Buchstaben „O" und „L". Ein diesbezüglich überlegtes Arbeiten – *die Entwicklung ist hier schon zu erkennen* – wird sich im weiteren Verlauf festigen. Insgesamt konnte der Graphemaufbau nachempfunden werden.

Puzzle-Bilder – das A wie Ameise

Puzzleteile ausschneiden und auf einem neuen Blatt aufkleben
Kopieren in DIN A4 (100 %) oder vergrößern auf DIN A3 (141 %)

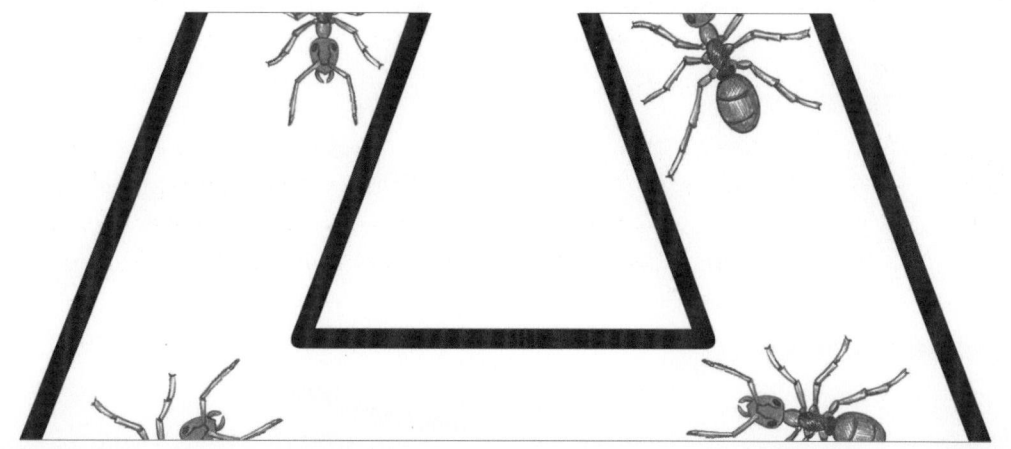

248 Holger Schäfer / Nicole Leis: Der Anlautbaum

Puzzle-Bilder – das B wie Baum

Puzzleteile ausschneiden und auf einem neuen Blatt aufkleben
Kopieren in DIN A4 (100 %) oder vergrößern auf DIN A3 (141 %)

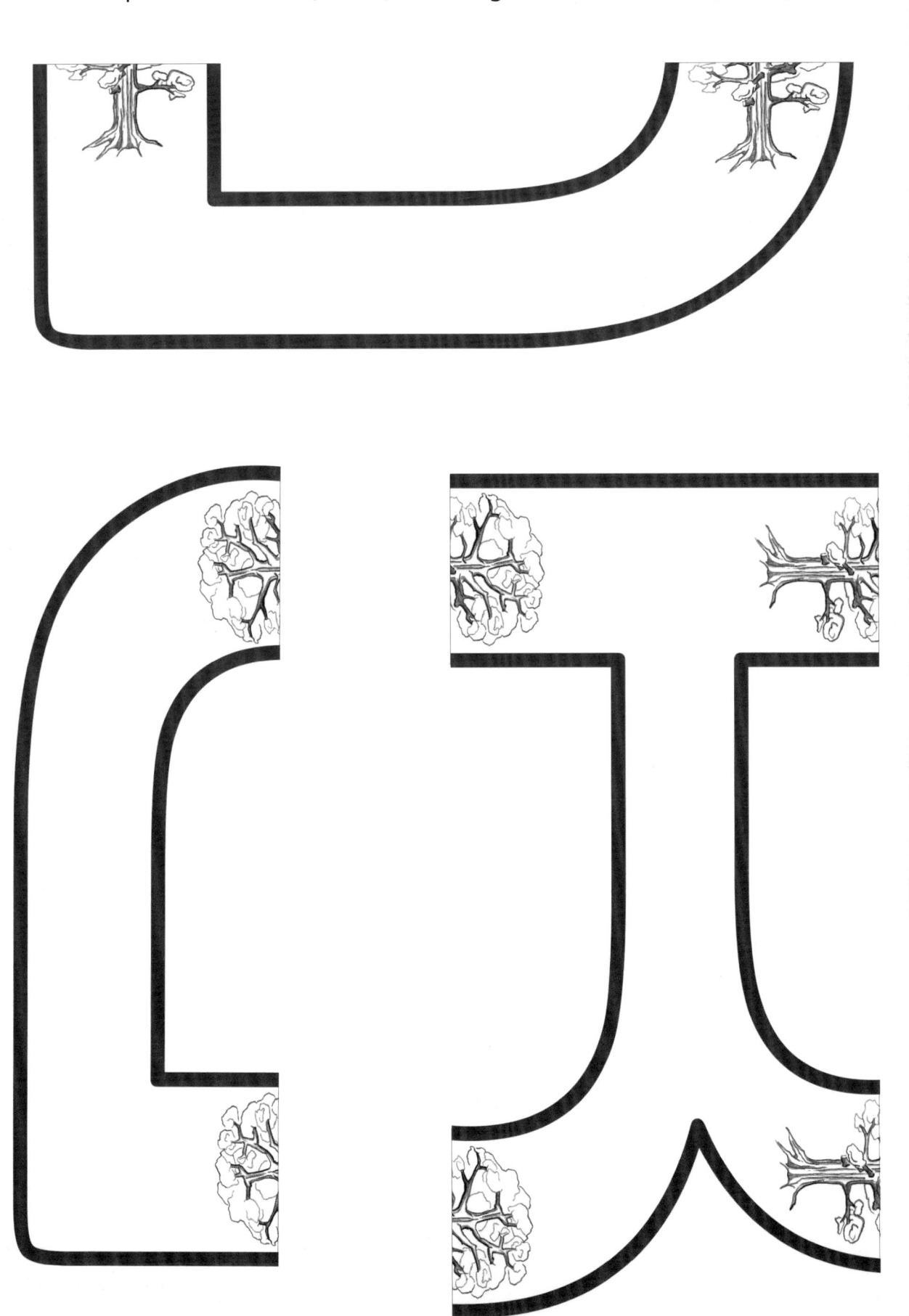

Puzzle-Bilder – das C wie Computer

Puzzleteile ausschneiden und auf einem neuen Blatt aufkleben
Kopieren in DIN A4 (100 %) oder vergrößern auf DIN A3 (141 %)

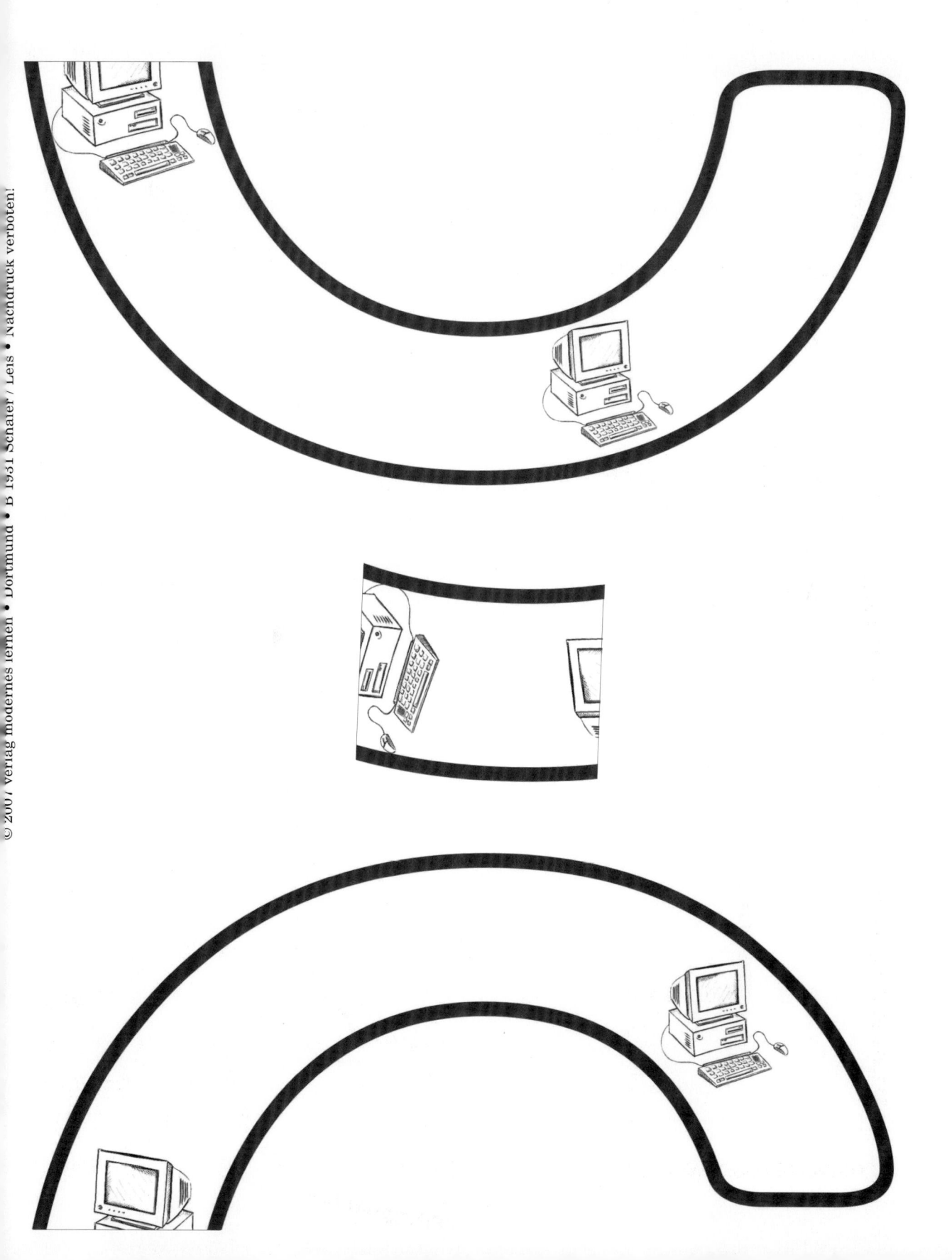

Puzzle-Bilder – das D wie Daumen

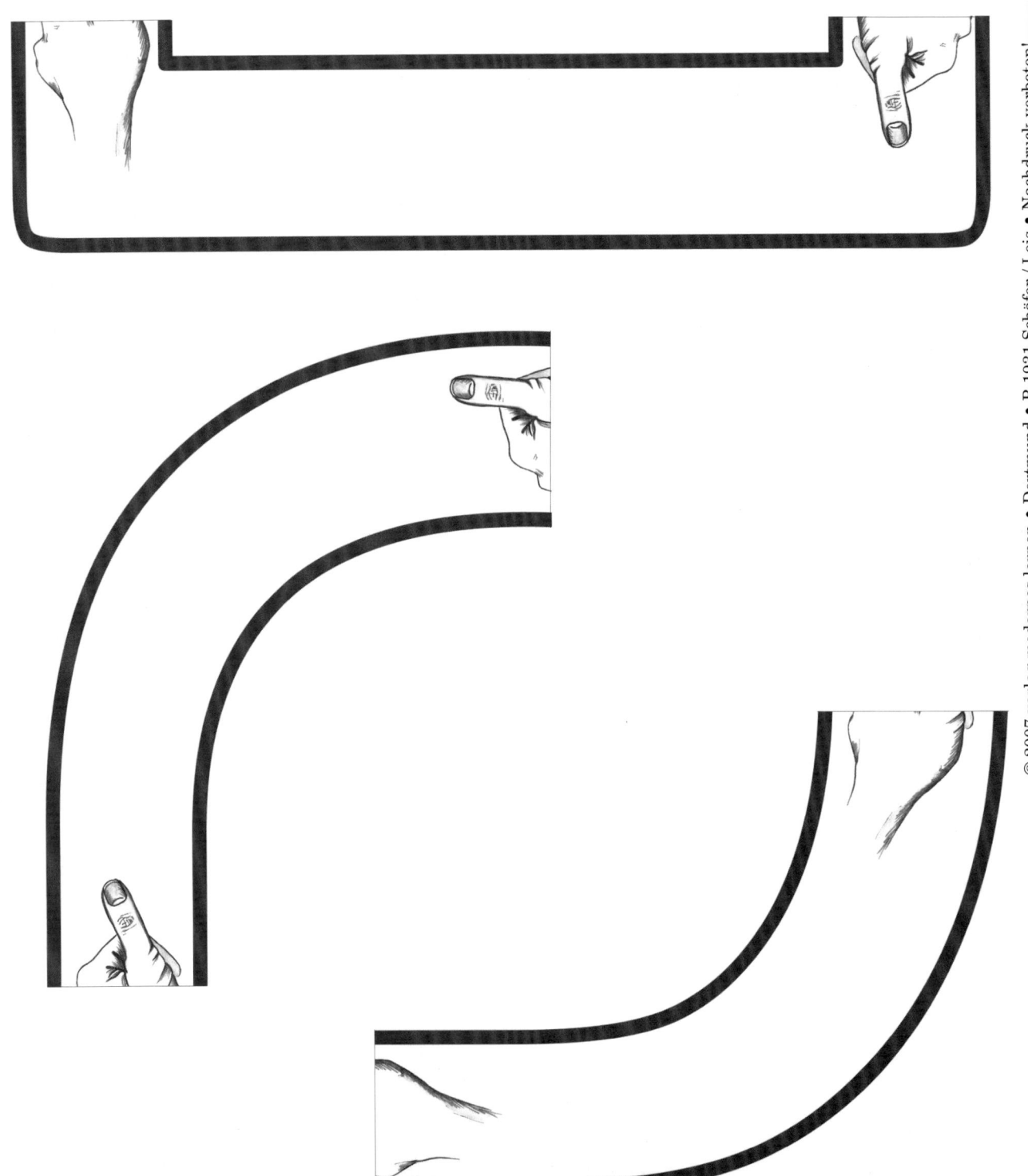

Puzzleteile ausschneiden und auf einem neuen Blatt aufkleben
Kopieren in DIN A4 (100 %) oder vergrößern auf DIN A3 (141 %)

4.8 Kopiervorlagen Puzzle zu den Anlautbildern

Puzzle-Bilder – das E wie Elefant

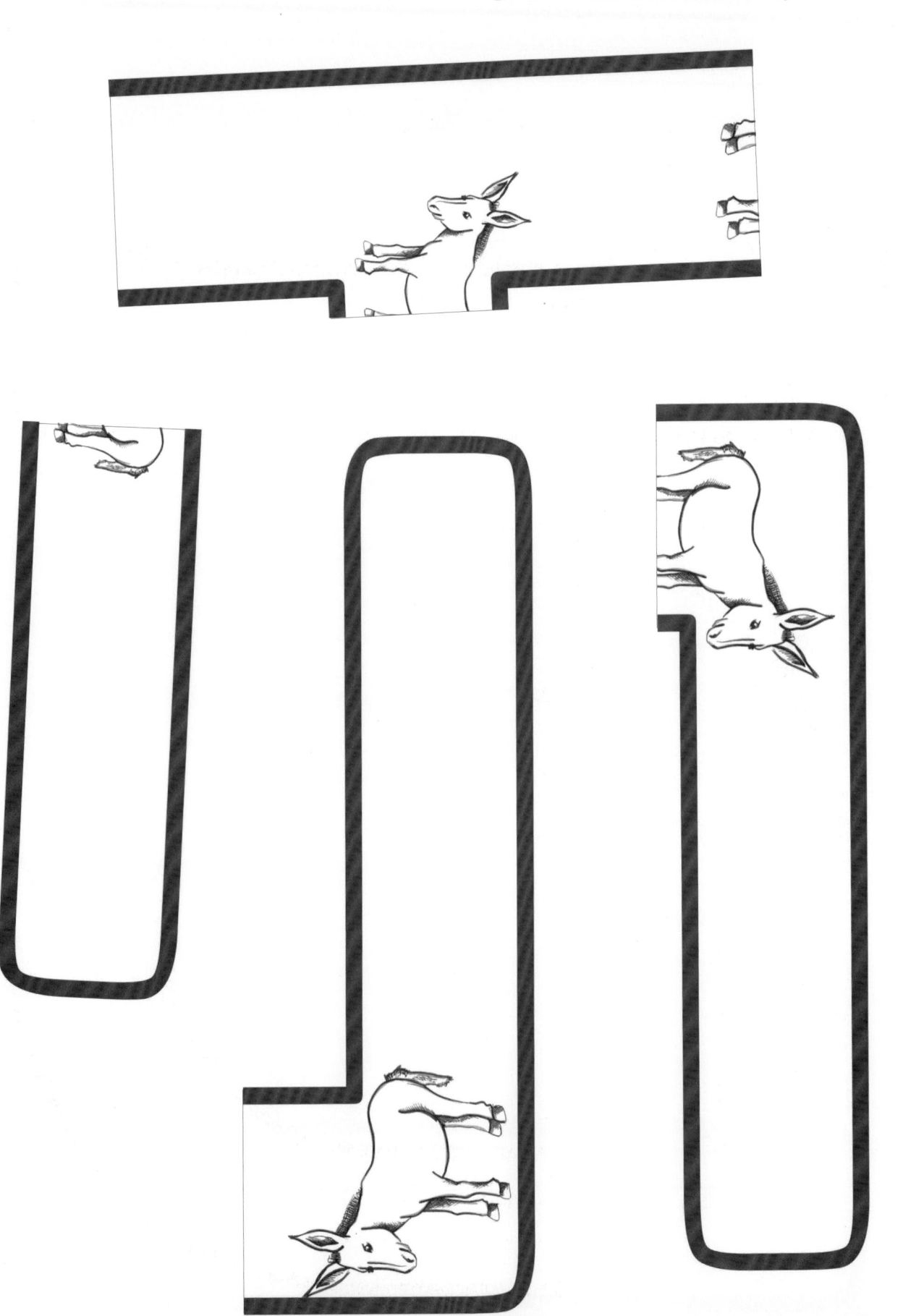

Puzzleteile ausschneiden und auf einem neuen Blatt aufkleben
Kopieren in DIN A4 (100 %) oder vergrößern auf DIN A3 (141 %)

Puzzle-Bilder – das F wie Feder

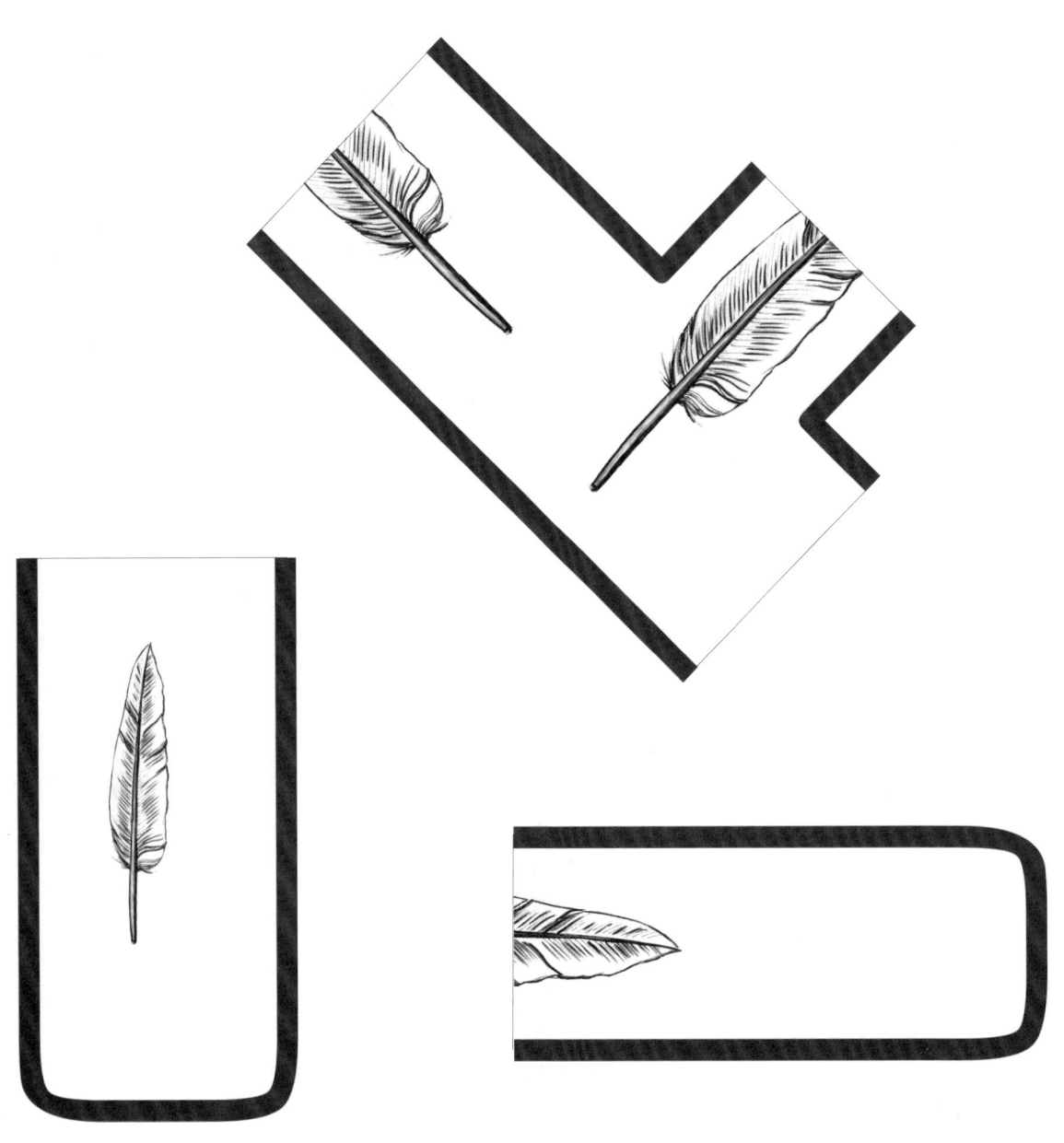

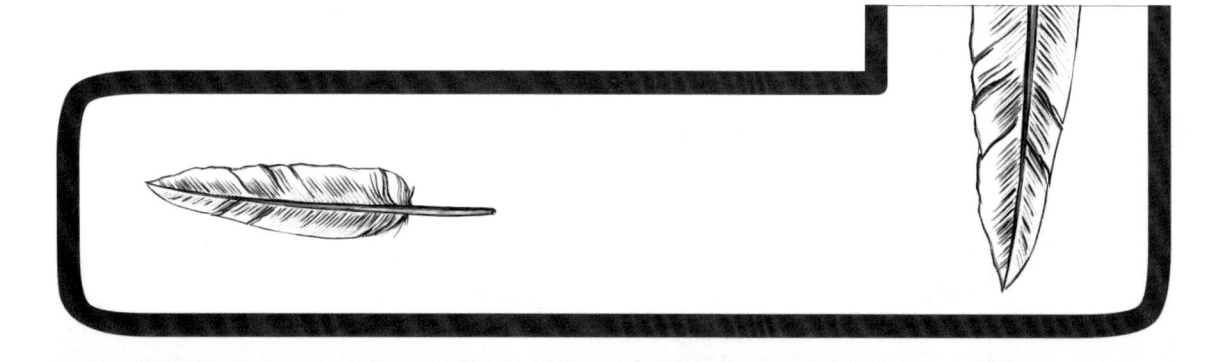

Puzzleteile ausschneiden und auf einem neuen Blatt aufkleben
Kopieren in DIN A4 (100 %) oder vergrößern auf DIN A3 (141 %)

4.8 Kopiervorlagen Puzzle zu den Anlautbildern

Puzzle-Bilder – das G wie Gabel

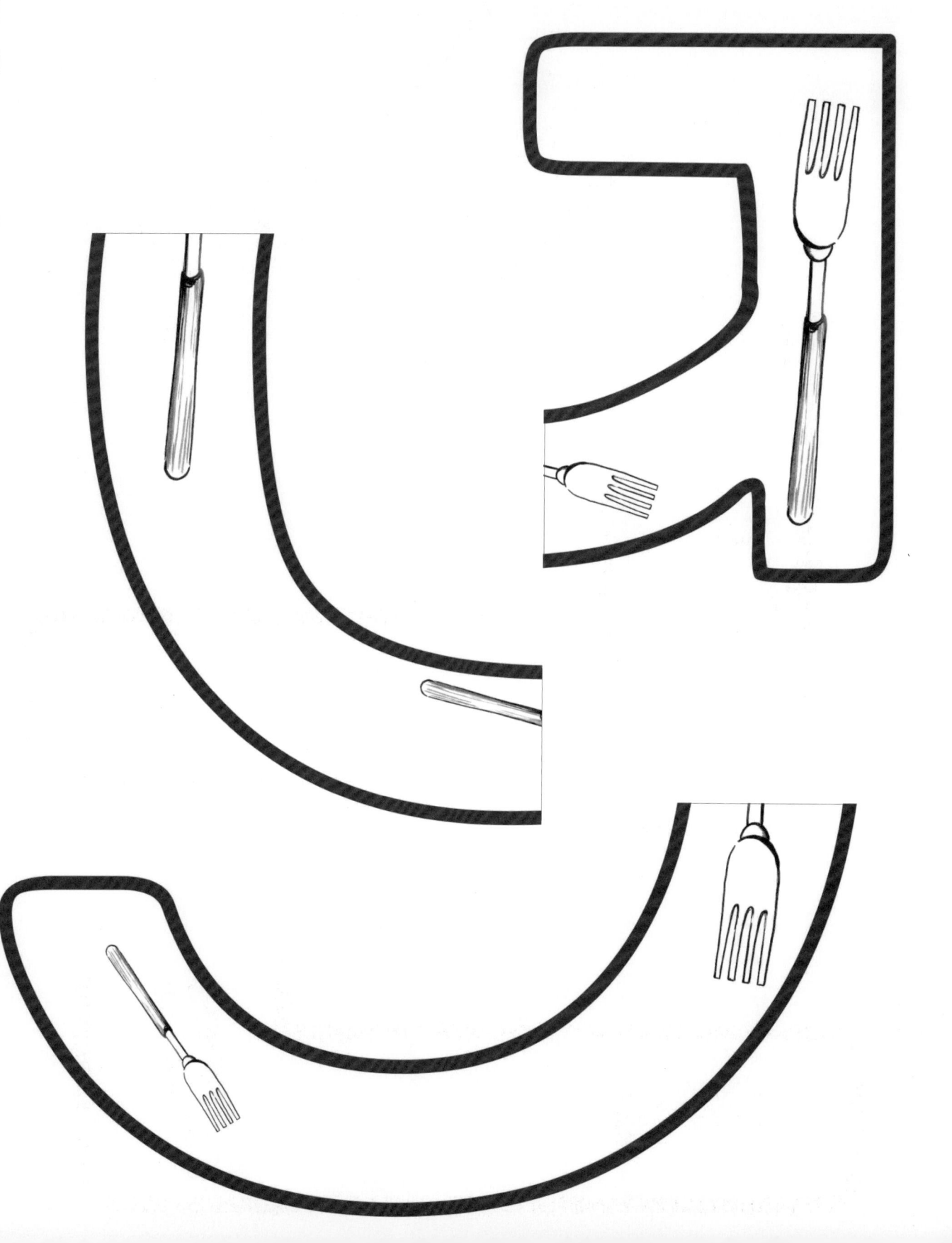

Puzzleteile ausschneiden und auf einem neuen Blatt aufkleben
Kopieren in DIN A4 (100 %) oder vergrößern auf DIN A3 (141 %)

Puzzle-Bilder – das H wie Hose

Puzzleteile ausschneiden und auf einem neuen Blatt aufkleben
Kopieren in DIN A4 (100 %) oder vergrößern auf DIN A3 (141 %)

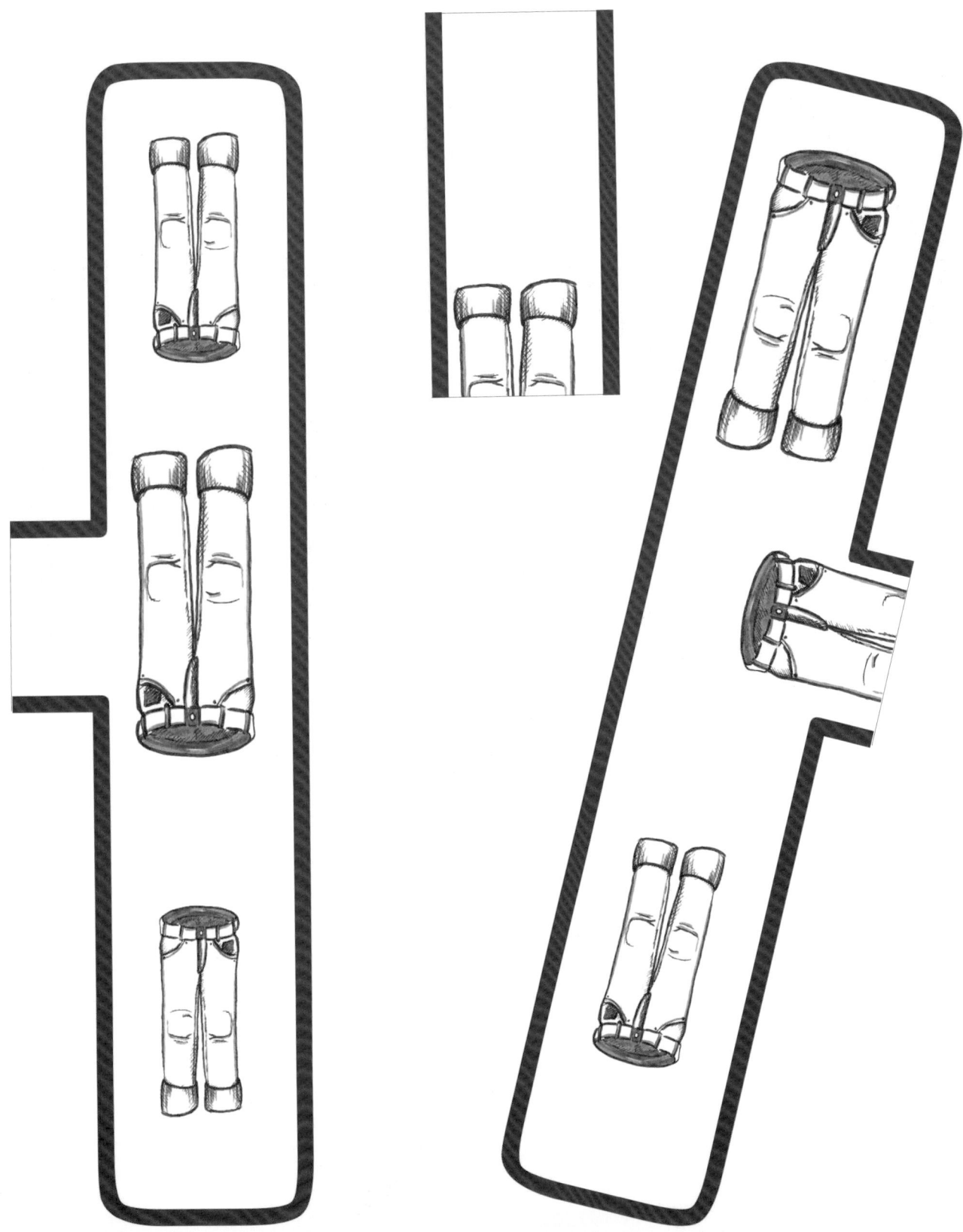

4.8 Kopiervorlagen Puzzle zu den Anlautbildern 255

Puzzle-Bilder – das I wie Igel

Puzzleteile ausschneiden und auf einem neuen Blatt aufkleben
Kopieren in DIN A4 (100 %) oder vergrößern auf DIN A3 (141 %)

Puzzle-Bilder – das J wie Jojo

Puzzleteile ausschneiden und auf einem neuen Blatt aufkleben
Kopieren in DIN A4 (100 %) oder vergrößern auf DIN A3 (141 %)

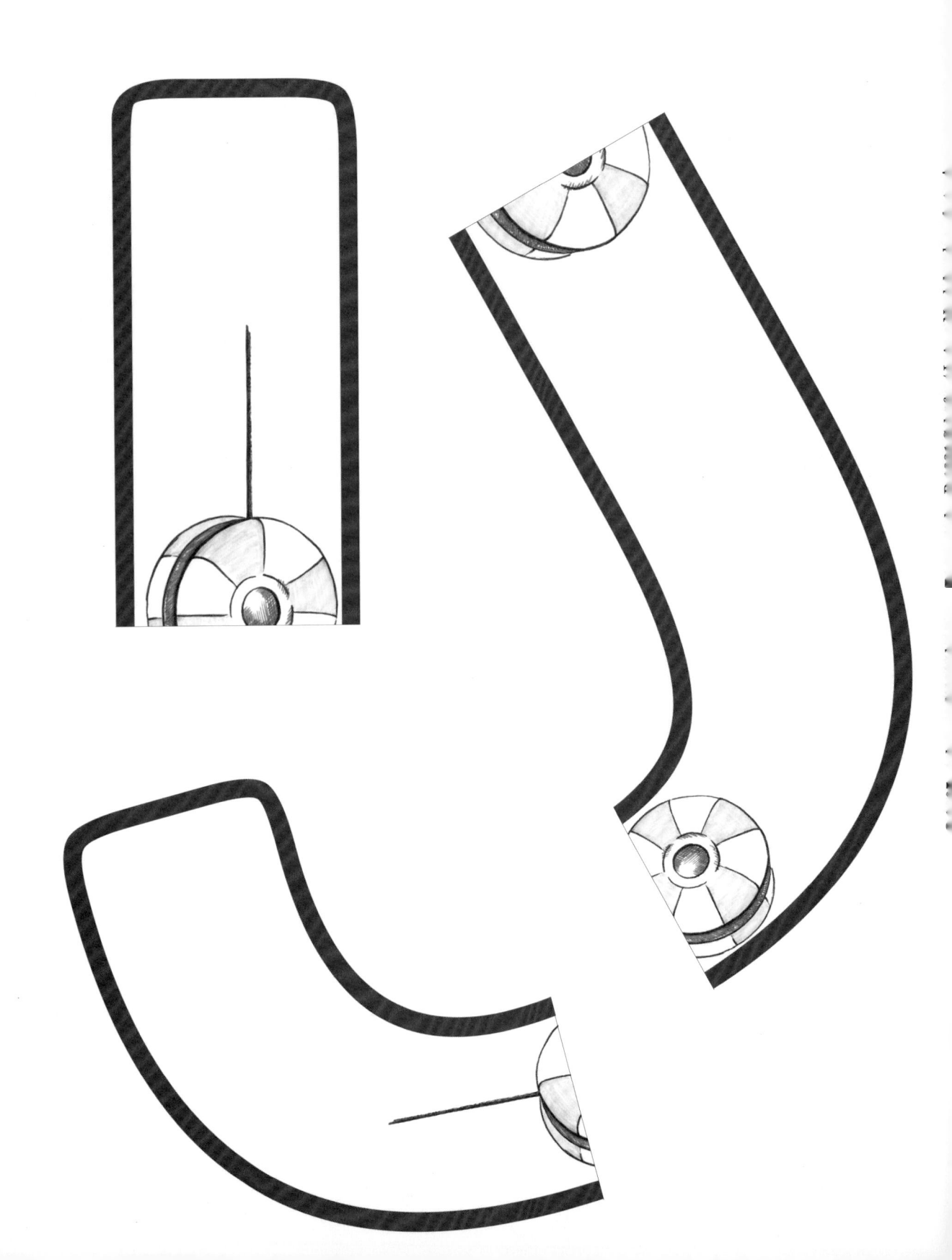

Puzzle-Bilder – das K wie Käse

Puzzleteile ausschneiden und auf einem neuen Blatt aufkleben
Kopieren in DIN A4 (100 %) oder vergrößern auf DIN A3 (141 %)

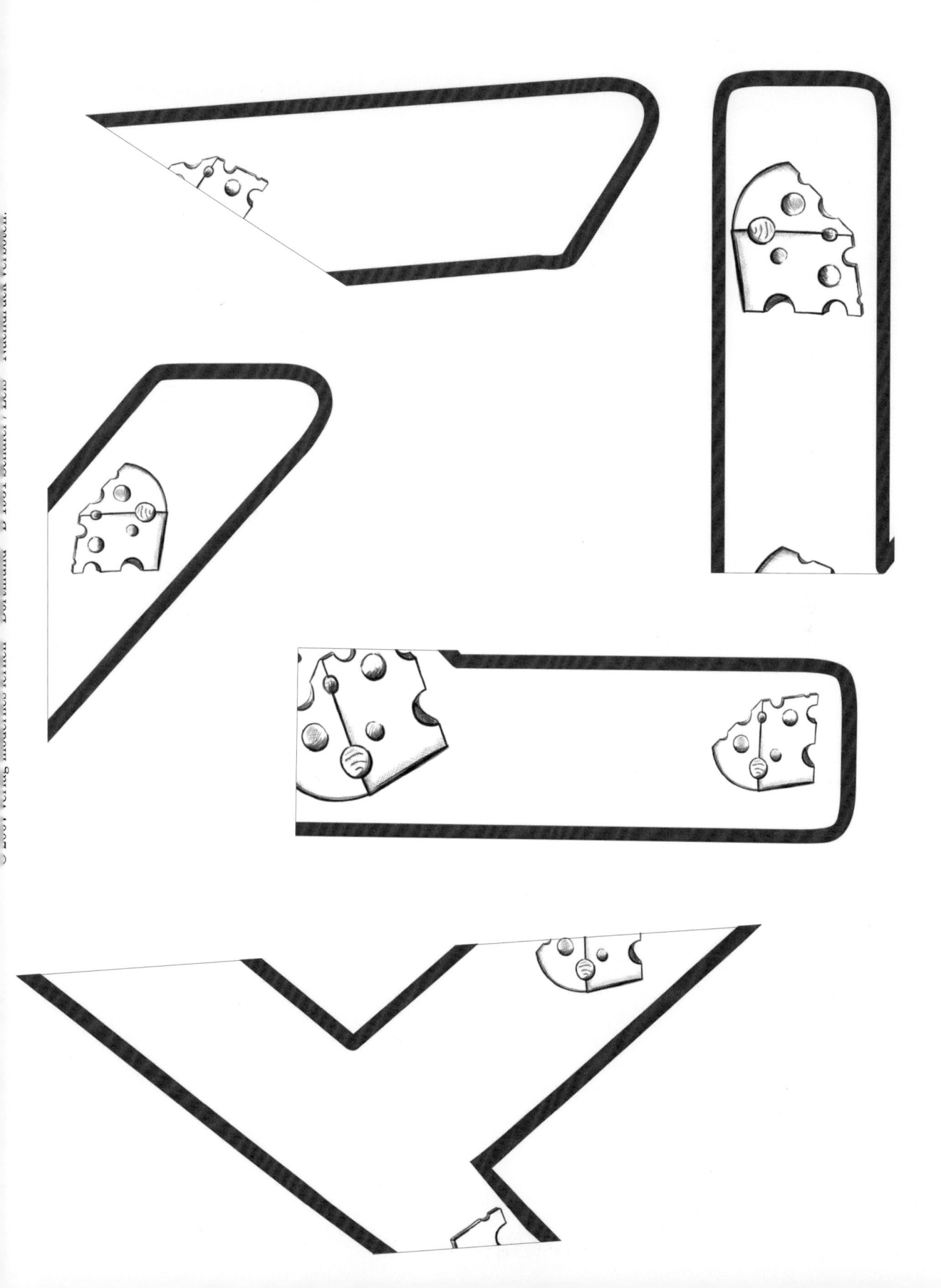

Puzzle-Bilder – das L wie Laterne

Puzzleteile ausschneiden und auf einem neuen Blatt aufkleben
Kopieren in DIN A4 (100 %) oder vergrößern auf DIN A3 (141 %)

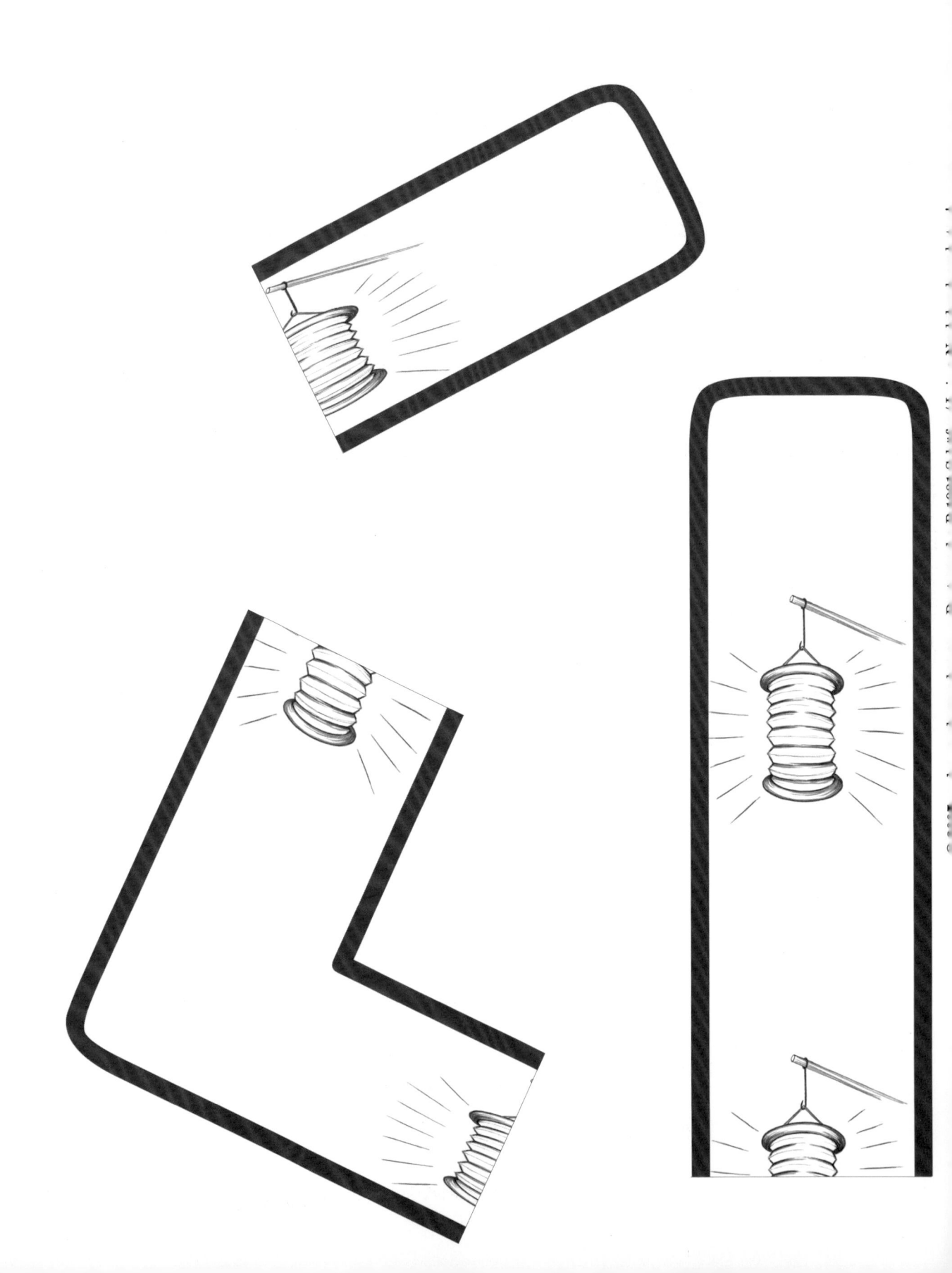

4.8 Kopiervorlagen Puzzle zu den Anlautbildern   259

Puzzle-Bilder – das M wie Maus

Puzzleteile ausschneiden und auf einem neuen Blatt aufkleben
Kopieren in DIN A4 (100 %) oder vergrößern auf DIN A3 (141 %)

Puzzle-Bilder – das N wie Nase

Puzzleteile ausschneiden und auf einem neuen Blatt aufkleben
Kopieren in DIN A4 (100 %) oder vergrößern auf DIN A3 (141 %)

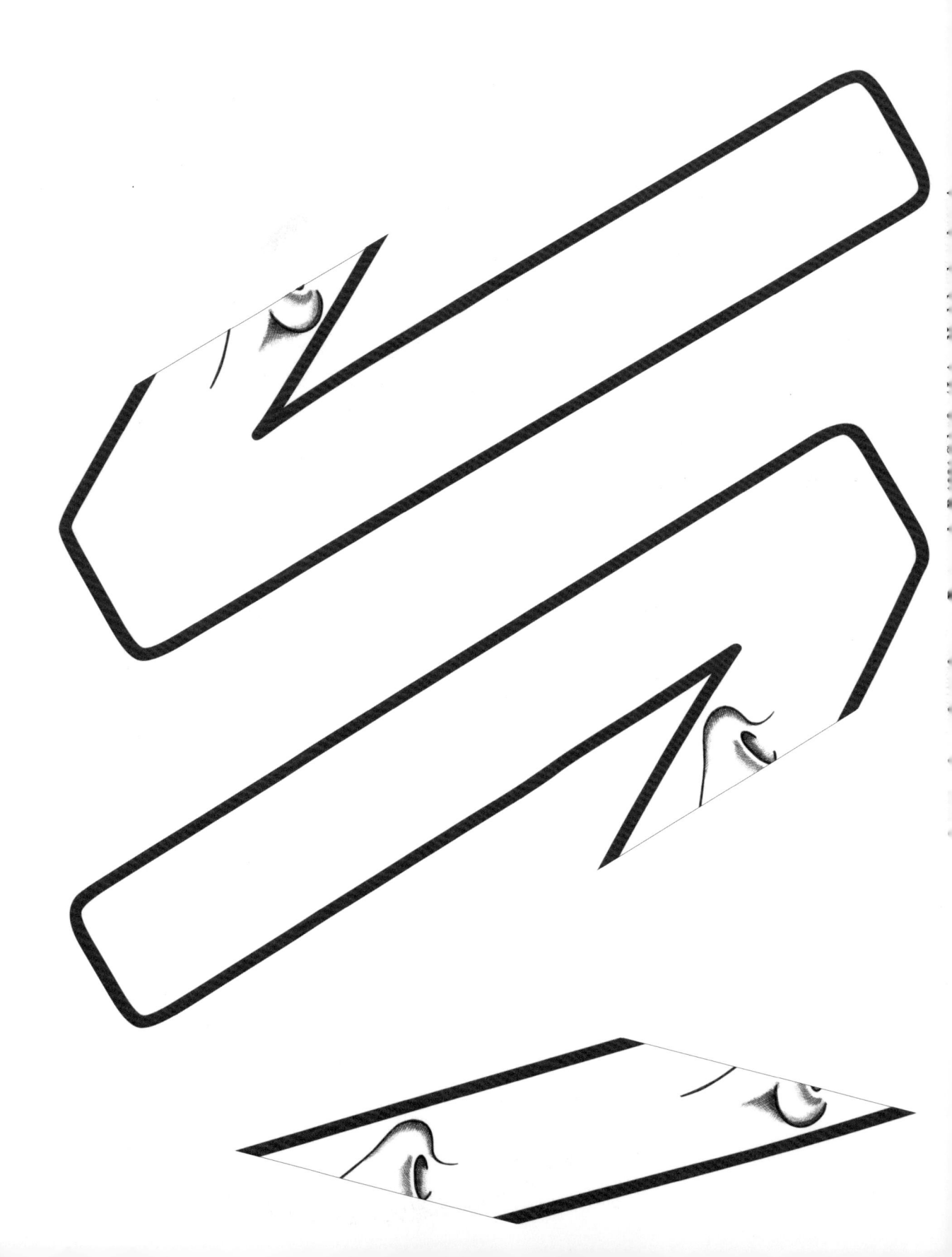

Puzzle-Bilder – das O wie Opa

Puzzleteile ausschneiden und auf einem neuen Blatt aufkleben
Kopieren in DIN A4 (100 %) oder vergrößern auf DIN A3 (141 %)

Puzzle-Bilder – das P wie Palme

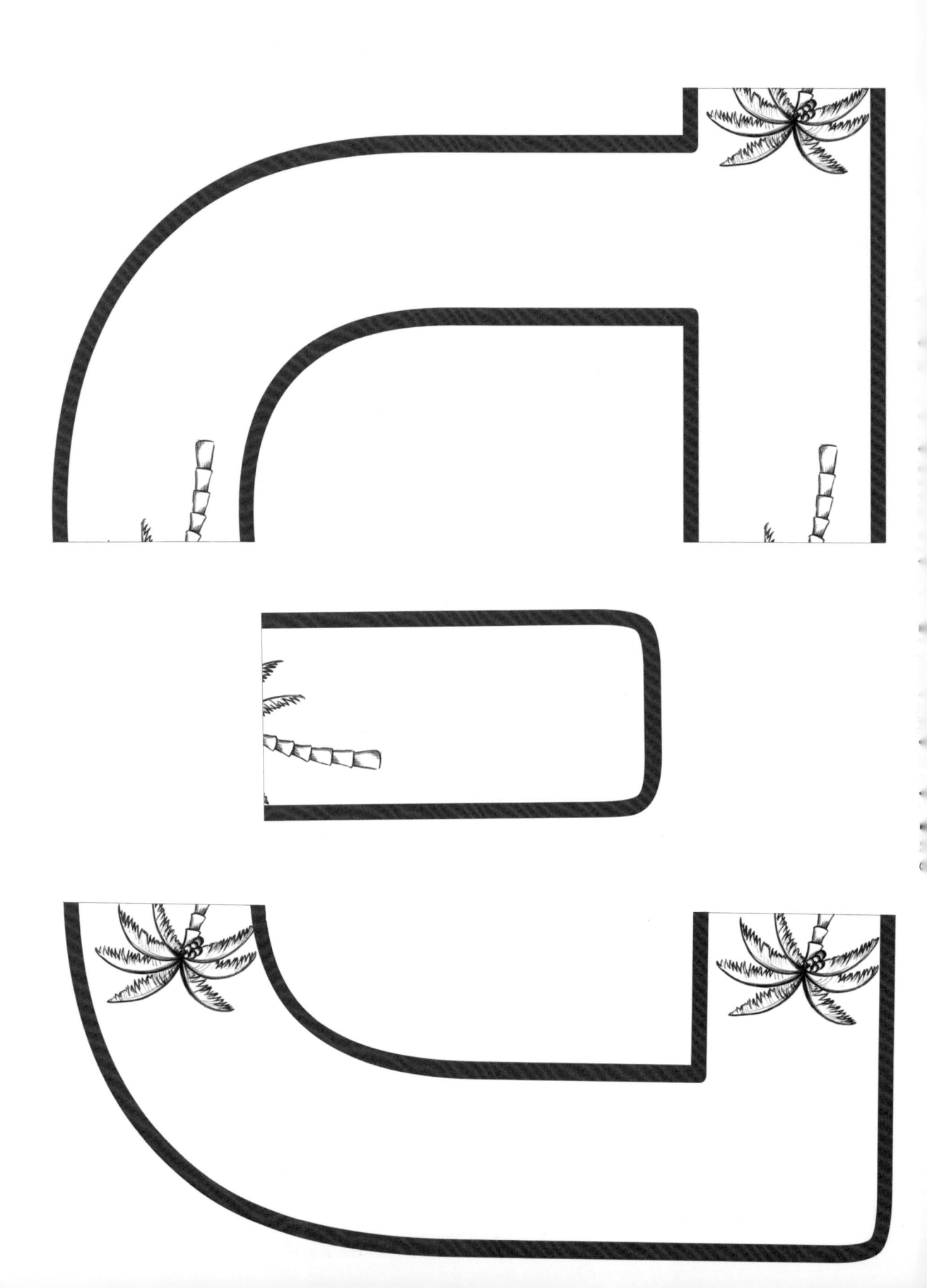

Puzzleteile ausschneiden und auf einem neuen Blatt aufkleben
Kopieren in DIN A4 (100 %) oder vergrößern auf DIN A3 (141 %)

4.8 Kopiervorlagen Puzzle zu den Anlautbildern 263

Puzzle-Bilder – das Qu wie Qualle

Puzzleteile ausschneiden und auf einem neuen Blatt aufkleben
Kopieren in DIN A4 (100 %) oder vergrößern auf DIN A3 (141 %)

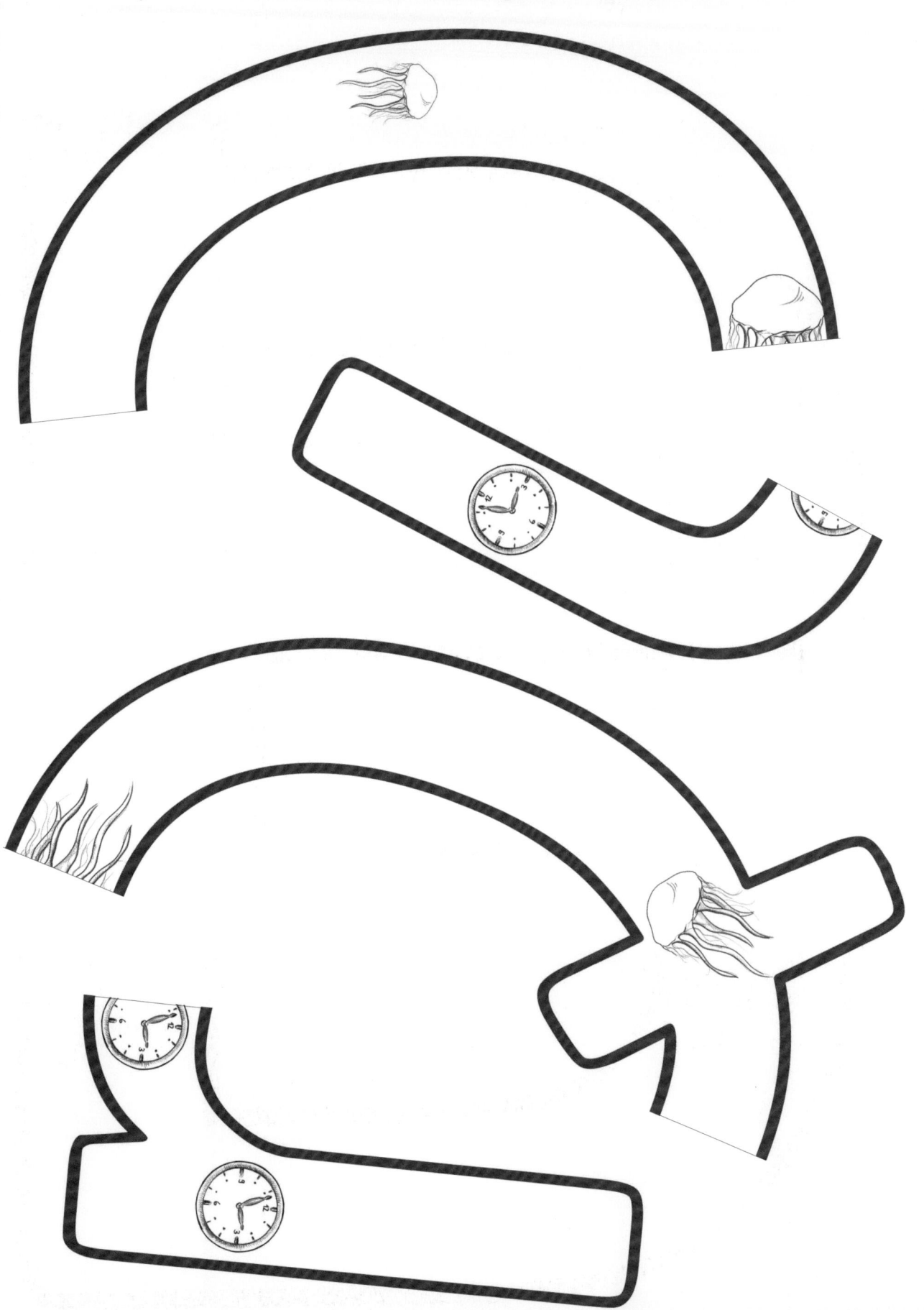

Puzzle-Bilder – das R wie Regen

Puzzleteile ausschneiden und auf einem neuen Blatt aufkleben
Kopieren in DIN A4 (100 %) oder vergrößern auf DIN A3 (141 %)

4.8 Kopiervorlagen Puzzle zu den Anlautbildern

265

Puzzle-Bilder – das S wie Sofa

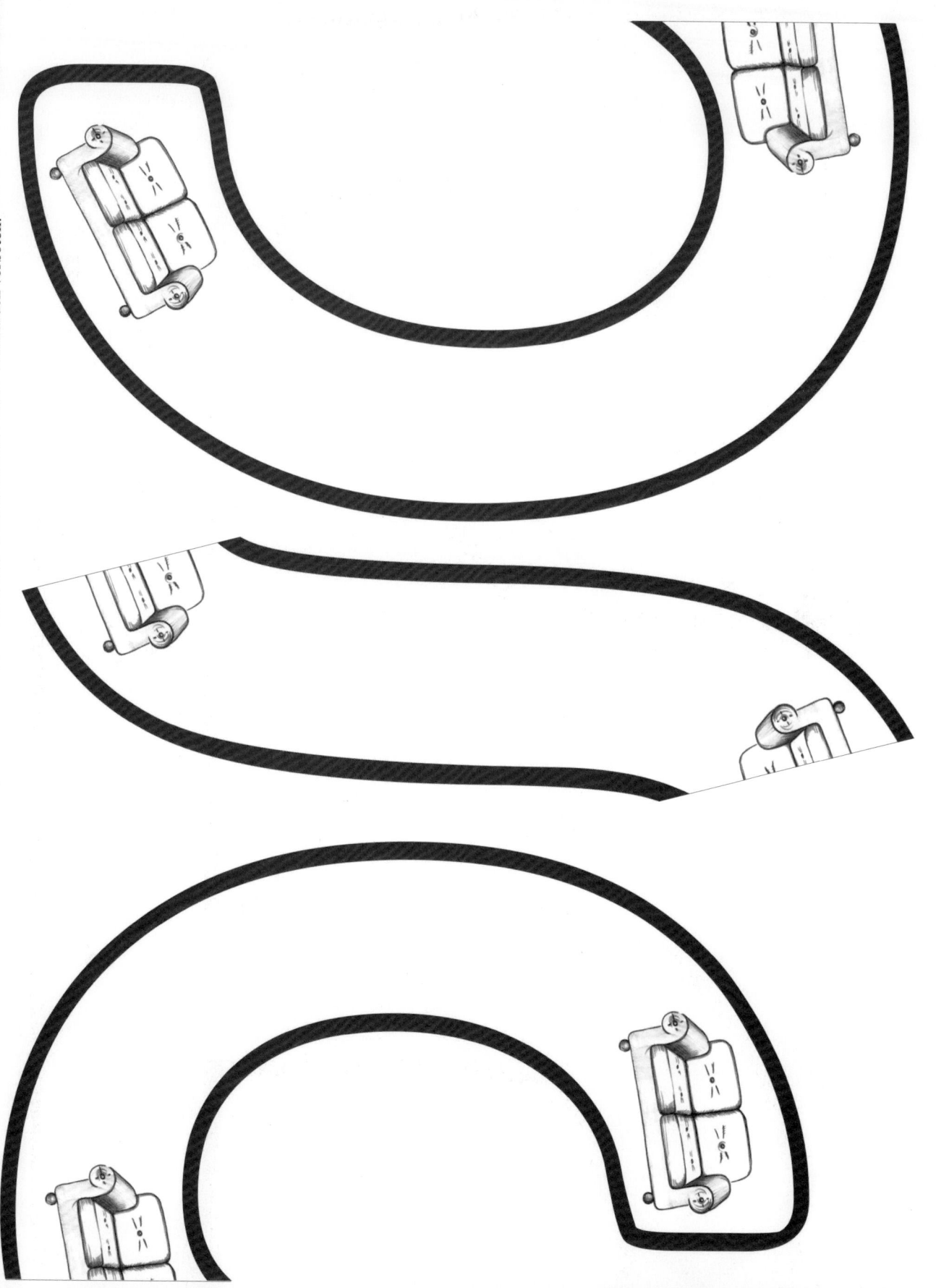

Puzzleteile ausschneiden und auf einem neuen Blatt aufkleben
Kopieren in DIN A4 (100 %) oder vergrößern auf DIN A3 (141 %)

Puzzle-Bilder – das T wie Tisch

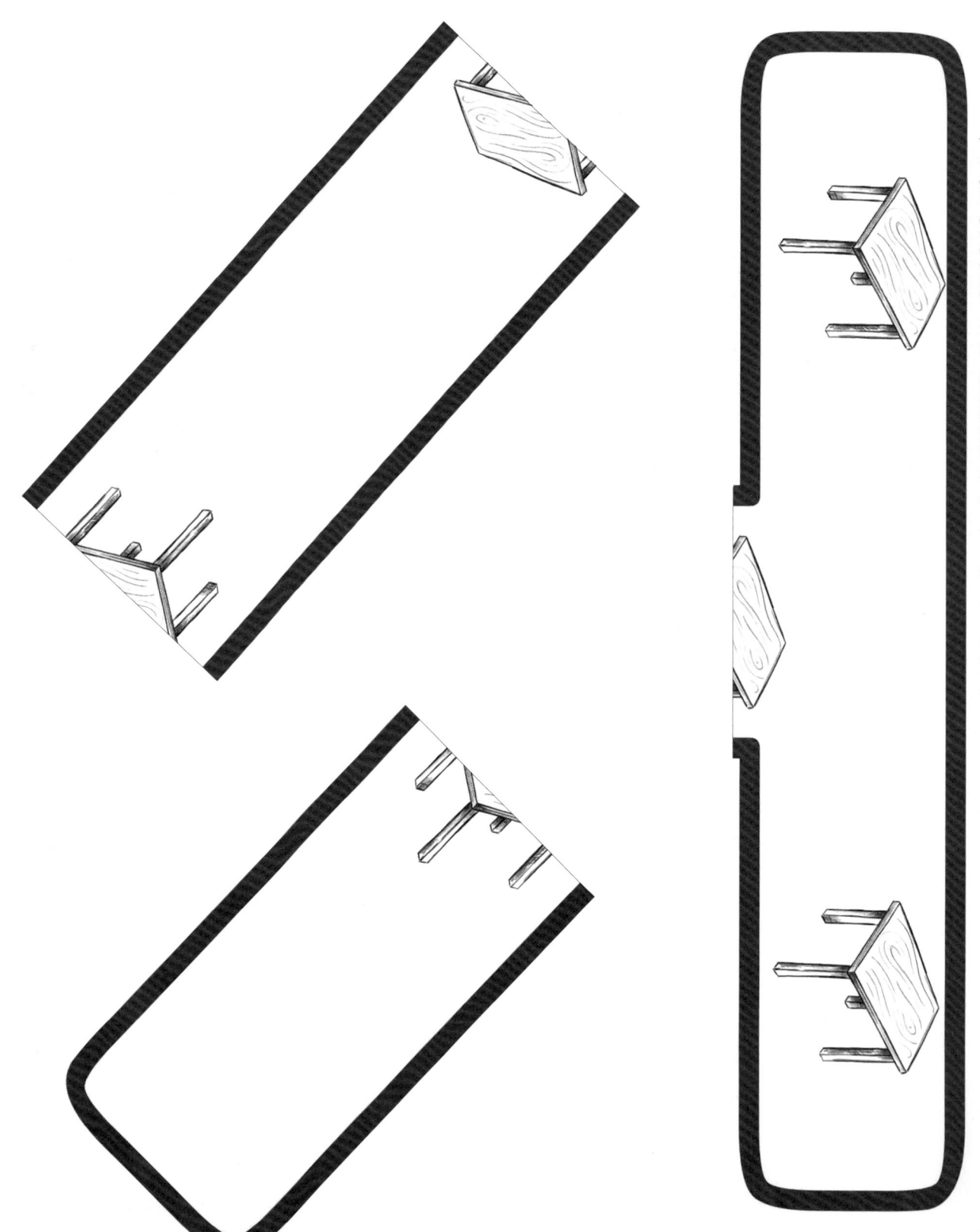

Puzzleteile ausschneiden und auf einem neuen Blatt aufkleben
Kopieren in DIN A4 (100 %) oder vergrößern auf DIN A3 (141 %)

4.8 Kopiervorlagen Puzzle zu den Anlautbildern

Puzzle-Bilder – das U wie Uhr

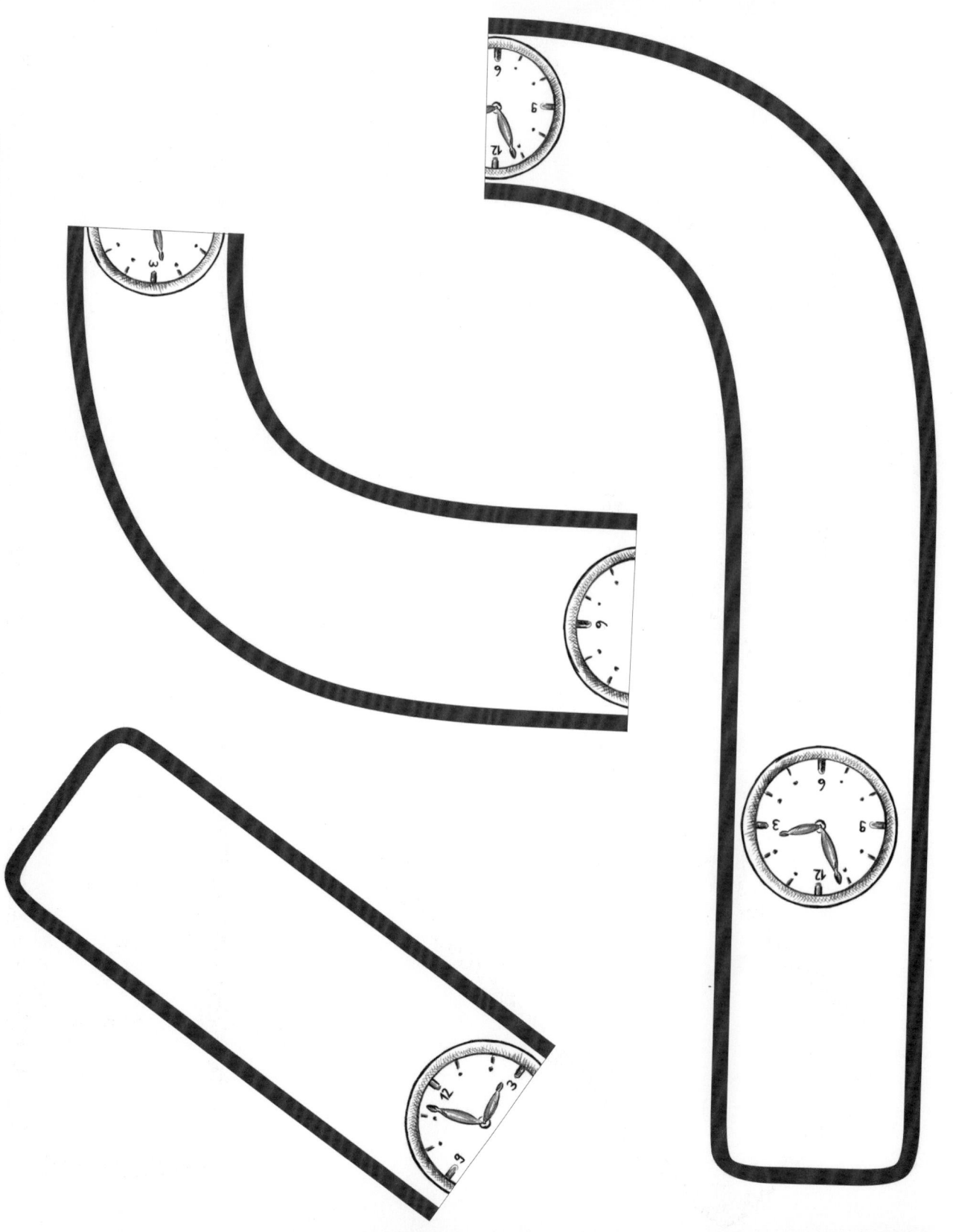

Puzzleteile ausschneiden und auf einem neuen Blatt aufkleben
Kopieren in DIN A4 (100 %) oder vergrößern auf DIN A3 (141 %)

Puzzle-Bilder – das V wie Vogel

Puzzleteile ausschneiden und auf einem neuen Blatt aufkleben
Kopieren in DIN A4 (100 %) oder vergrößern auf DIN A3 (141 %)

4.8 Kopiervorlagen Puzzle zu den Anlautbildern

Puzzle-Bilder – das W wie Wal

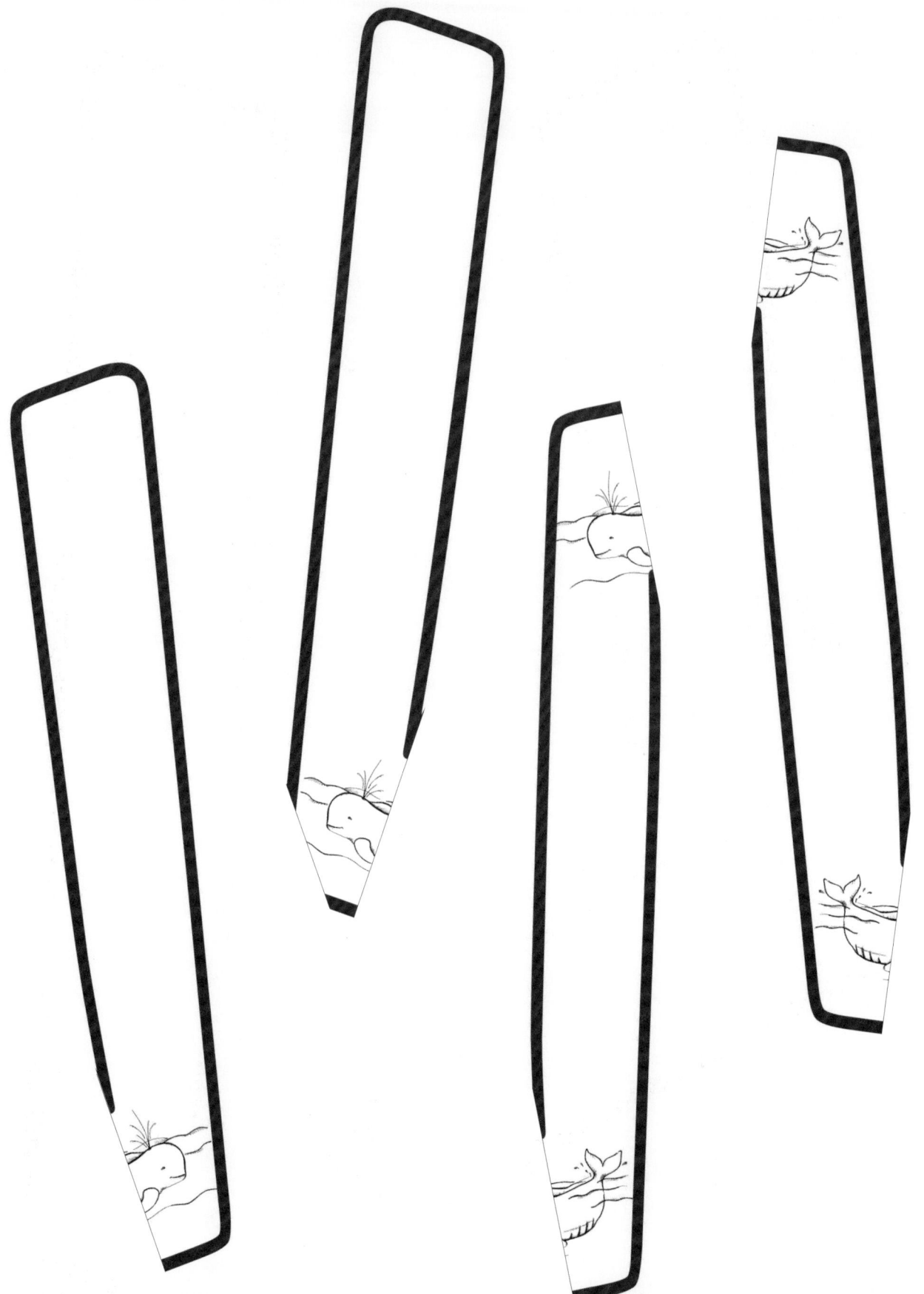

Puzzleteile ausschneiden und auf einem neuen Blatt aufkleben
Kopieren in DIN A4 (100 %) oder vergrößern auf DIN A3 (141 %)

Puzzle-Bilder – das X wie Xylophon

Puzzleteile ausschneiden und auf einem neuen Blatt aufkleben
Kopieren in DIN A4 (100 %) oder vergrößern auf DIN A3 (141 %)

Puzzle-Bilder – das Y wie Ypsilon

Puzzleteile ausschneiden und auf einem neuen Blatt aufkleben
Kopieren in DIN A4 (100 %) oder vergrößern auf DIN A3 (141 %)

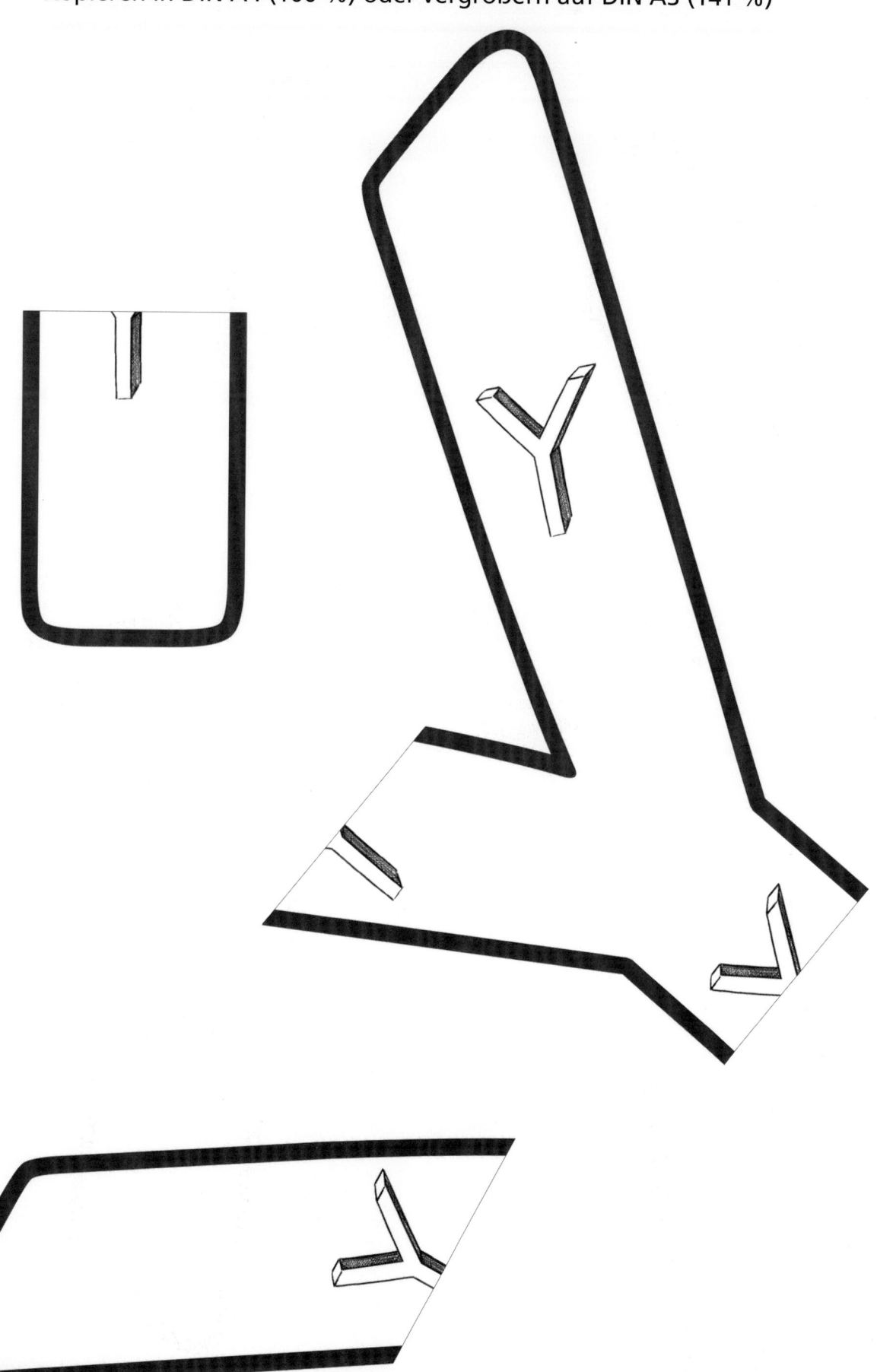

Puzzle-Bilder – das Z wie Zitrone

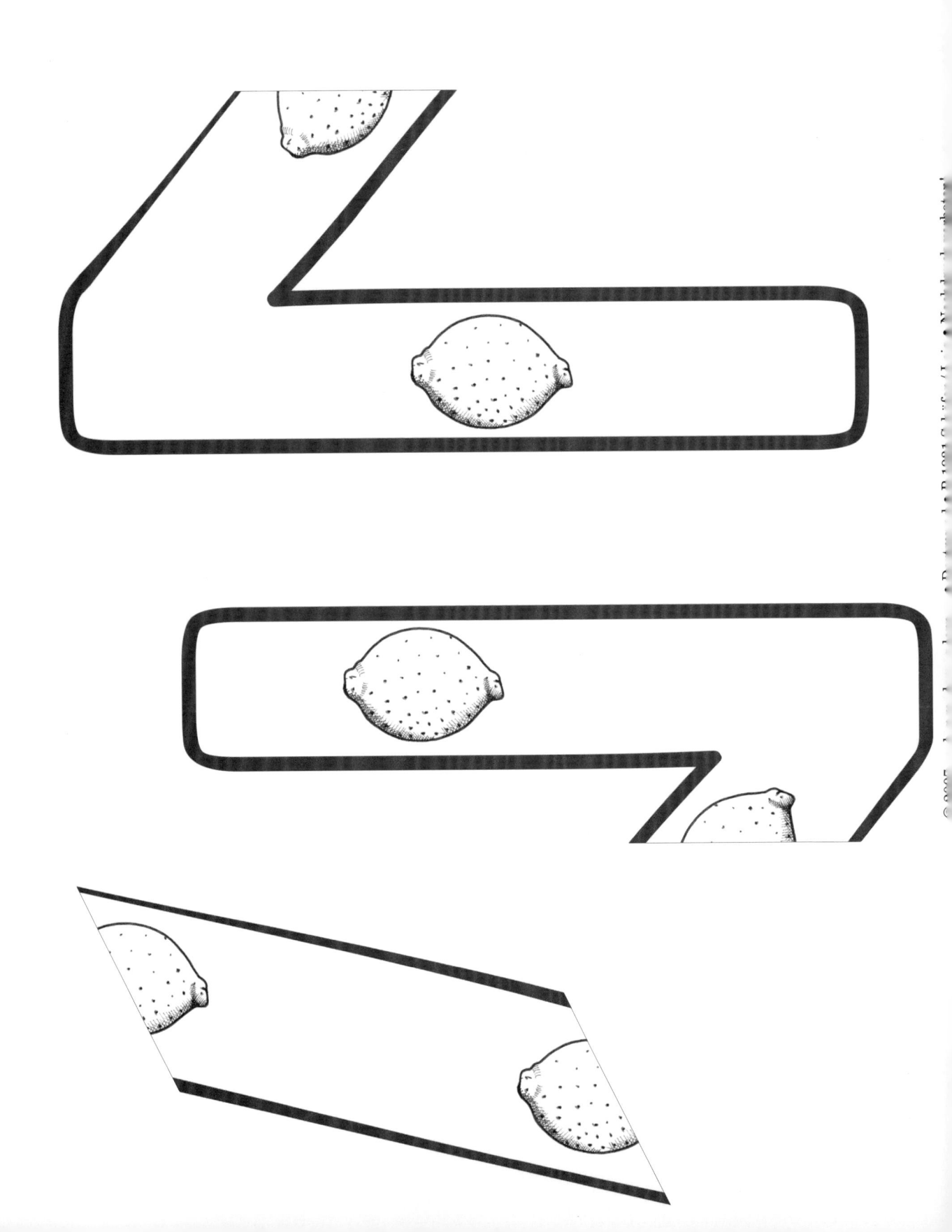

Puzzleteile ausschneiden und auf einem neuen Blatt aufkleben
Kopieren in DIN A4 (100 %) oder vergrößern auf DIN A3 (141 %)

4.9 Kopiervorlagen Silbenkärtchen

Wir haben in den Ausführungen zum Leselernprozess innerhalb des FSP ganzheitliche Entwicklung mehrfach die Berücksichtigung sprachlicher Förderaspekte betont (vgl. Abb. 2). Dies findet nun in dem Ansatz der Silbenkarten seine methodische Berücksichtigung. Im Mittelpunkt steht hier die Idee, vor dem Hintergrund des Lesens in Silben und der damit verbundenen auditiven Gliederung von Sprache das Wahrnehmen phonetischer Strukturen zu fördern.

Methodische Grundsätze

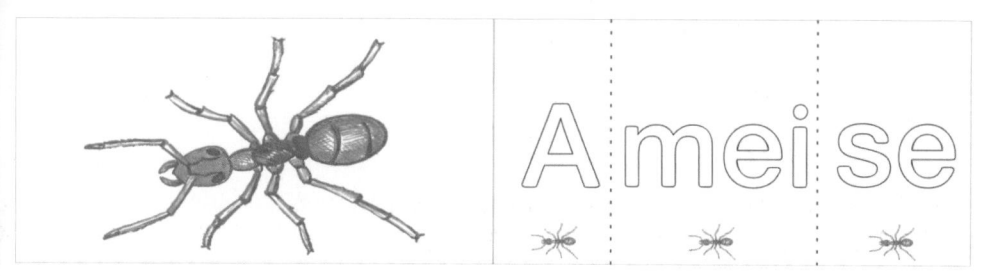

Abbildung 69: *Kopiervorlage für die Silbenkärtchen zu /a/ wie Ameise.*

Analog zur Herstellung der Wendekarten (vgl. 4.7) läuft auch die Umsetzung der Kopiervorlagen zu den Silbenkärtchen ab. Stichpunktartig schlagen wir folgendes Vorgehen vor:

1. Ausschneiden der Grundform (Bild und Wort) entlang der horizontalen Linie (vgl. Abb. 69 und 70).

Herstellung wie bei den Wendekarten

2. Farbiges Gestalten der Silben mit je unterschiedlichen Farben (jede Silbe in einer anderen Farbe) sowie Ausmalen der Anlautbilder.

Gestaltungsvorschlag

Abbildung 70: *Gestaltungsvorschlag für die drei Silben des Anlautwortes Ameise in den Farben blau (A), rot (mei) und grün (se).*

3. Zusammenklappen der beiden Hälften ☛ es entstehen Vorder- und Rückseite *(wie auch bei der Herstellung der Wendekarten empfehlen wir vor dem Zusammenklappen ein weiteres Stück Papier zwischen Vorder- und Rückseite zu legen, das mit einem Klebestift leicht angeklebt werden sollte ☛ nur wenig Klebstoff nehmen, um ein evt. Austreten des Klebers in die Laminierfolie zu vermeiden).*

Sorgfalt mit dem Kleber

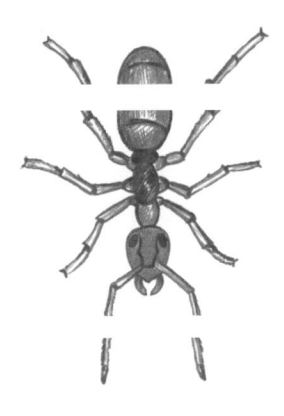

4. Silbenseite nach oben legen und entlang der gestrichelten Linie durchschneiden ☞ im Beispiel der Abb. 69 zwischen den Silben /a/ – /mei/ – /se/. Auf den Rückseiten der so entstandenen Silbenkärtchen sind Teile des Anlautbildes zu erkennen, die zusammengesetzt – *als Handlungskontrolle* – zeigen, ob die Silben in der richtigen Reihenfolge zusammengesetzt wurden.
5. <u>Nach dem Zerschneiden</u> in die Silbenkarten können die Einzelteile laminiert werden.

Die Kopiervorlagen beziehen natürlich nur die Wortbilder und Anlautbegriffe mit ein, die sich in mindestens zwei Silben zerlegen lassen. Entsprechend findet sich zu Beginn der Vorlagen zwischen dem /a/ wie Ameise und dem /c/ wie Computer eine Lücke; der Anlautbegriff Baum findet als Einsilber keine Berücksichtigung. Weitere Buchstaben, die nicht aufgenommen wurden sind /m/ wie Maus, /t/ wie Tisch, /u/ wie Uhr und /w/ wie Wal. Innerhalb der Sonderlaute fanden die Laute /ei/ wie Eis, /ö/ wie Öl, /ck/ wie in Sack, /ß/ wie in Fuß, /st/ wie Stern, /sch/ wie Schal und /ch/ wie in Dach oder in Milch keine Berücksichtigung.

Aufbewahrung

Trotz dieser Aussparungen ergibt sich eine ganze Fülle an Silbenkärtchen, wir empfehlen daher diese in zumindest 2 Schachteln (besser noch 3 mit etwa je 7 bis 8 Wörtern) aufzubewahren, um die zueinander gehörenden Silben nicht unnötig zu durchmischen. Dies bietet den Schülern – *und Kollegen in der Klasse* – im Hinblick auf das Freiarbeitsmaterial einen strukturierten Überblick.

Handlungsorientierung und Handlungsplanung

In der Hinführung zu dieser Übung legen wir den Schülern meist 3 bis 4 Wörter in den entsprechenden Silben vor. Dies bietet sich sowohl in Einzelarbeit als auch in Kleingruppen an. Der Arbeitsauftrag lautet dann zunächst die zueinander gehörenden Silben zu suchen. Diese erkennen die Schüler an der Handlungsorientierung und der Hilfe zur Handlungsplanung (vgl. Abb. 70). Auf jedem Silbenkärtchen befindet sich auf der unteren Hälfte das Anlautbild zum gesuchten Anlautbegriff. Diese Gestaltung hat zwei Funktionen:

Abbildung 71: *Silbenkärtchen mit der Ameise als Handlungsorientierung*

Herstellung von Ordnung

1. Zum einen finden die Schüler bei einem Arbeitsfeld von 3 Wörtern die zu einander gehörenden Silben zunächst ohne zu lesen – *nur durch das Erkennen der jeweiligen Anlautbilder*. Dadurch verschaffen sie sich einen Überblick und sortieren erstmal die Silben zu den Anlautbildern. Das kann im Anfang einer solchen Übung beruhigend und motivierend wirken.

Vermeidung von Komplikationen

2. Zum anderen dient das Anlautbild auf der unteren Hälfte als Orientierung des Legens der Silbenkärtchen. Mit dem Anlautbild nach unten liegt die Silbe direkt richtig und es kommt zu keinen unnötigen Komplikationen (Seitigkeit).

4.9 Kopiervorlagen Silbenkärtchen

In Abbildung 72 kann man ein Beispiel für das Vorlegen der Silbenkärtchen sehen. Um unsere Schülern in der Einführung dieser Übung nicht zu verwirren, legen wir die Silben einheitlich in eine Leserichtung (vgl. Abb. 72).

Vorlegen der Silben

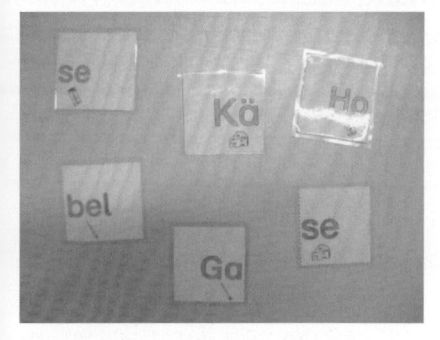

Abbildung 72: *Beispiel für das Vorlegen der Silbenkärtchen mit den Anlautbegriffen Gabel, Käse und Hose.*

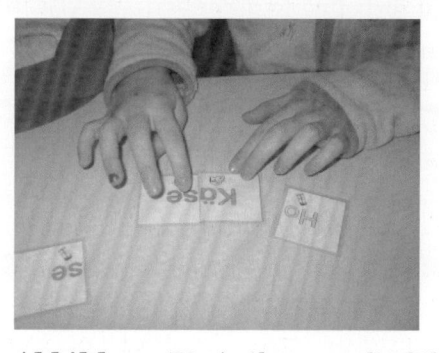

Abbildung 73: *Anika setzt die Silbenkärtchen zusammen und achtet darauf mit der Anlautsilbe zu beginnen.*

Nach dem Zusammenlegen aller Silbenkärtchen zu den entsprechenden Begriffen (vgl. Abb. 72, 73 und Abb. 74) können die Wörter umgedreht werden und die Schüler überprüfen an der Vollständigkeit der Anlautbilder ihre Ergebnisse selber im Hinblick auf Stimmigkeit (vgl. Abb. 74/Abb. 75). Wie in der Übung mit den Wendekarten besteht als Maximalplanung die Möglichkeit, die zusammengelegten Silben abschreiben zu lassen. Dies hat weiterhin die Funktion, die Silben nach dem Zusammensetzen als Wort wahrzunehmen (*vgl. hier die Ausführungen zur phonologischen Bewusstheit*).

Überprüfen auf Stimmigkeit

Abbildung 74: *Die zusammengelegten Silbenkärtchen.*

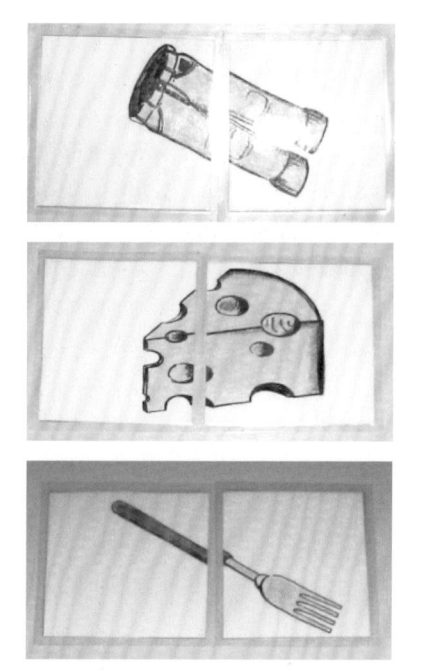

Abbildung 75: *Kontrolle auf der Rückseite.*

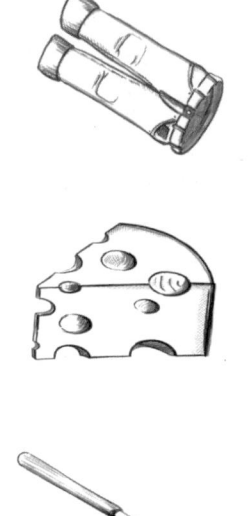

Analog zu den Wendekarten (vgl. 4.7) haben wir auch in dieser Übung feststellen können, primär die etwas älteren Schüler – etwa ab dem 3./4. Schulbesuchsjahr (vgl. Abb. 1) – in zweierlei Hinsicht anzusprechen:

Differenzierung nach oben als Vermeidung von *Unterforderung*

1. Zum einen verfügen diese Schüler schon in der Regel über den o.a. Buchstabenkanon, das heißt dass die originären Übungen zu den Graphem-Phonem-Korrespondenzen mitunter in solche Phasen übergehen können, die sich mit synthetisch-analytischen Hintergründen im engeren Sinne befassen. Den Schülern wird dieser Fortschritt nur durch den Charakter einer neuen Übungsform bewusst, didaktisch orientieren sie sich sehr an den bisher eingeführten und bekannten Elementen des Anlautbaums (Anlautbegriffe und -bilder).

Vermeidung von *Überforderung*

2. Zum anderen gehören zu dieser Übungsform gewisse methodische Kompetenzen (*Überblick herstellen, Anfang finden, systematisches Vorgehen, Kontinuität, Ausdauer, Kontrollvermögen*), die sich innerhalb unseres Förderschwerpunktes in der Regel langsam entwickeln und deren Entwicklung dann nicht durch Misserfolgserlebnisse zurückgeworfen werden sollte.

Unseres Erachtens zählt es zu den wesentlichen Arbeitsfeldern im Schuleingangsbereich (*Unterstufe ☛ 1 und 2. Schulbesuchsjahr ☛ vgl. hierzu auch die Abb. 1 und die Abb. 2*), diese methodischen Kompetenzen anzubahnen und entstehende Handlungsansätze zu festigen, um dann im Sinne eines spiralcurricularen Ansatzes in der Zeit der Mittelstufe den didaktischen Gesichtspunkt in den Focus setzen zu können.

Diese – *schon sehr spezifische* – Form Sprache integrierender Übungen mag für manche Schüler mitunter befremdend oder abstrakt wirken. Die Schüler, die sich jedoch auf dieses Üben mit den Silbenkärtchen eingelassen haben, profitierten sehr stark durch das Visualisieren der phonologischen Gliederung der Anlautbegriffe. Dies zeigte sich sehr deutlich in zwei Bereichen.

Rhythmische Gliederung

Im Hinblick auf Klatschübungen – *rhythmische Gliederung in kurze Wörter mit zwei bis drei Silben* – zeigten sie größere Sicherheiten und trennten die Silben bewusster ☛ das „Raten" der richtigen Silbenanzahl fiel im Grunde genommen weg.

Bewusste Unterscheidung der An- und Auslaute

Der zweite Bereich dreht sich um das eigentliche Anliegen unseres Systems – *der Anbahnung und Festigung der Graphem-Phonem-Korrespondenzen*. Hier zeigten viele Schüler – *unseres Erachtens durch das visualisierende und bewusste Wahrnehmen der Wortgestalten* – deutlich bessere Zugänge und größere Sicherheiten. Insbesondere das Vertauschen von Anlaut und Auslaut nahm signifikant ab.

4.9 Kopiervorlagen Silbenkärtchen

Silbenkarten 1

Bild- und Silbenkarten mit **A** wie Ameise, **C** wie Computer, **D** wie Daumen, **E** wie Esel und **F** wie Feder

Kopieren in DIN A4 (100 %) oder vergrößern auf DIN A3 (141 %)

(Ameise)	A mei se
(Computer)	Com pu ter
(Daumen)	Dau men
(Esel)	E sel
(Feder)	Fe der

Holger Schäfer / Nicole Leis: Der Anlautbaum

Silbenkarten 2

Bild- und Silbenkarten mit **G** wie Gabel, **H** wie Hose, **I** wie Igel, **J** wie Jojo und **K** wie Käse

Kopieren in DIN A4 (100 %) oder vergrößern auf DIN A3 (141 %)

	Ga bel
	Ho se
	I gel
	Jo jo
	Kä se

Silbenkarten 3

Bild- und Silbenkarten mit **L** wie Laterne, **N** wie Nase, **O** wie Opa, **P** wie Palme und **Qu** wie Qualle

Kopieren in DIN A4 (100 %) oder vergrößern auf DIN A3 (141 %)

	La ter ne
	Na se
	O pa
	Pal me
	Qual le

Silbenkarten 4

Bild- und Silbenkarten mit **R** wie Regen, **S** wie Sofa, **V** wie Vogel,
X wie Xylophon und **Y** wie Ypsilon

Kopieren in DIN A4 (100 %) oder vergrößern auf DIN A3 (141 %)

	Re|gen
	So|fa
	Vo|gel
	Xy|lo|phon
	Yp|si|lon

4.9 Kopiervorlagen Silbenkärtchen

Silbenkarten 5

Bild- und Silbenkarten mit **Z** wie Zitrone, **Au** wie Auto, **Eu** wie Euro, **Ä** wie Äpfel und **Ü** wie Überholen

Kopieren in DIN A4 (100 %) oder vergrößern auf DIN A3 (141 %)

	Zi tro ne
	Au to
	Eu ro
	Äp fel
	Ü ber ho len

Silbenkarten 6

Bild- und Silbenkarten mit **ie** wie in W**ie**se, **Pf** wie **Pf**eife, und **Sp** wie **Sp**iegel
Kopieren in DIN A4 (100 %) oder vergrößern auf DIN A3 (141 %)

	Wie se
	Pfei fe
	Spie gel

Literatur

BACH, HEINZ: Von den Ansätzen der pädagogischen Förderung geistig behinderter Menschen in der Bundesrepublik Deutschland in den fünfziger, sechziger und siebziger Jahren in BEHINDERTENPÄDAGOGIK 03/2000 S. 304-312

BLUMENSTOCK, LEONHARD (2004a): Handbuch der Leseübungen – Vorschläge und Materialien zur Gestaltung des Erstleseunterrichts mit Schwerpunkt im sprachlich-phonologischen Bereich; Beltz Verlag Weinheim und Basel 2004

BLUMENSTOCK, LEONHARD (2004b): Schreiben und Schreiben lernen – Tipps, Materialien und Übungen zum freien und angeleiteten Schreiben; Beltz Verlag Weinheim und Basel 2004

BREUER, HELMUT/WEUFFEN, MARIA: Gut vorbereitet auf das Lesen- und Schreibenlernen, Deutscher Verlag der Wissenschaften, Berlin 1990

BREUER, HELMUT/WEUFFEN, MARIA: Gut vorbereitet auf das Lesen- und Schreibenlernen, Deutscher Verlag der Wissenschaften, Berlin 1992

BREUER, HELMUT / WEUFFEN, MARIA: Lernschwierigkeiten am Schulanfang – lautsprachliche Lernvoraussetzungen und Schulerfolg, Beltz Verlag, Weinheim und Basel 2004

BRÜGELMANN, HANS: Kinder auf dem Weg zur Schrift -eine Fibel für Lehrer und Laien, Libelle Verlag 2000

BRÜGELMANN, HANS & BRINKMANN, ERIKA: Die Schrift erfinden, Libelle Verlag 2005

DITTMANN, WERNER: Lebensunmittelbarkeit und Veranschaulichung: Zwei Verfahrensweisen schulischen Lernens für Schülerinnen mit geistiger Behinderung in KLÖPFER, SIEGFRIED (HRSG.): Sonderpädagogik praktisch – Beiträge zur Erziehung und zum Unterricht von Schülerinnen und Schülern mit Behinderungen, Diakonie-Verlag Gammertingen 1997

FISCHER, ERHARD (2003a): „Geistige Behinderung" – Fakt oder Konstrukt? Sichtweisen und aktuelle Entwicklungen in FISCHER, ERHARD: Pädagogik für Menschen mit geistiger Behinderung, Sichtweisen – Theorien – aktuelle Herausforderungen Athena-Verlag, Oberhausen 2003 S. 7 bis S. 35

FISCHER, ERHARD (2003b): Geistige Behinderung im Kontext des ICF – ein interdisziplinäres, mehrdimensionales Modell? in FISCHER, ERHARD: Pädagogik für Menschen mit geistiger Behinderung; Athena-Verlag, Oberhausen 2003 S. 296 bis S. 324

FÖLLING-ALBERS, MARIA: Kindheit – entwicklungspsychologisch gesehen in FÖLLING-ALBERS, MARIA (HRSG.): Veränderte Kindheit – veränderte Grundschule, Arbeitskreis Grundschule e.V., Frankfurt am Main 1995 S. 40-51

FORNEFELD, BARBARA: Menschen mit geistiger Behinderung-Phänomenologische Betrachtungen zu einem unmöglichen Begriff in einer unmöglichen Zeit in FISCHER, ERHARD: Pädagogik für Menschen mit geistiger Behinderung, Sichtweisen – Theorien – aktuelle Herausforderungen Athena-Verlag, Oberhausen 2003 S. 259 bis S. 280

FORSTER, M./MARTSCHINKE, S.: Leichter lesen und schreiben lernen mit der Hexe Susi, Diagnose und Förderung der Schriftsprachkompetenz von Schulanfängern. Übungen und Spiele zur Förderung phonologischer Bewusstheit, Donauwörth 2002

GALPERIN, P.: Die Psychologie des Denkens und die Lehre von der etappenweisen Ausbildung geistiger Handlungen, in BUDILOWA E.A. U.A.: Untersuchungen des Denkens in der sowjetischen Psychologie, Berlin (DDR) 1973

GARLICHS, ARIANE: Überlegungen für die Arbeit in der Grundschule in FÖLLING-ALBERS, MARIA (HRSG.): Veränderte Kindheit – veränderte Grundschule, A.K Grundschule e.V., Frankfurt a.M. 1995 S. 134 – 145

GÜNTHNER, WERNER/LANZINGER, HEINRICH; Sinnvolles Lesen und Schreiben – Überlegungen zum Lese-und Schreibunterricht an der Schule für Geistigbehinderte in: KLÖPFER, SIEGFRIED (HRSG.) Sonderpädagogik praktisch -Beiträge zur Erziehung und zum Unterricht von Schülerinnen und Schülern mit Behinderungen; Diakonie-Verlag Reutlingen 1997

GÜNTHNER, WERNER; Lesen und Schreiben an der Schule für Geistigbehinderte, Grundlagen und Übungsvorschläge zum erweiterten Lese-und Schreibbegriff; Verlag Modernes Lernen Dortmund 2000

HEUER, GERD ULRICH: Beurteilen – Beraten – Fördern; Materialien zur Diagnose, Therapie und Bericht-/Gutachtenerstellung bei Lern-, Sprach-und Verhaltensauffälligkeiten in Vor-, Grund- und Sonderschule, Verlag Modernes Lernen, Dortmund 2001

HILLENBRAND, CLEMENS: Einführung in die Verhaltensgestörtenpädagogik, Verlag E. Reinhardt, München Basel 2002

KAUFMAN A.S./KAUFMAN N.L.: Kaufman Assessment Battery for Children, Deutsche Version (K-ABC) Individualtest zur Messung von Intelligenz und Fertigkeit bei Kindern

KLICPERA, CHRISTIAN/GASTEIGER-KLICPERA, BARBARA: Psychologie der Lese-und Schreibschwierigkeiten – Entwicklung, Ursachen und Förderung Beltz Verlag, Weinheim 1998

KORNMANN, REIMER/BIEGERT, KATRIN: Auch beim Schriftspracherwerb: Lehrwerke als Lernbehinderungen! Auditive Fallen in Lese-und Rechtschreiblehrgängen in Förderschulen in: ZEITSCHRIFT FÜR HEILPÄDAGOGIK 03/2006

KÜSPERT, PETRA/SCHNEIDER, WOLFGANG: Hören, Lachen Lernen – Sprachspiele für Kinder im Vorschulalter, Würzburger Trainingsprogramm zur Vorbereitung auf den Erwerb der Schriftsprache; Vandenhoeck & Ruprecht 2003

KÜSPERT, PETRA: Möglichkeiten der frühen Prävention von Lese-Rechtschreib-Problemen – Das Würzburger Trainingsprogramm zur Förderung der phonologischen Bewusstheit bei Vorschulkindern in THOME, GÜNTHER (HRSG.): Lese-Rechtschreib-Schwierigkeiten (LRS) und Legasthenie – eine grundlegende Einführung, Pädagogik Beltz, Weinheim und Basel 2004 S. 86-106

LEDL, VIKTOR: Kinder beobachten und fördern – Eine Handreichung zur gezielten Beobachtung und Förderung von Kindern mit besonderen Lern-und Erziehungsbedürfnissen, Verlag Jugend und Volk Wien 1997

LEDL, VIKTOR (1999a): Kinder beobachten und fördern – Förderdiagnose Kurzüberprüfung V 1.02, Verlag Jugend und Volk Wien 1999a

LEDL, VIKTOR (1999b): Kinder beobachten und fördern – Förderdiagnose Ausführliche Beobachtung V 1.02, Verlag Jugend und Volk Wien 1999

MARSCHIK, MATTHIAS/KLICPERA, CHRISTIAN; Kinder lernen lesen und schreiben – ein Ratgeber für Eltern und Lehrerinnen, Borgemann Publishing GmbH Dortmund 1993

MELZER, RÜDIGER/RADDATZ, INGRID: Schriftspracherwerb beginnt nicht erst in der Grundschule in: Pädagogische Beiträge, Unterricht und Schulleben in Rheinland-Pfalz, Heft 2004/1, Pädagogisches Zentrum, Bad Kreuznach 2004

MENZEL, WOLFGANG; Lesen lernen – Schreiben lernen; Westermann Braunschweig 2000

MÜHL, HEINZ: Entwicklungen und Standort der Geistigbehindertenpädagogik innerhalb der (Sonder-)Pädagogik in FISCHER, ERHARD: Pädagogik für Menschen mit geistiger Behinderung, Sichtweisen – Theorien – aktuelle Herausforderungen Athena-Verlag, Oberhausen 2003 S. 36 bis S. 59

MYSCHKER, NORBERT: Verhaltensstörungen bei Kindern und Jugendlichen – Erscheinungsformen, Ursachen, hilfreiche Maßnahmen, Verlag W. Kohlhammer Stuttgart 1999

NEUMANN, KARL: Von der Disziplin zur Autonomie in FÖLLING-ALBERS, MARIA (HRSG.): Veränderte Kindheit – veränderte Grundschule, A.K. Grundschule e.V., Frankfurt a.M. 1995 S. 67 –

NICKEL, SVEN: Schriftspracherwerb von Kindern, Jugendlichen und Erwachsenen unter massiv erschwerten Bedingungen in THOME, GÜNTHER (HRSG.): Lese-Rechtschreib-Schwierigkeiten (LRS) und Legasthenie – eine grundlegende Einführung, Pädagogik Beltz, Weinheim und Basel 2004 S. 86 – 106

PITSCH, HANS-JÜRGEN/THÜMMEL, INGEBORG: Handeln im Unterricht – Zur Theorie und Praxis des handlungsorientierten Unterrichts mit Geistigbehinderten, Athena Verlag Oberhausen 2005

ROLFF, HANS-GÜNTHER/ZIMMERMANN, PETER: Veränderte Kindheit – veränderte pädagogische Herausforderungen in FÖLLING-ALBERS, MARIA (HRSG.): Veränderte Kindheit – veränderte Grundschule, Arbeitskreis Grundschule e.V., Frankfurt am Main 1995 S. 28-39

ROSENFELDT, KLAUS; „ich trau mich schreiben" – Überlegungen zum Schreibenlernen unter erschwerten Bedingung in: KLÖPFER, SIEGFRIED (HRSG.) Sonderpädagogik praktisch – Beiträge zur Erziehung und zum Unterricht von Schülerinnen und Schülern mit Behinderungen; Diakonie-Verlag Reutlingen 1997

SCHÄFER, HOLGER (2006a): Die Entwicklung des Qualitätsprogramms an der Rosenberg-Schule in Bernkastel-Kues in LERNEN KONKRET 02/2006 S. 4 bis 9

SCHÄFER, HOLGER (2006b): Möglichkeiten der internen und externen Evaluation in LERNEN KONKRET 02/2006 S. 24 bis 28

SCHÄFER, HOLGER (2007): Einschätzungen zur Qualitätsentwicklung an der Schule mit dem Förderschwerpunkt ganzheitliche Entwicklung – in: SONDERPÄDAGOGISCHE FÖRDERUNG – Integration und pädagogische Rehabilitation, Verlag Beltz GmbH Weinheim Heft 3/2007

SCHÄFER, HOLGER & SUCHON, ANIA: Der länderübergreifende Dialog als Ausgangspunkt methodisch-struktureller Innovationen in einer Sonderschule in Polen in VDS VERBAND SONDERPÄDAGOGIK E.V. (HRSG.): Grenzen überwinden – Erfahrungen austauschen. Der große Berichtsband zum Sonderpädagogischen Kongress Hamburg 2004 Würzburg 2004 S. 229 bis 248

SCHÄFER, HOLGER & LEIS, NICOLE: DER ANLAUTBAUM – Entwicklung eines lehrgangunabhängigen Anlautsystems in LERNEN KONKRET 02/2006 S. 18 bis 23

SCHÄFER, HOLGER & LEIS, NICOLE: DER ANLAUTBAUM – Materialerweiterung und Lautgebärden – Arbeitsmaterialien und Kopiervorlagen – IN VORBEREITUNG

SCHENK, CHRISTA: Lesen und schreiben lernen und lehren – eine Didaktik des Schriftspracherwerbs; Schneider Verlag Hohengehren 2002

SCHROCH, GÜNTHER: Schreibenlernen und Schriftspracherwerb – Studientexte zur Grundschuldidaktik; Verlag Julius Klinkhardt; Bad Heilbrunn/OBB. 1983

SCHULTE-PESCHEL, DOROTHEE/TÖDTER, RALF: Einladung zum Lernen – geistig behinderte Schüler entwickeln Handlungsfähigkeit in einem offenen Unterrichtskonzept, Verlag Modernes Lernen, Dortmund 1999

SCHULZ VON THUN, FRIEDEMANN: Miteinander reden 1 – Störungen und Klärungen/ Allgemeine Psychologie der Kommunikation, Rowohlt Taschenbuch Verlag GmbH, Hamburg 2001

SCHUMACHER, WERNER: Tabellen zur Schreibentwicklung in SCHURAD, HEINZ: Curriculum Lesen und Schreiben für den Unterricht an Schulen für Geistig-und Körperbehinderte, Athena-Verlag, Oberhausen 2004

SCHURAD, HEINZ: Curriculum Lesen und Schreiben für den Unterricht an Schulen für Geistig- und Körperbehinderte, Athena-Verlag, Oberhausen 2004

SCHWARZ, HERMANN: Zur Offenheit des Grundschulunterrichts in FÖLLING-ALBERS, MARIA (HRSG.): Veränderte Kindheit – veränderte Grundschule, Arbeitskreis Grundschule e.V., Frankfurt am Main 1995 S. 146-158

SLUZKI, CARLOS E./BEAVIN, JANET: Symmetrie und Komplementarität in WATZLAWICK, PAUL/WEAKLAND, JOHN H.: Interaktion – Menschliche Probleme und Familientherapie Piper Verlag GmbH München 1997

SPECK, OTTO: System Heilpädagogik – eine ökologisch reflexive Grundlegung, Verlag Ernst Reinhardt, München 1998

SPECK, OTTO: Menschen mit geistiger Behinderung und ihre Erziehung – ein heilpädagogisches Lehrbuch, Verlag Ernst Reinhardt, München 1999

SPITTA, GUDRUN: Kinder schreiben eigene Texte, Cornelsen Scriptor, Bielefeld 2000

STEIN, ROLAND/FAAS, ALEXANDRA: Unterricht bei Verhaltensstörungen – ein integratives didaktisches Modell, Luchterhand, Neuwied 1999

TALLAL, P.: Auditory temporal perception, phonics and reading disability in children. Brain and Language Ausgabe 09/1980 S. 182-198

TEWES, UWE/ROSSMANN, PETER/SCHALLBERGER, URS (HRSG.): HAWIK-III Hamburg-Wechsler-Intelligenztest für Kinder – Dritte Auflage

THOME, GÜNTHER (HRSG.): Lese-Rechtschreib-Schwierigkeiten (LRS) und Legasthenie – eine grundlegende Einführung, Pädagogik Beltz, Weinheim und Basel 2004

TOPSCH, WILHELM: Grundkompetenz Schriftspracherwerb – Methoden und handlungsorientierte Praxisanregungen, Beltz Verlag, Weinheim und Basel 2005

VALTIN, RENATE: Ein Entwicklungsmodell des Rechtschreibenlernens in: VALTIN, RENATE (HRSG.): Rechtschreiben lernen in den Klassen 1 bis 6 – Grundlagen und didaktische Hilfen Arbeitskreis Grundschule e.V. Frankfurt a. M. 2000

WATZLAWICK, PAUL/BEAVIN, JANET: Einige formale Aspekte der Kommunikation in WATZLAWICK, PAUL/WEAKLAND, JOHN H.: Interaktion – Menschliche Probleme und Familientherapie Piper Verlag GmbH München 1997

WEIDEN, HILDEGARD; Sicher lesen und rechtschreiben; Westermann Schulbuchverlag Braunschweig 2000

WÜBBE, MANUELA: Möglichkeiten und Grenzen der Diagnostik von Wahrnehmungsleistungen sowie Wahrnehmungsförderung in der Schule in: EBERWEIN, HANS/KNAUER, SABINE: Lernprozesse verstehen – Wege einer neuen (sonder-)pädagogischen Diagnostik – ein Handbuch, Beltz Verlag Weinheim, Basel, Berlin 2003

Lese- und Schreiblehrgänge/Materialien/Fibeln:

Die Tobi-Fibel ☞ METZE, WILFRID; KRACKE, BURKHARD; Cornelsen Verlag Berlin 2005

Die Umi-Fibel – Schülerbuch Druckschriftausgabe Neubearbeitung ☞ FOSTER, HEIDELINDE; SCHRAMM, MARTINA, TUST, DOROTHEA; Kamp Schulbuchverlag, Düsseldorf 2004

Geistigbehinderte lesen ihren Stundenplan – Bilder lesen und Handlungen planen ☞ BERRESWEBER, ANNELIESE; Verlag Modernes Lernen; Dortmund 1995

Graphomotorik für Grundschüler – praktische Übungen zum Schreibenlernen ☞ SCHÄFER, INGRID; Verlag Modernes Lernen; Dortmund 2001

Ideen-Kiste I Schrift, Sprache ☞ Erika Brinkmann, Verlag für pädagogische Medien, Hamburg 1994

Konfetti-Fibel ☞ PIELER, MECHTHILD, GEBERT, ASTRID; HOLTHUS, WILHELM, MÖLDERS, RITA; SINZINGER, GERTI; Verlag Moritz Diesterweg, Frakfurt am Main 1998

Lernkiste Lesen und Schreiben – Fibelunabhängige Materialien zum Lesen und Schreiben lernen für Kinder mit Lernschwächen ☞ MAHLSTEDT, DAGMAR; Beltz Verlag; Weinheim 1999

Lesen in Silben – ABC der Tiere ☛ HANDT, ROSMARIE; KUHN, KLAUS; HECHT, INGRID; Mildenberger Verlag GmbH, Offenburg 2005

Lesen mit Lo 1-4 – ein Leselehrgang – Kopiervorlagen ☛ HIPP, WOLFGANG; SCHULTZE, INGRID; Dürr & Kessler Bildungsverlag EINS 2005 (wird nicht mehr aufgelegt)

Lesen und Schreiben lernen mit der Anlauttabelle – ein Praxisbericht mit Kopiervorlagen ☛ BÄUERLEIN, ULRIKE; HÜRRICH, GISELA; Auer-Verlag GmbH, Donauwörth 2003

Lesenlernen mit Hand und Fuß – Ausgabe Nord Mappe 1 bis 3 ☛ MARX, ULRIKE; STEFFEN, GABRIELE; Verlag Sigrid Persen; Horneburg/Niederelbe 1990

Lesezauber – eine Fibel mit Reimer und Geschichten ☛ MAAR, PAUL; BALLHAUS, VERENA; Volk und Wissen Verlag GmbH 2005

Marburger Graphomotorische Übungen Teil 1 – Spielen, Malen, Schreiben ☛ SCHILLING, FRIEDHELM; verlag modernes lernen Dortmund 2004a

Marburger Graphomotorische Übungen Teil 2 – Spielen, Malen, Schreiben ☛ SCHILLING, FRIEDHELM; verlag modernes lernen Dortmund 2004b

Rundherum – Unser Schreib- und Lesebuch – Fibel und Lehrerhandbuch; BORNS, RIXA; BÜCHLER, MARTIN; SCHLATTMANN, MONIKA; Mildenberger Verlag GmbH; Offenburg 1999

Start frei – Fibel, vom Schreiben zum Lesen ☛ GORBAHN, MONIKA; HIRSCH, CLAUDIA; U.A. UTA; Oldenburg Schulbuchverlag GmbH; München 2003

Vom Strich zur Schrift ☛ NAVILLE, SUZANNE/MARBACHER, PIA:, Verlag Modernes Lernen, Dortmund 1999

Internet:

http://www.rosenberg-schule.de (Zugriff Mai 2006)

http://www.rosenberg-schule.de/konzepte/konzepte.php (Zugriff Mai 2006)

http://www.uni-koeln.de/hp-fak/netzwerkmedien/index.html?/hp-fak/netzwerkmedien/forschung/lo/index.html (Zugriff Juli 2006)

http://www.abc-der-tiere.de/schreiblehrgang_03.html (Zugriff November 2005)

http://www.betzold.de (Zugriff Mai 2006)

http://www.heinevetter-verlag.de (Zugriff Mai 2006)

http://www.ruediger-weingarten.de (Zugriff Mai 2006)

http://www.uni-koeln.de (Zugriff Mai 2006)

http://www.mildenberger-verlag.de (Zugriff November 2005)

http://www.budenberg.de/ (Zugriff Juli 2006)

http://www.verlagruhr.de/ (Zugriff Mai 2006)